U0149314

韓愈古文新論

柯 萬 成 著

文 史 哲 學 集 成
文史哲出版社印行

國家圖書館出版品預行編目資料

韓愈古文新論 /柯萬成著. -- 初版 -- 臺北
市：文史哲，民 101.06
頁；公分（文史哲學集成；618）
參考書目：頁
ISBN 978-986-314-039-9（平裝）

1.（唐）韓愈 2. 文學評論

844.17　　　　　　　　　　101011455

文 史 哲 學 集 成　　618

韓 愈 古 文 新 論

著　　　者：柯　　萬　　　成
出 版 者：文 史 哲 出 版 社
http://www.lapen.com.tw
e-mail：lapen@ms74.hinet.net
登記證字號：行政院新聞局版臺業字五三三七號
發 行 人：彭　　正　　　雄
發 行 所：文 史 哲 出 版 社
印 刷 者：文 史 哲 出 版 社
臺北市羅斯福路一段七十二巷四號
郵政劃撥帳號：一六一八〇一七五
電話886-2-23511028 · 傳真886-2-23965656

實價新臺幣五六〇元

中華民國八十九年（2000）九月初版
中華民國一百零一年（2012）六月修訂再版

修訂本序

　　本書係筆者論文合編，收錄六篇文章，四篇是韓文研究，一篇是韓愈文繫年研究，一篇則是韓愈詩繫年研究，取名《韓愈古文新論》。初版於民國八十九年九月，翌年二月增訂。過了十年，作者有所成長，觀點自有修正，於是，刊爲修訂本。

　　本書於韓愈詩文的繫年工作，致力甚勤。做的是地毯式的工作，逐詩記錄，各家比較，對學界，應有相當的參考價值。

　　復次，有關〈潮州謝表〉的討論，筆者的論點因有所推衍與發現，續寫了兩文：〈韓愈〈潮州謝表〉「封禪」說是「護國祈壽」〉、〈臣道與君道：韓愈〈潮州謝表〉發微〉，收錄在《韓愈與唐代文化論叢》，請讀者參閱。歲在辛卯（2011）年立冬柯萬成謹序。電郵：kowc@yuntech.edu.tw

自　序

　　杜詩韓文，是唐代文學史上的兩座高峰，論成就、論聲譽、論影響，若謂無與倫比，誰曰不然？

　　千百年來，研究杜詩，蔚成風氣，諸如疏解，考證、編年、注釋、評選……等，成果非常豐碩，形成「杜詩學」。而「韓學」之提出，是最近十多年的事，而日後「發皇」，尚有待我們學術界的共同努力。

　　自清末民國以迄現在，近一百五十年來，中國的文化、社會、政治、宗教、……面對一個大開大闔的時代，走過高低起伏的山巒，翻過湍急洶湧的波濤，中國傳統文化遭遇空前未有的打擊、破壞與詆毀，幸到如今亦漸得平反。這是大家所知道的，不必贅言。

　　這是一個大破壞的時代，也是一個大總結的時代。隨著研討會之召開，論者多層面的探討，「韓學」亦漸次取得了許多可喜的成果。以韓集箋注校釋方面爲例，即出現有三套大書：

　　1.屈守元、常思春主編：《韓愈全集校注》（成都：四川大學出版社，1996 年七月）

　　2.張清華撰：《韓學研究》（南京・江蘇教育出版社，1998 年 8 月）

　　3.羅聯添編：《韓愈古文校注彙輯》（台北：國立編譯館出版，民 92 年 6 月）

此三書皆爲總其成的著作，有其不凡的意義。

筆者以爲，「韓學」之研究當然包括：疏解、箋注、校正、集釋、集評、編年，匡謬、探源……等等。值此大時代，首要在總結前人的成果，於歧異處予以辨正，於誣陷處予以昭雪，從這角度上看，「韓學」可待研究之課題尚多。

筆者碩士論文撰寫《韓愈詩研究》（1983 年），博士論文撰寫《韓愈古文分體研究》（1989 年），對韓愈詩文應有一定的認識，不揣學識之譾陋，亦思有以貢獻。

現在，見於本書的七篇論文，皆曾發表、復經修訂而刊出者，係筆者近年來對韓學研究之成果，謹略介其旨趣如次：

一、從「臣道」觀點論韓愈〈鱷魚文〉之思想淵源

韓愈爲人，操行堅正，耿介有守。以儒家修養言，是一位君子儒；以唐代臣道言，是一介忠藎之臣。本文之作，乃從一側面體現其志節操守，以見韓愈爲人處事之本色。筆者以爲前人之論〈鱷魚文〉，其說頗多，有疑者有譽者，本文提供新看法，可釋群疑。

二、韓愈〈弔武侍御所畫佛文〉探析

韓愈尊儒排佛是其一貫立場，韓愈藉交游贈序排佛，以〈論佛骨表〉排佛；至於以〈弔文〉排佛就非常特別了。此文結論有三：

1. 探究武侍御是誰？若以武儒衡與武少儀兩人而論，以前者爲近是。
2. 文中「人死爲鬼」、「畫佛生西」的陳述與佛教教義不合，引述有誤。
3. 由於武儒衡的作爲軼出當時儒者的常軌，韓氏以此文作爲

糾繩。

本文之作，提供一側面以了解當時韓氏排佛的背景及儒者於喪葬上之矛盾態度。復可由此反映韓氏於佛教認知之豐儉，應有一助。

三、韓愈〈潮州謝上表〉考析

韓愈因上〈諫表〉，觸忤皇帝，貶爲潮州刺史。到任後，即上〈謝表〉。歷來學者對此文各有毀譽。筆者對前輩之論爭分開「勸封」、「戚嗟」、「處窮」三部分論述，經過「知人論世」的考察，盼望還韓氏一個公道。

四、韓愈〈祭柳子厚文〉內容探析

韓柳二人以文學道義相契，惺惺相惜。柳以貶死，韓亦在貶中，當時正由潮州移袁州，故感受頗深。祭文中，韓氏以莊子達人思想慰藉，惜其高才能文，一斥不復；而永州十年，文學成就亦已不朽，柳州善政化民，亦可無憾；末允托孤之事。此文之作，誠不愧知己好友矣。本文反映了韓柳深摯的友情。

五、韓愈〈祭柳子厚文〉作法探析

曾國藩譽此文境界甚高，「不復可攀躋矣。」本文分從立意謀篇、用筆、對比、典事、用語各方面一探其作法技巧。

通過本文，可以一窺韓氏寫作古文，尤其〈祭文〉的藝術境界。

六、韓愈文繫年三家比較研究

韓集繫年，一向詩文合刊。其專門以詩繫年者始於方世舉《韓

昌黎詩編年箋注》，錢仲聯《集釋》繼之。

自宋迄清，《韓集》經二次關鍵性整理，一爲宋人方崧卿，一爲清人方成珪。自民國後，論及韓文繫年者分別爲黃埕喜之「韓愈事蹟繫年考」，屈守元主編之《韓愈全集校注》，張清華之《韓愈研究》。

本文之作，即據黃、屈、張三家繫年比較進而溯及大小方以至諸家之繫年，以見其異同。其異者論之，其說長者從之。

經此研究，基本上韓愈文繫年大體確定。

七、韓愈詩繫年四家比較研究

前人研究韓愈事蹟，即年譜之作，係研究韓愈及其詩文所不可欠缺的。自宋迄今，《韓集》曾經幾次關鍵性整理，第一次整理是宋人方崧卿《韓集舉正》及〈韓文年表〉，第二次整理是清人方成珪《韓集箋正》及《昌黎先生詩文年譜》，第三次爲近人錢仲聯之《韓昌黎詩繫年集釋》。錢之後，至今日，有三書論及詩繫年，即爲黃埕喜之《韓愈事蹟繫年考》，屈守元主編之《韓愈全集校注》，張清華之《韓愈研究》。

本論文即以錢、黃、屈、張四家繫年比較研究，並進而溯及大小方乃至諸家之異同，以見韓愈詩繫年之異同，其異者論之，其說長者從之。

經此研究，基本上韓愈詩繫年大體確定。

復次，本書既以《韓愈古文新論》爲名，故以上文作爲附錄列後，以方便參閱。

總而言之，〈臣道〉一篇舉出韓氏爲人操守及其思想淵源；〈弔畫佛文〉一篇則反映韓氏排佛之思想；〈謝上表〉一篇則可窺見韓氏忠君與處窮之一面。〈祭柳文內容探析〉一篇，可見韓

柳之交誼;〈祭柳文作法探析〉一篇可見的祭文寫作藝術,〈詩繫年四家比較研究〉、〈文繫年三家比較研究〉二篇則是對《韓集》繫年作一總整理。以上諸篇所論,涉及韓愈爲人操守、爲官思想、排佛論點、韓柳友情、祭文藝術、韓集之繫年整理等等議題,在中,筆者皆有個人心得之陳述與發現。

筆者撰作各篇之時,絕無故作新論之意,也無故作資料堆砌,以示浩博之想,只是平實地從文獻入手,加以整理。有歧異者,疏理之,在疏理中得到新發現而已。

筆者十八年來,從事韓學研究,正是朝此方向作初步踐履而已;其中不達者恐不在少。今以行將付梓,問世有日,至祈先進方家多所賜教。

最後,筆者對蘇文擢教授、王韶生教授的啓迪和指導;傅璇琮教授的勉勵和指引;羅聯添教授的多所指正;同致感謝。

柯萬成序於台灣雲林科技大學漢學資料整理研究所

民國 89 年 9 月

韓愈古文新論

目　　次

從「臣道」觀點論韓愈
〈鱷魚文〉之思想淵源

前　言

　　韓愈因諫佛骨，觸忤天子，貶爲潮州刺史。根據《新、舊唐書‧本傳》記載：「初，公至潮，問民疾苦。皆曰：『惡谿有鱷魚，食民產且盡。』數日，公令其屬秦濟，以一羊一豚投谿水而祝之。其夕有暴風震雷起湫水中，數日水盡涸，西徙六十里。自是潮州無鱷魚患。」[1]自韓氏祭告鱷魚，曉以大義之後，「一夕之間，有暴風震雷起湫水中」，鱷魚爲之而遁，「潮州無鱷魚患」。復經蘇軾〈潮州韓文公廟碑〉所謂「能馴鱷魚之暴」[2]之揄揚，於是，使〈鱷魚文〉成爲名篇，屢爲人討論。

　　對於韓氏驅鱷，歷來學者頗多議論，概括其言論，可分六派：一派持批評之態度，認爲韓氏採用迷信手法，「詭怪以疑民」，如王安石；[3]一派從人格面，提出「感化鱷魚」說和「感動鬼神」

1　《舊唐書》卷 160、《新唐書》卷 176（北京：中華書局點校本，1997 年 3 月；1991 年 12 月），頁 4202-4203；頁 5262-5263。

2　文題下注。〔清〕馬其昶：《韓愈文集校注》卷 8（香港：中華書局，1984 年），下稱《校注》，頁 447。

3　王安石：〈送呂潮州詩〉云：「不必移鱷魚，詭怪以疑民。」引見方崧卿：〈韓譜增考〉，載〔宋〕洪興祖：《韓子年譜》（香港：龍門書店，1969 年 10 月），頁 53。又見馬曰璐輯：《唐韓柳年譜》（台北：台灣商務印書館，新編中國名人年譜集成第十三輯，民 74 年 4 月初版），元和十五年條下。

說，如石介、儲欣、林雲銘、過珙、章懋勳、茅坤、郭正域[4]等；
一派持「寓言」說，以爲警告「反側子」，如吳楚材、吳調侯；[5]
一派另從文章布局作法和文氣提觀點，如儲欣、朱宗洛、林紓、
章懋勳、曾國藩[6]……等；一派持「自然偶合」說，認爲韓氏「祭
後水涸，鱷魚遠徙」，係因氣候、水文、生態之改變而致，如陳
克明[7]等；一派溯及「祭鱷」之源流，如古有「貓虎」之祭，說是
韓氏「明於古義」，如何焯。[8]

本文擬從「臣道」觀點考察其思想淵源，提供新看法。

所謂「臣道」，指「爲官之道」言。韓氏「性明銳，不詭隨」，
[9]是一介「守道之士」，所守者儒家之道，所守者爲臣之道。以此
之故，本文分別從「儒家臣道」與及「唐代臣道」兩角度論述，
而「唐代臣道」方面則分從刺史職責、考課制度與《臣軌》一書
之思想要求三方面予以考察。

一、儒家之臣道思想

治國之道，千頭萬緒，若論綱要，首推〈治國九經〉。《中
庸》云：

> 凡為天下國家有九經，曰：修身也，尊賢也，親親也，敬
> 大臣也，體羣臣也，子庶民也，來百工也，柔遠人也，懷

---

4 吳文治：《韓愈資料彙編》（北京：中華書局，1983 年），下稱《彙編》，
　頁 91、929、1011、1161、1641。
5 《彙編》，頁 1126。
6 《彙編》，頁 937、1368、1629-1630、1640-1641。又頁 1504。
7 陳克明：《韓愈年譜及詩文繫年》（成都：巴蜀書社，1999 年 8 月），頁
　561。
8 《彙編》，頁 1106。
9 《新唐書‧卷 176，本傳》，頁 5265。

　　　諸侯也。[10]

　　其七為「子庶民」。

　　論君臣之關係。《大學》有:「為人君,止於仁,為人臣,止於敬」[11]之言;《論語》載孔子有「君使臣以禮,臣事君以忠」之說。[12]論「為君之道」,孔子首推大禹;[13]論「為臣之道」,孔子曾讚美鄭子產,以其克敬克恭,能愛民以盡其為臣之道;[14]孟子對「恭敬」別有:「責難於君謂之恭,陳善閉邪謂之敬,吾君不能謂之賊」[15]之解釋。

　　以此角度言,韓氏上〈佛骨表〉,乃是「責難於君,陳善閉邪」之「恭敬」表現。由於其至忠不為國君所知,遂有潮州刺史之貶,但韓愈絕無灰心喪氣,仍本於至誠,不斷立誠以取信於君上,於是有〈潮州謝上表〉之作,與種種治潮之業績。基本上,韓愈〈鱷魚文〉應從此了解。

　　儒家講「仁民愛物」,[16]「除民苦,同民樂」,[17]以至「子庶民」,以此考察,韓氏驅鱷是合乎儒家施行「仁政」的要求。

二、唐代刺史職責與考課制度

　　據《唐六典》,刺史「掌清肅邦畿,考覈官吏,宣布德化,

10　〔宋〕朱熹:《四書集註》(台北:世界書局,民國 78 年),頁 16。
11　同上註,《大學傳三章》,頁 4。
12　同上註,《論語‧八佾第三》,「上論」卷二,頁 17。
13　「子曰:『禹,吾無閒然矣。菲飲食,而致乎鬼神;惡衣服,而致美乎黻冕;卑宮室而盡力乎溝洫。禹,吾無閒然矣。』」《論語‧泰伯第八》,「上論」卷四,頁 54-55。
14　「子謂子產:有君子之道四焉:其行己也恭;其事上也敬;其養民也惠;其使民也義。」《論語‧公冶長第五》,「上論」卷三,頁 29、30-31。
15　《孟子‧離婁上》,「中孟」卷四,頁 97。
16　《孟子‧盡心上》,「下孟」卷七,頁 203。
17　《孟子‧梁惠王上、下》,「上孟」,卷一,頁 2-3;頁 15-17。

撫和齊人，勸課農桑，教諭五教，每歲一巡屬縣，觀風俗問百姓，錄囚徒，恤鰥寡，閱丁口，務知百姓之疾苦。內有篤學異能聞於鄉里者，舉而進之；有不孝悌、悖禮亂常、不率法令者，糺而繩之；其吏在官，公廉正己、清直守節者，必察之；其貪穢諂諛、求名狗私者，亦謹而察之，皆附于考課，以爲褒貶；若善惡殊尤者，隨即奏聞。若獄訟之枉疑，甲兵之徵遣，興造之便宜，符瑞之尤異，亦以上聞，其常則申於尙書省而已。若孝子順孫，義夫節婦，志行聞於鄉閭者，亦隨實申奏，表其門閭。若精誠感通，則加優賞；其孝悌力田者，考使集日，具以名聞，其所部有須改更，得以便宜從事。」[18]由此觀之，刺史的職責既是：「清肅邦畿，宣布德化」，「務知民間疾苦」，則韓氏之「驅鱷」便是；舉進「篤學異能聞於鄉里者」，如韓之荐舉趙德掌理鄉校便是；「觀風俗問百姓」，如韓之「釋放奴婢」便是：由此可見，韓氏治潮之「德政」，皆其職責所在。

　　唐代之流內官由一品至九品之文武官職，皆要考課。三品以上之官員，及平章事、親王大都督，以及有方鎮身分之高級地方官，則須直奏天子親裁；四品以下之官吏，則由諸司長官上省，由吏部考功郎中按其當年「功過行能」，議其優劣，定爲九等考第，以爲官員升降之準則。[19]其根據有「四善及二十七最」。所謂「四善」是：「一曰德義有聞；二曰清慎明著；三曰公平可稱；四曰恪勤匪懈。」此四善爲校定官員德行操守方面者。所謂「二十七最」，爲較定官員處事才能方面者[20]，其中與刺史有關者爲：

18　〔唐〕唐玄宗勅撰，李林甫注：《唐六典》（台北：文海出版社，民 63
　　年 6 月 4 版），頁 511。
19　曾一民：《唐代考課制度研究》（台北：臺灣商務印書館，民 67 年 12 月），
　　頁 104-105。
20　《新唐書・卷 46・百官志》（北京：中華書局點校本，1991 年 12 月），
　　頁 1190。

「十四曰：禮義興行，肅清所部，爲政教之最。」[21]

　　唐代考課分三方面進行：一爲中央考課，二爲地方考課，三爲特區考課。前二者每歲九月三十日以前爲校考時期。中央考課由諸司首長將其名牒考狀上省，移交吏部辦理。至於地方首長之考績則由觀察使定其考第，然後上省，移交吏部。

　　唐代「特區」考課，有「東都選」、「南選」、「江南」、「淮南」等特區。「東都選」指東都洛陽設一選區，「南選」指以嶺、南、桂、廣、交、黔、閩等州爲選區。因其位於五嶺之南，故稱之。韓氏官職潮州刺史，屬於「南選」。「南選」因爲特區，故選事不由吏部注擬。而考校時程、人員與中央地方不盡相同。中央詮選，每歲一考校，南選則四歲一往，由中央特派京官五品以上官一人爲選補使，一人爲監使，主選嶺南區選事。[22]

　　韓愈是元和十四年正月十三日上表，翌日遭貶，四月廿五日至潮，到任治事。此時，韓愈不知何時回朝的。到任之後，對他而言，必須馬上好好表現一番。他詢問民間疾苦，撰〈鱷魚文〉驅鱷是肅清州境，爲民除害，是立誠信於民，有助於他日後治潮，也可反映其「德義」、「清慎」、「公平」、「恪勤」之「四善」施政成績，使人民知其德義，使其政聲遠揚，意思甚爲明顯。

　　韓氏治潮不到八個月，[23]即因赦量移袁州，此處反映兩個問題：

　　1.韓愈不是貪官，亦有別於一般罪臣。韓氏因上表極諫，觸

21　《新唐書·卷 46·百官志》，頁 1191。
22　《唐代考課制度研究》，頁 135-153。
23　韓氏正月十四日貶潮，四月二十五日涖潮，七月十三日羣臣上尊號，大赦天下，十月二十四日因赦改授袁州刺史。元和十五年春正月，至韶州。故云治潮不到八月。羅聯添：《韓愈研究》（台北：臺灣學生書局，民國 70 年 11 月再版），頁 101-110。

怒天子，故遭外貶；後因天子自我反省，懲罰太過，適逢大赦，
便得量移。

　　2.唐代之考課權完全由天子和吏部操縱。舉凡官員任命分
發，升遷黜降，無不如此。[24]

　　在唐代，朝廷大員貶官，一般都不問政務。[25]而韓愈治潮卻
能以其至誠之心，盡其本分做事，如驅鱷魚、放奴婢、捐俸祿，
延明師，興學校等皆爲其「德政」[26]所在。無怪其爲民眾所緬懷
傳頌，爲之建祠紀念矣！

三、《臣軌》一書之思想

　　以下，試再從《臣軌》一書的觀點考察。

　　《臣軌》一書，由長壽 2 年（693）3 月至中宗神龍元年（706），
13 年間曾是「貢舉習業」[27]的教材，在此 13 年中，不但是欽定之
官員任事守則，亦是士人習業必讀教科書。其後，雖被中宗制停，
改習《老子》。之後，此書並無廢棄，筆者以爲此書仍應被收藏
於朝廷內府弘文館和崇文館，公卿士庶之家以至天下郡縣學校、
山林佛寺道觀之中；而書中所言之「臣道」思想，更流傳於官宦
之家中。

24　「唐代考課制度，舉凡官員任命分發，升遷黜降，皆由吏部及天子操縱。
　　中央及地方諸司首長均無考課權，有之祇議定屬官之考績權而已。」《唐
　　代考課制度研究》，頁 145。
25　〔唐〕皇甫湜〈韓文公神道碑〉：「大官謫爲州縣，簿不治務，先生臨之，
　　若以資遷。」〔宋〕祝充《音註韓文公文集》（文祿堂本）外集卷十二。
26　曾楚楠：《韓愈在潮州》（廣東：文物出版社，1993 年 8 月），頁 1-16。
27　「長壽二年三月，則天自製《臣軌》兩卷，令貢舉人習業，停《老子》。」
　　「神龍元年二月二日赦文，停習《臣範》（按：應爲《臣軌》），依前習《老
　　子》。」《唐會要·卷 75·貢舉上·明經》（台北：世界書局，民 78 年 4
　　月 5 版），頁 1373；《通典·卷 15·選舉三》（北京：中華書局點校本，
　　1996 年 8 月），頁 354。

在唐代，內府藏書之所，計有弘文館和崇文館（崇賢館）。前者，如太宗時，曾於弘文殿聚四部羣書二十餘萬卷，於殿側置宏文館，精選天下賢良文學之士，聽朝之暇，引入內殿，講論文義。後者，如開元九年時東都崇文館之藏書即爲四庫書，總八萬一千九百九十卷。[28]

當時，公卿士庶之家亦多有藏書，如鄴侯李泌藏三萬卷，德宗時蘇弁二萬卷，憲宗時杜兼有萬卷，柳宗元素窮，其家亦有賜書三千卷。[29]

天下郡縣學校亦藏此書，此乃根據當年朝廷曾「頒孝經於天下學校傳授」，[30]因而推知者。

山林佛寺、道觀亦多藏有經史子集書，當時不少士子即讀書於山林巨刹中者。[31]

韓氏生於大曆三年（768），上距神龍 2 年（706）爲 62 年。又生於官宦之家，高祖韓晙爲雅州都督、曾祖韓泰爲唐曹州司馬，祖叡素爲唐桂州長史，父仲卿歷官銅鞮尉、調補武昌令、改鄱陽令，終秘書郎。[32]其家世代官宦，頗有藏書，累世守儒學，重視君臣之道，以此「臣道」思想勸勖子弟，而韓氏深受薰陶，是可以推知者。再說：韓愈曾供職於御史臺、國子監（四門博士、國子博士，國子祭酒）、河南縣令、考功郎中、史館修撰，知制誥、

28　〔宋〕王溥撰：《唐會要》（台北：世界書局，民 78 年 4 月五版），頁 1114、1119。

29　劉伯驥：《唐代政教史》（台北：臺灣中華書局，民 63 年 10 月），頁 135。
　　呂思勉：《隋唐五代史》（香港：太平書局，1980 年 1 月），頁 1371-1372。

30　「（天寶三載）十二月，敕自今以後，宜令天下家藏孝經一本，精勤教習；學校之中，倍加傳授；州縣官長，明申勸課焉。」《唐會要》，頁 645。

31　嚴師耕望：〈唐人讀書山林寺院之風尚〉，《中研院史語所集刊》卷 30 下，民 48 年 10 月。頁 689-725。

32　《韓愈研究》，頁 7-9。

太子右庶子、潮州刺史，對此類內府藏書，以及郡縣學校藏書，
皆在其任職治事之活動範圍內，他曾讀此書，也是可以推知者。
總言之，不論韓氏受「臣道」之薰陶或曾讀此書，惟須注意者，
受薰陶與曾讀並不能證明他必然遵守此《臣軌》書中之規範，但
試觀下文討論，將使人不禁訝然而笑，因爲韓氏之作爲與《臣軌》
之思想行爲竟然密合如此！

　　《臣軌》一書，雖然出於武則天奪權鬥爭之需要，其本人言
行亦未盡合書中要求，有其虛僞一面。惟大體言之，此書總結前
賢經驗，提出爲臣軌則之要求，實有其相當指導意義。《臣軌》
一書，雖隨政權轉移而黜降，而其所代表相當程度之真理，客觀
上反映皇帝對臣子之尺度與要求，體現臣子之行爲典則，使人認
識「臣道」，其價值是永恒。並不因制停「貢舉習業」而消失者。
試想：皇帝有《帝範》，臣子有《臣軌》，各有其道，各行其是，
國家自可共致太平，其理甚明；故此，此書與《帝範》合稱《帝
範、臣軌》，應可視之爲社會的客觀標準。

　　《臣軌》一書，中唐以後不見人引述。甚至久佚於中土，直
至清末，經阮元從日本帶回，收入《四庫未收書目》中[33]。近年
來，始稍見學者論及。

（一）《臣軌》內容與旨趣

　　《臣軌》，武則天勅撰，[34]成書於長壽 2 年，[35]內容分 2 卷

---

33 羅振玉跋云：「《臣軌》中土久佚，阮文達公始得日本活字本，編入《四庫
　　金書未收書目》。」《日本寬本文帝範注二卷臣軌注二卷校記二卷》書前有
　　（甲子東方學會印）字樣。（按：此書購自舊書肆中，封面書題已毀脫。）
　　再按：〔清〕阮元撰：《四庫未收書目》卷二（台北：台灣商務印書館，
　　民 56 年 3 月），《臣軌》二卷條載同。
34 關於《臣軌》作者，史籍所載有三說：一說武氏召周思茂、范履冰、衛

10 章，每卷 5 章，分別論述同體、至忠、守道、公正、匡諫、誠信、慎密、廉潔、良將、利人。《臣軌》前三章，首〈同體〉，論君臣同體，必「相須」、「相得」，而「成體」「成用」，爲全書立論之基；次〈至忠〉，敘臣忠於君，是全篇靈魂、論證中心；次〈守道〉章則將〈同體〉、〈至忠〉原則哲理化，成爲一書之理論指導。此三章，緊密聯繫，構成一個完整體系，統領全篇。所謂〈公正〉、〈匡諫〉、〈誠信〉、〈慎密〉、〈廉潔〉諸章，均圍繞〈至忠〉爲軸心，從不同方面，不同角度貫徹至忠，是〈至忠〉原則具體化。第九章〈良將〉，表明武則天對武力之重視與對武將之厚望；第十章〈利人〉，表明爲百姓興利除弊是「至忠之遠謀」。武氏如此將忠君與利人聯繫並列，表出可貴之民本精神，頗能爲其爭取民心者。[36]

　　其撰述旨趣爲何？武則天在書前〈序〉中說：

　　　　比者，太子及王，已撰修身之訓；群公列辟，未敷忠告之規。近以暇辰，遊心策府，聊因煒管，用寫虛襟，故綴敘所聞以爲《臣軌》一部。想周朝之十亂，爰著十章，思殷

敬業等撰（《舊唐書》卷 6〈則天紀〉）；一說武氏令元萬頃、劉禕之等撰（《資治通鑑》卷 202）；一說武后自撰（《舊唐書》卷 47 經籍下）、（《通典》卷 15〈選舉三〉、《唐會要》卷 75〈貢舉上・明經〉載同。）今取「武后勅撰」說。

35 關於成書時間：《資治通鑑》卷 202，高宗上元二年載：「天后多引文學之士著作郎元萬頃、左史劉禕之等，使之撰《列女傳》、《臣軌》、《百僚新戒》、《樂書》凡千餘卷。」（台北：世界書局，民 76 年 1 月 10 版），頁 6376。這裡說諸書之作，始於上元二年（675），不言成書時間。
　　《通典》卷 15、《唐會要》卷 75 均云：「長壽二年，則天自制《臣軌》兩卷。」近人盧華語以爲：「《臣軌》當成於武則天稱帝之後的長壽二年（693）。」又說該書：「雖成於武則天稱帝之後，但早在上元二年即有此先慮，從起始到功成，歷時近 20 年。」參見〈武則天臣軌剖析〉，收入《武則天與洛陽》（西安：三秦出版社，1988 年 4 月），頁 86-97。

36 盧華語：〈武則天臣軌剖析〉，頁 92。

室之兩臣，分為兩卷。所以發揮言行，鎔範身心，為事上
之軌模，作臣下之繩准。（中略）若使佩茲箴戒，同彼韋
弦，修己必顧其規，立行每觀其則，自然榮隨歲積，慶與
時新，家將國而共安，下與上而俱泰。[37]

由上所述，可見武則天撰述目的是爲了給官員「修身之訓、
忠告之規」，「爲事上之軌模，作臣下之繩准」而作。並使官員
們口誦心唯，奉行實踐，「發揮言行，鎔範身心」，如此「自然
榮隨歲積，慶與時新」矣！

武則天爲何撰作《臣軌》？無容諱言，係有其現實鬥爭與統
治需要。她出身於民間，入宮爲才人，繼爲昭儀，當上皇后，及
後以武周代李唐，自稱天子，她經歷無數次宮庭中的生死搏鬥，
使她重視現實和直接經驗。於是，她從兩方面入手：一方面起用
庶族階級，廣開制科，選拔各級官吏進入官僚集團爲己所用；一
方面撰《臣軌》使朝臣明白君臣之道，團結在自己周圍。《臣軌》
之思想乃是武則天在特殊之政治社會環境中下由己身閱歷逐步所
形成者。[38]

（二）從《臣軌》論〈鱷魚文〉

爲方便討論，茲將〈鱷魚文〉抄錄如次：

維年月日，潮州刺史韓愈使軍事推衙秦濟，以羊一豬一投
惡谿之潭水，以與鱷魚食，而告之曰：

昔先王既有天下，列山澤，罔繩擉刃，以除蟲蛇惡物為民

37　《寬文本臣軌》。又據《臣軌》「佚存叢書」本，《百部叢書集成》（台北：
　　藝文印書館，54 年）。

38　李荷先：〈從臣軌看武則天的君臣倫理思想〉，《華中師範大學學報》（哲
　　社版），1986 年第 5 期，頁 58-62。

害者,驅而出之四海之外;及後王德薄,不能遠有,則江漢之間,尚皆棄之以與蠻夷楚越,況潮嶺海之間,去京師萬里哉!鱷魚之涵淹卵育於此,亦固其所。

今天子嗣唐位,神聖慈武,四海之外,六合之內,皆撫而有之,況禹跡所揜,揚州之近地,刺史縣令之所治,出貢賦以供天地宗廟百神之祀之壤者哉?鱷魚其不可與刺史雜處此土也。刺史受天子命守此土,治此民,而鱷魚睊然不安谿潭,據處食民畜熊豕鹿麞,以肥其身,以種其子孫,與刺史亢拒,爭為長雄,刺史雖駑弱,亦安肯為鱷魚低首下心,伈伈睍睍,為民吏羞,以偷活於此邪?

且承天子命,以來為吏,固其勢不得不與鱷魚辨,鱷魚有知,其聽刺史言:潮之州,大海在其南,鯨鵬之大,蝦蟹之細,無不容歸,以生以食,鱷魚朝發而夕至也。今與鱷魚約,盡三日,其率醜類南徙于海,以避天子之命吏,三日不能至五日,五日不能至七日,七日不能,是終不肯徙也,是不有刺史聽從其言也;不然,則是鱷魚冥頑不靈,刺史雖有言,不聞不知也。夫傲天子之命吏,不聽其言,不徙以避之,與冥頑不靈而為民物害者,皆可殺。刺史則選材技吏民,操強弓毒矢,以與鱷魚從事,必盡殺乃止,其無悔。[39]

全文頗長,文意概分五段:

第一段,由「維年月日」開始至「而告之曰」止,此為〈鱷魚文〉序言。

第二段,由「昔先王既有天下」開始至「亦固其所」止,此

段韓氏由「除民害」之先王以至「不能遠有山川」之後王，遂使「鱷魚之涵淹卵育於此，亦固其所」，此為解釋鱷魚出沒之原因。

第三段，由「今天子嗣唐位」至「以供天地宗廟百神之祀之壤者哉」止，此段言今上是大唐天子，潮州為天子轄地，由刺史、縣令所管治，其地貢賦乃用以供祀「天地、宗廟、百神」者。

第四段，由「鱷魚其不可與刺史雜處」至「不得不與鱷魚辨」止。此段言鱷魚「不安谿潭」，「據處食民畜熊豕鹿麞」，損及百姓民生，減少及於貢賦，影響及於祀神，刺史本於「守土治民」之責，無法忍讓。

第五段，由「鱷魚有知其聽刺史言」至「其無悔」止，此段韓氏告知鱷魚限令七日內率其醜類遷徙至海，否則必操強弓毒矢，盡殺乃止。

《臣軌》一書共十章，茲以〈同體〉、〈至忠〉、〈守道〉、〈公正〉、〈誠信〉、〈慎密〉、〈利人〉七章考察。另〈匡諫〉、〈廉潔〉、〈良將〉三章因與〈鱷魚文〉關係不大，則不引論。

首先，說「同體」。〈同體〉章云：「夫人臣之於君也，猶四支之載元首，耳目之為心使也。相須而後成體，相得而後成用，故臣之事君，猶子之事父；父子雖至親，猶未若君臣之同體也。」[40]又云：「是知君位尊高，九重奧絕，萬方之事，不可獨臨，故置羣官以備爪牙耳目，各盡其能，則天下自化，故冕旒垂拱無為於上者，人君之任也，憂國恤人竭力於下者人臣之職也。」[41]

由此觀之，「同體」之意涵，是言：「君為元首，臣為股肱，上下相須合成一體」，彼此「上下協心，以理國事」。

〈鱷魚文〉中表現〈同體〉章思想者，計如：

---

40 《寬文本臣軌》。
41 同上註。

　　第三段說：「今天子嗣唐位，神聖慈武，四海之外，六合之內，皆撫而有之，況禹跡所揜，揚州之近地，刺史縣令之所治，出貢賦以供天地、宗廟、百神之祀之壤者哉！」

　　第四段說：「刺史受天子命，守此土、治此民……。」

　　第五段說：「且承天子命以來為吏，固其勢不得不與鱷魚辨。」又說：「夫傲天子之命吏，不聽其言，不徙以避之。」

　　文中，韓氏處處抬出天子，又處處言韓乃「受天子命」之刺史，此為「君臣同體」思想。

　　再說「至忠」。〈至忠〉章云：「蓋聞古之忠臣，事其君也，盡心焉、盡力焉，稱材居位，稱能受祿，不面譽以求親，不愉悅以苟合，公家之利，知無不為。上足以尊主安國，下足以豐財阜人。內匡君之過，外揚君之美，不以邪損正，不以私害公，見善行之如不及，見賢舉之如不逮，竭力盡勞而不望其報，程事績功而不求其賞，務有益於國，務有濟於人。」[42]又云：「夫事君者以忠正為基，忠正者以慈惠為本，故為臣不能慈惠於百姓而曰忠正於其君者，斯非至忠也。」[43]

　　由此觀之，〈至忠〉意涵，有兩方面，一是對上，要一心一意，兢兢業業，要危身奉上，揚善補闕；一是對下，要慈惠百姓。試觀韓氏在朝上諫迎佛骨，在潮州譽天子「神聖慈武」，可說即是「內匡君之過，外揚君之美」矣。

　　在文中，韓氏指責鱷魚「睅然不安谿潭，據處食民畜熊豕鹿獐，以肥其身，以種其子孫」，鱷魚與刺史「雜處此土」，侵害民生經濟，影響及於貢賦，他以身為父母官之立場，不肯「低首下心」，不願「偷活於此」，即是反映「慈惠百姓」「危身奉上」

---

42 同上註。
43 同上註。

之「至忠」思想。

在「守道」方面，〈守道〉章云：「夫道者，覆天載地，高不可際，深不可測，苞裹萬物，稟授無形。舒之覆於六合，卷之不盈一握，小而能大，昧而能明，弱而能強，柔而能剛。夫知道者，必達於理，達於理者，必明於權，明於權者，不以物害己，言察於安危，寧於禍福，謹於去就，莫之能害也。以此退居而閑遊江海，山林之士服以佐時而匡主，忠主名顯而身榮；退則巢許之流，進則伊望之倫也，故道之所在，聖人尊之。」[44]又曰：「文子曰：『夫道者，無爲無形，內以修身，外以理人』，故君臣有道即忠惠，父子有道即慈孝，士庶有道即相親，故有道即和同，無道即離貳，由是觀之，無道不宜也。」[45]又曰：「道者，所以正其身而清其心者也，故道在身，則言自順，行自正，事君自忠，事父自孝。」[46]

〈守道〉章中歷引《老子》、《莊子》、《文子》、《管子》，《淮南子》諸說，而章中所謂「道」，乃道家之道，而非儒家之道，又分別言「知道」、「聞道」、「體道」、「有道」、「不知道」之各種情況。考尋武氏之意，乃欲指出「欲立忠者先知道」，將「立忠」與「知道」聯系起來，「守道」即須「至忠」。分而言之，「故君臣有道即忠惠，父子有道即慈孝，士庶有道即相親」。在章中，武則天提出「無爲無不爲」之理論，「無爲」，即順應自然，「道常無爲」，其意是說「規律」是自然存在，無須人爲；順應自然，即按「規律」行事；按「無爲」辦事，就應完全順應「至忠」此一自然存在，不得有違；一切按「至忠」原則辦，就

---

44 同上註。
45 同上註。
46 同上註。

是「無為」矣，就是「守道」矣，自然「福祿歸矣」、「百事成矣」。

以此觀點言，韓愈驅鱷，是盡其職分，關心民瘼，乃照朝廷規律辦，即按「至忠」原則辦，亦即書中所謂的「守道」矣！

在「公正」方面。〈公正〉章云：「天無私覆，地無私載，日月無私燭，四時無私為；去所私而行大義，可謂公矣。」[47]又云：「人臣之公者，理官事則不營私家，在公門則不言貨利，秉公法則不阿親戚，奉公舉賢則不避仇讎。忠於事君，仁於利下，推之以恕道，行之以不黨，伊呂是也，故顯名存於今，是之謂公也。」[48]

〈公正〉章說明以大公無私之心治國，因為「公道行則神明不勞而邪自息；私道行則刑罰繁而邪不禁」，如此作為，其優勝處是「言甚少而用甚溥」。

又提到從政者，必須從己身做起。其言曰：「夫心者，神明之主，萬里之統，動不失正，天地可感，而況於人乎。故古之君子先正其心」，[49]此思想本是儒家「身正令行」思想。以此而觀，韓氏以無私治心、以恕道治事，其「大公」之心，不但澤及當地人民，也澤及淵藪中的鱷魚。此乃「公正」的思想。

以下說「誠信」。〈誠信〉章分論天地、四時之信，君臣、父子、兄弟、朋友之信，其言曰：

> 天行不信，則不能成歲；地行不信，則草木不大；春之德風，風不信則花不成；夏之德暑，暑不信則物不長；秋之德雨，雨不信則其穀不堅；冬之德寒，寒不信則其地不剛；

---

47 同上註。
48 同上註。
49 同上註。

> 夫以天地之大，猶不能以不信成物，況於人乎？[50]

文章由天地四時之「誠信」敘起，推論至於人，說「天地之大，
四時之化，猶不能以不信成物，況於人乎？」此乃老子「人法天」
思想。以上是正論，以下推及於人倫，則用反論：

> 故君臣不信，則國政不安；父子不信，則家道不睦；兄弟
> 不信，則其情不親；朋友不信，則其交易絕。[51]

為何四倫不信，則「國政不安」、「家道不睦」、「其情不親」、
「其交易絕」？因為：

> 凡人之情，莫不愛於誠信。誠信者，即其心易知，故孔子
> 曰：「為上易事，為下易知。非誠，無以取愛於其君，非
> 誠信無以取親於百姓。」[52]

故「誠信」，上可取愛於君，下可取親於民，實為修身治事之本。
另外，〈誠信〉章更提及「至誠通神」之道：

> 夫可與為始，可與為終者，其唯信乎？信而又信，重襲於
> 身，則可以暢於神明，通於天地。[53]

此處之「信而又信」，即《中庸》至誠之謂。「重襲於身」，襲
猶服也。語云：「精誠所至，金石為開」；《中庸》所謂：「至
誠如神」[54]與此章所言「信而又信，可暢神明，通於天地」，意
義相近。

試觀〈鱷魚文〉，文中韓愈驅鱷，採用四個手段：

1.投之以食。

2.說之以理。

---

50 同上註。
51 同上註。
52 同上註。
53 同上註。
54 《中庸・二十四章》，頁21。

　　3.限之以期。

　　4.赫之以威。

　　韓氏先以一羊一豚投於潭水，以〈鱷魚文〉告之，繼而限以三日至七日遷徙，否則「強弓毒矢從事」，展示「先禮後兵」與一腔「誠信」態度。此篇〈鱷魚文〉豈惟告知鱷魚，更而昭告潮州百姓，使禮義興行於鄉里，聲聞及於朝廷。鱷魚有靈，當然感知；百姓有知，當然悅服；朝廷知之，亦知其至忠。此乃「誠信」。

　　以下續說〈慎密〉、〈利人〉：

　　〈慎密〉章篇旨言人臣修身正行必須「謹慎言行」、「謀畫要密」：

> 夫修身正行，不可以不慎；謀慮機權，不可以不密；憂患生於所忽，禍害興於細微；人臣不慎密者，多有終身之悔。[55]

　　〈利人〉章篇旨言君臣同體，為政必須以「利人」、「安俗」為首務。為臣者，必先為君「除害興利」，其言曰：

> 夫黔首蒼生，天之所甚愛也，為其不能自理，故立君以理之。為君不能獨化，故為臣以佐之。夫臣者，受君之重位，牧天之甚愛，焉可不安而利之，養而濟之哉？是以君子任職，則思利人，事主則思安俗，故居上而下不重，處前而後不怨。[56]

　　吾國以農立國，故此〈利人〉即是利農。又曰：

> 故善為臣者，必先為君除害興利。所謂「除害」者，末作也；所謂「興利」者，農功也。[57]

　　按「末作」，指「綺繡纂組」、「雕文刻鏤」一類之高級刺

55　《寬文本臣軌》。
56　同上註。
57　同上註。

繡品、雕刻品。「除害」者，乃禁絕浮華之意。按：《帝範・務農》篇云：「夫食爲人天，農爲政本，倉廩實則知禮節，衣食乏則忘廉恥。故躬耕東郊，敬授民時，國無九歲之儲，不足備水旱；家無一年之服，不足禦寒溫。」[58]又云：「莫若禁絕浮華，勸課農耕，使民還其本俗，反其直，則永懷仁義之心，永絕貪殘之路，此務農之本色。」[59]此段指出「除害興利」之根本原因。

〈利人〉章復指出建國之本在務農，而務農以「共養黎元」爲原則，「省徭輕賦，以廣人財；不奪人時，以足人用。」故曰：「忠臣之思利人者，務在勸導，家給人足，則國自安焉。」[60]

以此而觀：韓氏「驅鱷」符合「愼密」、「利人」思想；從前者言，韓氏先禮後兵，是合人情者；而其驅鱷方法，亦非常「愼密」，「刺史選材技吏民，操強弓毒矢，以與鱷魚從事。」鱷魚若無知，必被殺盡；若然有知，亦必「南徙於海」。結果顯示，乃在預期之內。從後者言，其作爲是肅清州境，利於農功，絕對是「利人」；此乃忠臣之行爲表現。

結　論

綜上所論、試作以下總結：約儒家之臣道思想言，韓愈之驅鱷，一如先王之驅除「蟲蛇惡物」，乃「仁民愛物」之表現；約刺史職責與考課制度言，其驅鱷乃爲人民父母官之本分與表現；約《臣軌》一書言，他之驅鱷符合書中之思想要求。韓氏作爲與〈同體〉、〈至忠〉、〈守道〉、〈公正〉、〈誠信〉、〈愼密〉、〈利人〉諸章之論述，若合符節，充分體現韓愈與君同體、盡忠

---

58 《日本寬文本帝範注二卷》，頁2。
59 同上註。
60 同上註。

職守、守道不阿、公正治事、信及鱷魚、處事慎密、爲君興利之
爲官軌範。尤應指出者：韓氏在貶謫中，仍然「以道濟君」，不
易其操，不改其志，盡責盡分之人格特質，並無大官治民，「不
治簿書」之陋習；加以韓氏治潮，關心民瘼，其施政尙有「釋放
奴婢」、「施財興學」等等，無怪其治潮八月，百世流芳矣！

　　（後記：皇甫湜〈韓文公神道碑〉記昌黎遺言，曰：「遺命
喪葬無不如禮。俗習夷狄，畫寫浮圖，日以七數之，及拘陰陽所
謂吉凶，一無污我。」朱熹〈校昌黎先生集傳〉據之有所發揮，
云：「此事可見公之平生，謹守禮法，排斥異教，自信之篤，至
死不變。可爲後世法。」朱熹借易簀之言，指出昌黎一生行事「謹
守禮法」，甚諦。本文從《臣軌》一書，論其「謹守禮法」，亦
是此意。文中，容許未能實證昌黎有親讀其書，惟其臣道思想，
仍不出此《臣軌》範圍。是故，本文之作，從武周治國的角度，
以衡諸大唐，亦不爲無徵，所謂舉諸天下而皆準也。2012 年 1 月
26 日。）

韓愈〈弔武侍御所畫佛文〉探析

前　言

　　韓愈（768-824）一生倡儒排佛老，寫下相關的詩文，韓氏排佛只及其跡而未及其本，有其一定的時代背景，今不贅述。

　　韓愈集中祭文 31 篇，除祝文 5 篇，疑偽作 2 篇外，餘 24 篇。[1]這些祭文絕大多數（包括哀辭）都是「祭奠親友之辭」，[2]「以寓哀傷之意」。[3]其中有一篇較爲奇特的，題目爲：〈弔武侍御所畫佛文〉，它不止弔慰死者，還有排佛的意思，不但武侍御是誰和寫作目的可以討論，而且反映了唐代喪葬上儒佛矛盾的一些問題。

　　爲了幫助寫作與了解，筆者作了兩個附表，其一乃根據《新、舊唐書》及有關紀、志、史傳將鄭餘慶、武儒衡、韓愈、武少儀四人生平大事作一覽表；其二，取材近人的〈南詔國紀年表〉以爲附表，俾供參考。

一、寫作目的

　　關於〈弔武侍御所畫佛文〉，[4]文題「或無弔字」。[5]

1　〔清〕馬其昶：《韓昌黎文集校注》（香港：中華書局，1984）卷 5，頁 175-200。下稱《校注》。
2　〔明〕徐師曾：《文體明辨序說》（北京：人民文學出版社，1982），頁 154。
3　同上註。
4　《校注》，頁 192-193。
5　文題下注，《校注》卷 5，頁 192-193。

現在先將內文鈔下，然後討論。

> 御史武君當年喪其配，歛其遺服櫛珥鞶帨于篋，月旦十五
> 則一出而陳之，抱嬰兒以泣。有為浮屠之法者，造武氏而
> 諭之曰：「是豈有益耶？吾師云：『人死則為鬼，鬼且復
> 為人；隨所積善惡受報，環復不窮也。極西之方有佛焉，
> 其土大樂。親戚姑能相為圖是佛而禮之，願其往生，莫不
> 如意。』」武君憮然辭曰：「吾儒者，其可以為是？」既
> 又逢月旦十五日，復出其篋實而陳之。抱嬰兒以泣，且殆
> 而悔曰：「是真何益也。吾不能了釋氏之信不？又安知其
> 不果然乎？」於是，悉出其遺服櫛佩合若干種，就浮屠師請
> 圖前所謂佛者。浮屠師受而圖之。韓愈聞而弔之曰：「暫暫
> 兮目存，丁寧兮耳言，忽不見兮不聞，莽誰窮兮本源。圖西
> 佛兮道予勷，以妄塞悲兮慰新魂。嗚呼奈何兮，弔以茲文。」

武侍御於夫人去世後，在守喪居家期間，「歛其遺服櫛珥鞶帨于篋」，在每月的初一與十五兩日「出而陳之」，[6]在家祭中，一時懷念亡妻，哀痛難抑，「抱嬰兒而泣」。於是，有一位學佛人「為浮屠之法者」，造府拜望，加以慰諭，說武氏如此出陳遺物而哭啼，對亡靈的「往生」是無助的，「是豈有益耶？」並引述其師所言：「六道輪迴」之理：「人死則為鬼，鬼且復為人；隨所積善惡受報，環復不窮也。」[7]接著介紹「西方極樂世界及其

---

6 馬其昶引沈欽韓曰：「《士喪禮》：「期月奠。」注：『自大夫以下，月半又奠。』」《校注》，頁193。惟筆者遍查沈欽韓《韓集補注》（光緒十七年三月廣雅書局刊），無此條。又查《儀禮·士喪禮》卷35-36（台北：藝文印書館十三經注疏本，民71年8月），不獲。

7 六道輪迴條：「六道，即地獄、畜生、餓鬼、人、天、阿修羅等，有善惡等級之別。眾生由其未盡之業，故於六道中受無窮流轉生死輪迴之苦，稱為六道輪迴。」《佛光大辭典》（台北：佛光出版社，1995年5月），頁1298。

圖佛功德」：「極西之方有佛焉，其土大樂。」[8]「親戚姑能相與圖是佛而禮之，願其往生，莫不如意。」[9]云云。

對於佛教所云：「圖畫佛像，禮拜追福，使先亡往生」的方法，武氏聽了以後非常失意，心頭生起儒佛矛盾：「吾儒者，其可以爲是？」後來又屆月且十五家祭之期，開始自問：「是真何益也。吾不能了釋氏之信不？又安知其不果乎？」於是，抱著不妨一試的心理，請浮圖師圖畫佛像，爲妻薦福，拜佛往生了。

韓愈知道此事，便「聞而弔之」。

在唐代，士大夫受六朝影響，與僧人遊者，蓋多在詩文相交，而非在玄理之契合。士大夫真正奉佛且深切體佛者，「爲數蓋少」。因爲科舉制之影響，使「天下重孔教文學，輕釋氏名理之風，學者遂至不讀非聖之文。」湯用彤有一段話形容：

---

8 「爾時佛告長老舍利弗，從是西方，過十萬億佛土，有世界，名曰極樂。其土有佛，號阿彌陀，今現在說法。舍利弗，彼土何故名爲極樂，其國眾生，無有眾苦，但受諸樂，故名極樂。」參見姚秦三藏法師鳩摩羅什《佛說阿彌陀經》，《淨土五經》（台中：台中蓮社，民 83），頁 1。

9 照佛經所言，往生極樂世界，應該是其人生前自稱自念，至誠念佛，執持名號，一心不亂，方得往生。若是其眷屬「畫佛供養」，則只能是升天而已。請參下引資料。

《佛說阿彌陀經》：「舍利弗，不可以少善根福德因緣，得生彼國。舍利弗，若有善男子、善女人，聞說阿彌陀佛，執持名號，若一日、或二日、若三日、若四日、若五日、若六日、若七日，一心不亂，其人臨命終時，阿彌陀佛與諸聖眾，現在其前。是人終時，心不顛倒，即得往生阿彌陀佛極樂國土。」又云：「舍利弗，我見是利，故說此言，若有眾生聞是說者，應當發願，生彼國土。」同上註，頁 4。

《地藏經‧利益存亡品第七》：「是故眾生有如此習。臨命終時，父母眷屬，宜爲設福，以資前路；或懸旛蓋，及然油燈，或轉讀尊經；或供養佛像，及諸聖像；乃至念佛菩薩，及辟支佛名號，一名一號歷臨終人耳根；或聞在本識，是諸眾生，所造惡業，計其感果，必墮惡趣。緣是眷屬爲臨終人修此聖因，如此眾罪，悉皆消滅。若能更爲新死之者，七七日內，廣造眾善，能使是諸眾生永離惡趣，得生人天，受勝妙樂，現在眷屬，利益無量。」（台北：慈濟文化志業中心印行，民 78），頁 87-88。

蓋魏晉六朝，天下紛崩，學士文人，意尚清談，多趣遁世，崇尚釋教，不為士人所恥，而其與僧徒遊者，雖不無因果福利之想，然究多以談理相過從。及至李唐奠定宇內，帝王名臣以治世為務，輕出世之法。而其取士，五經禮法為必修，文詞詩章為要事。科舉之制，遂養成天下重孔教文學，輕釋氏名理之風，學者遂至不讀非聖之文。故士大夫受六朝習尚，其與僧人遊者，蓋多交在詩文相投，而非在玄理之契合。文人學士如王維、白居易、梁肅等真正奉佛且深切體佛者，為數蓋少。[10]

再從禮制一面看，唐初，「唐太宗的《貞觀禮》，高宗的《顯慶禮》，大體仍參照隋制。到玄宗開元間制度的《開元禮》，基本上是遵循《儀禮》所規定的格局。」[11]至於佛道二教，由於皇帝的推崇，三教盛行的結果，很容易影響及於民間。在唐代，「貴族、富貴人家大辦喪事，僧尼、道士、禮生一律請到場設齋打醮，并祭奠行禮。」[12]「佛教有水陸道場，創於梁武帝蕭衍；道家則打『羅天大醮』超度亡魂。另外一班儒教禮生齋戒沐浴打扮齊正，在靈前舉行『三獻禮』。」[13]而一般儒者大抵仍用古禮。以姚崇（651-721）為例，迫不得已也只許「設七僧齋」[14]，以為隨順俗

---

10 湯用彤：《隋唐及五代佛教史》（台北：慧炬出版社，民75），頁44。
11 王家廣：《唐人風俗》（陝西：人民出版社，1993）頁240-241。
12 同上註，頁241。
13 同註11，頁240-241。
14 〔唐〕姚崇：〈遺令誡子孫文〉：「吾身亡後，可殮以常服，四時之衣，各一副而已。吾性甚不愛冠衣，必不得將入棺墓，紫衣玉帶，足便於身。念爾等勿復違之。（中略）比來緣精進得富貴長命者，為誰？生前易知，尚覺無應。身後難究，誰見省徵。（中略）抄經寫像，破業傾家，乃至施身，亦無所吝，可謂大惑也。亦有緣亡人造像，名為追福，方便之教，雖則多端；功德須自發心，旁助寧應獲報。遞相欺誑，浸成風俗，損耗生人，無益亡者。（中略）夫釋迦之本法，為蒼生之大弊。汝等各宜警策，

情，並非「崇信求福」。但若是「造像追福」之事，則是絕對拒絕的。姚崇認爲「功德須自發心，旁助寧應獲報。」這是欺誑的風俗，「遞相欺誑，浸成風俗，損耗生人，無益亡者。」[15]武氏這種「吾儒者，其可以爲是」的態度，反映了一般儒者的心態。如姚崇便告誡其子孫：「吾亡後必不得爲此弊法，不得妄出私物徇追福之虛談」。[16]正因武氏抱姑且一試的心理，軼出一般儒者的常軌，才有韓愈這篇「排佛」的弔文。

在唐代，「御史」的政治地位甚高。不但皇帝對御史的選任相當重視，對御史的要求條件也很高。「御史府居朝廷之中，傑出他署，蓋以圭表百吏，糾繩四方，故選其屬者必在堅明勁削，臨事而不撓，不獨取謹厚溫文修整容度而已。」[17]如今「圭表百吏，糾繩四方」的「武侍御」，竟然軼出一般儒者的常軌，所以，韓氏借弔文婉轉地提出「糾繩」。這是韓氏寫作的目的。

二、武侍御是誰

武侍御是誰？有武少儀、武儒衡兩說。《魏本》引樊汝霖曰：「公太學彈琴詩序有武少儀者，時爲司業，後以太常少卿兼御史中丞使南詔，此所謂御史武君者，豈其人耶？」[18]又引韓醇曰：

正法在心，勿效兒女子曹終身不悟也。吾亡後，必不得爲此弊法。若未能全依正道須順俗情。從初七至終七，任設七僧齋。若隨齋須布施，宜以吾緣身衣物充，不得輒用餘財，爲無益之枉事。亦不得妄出私物，徇追福之虛談。」（清）董誥：《全唐文》（北京：中華書局，1983）卷206，頁2082-2083。

15　同上註。

16　同註14。

17　〔唐〕崔駰：〈授蕭業李玄監察御史制〉，〔宋〕李昉等編：《文苑英華》卷395（北京：中華書局，1982年7月），頁2010。

18　〔宋〕魏仲舉集注：《五百家注昌黎文集》（台北：台灣商務印書館，景印文淵閣四庫全書本）卷23。

「武侍御或以爲武少儀，或以爲儒衡，姓氏及官御史皆同，未知孰是？」[19]

據文題下注云：「武侍御，一以爲武少儀。謂公嘗爲〈太學彈琴詩序〉，少儀時爲司業，後以太常少卿兼御史中丞使南詔，在元和五年。一以爲武儒衡，據《李翱集·墓誌》云：故相鄭餘慶尹河南，奏授伊闕尉，及鄭公留守東都，在元和五六年間。然姓氏及官御史皆同，未知孰是；然題曰侍御，其文亦曰侍御，後說若近之云。」[20]

按：唐代姓武的御史不多。正如《舊注》所言，只有武少儀，武儒衡兩說。不過話說回來，武元衡亦曾作過監察御史和御史中丞，他也可稱爲武侍御，但由於武元衡的文獻不多，尤其是他喪妻部分更是闕如，根本無法討論。所以，只能就武少儀、武元衡二人而論。

在武儒衡與武少儀兩者之間，孰爲近是。試作以下考察。

1.主武儒衡說者，如《舊注》認爲後者「若近之云」便是。

茲據《新舊唐書·本傳》、[21]李翱〈兵部侍郎贈工部尙書武公墓誌銘〉，[22]摘錄武儒衡及武元衡生平，以見其梗槪。

武儒衡（769-824），字廷碩。武元衡之從父弟。姿狀秀偉，不妄言，與人交，始終一節。貞元九年（793）中進士第，時二十四歲。歷四門助教。鄭餘慶爲河南尹，奏授伊闕尉，充水陸運判官。及鄭留守東都，又請自佐；由監察御史轉殿中御史臺。奏其

---

19 同上註。
20 《校注》，頁 192-193。
21 《舊唐書》卷 158〈武元衡傳〉、〈武儒衡傳〉（北京：中華書局點校本，1997 年 3 月），頁 4159-4163。《新唐書》卷 152〈武元衡傳〉、〈武儒衡傳〉（北京：中華書局點校本，1991 年 12 月），頁 4833-4835。
22 《李文公集》卷 15（上海：商務印書館，四部叢刊新編，民 54 年），頁 66-67。

材，詔即以爲真。歷侍御史、司封員外郎、戶部郎中。自武元衡
歿後，憲宗待之益厚。元和十二年（817），權知諫議大夫事。三
月以本官知制誥。歲滿轉中書舍人。翌年遷禮部，入謝，賜三品
衣魚。數月，丁夫人憂。再期服除，權知兵部侍郎。月餘，母夫
人暴卒，武氏一號絕氣，久而乃息，遂得重疾，不能見親友。既
祥益病。長慶四年（824）四月壬辰卒，年五十六歲。（參附表）
贈工部尚書。有集二十五卷，制集二十卷。

　　至於武元衡的生平，則見下述：

　　武元衡（757-814）字伯蒼，河南緱氏人。建中四年（783）
進士登第，累辟使府，至監察御史。德宗知其才，召拜比部員外
郎。一歲，遷左司郎中。貞元二十年（804），遷御史中丞。憲宗
即位，進戶部侍郎。元和二年（807），拜門下侍郎，同中書門下
平章事。後代高崇文，拜檢校吏部尚書，兼門下侍郎、平章事、
充劍南西川節度使。八年，徵還，重拜門下侍郎、平章事。九年
（814）六月三日遇害卒，年五十八。冊贈司徒，諡曰忠愍。元
衡工五言詩，好事者傳之，往往被於管絃。有《武元衡集》二卷，
今不存。《全唐詩》三一六、七編其詩二卷。《全唐文》卷五三
一收其文十篇。

　　武元衡與昌黎之從父兄韓弇同登進士第，時爲德宗建中四年
（783）。是年昌黎年方十六。嗣後，昌黎與元衡相識，殆經韓弇
從中引介。元和八年（813），昌黎爲國子博士，以才高數黜，官
又下遷，乃作〈進學解〉以抒懷才不遇之概。是年三月武元衡自
西川至京，與李絳及李吉甫入相。元衡覽其文而憐之，遂改比部
郎中、史館修撰。由此以觀，昌黎此次擢官，得武元衡之力甚多。[23]

23　羅聯添：《韓愈研究》（台北：臺灣學生書局，民70），頁83-85。

　　至於，韓愈與武儒衡二人年紀相近，又曾同爲鄭餘慶之屬吏，[24]與武元衡又是相識，彼此當有密切之往還。

　　但「主武儒衡說」者，有嬰兒、官名兩個疑點：

　　據李翱〈墓誌銘〉載：武儒衡夫人逝世於元和十五年（820）。武儒衡逝世於長慶四年，有二子二女。據李翱〈兵部侍郎贈工部尙書武公墓誌銘〉曰：「嗣子曰籌，年十五；次子年十三。長女許嫁盧立，（中略）次女嫁前進士崔摶。」[25]若逆推五年，至元和十五年，「丁夫人憂」時，其二子分別爲十歲、八歲，可稱幼兒、小兒。惟文中稱「抱嬰兒以泣」，按嬰兒應指剛出生的小兒，由此看，文中「嬰兒」之「嬰」字或誤；或是韓氏誤記。

　　武儒衡得鄭餘慶賞識，徵辟爲東都留臺爲監察御史、殿中侍御史時爲元和三年至八年間，[26]又歷侍御史，時爲元和九年。[27]若以此觀，御史臺的臺、殿、監三院他都做過，三院御史時人眾呼爲「侍御」。[28]「雖他官高秩兼之，其侍御號不改。」[29]故韓愈亦稱他爲武侍御。要注意的是此時期武儒衡未曾喪妻；武儒衡喪妻時爲元和十五年，當時他已任官於禮部，但韓氏爲何仍稱他爲武

24　「元和元年九月鄭餘慶爲國子祭酒，韓愈權知國子博士；十一月餘慶爲河南尹，翌年夏末韓愈出京權知國子博士分司，又爲餘慶屬吏。元和五年餘慶爲東都留守，韓愈除都官員外郎，兼判祠部。前後五年三爲餘慶屬吏。彼此關係至爲密切。」同上註，頁 76。

25　同註 20。

26　因爲是鄭餘慶所徵辟，與鄭餘慶生平連系起來，推測而知。參文後附表一。

27　參附表一。

28　「御史臺三院，一曰臺院。其僚曰侍御史，眾呼爲端公。見宰相及臺長，則曰某姓侍御。知雜事，謂之雜端。見臺長，則曰知雜侍御。雖他官高秩兼之，其侍御號不改。見宰相，則曰知雜某姓某官。臺院非知雜者，乃俗號散端。二曰殿院。其僚曰殿中侍御史。眾呼爲侍御。見宰相及臺長雜端，則曰某姓殿中。（中略）三曰察院。其僚曰監察御史，眾呼亦曰侍御。見宰相及臺長雜端，則曰某姓監察。若三院同見臺長，則通曰三院侍御，而主簿紀其所行之事。」〔宋〕趙璘：《因話錄》卷 5（台北：藝文印書館，民 54 年）。

29　同上註。

侍御？

2.武少儀說之考察

據《舊注》云：「武侍御，一以爲武少儀。謂公嘗爲〈太學彈琴詩序〉，少儀時爲司業，後以太常少卿兼御史中丞使南詔，在元和五年。」

武少儀的生平，由於文獻不足，只有片面的記載：如：

貞元十一年（795）春，「以衛尉少尉武少儀爲邕管經略使。」[30]

貞元十八年（802），「北軍捕太學生何竦、曹壽繫訊，人情大懼。司業武少儀上書，『有如罪不測，顯明示日方。』俄得釋。」[31]

「元和三年（808）十二月，以異牟尋卒，廢朝三日。四年（809），正月，以太常卿兼御史中丞使南詔。」[32]

元和八年（813），「春，詔御史中丞薛存誠、刑部侍御王播、大理卿武少儀爲『三司使』，按察梁正言兇案。」[33]

按《唐書·南詔傳》載：「元和三年，異牟尋死，詔太常卿武少儀持節弔祭。子尋閣勸立，或謂夢溪，自稱『驃信』，夷語君也。改賜元和印章。明年死，子勸龍晟立，淫肆不道，上下怨疾。十一年，爲弄棟節度王嵯巔所殺，立其弟勸利。詔少府少監蕭宗上元元年（760）李銑曾任御史中丞，李銑爲冊立弔祭使。」[34]

《唐會要》載：「元和三年十一月，以南詔異牟尋卒，廢朝三日。辛未，以諫議大夫段平仲兼御史中丞，持節充冊立南詔及弔祭使，仍命鑄『元和冊南詔印』，司封員外郎李逢吉副之。至

30　《舊唐書·德宗紀下》卷 13，頁 380。
31　《新唐書》卷 132〈宦官上〉，頁 5867。
32　《舊唐書》卷 197〈南蠻·西南蠻傳〉，頁 5284。《新唐書》卷 222 中〈南蠻中·南詔下〉，頁 6281。
33　《舊唐書》卷 156〈于頔傳〉，頁 4131；《新唐書》卷 172〈于頔傳〉，頁 5200。
34　《新唐書·南詔下》（北京：中華書局點校本，1991）卷 222 中，頁 6281。

四年正月，以太常卿武少儀兼御史中丞，充冊立及弔祭使。先是，
諫議大夫段平仲充使，朝廷以爲諫官不合離闕，因罷平仲使；少
儀遂有是行。冊異牟尋之子驃信笡[35]蒙閣勸（按：即尋閣勸，蒙
是其姓氏）爲南詔王。」[36]

這裡須注意時間、官職兩個問題：

在出使南詔時間方面：《唐書》指是元和三年；《唐會要》
指是元和四年正月；《舊注》則指是「在元和五年」，究以何說
爲是？若依《唐書》則應是元和三年，不能遲至四年底，因爲「明
年，尋閣勸死，子勸龍晟立。」（參附表二）

若武少儀四年正月使南詔，尙有可能；因爲尋閣勸被冊立之
後，年底之前死。

若四年之說成立，則五年之說，便是錯誤。

武少儀使南詔時的官職，依《唐會要》便是：「太常卿兼御
史中丞」，而非《舊注》所言之「太常少卿」，而「太常少卿」
疑爲「太常卿」之誤。按「太常寺」的正官爲「太常寺卿」，「少
卿」是其副手。《唐六典》載：「太常卿」職掌爲：「邦國禮樂
郊廟社稷之事」。[37]

韓氏與武少儀之認識大抵是同官關係。韓氏任職四門博士時
曾撰〈太學彈琴詩序〉，時爲貞元十八年至十九年（802-803），

---

35 笡，爲苴之誤。俊也。參下註。
36 《唐會要》（台北：世界書局，民78）卷99，頁1765。
　　「史載南詔自南詔王尋閣勸起，自稱『驃信』，在尋閣勸尙末爲南詔王時
　　已稱『驃信苴』。『驃信』意爲君，即南詔的王之意，『信苴』者爲南詔王
　　子之稱，『苴』又意爲俊。」邵獻書：《南詔和大理圖》（長春：吉林教育
　　出版社，1990年10月），頁60。
　　《舊唐書‧憲宗紀》卷14：「（元和三年）十二月甲子，南詔異牟尋卒。
　　辛末，以諫議大夫段平仲使南詔弔祭，仍立其子驃信苴蒙閣勸爲南詔王。」
　　（北京：中華書局點校本，1997），頁427。
37 〔唐〕唐玄宗敕撰：《大唐六典》（台北：文海出版社，民63），頁275。

武少儀爲司業。按國子監職掌爲：「邦國儒學訓導之政令。有六學焉：一曰國子；二曰太學；三曰四門；四曰律學；五曰書學；六曰算學。」[38]「國子監設祭酒一人，從三品；司業二人，從四品下；四門博士三人，正七品上。」[39]

　　韓氏離開四門博士之後，大抵與武少儀仍有往還。但武少儀喪妻於何時，不可考。若以官職言，武氏曾於元和四年正月，以「太常卿兼御史中丞」使南詔，元和八年春則已供職大理卿，故可能即在元和四年正月後至七年之間。

　　按《唐六典》：「御史臺」職掌「邦國刑憲典章之政令，以肅正朝列。」[40]置「御史大夫一人，從三品；中丞二人正五品。」[41]「侍御史四人，從六品下。殿中侍御史六人，從七品上。」[42]

　　經過以上考察，武儒衡於御史臺的臺、殿、監三院皆曾任職，歷任監察御史，轉殿中侍御史，又歷侍御史，任職時間又長，（約爲元和三年至八、九年）；至於武少儀只於元和四年春，以太常卿兼御史中丞使南詔，而且是兼職，時間較短，其他官職則分別是：衛尉少卿、國子司業、大理卿，與「御史」無關。故若將二人比較，則武儒衡近是，這是第一點。至於武儒衡的兩個疑點，也不是無法解釋。由於「御史」的地位較高，遂使韓愈稱武儒衡爲「武侍御」變成了一個慣性的尊稱！那怕，武儒衡已經不在御史臺，轉禮部去，仍以「武侍御」去稱他，這是第二點。至於「嬰兒」的嬰與幼兒之誤，也可能是筆誤，或記憶之誤。這是第三點。如果從此處解釋，則仍有可能是武儒衡。

---

38 同上註，頁 381。
39 同上註，頁 380-382。
40 同上註，頁 264。
41 同上註，頁 262-263。
42 同上註，頁 264-267。

茲補充筆者近日的發現，據宋人文讜在文題下註云：

> 李翱集，武公諱儒衡，字廷碩。年二十四得進士第，歷侍
> 御史。夫人隴西李氏，先公而卒。[43]

文讜直接據李翱集裡的墓誌，找出兩個連繫點，一侍御史、一夫
人先卒，簡切地說明了，文中主人的身份；言簡意賅。比前引之
樊汝霖、韓醇兩家為扼要。據〈墓誌〉，李翱與武儒衡是舊交，
臨終時以後事相託；故此，文讜的註釋，提供有力的方向，一語
中的。這樣看來，武御史就是武儒衡。

三、韓氏排佛的觀點

按弔文者，「弔死之辭也」，[44]古時，「賓之慰主，以至到
為言，故謂之弔。古者。弔生曰唁，弔死曰弔，亦此意也。」[45]以
此說，這篇弔文是弔慰死者。又按《禮記・曲禮》：「知生者弔，
知死者傷。知生而不知死，弔而不傷；知死而不知生，傷而不弔。」
[46]《說文》曰：「弔，問終也。」[47]從這角度看，韓氏此文則又是
慰問喪主，而非哀傷死者了。不管是「弔死」或「知生」，實質
言，既是「弔慰死者」，又是「慰問喪主」。值得注意的是韓氏
的用意，故意突出「佛像」的話題來。

韓氏弔文的主題是「以妄塞悲慰新魂」七個字。韓氏要說：
「圖佛追福，以求往生」是虛妄無驗的，只是暫時以止塞悲慟的
武氏家人和弔慰新逝的亡魂而已。是可惜的。為甚麼？因為韓氏

43　《新刊經進詳註昌黎先生文》〔宋〕文讜詳註、王儔補註（上海：古籍出
　　版社，1994 年 9 月）卷 23，頁 1313。
44　《文體明辨序說》，頁 2。
45　同上註。
46　《禮記注疏》（台北：藝文印書館十三經注疏本，民 71），頁 54。
47　〔漢〕許慎著，〔清〕段玉裁注：《說文解字》（台北：藝文印書館，民
　　55），頁 387。

相信目視耳聞的事，「皙皙兮目存，丁寧兮耳言」，白皙的肌膚，叮嚀的語辭，是實在的；若是死亡了，毫無知覺的，生從何處來，死往何處去，如此生死的來源，蒼蒼莽莽的，誰會知曉呢？「忽不見兮不聞，莽誰窮兮本源？」正是此意。武君遭亡妻之慟圖畫西佛供養是要嘗試佛說之有驗否？態度是屈己從人的。「圖西佛兮道予戇」，是令人同情的，但這卻是虛妄無驗的，徒然精神上「安慰新魂」而已，「嗚呼！奈何兮！」此句便婉轉道出此意。這個觀點，韓氏的排佛前輩姚崇便說是：「生前易知，尚覺無應。身後難究，誰見省徵。」[48]兩人觀點相同。

四、文中所引佛語有誤

值得提出的是，文中韓氏引用佛徒之言，有兩處與佛教教義不合，恐有誤。其一為：「人死則為鬼，鬼且復為人」。按佛教有六道輪迴之說，人死亡後，據業受生，其善業多者輪生於三善趣；其惡業多者，輪生於三惡趣。[49]「人死為鬼」二句，不能概括佛教之六道輪迴觀念。

其二為：「圖佛而禮之，願其往生，莫不如意。」若按佛經所言，往生極樂世界，應是其人生前自稱自念，至誠發願，執持名號，一心不亂，七日之後方得往生。若是在死後由其眷屬「畫佛追福」，只能「得升人天」而已。[50]

---

48 〔唐〕姚崇：〈遺令誡子孫文〉，同註 14。
49 中國古人之鬼神觀：宇宙人生，僅有形氣，神即屬於氣。當子產時，雖已創闢新見，但仍援用「魂魄」舊語。逮荀子時，則不再用魂魄字，而逕稱為形神。（形神二字，尤為先秦道家所愛用）。當知形神之神，顯然已不是鬼神之神，乃僅指其人生前之一段精氣言，此種精氣，人死後，又散歸於天地間，惟此乃稱為鬼；而形體之埋藏於土者，則稱為屍。參見錢穆〈中國思想史中之鬼神觀〉，《新亞學報》第 1 期（香港：新亞研究所印行，1955 年 8 月 1 日）
50 參見《阿彌陀經》、《地藏經》，同註 9。

　　韓愈在此文的敘述有誤。可能是學佛人轉述其師所言之誤，又可能是韓氏經人轉告，因此致誤。卻由此反映了韓氏於佛教知識的多寡。

結　論

　　經過上文考察，可作如下總結：

1.由於武侍御是「御史」，而他爲亡妻「圖佛追福」的作爲，軼出一般儒者的常軌，於是韓氏借此弔文婉轉「糾繩」。

2.武侍御是誰？據李翱〈墓誌〉所記，應是武儒衡。

3.文中所言：「人死爲鬼」二句不能概括佛教「六道輪迴」之說；「圖佛生西」一節與佛教教義不合，韓氏引述有誤。

4.在唐代，儒佛大行，儒者在喪葬儀式的處理上，反映了一些矛盾，這個問題值得再作研究。

　　（補記：筆者近閱《白居易集》卷70、71，發現四篇文章，與圖佛求生西方有關：〈畫彌勒上生幀贊並序〉、〈繡西方幀贊並序〉、〈畫西方幀記〉、〈畫彌勒上生幀紀〉。第一篇事緣大唐東都長壽寺大比丘道嵩、存一、惠恭等六十人，與優婆塞士良、惟儉等八十人，以太和八年（834）夏，受八戒，修十善，設法供，捨淨財，畫兜率陀天彌勒上生內眾一幀，發願往生，白居易代作。第二篇事緣弘農郡君，姓楊號蓮花性，爲其長姊楊夫人，「滅宿映，追冥福」，繡西方彌陀像，以求往生極樂，白居易代作；第三四篇係開成五年三月（840）間，白居易爲自己發願往生西方極樂世界及兜率天宮、彌勒內院而作。其中，提到「西方阿彌勒佛與閻浮提有願，此土眾生與彼佛有緣，受一切苦者，先念我名；祈一切福者，多圖我像。至於，應誠來感，隨願往生；神速變通，與三世十方諸佛不侔。」反映了，當時的圖佛求往生觀念。可參。）

附表一：鄭餘慶、武元衡、武儒衡、韓愈、武少儀生平大事一覽表

說明：

1.此表所根據之文獻計有：

《新唐書》卷 152〈武元衡、武儒衡傳〉、卷 222〈南詔下〉、卷 207〈宦者上〉、卷 172〈于頔傳〉、卷 165〈鄭餘慶傳〉、卷 60〈志第 50〉、卷 74〈表 14 上〉、卷 176〈韓愈傳〉。

《舊唐書》卷 158〈武元衡、武儒衡傳〉、卷 13〈德宗紀〉、卷 156〈于頔傳〉、卷 17 上〈敬宗紀〉、卷 158〈鄭餘慶傳〉、卷 197〈南蠻〉、卷 160〈韓愈傳〉。

《唐會要》卷 99。羅聯添《韓愈研究》。

周祖譔主編《中國文學家大辭典》（唐五代卷）

2.由於文獻不足，除韓愈外，其餘三人，此表只能作一大略了解而已；尤其是武少儀部分為然。

紀　年	鄭餘慶	武元衡	武儒衡	韓　愈	武少儀
代宗大曆二年					登進士第。累官至衛尉少卿
代宗大曆十二年（777）	進士第。				
建中末	嚴震帥山南西道奏置幕府，辟為從事。	建中四年登進士第。累佐使府，徵為監察御史。後為華原令。時幾			
貞元初	還朝，歷左司、兵部員外郎、庫部郎中。	輔鎮軍督將，皆驕橫撓政，元衡力不能禁，遂稱疾去官，寄情觴咏。			
貞元八年（792）	為翰林學士。	德宗知其才，召授比部員外郎，歲內		登進士第	
貞元九年（793）	〃	三遷至左司郎中。（《新唐書・本傳》作右司郎中）	中進士第。		
貞元十一年（795）	〃				春，以衛尉少卿武少儀為邕管經略使。
貞元十三年（797）	遷工部侍郎，知吏部選事。			在汴州為推官。	
貞元十四年（798）	拜中書侍郎同中書門下平章事。			在汴州為推官。	
貞元十六年（800）	坐事，貶郴州司馬。			夏，去除歸洛，多至長安。	
貞元十八年（802）	〃		歷四門助教。（年份不可考，姑繫於此。）	任四門博士。	為國子司業。時北軍捕太學生何竦、曹壽繫訊，人情大懼。司業武少儀上書，俄得釋。

貞元十九年（803）	〃			四月罷四門博士。冬拜監察御史。十二月貶爲陽山令。	
貞元二十年（804）	〃	擢爲御史中丞。			
貞元二十一年（805）	順宗登極，拜尚書左丞			夏秋之際遇赦離陽山。	
順宗永貞元年（805）	拜同中書門平章事。尋罷相，爲太子賓客。	順宗即位，因與王叔文等政見不合，改官右庶子，憲宗立，復拜中丞，進戶部尚書。		八月授江陵法曹參軍。	
元和元年（806）	九月改國子祭酒。十一月拜河南尹。		鄭餘慶尹河南辟爲伊闕尉、水陸運判官。	六月，召拜國子博士。	
元和二年（807）	〃	拜門下侍郎同平章事。十月，以使相出爲劍南西川節度使。	爲東都留守從事	〃	
元和三年（808）	檢校兵部尚書，兼東都留守。	在西川節度使任。	鄭餘慶守東都，辟爲監察御史，轉殿中御史臺。鄭餘慶奏得材，詔以爲真。	國子博士分司洛陽。	
元和四年（809）	〃	〃	〃	六月改都官員外郎。	正月，以太常卿兼御史中丞使南詔。
元和五年（810）	〃	〃	〃	冬，改河南縣令。	

元和六年（811）	正拜兵部尙書，改太子少傅	〝	入爲殿中侍御史，歷侍御	夏，入朝爲職方員外郎。	
元和七年（812）	太子少傅任	〝	史、司封員外郎、戶部郎	二月，復任國子博士。	
元和八年（813）	〝	徵還。復入相。力主用兵平淮西吳元濟，而淄青節度使李師道、成德節度使王承宗與元濟暗相勾結。	中。	三月，改比部郎中、史館修撰。	春，詔御史中丞薛存誠、刑部侍郎王播、大理卿武少儀爲「三司使」按察梁正言兇案。
元和九年（815）	拜尙書左僕射，兼興元節度使，充山南西道觀察使。			十月，爲考功員外郎兼史館修撰。十二月以考功郎中知制誥。	
元和十年（816）	〝	刺客殺元衡于道，朝廷進贈司徒，諡忠閔。		在考功郎中知制誥依前史館修撰任。	
元和十二年（818）	〝		諫議大夫。三月以本官知制誥。	七月爲行軍司馬，從裴度出征淮西。	
元和十三年（819）	拜尙書左僕射，拜鳳翔節度使。		轉中書舍人。	爲刑部侍郎。	
元和十四年（820）	檢校司空，復爲太子少師，封滎陽郡公。兼判國子祭酒事。		〝	正月，諫迎佛骨，貶潮州刺史。冬，移袁州刺史。	

元和十五年（820）	憲宗立，加檢校司徒。卒年七十五。贈太保，諡曰貞。		入禮部。賜三品衣魚。數月，丁夫人憂。	九月，召授國子祭酒。
長慶元年（822）			服除。權知兵部侍郎。月餘，母暴卒，一號絕氣，得重病。	七月，轉兵部侍郎。
長慶二年（823）			、	二月，奉使赴鎮州宣慰亂軍。九月轉吏部侍郎。
長慶三年（824）			大祥後益病。	六月為京兆尹兼御史大夫。十月復任兵部侍郎，又改吏部侍郎。
長慶四年（825）			四月薨。	十二月卒。

附表二：南詔國紀年表

取自：邵獻書《南詔和大理國》（長春：吉林教育出版社，1990）

地方政權名	王（國主）名	年號	年數	起訖年代		備註
				公元	中原王朝紀年	
南詔	皮邏閣（蒙歸義）		21	728-748	唐開元十六年至天寶七年	唐開元二十六年（738）應爲南詔地方政權之始。
	閣羅鳳		4	748-751	天寶七年至十年	天寶十一年（752）南詔始有年號，以後直至大理國亡。
		贊普鐘	17	752-768	天寶十一年至大歷三年	
		長壽	11	769-779	大歷四年至十四年	
	異牟尋	見龍	4	780-783	建中元年至四年	
		上元	?	784-?	興元元年至？	
		元封	?	?-808	？至元和三年	
	尋閣勸（尋夢湊）	應道	1	809	元和四年	以太常卿武少儀兼御史中丞充冊立及弔祭使。
	勸龍晟	龍興	7	810-816	元和五年至十一年	?
	勸龍晟（勸利）	全義	4	816-819	元和十一年至十四年	詔少府少監李銑爲冊立弔祭使
		大豐	4	820-823	元和十五年至長慶三年	
	勸豐祐（豐佑、豐祐）	保和	16	824-839	長慶四年至開成四年	
		天啓	20	840-859	開成五年至大中十三年	
	世隆（酋隆、酋龍）	建極	?	860-?	咸通元年至？	「建極」至少有13年。
		法堯	?	?-877	？至乾符四年	

	隆舜	貞明	?	878-?	乾符五年至？	
	(法、法堯)	承智	?	?-?	？至？	
		大同	?	?-888	？至光啓四年	
		嵯耶	9	889-897	龍紀元年至乾寧四年	
	舜化貞	中興	6	897-902	乾寧四年至天復二年	
	(舜化)					

韓愈〈潮州刺史謝上表〉考析

前　言

　　元和十四年（819），唐憲宗依舊例迎鳳翔法門寺佛骨入禁中，以求「歲豐人安」。[1] 三日後，又令諸寺遞相供養。一時之間，京都士庶「百十爲群，解衣散錢，自朝至暮，轉相仿效，惟恐後時，老少奔波，棄其業次。」[2] 韓愈素以崇儒排佛爲職志，是時官拜刑部侍郎，淮西既平，立下大功，官運正隆，有一種「待將功德格皇天」[3] 的志氣，當時，「群臣不言其非，御史不舉其失」，以他操行堅正、勇於任事的性格驅使下，他毅然上〈論佛骨表〉，他沒顧念自己的幸福、自己的官職、新春期間家庭的團聚。表中，韓愈認爲「若不即加禁遏，必有斷臂臠身以爲供養者，傷風敗俗，

1　憲宗元和十三年「功德使上言：『鳳翔法門寺塔有佛指骨，相傳三十年一開，開則歲豐人安。來年應開，請迎之。』十二月，庚戌朔，上遣中使帥僧眾迎之。」〔宋〕司馬光撰：《新校資治通鑑注》卷240（台北：世界書局，民76年1月），頁7756。下稱《通鑑》。

2　「中使迎佛骨至京師，上留禁中三日，乃歷送諸寺，王公士民瞻奉捨施，惟恐弗及，有竭產充施者，有然香臂頂供養者。」《通鑑》卷240，頁7758。

3　韓愈〈次潼關上都統相公〉詩：「暫辭堂印執兵權，盡管諸公破賊年。冠蓋相望催入相，待將功德格皇天。」此詩作於平淮西戰後，「待將功德格皇天」本是對晉度之頌詞，程學洵曰：「此格字即格君心之非之格字。言破賊後尚有許多事須匡正。」今借用爲韓愈心跡。引見錢仲聯《韓昌黎詩繫年集釋》卷10（上海：上海古籍出版社，1984），頁1076。下稱《集釋》。

傳笑四方，非細事也。」[4]又指「佛身」乃「枯朽之骨」，「今無故取朽穢之物，親臨觀之，巫祝不先，桃茢不用。」[5]他為善良風俗及國君健康與朝廷禮儀，請求將佛骨「付之有司，投諸水火，永絕根本，斷天下之疑，絕後世之惑」[6]云云，表末並云：「佛如有靈，能作禍祟，凡有殃咎，宜加臣身，上天鑒臨，臣不怨悔。」[7]忠耿慷慨之極。

　　韓氏尊法孟子，此表之諫佛骨，以孟子之言，便是「責難於君謂之恭，陳善閉邪謂之敬，吾君不能謂之賊」[8]的「恭敬」之意，可惜的是，他的「恭敬」，他的匡諫，他的「陳善閉邪」，皇帝不但不領情，反而被認為詛咒帝壽年促的「狂妄」，一定要處罰。憲宗皇帝閱表甚怒，將加極法，雖經裴度、崔群力加開解，憲宗怒猶不減，並謂：「愈言我奉佛太過，我猶為容之。至謂東漢奉佛之後，帝王咸致夭促，何言之乖剌也？愈為人臣，敢爾狂妄，固不可赦。」[9]結果，貶為潮州刺史。

　　經過三個多月的「奔馳上道、經沙嶺海，水陸萬里」，到潮之後，韓氏即呈〈潮州刺史謝上表〉。

　　此表係韓愈極用力之作。主旨在「結主知」，[10]由於他的忠

4　〈論佛骨表〉，《韓昌黎文集校注》〔清〕馬其昶校注（香港：中華書局，1984），頁 354-356。下稱《校注》。
5　同上註。
6　同上註。
7　同上註。
8　《孟子·離婁上》，〔宋〕朱熹：《四書集註》（台北：世界書局，民 78年），「中孟」卷四，頁 97。
9　《舊唐書·韓愈傳》卷 160（北京：中華書局點校本，1997），頁 4202。
10　吳闓生評：「此篇公貶斥後，要結主知之作，竭盡生平材力為之，其經營之重，蓋不減〈平淮西碑〉。」《古文範》（台北：臺灣中華書局，民 73年 5 月），頁 137。

諫未爲君所知，所以他繼續表忠，使皇帝知其忠直。[11]憲宗收到此表後，說韓愈「大是愛我」，並吩咐宰相安排量移一郡。[12]可見此表的主旨爲皇帝接受。

此表內容約分六部分：（一）、自知上陳佛骨事，言涉不敬，正名定罪，萬死猶輕；今既免刑誅，又獲祿食，聖恩弘大，豈足爲謝。（二）、到任後，與官吏百姓相見，具言天子神聖，威武慈仁，關心百姓疾苦，百姓無不稱頌聖德。（三）、自知罪重，居蠻夷之地，與魑魅爲群，死亡無日。（四）、自承文章，昔曾「論述陛下功德」，期望能爲陛下「紀泰山之封，鏤白玉之牒。」（五）、陛下掃平藩鎮，宜封禪泰山，使「永永年代，服我成烈」，此爲「千載一時之嘉會」。（六）、自愧負罪嬰釁，懷痛窮天，死不閉目，伏望皇帝哀憐。

自宋以來，諸家討論此表，多注意在第三、四、五、六部分，歸納起來，即在「勸帝封禪」、「戚戚嗟嗟」、「善否處窮」三

11　《臣軌・至忠》云：「蓋聞古之忠臣事其君也，盡心焉，盡力焉，稱材居位，稱能受祿，不面譽以求親，不愉悅以苟合，公家之利，知無不爲，上足以尊主安國，下足以豐財阜人，內匡君之過，外揚君之美，不以邪損正，不以以害公，見善行之如不及，見賢舉之如不逮，竭力盡勞而不望其報，程功積事而不求其賞，務有益於人，務有濟於人。……人之事君也，使無難易，無所憚也；事無勞逸，無所避也；其見委任也，則不恃恩寵而加敬；其見遺忘也，則不敢怨恨而加勤；險易不革其心，安危不變其志，見君之一善則竭力以顯譽，唯恐四海之不聞，見君之微過，則盡心而潛諫，唯慮一德之有失，孜孜爲此以事其君，焉有爲人君主而憎之者也。……事君而不爲君所知，是忠未至也。」〔唐〕武則天敕撰：《臣軌》（日本寬文本帝範臣軌合注，甲子東方學會印）；又據「佚存叢書」本，《百部叢書集成》（台北：藝文印書館，民54年）

12　《舊唐書・卷160・韓愈傳》：「憲宗謂宰臣曰：『昨得韓愈到潮州表，思其所諫佛骨事，大是愛我，我豈不知？然愈爲人臣，不當言人主事佛乃年促也。我以是惡其容易。』上欲復用愈，故先語及，觀宰臣之奏對，而皇甫鎛惡愈狷直，恐其復用，率先對曰：『愈終太狂疏，且可量移一郡。』乃授袁州刺史。」頁4202。

個問題之上，而各有毀譽兩極的評語。

「勸帝封禪」部分，負面的評語，計有「摧挫獻佞」、[13]「畏死求回」、[14]「諛悅之計」、[15]「汲汲乎苟全性命」、[16]「白圭之玷」、[17]「阿世取悅」[18]諸說。正面的評價，則有「以將順爲匡救」，[19]「昌黎所稱，頗無愧色」，[20]「封禪未以爲非」[21]諸說。

「戚戚嗟嗟」部分，負面的評語，計有「有不堪之窮愁」、[22]「真有悽慘可憐之狀」[23]諸說。正面的評語，計有「遭患憂讒」、[24]「求哀君父」、[25]「依戀闕廷」、[26]「有節概人」[27]諸說。

「善否處窮」問題，負面評語，有「悽慘可憐」、[28]「對佛法亦復屑意」、[29]「不善處窮」、[30]「不能自持」、[31]「驕矜悔艾」[32]的批評。正面的評語有「固守原則、善占地步」、[33]「自負貞剛」、

---

13 吳文治：《韓愈資料彙編》（北京：中華書局，1983），頁 368。下稱《彙編》。
14 《彙編》，頁 152。
15 《彙編》，頁 559。
16 《彙編》，頁 152。
17 《彙編》，頁 1210。
18 《彙編》，頁 1505。
19 《彙編》，頁 967-968。
20 《彙編》，頁 932。
21 《彙編》，頁 1108。
22 《彙編》，頁 1108。
23 《彙編》，頁 482。
24 《彙編》，頁 767。
25 《彙編》，頁 932。
26 《彙編》，頁 932。
27 《彙編》，頁 1505。
28 《彙編》，頁 482。
29 《彙編》，頁 482。
30 《彙編》，頁 603。
31 《彙編》，頁 888。
32 《彙編》，頁 647。
33 孫昌武：《韓愈選集》（上海：上海古籍出版社，1996 年 8 月），頁 409。

[34]「自承文章」[35]等等。

筆者以下擬從「知人論世」的觀點考察，對此三個問題予以考析，或予以釐清、商榷；敬希指教。另外，爲對封禪歷史有所了解，筆者參考相關史籍做成一個簡表，附於文後，以供參考。

一、「勸帝封禪」的考察

〈謝表〉記述憲宗以前藩鎮割據的情況，云：

> 伏以大唐受命有天下，四海之內，莫不臣妾。南北東西，地各萬里。自天寶之後，政治少懈，文致未優，武剋不剛，孽臣姦隸，蠹居棋處，搖毒自防，外順內悖。父死子代，以祖以孫。如古諸侯，自擅其地。不貢不朝，六七十年。[36]

接下，續寫憲宗掃平藩鎮，又云：

> 四聖傳序，以至陛下。陛下即位以來，躬親聽斷，旋乾轉坤，關機闔開，雷屬風飛。日月清照，天戈所麾，莫不寧順，大宇之下，生息理極。[37]

韓氏盛稱憲帝功業巍巍，並以憲宗武功與高祖、太宗相比，以爲映襯。〈謝表〉云：

> 高祖創制天下，其功大矣！而治未太平也；太宗太平矣，而大功所立，咸在高祖之代，非如陛下承天寶之後，接因循之餘，六七十年之外，赫然興起，南面指麾，而致此巍巍之治功也。[38]

韓愈認爲唐高祖有「創制天下」的大功；唐太宗開國有「治

---

34 《韓愈選集》，頁 404。
35 《彙編》，頁 814。
36 《校注》，頁 356-358。
37 《校注》，頁 356-358。
38 《校注》，頁 356-358。

平天下」的大功，憲宗掃平藩鎮「承天寶之後，接因循之餘，六
七十年之外，赫然興起，南面指麾」，尤爲難能可貴。既有此大
功，便應封禪泰山。〈謝表〉於是「勸帝封禪」：

> 宜定樂章，以告神明，東巡泰山，奏功皇天，具著顯庸，
> 明示得意，使永永年代，服我成烈，當此之際，所謂千載
> 一時不可逢之嘉會。[39]

由此一段「勸封」的文字，自宋以後產生以下正負的評語。茲鈔
錄評語如下，再行討論。

（一）負面的評語

（1）宋・洪邁（1123-1202）指爲「摧挫獻佞」。其言曰：

> 韓文公〈諫佛骨表〉其詞切直，而〈謝表〉云：「臣於當
> 時之文，未有過人者。至論陛下功德，與《詩》、《書》
> 相表裏，作爲歌詩，薦之郊廟，雖使古人復生，臣亦未肯
> 多遜。而負罪嬰釁，自拘海島，懷痛窮天，死不閉目。伏
> 惟天地父母，哀而憐之。」考韓所言，其意乃望召還。憲
> 宗雖有武功，亦未至編之詩書而無愧。至於「紀泰山之封，
> 縷白玉之牒」、「東巡奏功，明示得意」等語，摧挫獻佞
> 大與〈諫表〉不侔。[40]

（2）宋・張舜民指爲：畏死求回，其言曰：

> 韓退之潮陽之行，齒髮衰矣，不若少時之志壯也，故以封
> 禪之說迎憲宗。又曰：「自今請改事陛下。」觀此言，傷
> 哉！丈夫之操始非不堅，誓於金石，凌於雪霜，既而怵於

---

39 《校注》，頁 356-358。

40 〔宋〕洪邁：《容齋五筆》卷第九（上海：古籍出版社，1998 年 3 月），
　　頁 915-916。

死生，顧於妻孥，罕不回心低首，求免一時之難者，退之
是也。……退之非求富貴者也，畏死爾。[41]

（3）金‧王若虛（1174-1243）指爲「諛悅之計」，其言曰：
韓退之不善處窮，哀號之語，見於文字，世多譏之；然此
亦人之至情，未足深怪。至〈潮州謝表〉以東封之事迎憲
宗，是則罪之大者矣！封禪，忠臣之所諱也。退之不思須
臾之窮，遂爲此諛悅之計，高自稱譽。其舖張歌頌之能，
而不少讓，蓋冀幸上之一動，則可憐之態，不得不至於此，
其不及歐蘇遠矣！[42]

（4）宋‧黃震（1213-1280）指「公也汲汲乎苟全性命」，
其言曰：

〈論佛骨表〉之說正矣。〈潮州謝表〉稱頌功德之不暇，
直勸東巡泰山，而自任舖張，雖古人不多讓。甚矣憲宗之
不可與忠言，而公也汲汲乎苟全性命，良可悲矣夫！[43]

（5）清‧全祖望（1705-1755）指爲「白圭之玷」，其言曰：
揚子雲之〈美新〉貽笑千古，固文人之最甚者，餘如退之
〈上宰相書〉、〈潮州謝上表〉……，皆爲白圭之玷。[44]

（6）清‧曾國藩（1811-1872）指爲「阿世取悅」，其言曰：
「東巡泰山」此則阿世取悅，韓公於此等處多信道不篤。[45]

（二）正面的評語

（1）清‧林雲銘指韓「勸帝封禪」爲「以將順爲匡救」，其

41　〈史說〉（節錄），《宋文鑑》卷一百八，《彙編》，頁 152。
42　《滹南遺老集》卷二十九（台北：新文豐出版公司，民 73 年 6 月），頁 183。
43　《黃氏日鈔》卷十九（台北：大化書局，民 73 年 12 月再版），頁 677。
44　《鮚埼亭集》外集卷四十八，《彙編》，頁 1210。
45　《求闕齋讀書錄‧卷八‧昌黎集》（台北：廣文書局，民 68 年 4 月）。

言曰：

> 若夫封禪一事，非盛德者所宜行，秦皇漢武欲借此以致仙
> 人求長生之藥，公豈有不知其妄者？奈當時服食之說大
> 行，殺人可以勝計，而慕尚不已。如尚書歸登、李遜、侍
> 郎李建、御史李虛中、金吾將軍李道古、節度使孟簡、盧
> 坦，皆一時卓卓有名位者，亦先後為藥所誤而殞。則舉國
> 若狂，至死不悟可知。憲宗當諸道削平之後，志已驕侈，
> 希慕長生，而皇甫鎛在左右，薦方士柳泌合長生藥，現授
> 台州刺史以求靈草，勢必蹈其覆轍；反不如封禪猶有故事
> 可循，神仙渺茫，久當自廢。或不至餌金丹而暴崩，即謂
> 以將順為匡救可也。然此亦不必曲為之說矣。[46]

（2）清・儲欣（1631-1706）則指憲宗「削平僭亂」，昌黎
所稱，「頗無愧色。」其言曰：

> 〈潮州刺史謝上表〉，公極用意文字，漢惟司馬子長筆力
> 相抗，其次相如、子雲或可幾比，匡、劉不能為也。憲宗
> 削平僭亂，治功之盛，亞於貞觀，昌黎所稱，頗無愧色。
> 若施此文於德、順、敬、穆之朝，則諛矣，舛矣。何以為
> 昌黎？[47]

（3）清・何焯（1661-1720）謂「封禪未以為非」，韓意「無
乞憐，祇自傷耳」，只願「得奏薄伎以贖罪過，非為祿位計」。
其言曰：

> 篇中並無乞憐，祇自傷耳。若以文章自任，非惟時輩見推，
> 即憲宗亦深知之也。……封禪之事，自宋以後始同辭非之，
> 前此儒者，多以為盛事，未可守一師之學，疑其導人主以

忝心也。……「天地父母哀而憐之」，只一語見意，亦使
之得奏薄伎以贖罪過，非為祿位計也。[48]

綜上所言，實是質疑韓氏「勸封」有無阿諛的問題。

（三）平議諸家之說

以下試分從稱譽憲宗武功是否事實、憲宗是否合乎封禪條
件、勸封目的是否正當、勸封是否阿諛、諸家議說是否允當五方
面考察。

1.所稱憲宗武功是否事實？

藩鎮割據本質上是安史之亂的餘波。也是唐帝國由盛轉衰的
關鍵。由肅宗（711-762）至德元年（756）至憲宗（778-820）元
和十四年（819）二月，凡經六十三年。在此期間，朝廷姑息，藩
鎮自成一國，自設關卡，自收賦稅，自任官員，父死子繼，形同
軍閥割據。經常叛亂。

唐憲宗李純，是唐代第十一代皇帝。廿八歲即位，改元「元
和」。登基之初，即勸求治道，勵精圖治，先後戡定禍亂：誅楊
惠琳，平夏州；誅劉闢，平西川；誅李錡，平浙西；討王承宗；
田興以魏博歸朝廷；義武節度使張茂昭入朝；誅吳元濟、平淮西；
誅李師道，平淄青；幽州節度使劉總專意歸朝。先後掃平了藩鎮，
中興唐室。[49]

《新唐書·藩鎮·魏博傳》云：

安史亂天下，至肅宗大難略平，君臣皆幸安，故瓜分河北

---

48 《義門讀書記·第三十三卷·昌黎集》（北京：中華書局，1987 年 5 月），
頁 595-596。
49 余衍福：《唐代藩鎮之亂》（台中：聯邦書局出版公司，民 69 年），頁
558-616。

地，付授叛將，藩養孽萌，以成禍根。亂人乘之，遂擅署
吏，以賦稅自私，不朝獻於朝廷。效戰國，肱髀相依，以
大地傳子孫，脅百姓，加鋸其頸，利怵逆汗，遂使其人自
視由狄羌然。[50]

憲宗元和十四年（819）二月，李師道（？-819）父子被殺，
平盧將劉悟（？-825）反正，劉悟函封李師道父子三人之首，送
入田弘正營帳，弘正大喜，露布以聞。田弘正旋即捷奏朝廷，皇
帝即命戶部侍郎楊於陵為淄青宣撫使。[51]淄、青等十二州皆平。

《通鑑》云：「己巳，李師道首函至。自廣德以來，垂六十
年，藩鎮跋扈河南，北三十餘州，自除官吏，不供貢賦，至是盡
遵朝廷約束。」[52]

文中所述安史亂後，藩鎮割據以至「元和中興」的情況，證
之於《新書‧藩鎮傳》和《通鑑》完全合乎史實。

2.憲宗是否合乎封禪條件？

憲宗是否合乎封禪條件？以下試從封禪的意義、條件以及唐
代封禪的活動兩部分考察。

何謂封禪？《史記正義》解釋：

此泰山下築土為壇以祭天，報天之功故曰封；此泰山下小
山上除地，故曰禪。[53]

古代帝王，當「易姓而王」，一統天下，到天下太平之際，
便需答謝天地厚德，報功皇天，這便是封禪。

《史記‧封禪書》中說：「自古受命帝王，曷嘗不封禪？蓋

---

50 《新唐書》卷210（北京：中華書局點校本，1991）頁5921。
51 《彙編》，頁1108。
52 《通鑑》卷241，唐紀五十七，憲宗元和十四年條，頁7765。
53 〈封禪書〉文題下注。《新校史記三家注》（台北：世界書局，1993）卷
　　28，頁1355。下稱《史記三家注》。

有無其應而用事者矣，未有睹符瑞見，而不臻乎泰山者也。雖受命而功不至，至梁父矣而德不洽，洽矣而有不暇給，是以即事用希。」[54]

由上而觀，封禪者必備的條件是：封禪泰山者，都須是受命於天的帝王，必須發現符瑞才能封禪。雖具備以上兩條，但功不高德不厚，或政務繁忙而無閒暇者，亦不得登封。這是司馬遷對封禪的基本論點。以後竟成了帝王進行封禪必須遵循的準則。

關於古代封禪活動，《史記・封禪書》載有古代七十二帝君封禪泰山的傳說，而管仲所記者十有二家，因年代久遠，不得而詳。[55]

秦始皇是第一位大規模至泰山封禪的皇帝，自此之後，漢武帝（前 156-前 87）、後漢光武帝（前 6-前 57）、章帝（58-88）、安帝（94-125）、唐高宗（628-683）、武周聖神皇帝（624-705）、唐玄宗（685-762）、宋真宗（968-1022），都先後上泰山封禪，或「柴告岱宗」，以柴燎告天方式，留下紀錄。[56]（參附表）

以下從唐代封禪的活動考察：

唐高祖時，無人勸帝封禪。

封禪之勸請，始於唐太宗貞觀五年（631），「正月，朝集使

54 《史記三家注》，頁 1355。
55 《史記・封禪書》：「封泰山禪梁父者七十二家，而夷吾所記者十有二焉。若無懷氏封泰山禪云云；慮羲（伏羲）封泰山禪云云；神農封泰山禪云云；炎帝封泰山禪云云；黃帝封泰山禪云云，顓頊封泰山禪云云；帝嚳封泰山禪云云；堯封泰山禪云云；舜封泰山禪云云；禹封泰山禪云云；湯封泰山禪云云；周成王封泰山禪云云。皆受命然後得封禪。」這是說從無懷氏就開始封禪了；但司馬遷在書中論述古代帝王封禪卻從舜開始。《史記三家注》，頁 1361。
56 《通鑑》卷 7、20、21、22、44、47、50、177、178、193、194、195、196、198、200、201、202、203、205、208、210、212、214、216。《宋會要輯本》（台北：世界書局，民 66），禮 22 之 18。

趙郡王孝恭等，僉議以為天下一統，四夷來同，詣闕上表，請封禪。帝以流遁久，凋殘未復，田疇多曠，倉廩猶虛，家戶未足，謙辭。」[57]「十二月，朝集使利州都督武士彠等詣朝堂上表請封禪。帝以喪亂之後，民物凋殘，憚於勞費，謙辭。」[58]

貞觀六年（632）「公卿百寮以天下太平，四夷賓服，詣闕請封禪，首尾相屬，帝不許。」[59]

其後，十一年三月，「群臣復請封禪。上使秘書監顏師古等議其禮，房玄齡裁定之。」[60]十四年十月，「荊王元景等復表封禪。帝沖讓不許。」[61]十五年三月，「庚辰，肅州言所部川原遍生芝草。先是百僚、雍州父老，詣朝堂上表請封禪。帝沖讓不許。」[62]二十年十一月，司徒長孫無忌與百官及方嶽等上表請封禪，恐生勞擾，不許。」[63]「十二月，司徒長孫無忌等又詣順天門，抗表請封禪。」[64]經過「群臣累請封禪」，其年十二月，始「從之」[65]。由貞觀五年一直勸封，至二十年始從之，經過了十五年時間。

由上而觀，唐太宗一朝，群臣包括朝集使、公卿百寮、荊王元景、百僚及雍州父老、并州父老，長孫無忌與百官及方嶽等上表：「以天下太平，四夷賓服」為由上表勸封，而太宗「沖讓不許，至再至三。」符瑞方面，只有肅州「川原所生芝草」而已，

57　《通鑑》卷193，頁6086。《冊府元龜》（台北：台灣中華書局，民70）卷35，頁384。下稱《冊府》。
58　《通鑑》卷193，唐紀九，頁6090。《冊府》卷35，頁385。
59　《通鑑》卷194，頁6093-6094。《冊府》卷35，頁385。
60　《通鑑》卷194，頁6128。《冊府》卷35，頁385。
61　《通鑑》卷195，頁6156。《冊府》卷35，頁386。
62　《冊府》卷35，頁387-388。
63　《冊府》卷35，頁388-389。
64　《冊府》卷35，頁388-391。
65　《通鑑》卷198，頁6242。

而一旦「有星孛于太微」[66]，「土功屢興」，「河北水災」[67]，便即停封。

高宗一朝，承前朝餘蔭，天下已然太平，而《封禪儀》已經備就，故得在乾封元年（666）正月封禪泰山。[68]

其中，亦有三次停封：「儀鳳元年（上元三年）（676），閏三月以吐蕃犯塞，停封嶽」[69]，「調露五年（679）十月，詔以突厥背誕，罷封嵩山。」[70]「弘道元年（永淳二年）（893），以寇盜侵邊，關內流離，數郡不寧為由，停封來年正月中嶽。」[71]

由高宗一朝而觀，一旦外患入侵即行停封。未言有符瑞之應。而封於嵩山而不是泰山，這是特別之處。

武周萬歲登封元年（696），十二月封於嵩嶽，禪少室山。[72]

由武周一朝而觀，未有符瑞之應。而封於嵩嶽，禪少室山。亦是特別者。此係順前朝成規而來。

玄宗詔封泰山二次。一次在開元十三年（725）十一月。[73]符瑞只有「撫州三脊茅生」。一次在天寶九年（750）「有事華山」。後以「三月西嶽廟災，時關中久旱」[74]，遂停封。

---

66 貞觀十五年（641），五月，壬申，并州父老詣闕請上封泰山畢，還幸晉陽，上許之。己酉，有星孛于太微，太史令薛頤上言，未可東封。辛亥，起居郎褚遂良亦言之。丙辰，詔罷東封。《通鑑》卷196，頁6168。

67 貞觀二十一年（647），八月，詔以薛延陀新降；土功屢興；加以河北水災，停明年封禪。《通鑑》卷198，頁6248。《冊府》卷35，頁392。

68 高宗乾封元年（666），正月有事於泰山，親祠昊天上帝於封祀之壇，封泰山禪社首。皇后為亞獻，越國太妃燕氏為終獻。《通鑑》卷201，頁6344-6346。《冊府》卷36，頁393。

69 《通鑑》卷202，頁6379。《冊府》卷36，頁395。

70 《通鑑》卷202，頁6393。《冊府》卷36，頁395。

71 《通鑑》卷203，頁6415。《冊府》卷36，頁395。

72 《通鑑》卷205，頁6503。《太平御覽》卷536，頁2562。

73 《通鑑》卷212，頁6766-6767。《冊府》卷36，頁401-403。

74 玄宗天寶九年（750），正月，文武百寮禮部尚書崔翹等累上表請封西嶽，

　　由玄宗一朝而觀，封於泰山，成行，並有〈紀泰山銘〉之作。
[75]封華山，則不成行。而封禪於華山，亦是特別者。

　　玄宗天寶十四年發生安史之亂，至代宗廣德元年十一月，凡
經八年始告敉平。繼而行姑息之政，遂有藩鎮割據，[76]歷肅、代、
德、順、憲五朝。其間，發生皇帝蒙塵、[77]賊黨竊據大位的情況，
[78]唐室命脉不絕如縷，現在藩鎮底平，歸順朝廷，韓氏以唐高祖
李淵之「創制天下」比喻，雖然不甚貼切，亦有幾分近似。

　　以此而觀，韓氏「勸帝封禪」，誠如上言，是符合歷代的封
禪「易姓而起」「天下一統」的條件，但以富庶而論，（姑不談
符端）條件是勉強的。

　　在條件勉強之下，是否不能封禪？最好是置於唐史的脉絡來

刻石紀榮號，帝固拒不許。覬又奉表懇請。凡三上表，上乃許之。詔以
今載十一月有事華山。是載三月，西嶽廟災，時關中久旱，遂停封。《通
鑑》卷216，頁6897-6898。《冊府》卷36，頁404-405。
75 開元十三年（725），七月，帝製〈紀泰山銘〉，親禮勒於山頂之右壁。於
是中書令張說撰〈封祀壇頌〉，侍中源乾曜撰〈社首壇頌〉，禮部尚書蘇
頲撰〈朝覲壇頌〉，以紀聖德。《冊府》卷36，頁402-403。
76 以宏觀言，安史之亂爲唐代第一次藩鎮之亂；德宗失國復國及憲宗中興
爲第二次藩鎮之亂；穆、敬昏庸與武宗復興，則爲第三次藩鎮之亂。參
見《唐代藩鎮之亂》。
77 皇帝蒙塵兩次，一次指天寶十五年（756）玄宗幸蜀，太子即位寧武；一
次指建中四年（783），德宗出亡奉天。《通鑑》卷217、218，唐紀33、
34，頁6922-6982-6993。又卷228，唐紀44，頁7338-7359。
78 賊黨竊據大位凡四次：
　（1）安祿山（？-757）僭號，自稱大燕皇帝於洛陽。《通鑑》卷217，
唐紀33，肅宗至德元載（756）條，頁6951。
　（2）史思明（？-761）僭號自稱大燕皇帝。《通鑑》卷221，唐紀37，
肅宗乾元二年（759）條，頁7067。
　（3）朱泚（742-784），涇原兵變，僭號自稱大秦皇帝於長安。其後更國
號爲漢，自稱漢元天皇。《通鑑》卷228，唐紀44、45，德宗建中四年（783）
條，興元元年（784）條，頁7360-7392-7393。
　（4）李希烈（？-786）稱帝，國號大楚。《通鑑》卷229，唐紀45，德
宗興元元年（784）條，頁7393。

考察。且看高宗永淳元年（682），《通鑑》載：「上既封泰山，欲遍封五嶽。秋七月，作奉天宮於嵩山南。監察御史裡行李善感諫曰：『陛下封泰山，告太平，致群瑞，與三皇、五帝比隆矣。數年以來，菽粟不稔，餓殍相望，四夷交侵，兵車歲駕；陛下宜恭默思道，以禳災譴，乃更廣營宮室，勞役不休，天下莫不失望。臣忝備國家耳田，竊預此為憂。』上雖不納，亦優容之。」[79]由此可見，唐高宗時代已有濫封，「菽粟不稔，四夷交侵」，居然，也欲「遍封五嶽」的。

　　由上而觀，以唐代封禪的史實看，條件勉強，也不是無先例可援的；這是唐代的國情。

3.勸封目的是否正當？

　　中國歷代帝王封禪，是國家的大典，帝王的盛業，藉此大典向全國宣示：「受命於天」，如今，天下一統，民豐物阜，「告功皇天」，以表「君權神授」，以保「皇祚永繼」，「聖壽無疆」[80]，這是基本目的。此外，隨著朝代不同而有不同的附加，如秦皇、漢武「尋神覓仙，祈求長生」[81]便是，如唐高宗、玄宗「尊

---

79 《通鑑》卷 203，唐紀 19，頁 6410-6411。
80 「中國歷代封禪，是極其隆重的政治活動，最高統治者把封禪神祕化，用鬼神迷信欺騙愚弄廣大人民群眾，但他們的真正用心在于『鎮服四海，誇示外國』以保其『皇祚永繼』、『聖壽無疆』。」石芳苓：《中國歷代帝王泰山封禪祕聞》（北京：經濟日報出版社，1989 年 12 月），頁 15。下稱《祕聞》。
81 「由秦皇、漢武的泰山封禪活動，有其政治的目，亦雜有濃重的思神迷信思想。唐宋諸儒均批評秦、漢二帝之封泰山為了『求神仙』，是有道理的。馬端臨曾言：『秦漢二主之事則誇誦功德，希求福壽，凡以自己，其意出於私也。』《祕聞》，頁 17。
「秦始皇推崇五德終始說，『其事則水』，又迷信『封禪說』，東巡大祭泰山。……但是，鬼神的魔力在秦始皇還不限于此，他在祈禱天神護佐其帝王基業的同時，還滋長出另一種強烈的欲望，這就是長生不死。由此，引發出他帝王迷信的力一面 —— 求仙與求不死藥。」黃歷鴻：《泰山封禪

崇祖業」[82]便是，如唐玄宗「爲萬姓祈福」[83]便是，唐代以前封禪的目的，以皇祚、聖壽、求仙而言，爲國、爲君的成分較高；唐代封禪則慢慢地接近人民，提出崇祖業、福萬姓的理由，爲國、爲民的成分較高，這是異於前朝之處。亦可以見到「封禪」的活動，「已由天神回到了人間，由迷信到了理性。」

韓愈「勸封」目的爲何？以下再分「爲國」、「爲君」、「爲己」三方面考察。

韓氏〈謝表〉上言：「宜定樂章，以告神明。東巡泰山，奏功皇天。具著顯庸，明示得意。使永永年代，服我成烈。」

其意乃欲藉此天下一統的大功，東封泰山，向強藩宣示「君權神授」的旨意，使強藩懾服，不敢爲亂，令他們永遠服從中央

（濟南：山東友誼出版社，1998 年 3 月），頁 44。

「漢武帝熱衷封禪，固然有自殷商以來鬼神觀念盛行的社會原因，也有流傳極廣的古代七十二天子封禪之傳說及齊地封禪說之影響，但亦有其心理意識的根源，這就是司馬遷在〈孝武本紀〉一開頭就指出的：『孝武皇帝初即位，尤敬鬼神之祀。』他對天帝鬼神，祭祀封禪，法術成仙等有著超乎前代帝王的興趣。」《泰山封禪》，頁 81。

82 （封禪既畢）帝（唐高宗）謂群官曰：「升中大禮，不行來數千載，近代帝王雖稱封禪，其間，事有不同，或爲求仙克禋，或以巡遊望拜，皆非尊崇祖業。……朕丕承寶曆，十有七年，終日孜孜，夙夜無怠，屬國家無事，天下太平，華夷乂安，遠近輯睦，所以躬親典禮，襃贊先勳，情在歸功，固非爲己，遂得上應天心，下允人望。今大禮既畢，深以爲慰。」《冊府》，頁 394。

唐玄宗開元十二年，源乾曜、張說等上言封禪，其言曰：「臣聞自古受命而封禪者七十二君，安有殊風絕業，足以方今也。……夫昭報天地，至敬也；嚴配祖宗，大孝也；厚福蒼生，博惠也；祭榮紀號，丕業也，陛下安可以闕哉？況天地之符彰矣！祖考之靈著矣！蒼生之望勤矣！禮樂之文備矣！陛下安可以辭哉？」《冊府》，頁 397。

83 「帝（唐玄宗）因問（賀知章）玉牒之文，『前代帝王何故秘之？』，知章對曰：『玉牒本是通於明神之意，前代帝王所求各異，或禱年筭，或思神仙，其事微密，是故外人莫知之。』帝曰：『朕今此行，皆爲蒼生祈福，更無私請。宜將玉牒出示百僚，使知朕意。』」《冊府》，頁 401。

指揮。

想當年，秦皇漢武封禪秦山，即有藉此威勢鎮壓齊魯地方殘餘叛亂勢力之意。[84]

韓氏一生忠於朝廷，主張國家統一，反對藩鎮割據，表中所言，符合秦漢封禪的史實和他的一貫思想。由此而觀，這是「爲國」。

憲宗晚年慕神仙，求方士，服丹藥，希長生，[85]大概昌黎亦知之。他之勸帝封禪，目的有二：其一，期盼皇帝修德，勉帝爲聖君，以三皇五帝爲法，以歷代封禪聖君爲法；也有期盼皇帝，尊崇祖上，以高祖、太宗、高宗、玄宗爲法。他自陳舊日「論述陛下功德，與詩書相表裏，作爲歌詩，薦之郊廟」，又欲紀封泰文，無愧無蘄等即是此意。詳見下節討論。其二，藉封禪回朝，以撰文贖罪。其三，便是向皇帝表達「皇祚永繼」、「聖壽無疆」的意旨，間接地解釋了〈諫表〉中皇帝對他的忿怒：「愈爲人臣，不應言天子奉佛乃年蠧也。」也委婉地消除皇帝對他的「心結」。由此而觀，這是「爲君」，也是「爲己」。

清人林雲銘對此另有一番新奇見解，他認爲韓氏藉封禪，效秦皇漢武故事，而匡救皇帝服金丹之弊：

> 若夫封禪一事，非盛德者所宜行，秦皇漢武欲借此以致仙人求長生之藥，公豈有不知其妄者？奈當時服食之說大

---

84 「秦始皇五次大規模出巡。他出關東巡主要目的，在於震懾六國殘餘勢力和親自巡視諸郡縣、邊疆情況，借此以炫耀他統一天下的豐功偉業；他的東巡和封禪泰山，即在威服各國殘餘力量。」《秘聞》，頁 15。
　　「秦始皇東巡還有一政治目的，這就是所謂『東南有天子氣，因東游以厭之。』……東巡封禪，在他的目的很明確。祭天以報功，行江山易姓告代之大禮；盛典以施威，震懾天下萬物。」《泰山封禪》，頁 36-37。
85 《通鑑》卷 240，唐紀 56，憲宗元和十三年至十五年條，頁 7754-7775-7777。

行，殺人不可勝計，而慕尚不已。……。憲宗當諸道削平
之後，志已驕侈，希慕長生，而皇甫鎛在左右，薦方士柳
泌合長生藥，現授台州刺史以求靈草，勢必蹈其覆轍；反
不如封禪猶有故事可循，神仙渺茫，久當自廢。或不至餌
金丹而暴崩，即謂以將順為匡救可也。然此亦不必曲為之
說矣。（《韓文起》卷二）

林氏這種「將順為匡救」之說，指韓氏既知其妄，仍然「勸
封」，而寄望「神仙渺茫，久當自廢」，細論其言，亦是「為君」，
只是持論太過曲折。

〈謝表〉中，韓氏首先自承文章，贊譽聖功，勸帝封禪，然
後撰文紀封以贖罪過，他說：

臣於當時之文，亦未有過人者。至於論述陛下功德，與詩
書相表裏，作為歌詩，薦之郊廟；紀泰山之封，縷白玉之
牒，……雖使古人復生，臣亦未肯多讓。[86]

又云：

而臣負罪嬰釁，自拘海島，戚戚嗟嗟，日與死迫，曾不得
奏薄伎於從官之內，隸御之間，窮思畢精，以贖罪過。[87]

明顯地，韓氏期待朝廷召還，讓他可以效力，「得奏薄伎於從官
之內、隸御之間」，撰文以為贖罪。若依唐代封禪的過程而論，
以太宗為例，便是要好幾次「勸封」，皇帝多次婉拒，以觀輿論
風向，始願意封禪，以此來看，韓氏欲藉封禪回朝可能會等上十
五年，故此筆者認為韓氏是欲藉「勸封」以表願意撰文贖罪，重
點在贖罪。何焯說：「非為祿位計也。」其說得之。

總上來說，韓氏「勸封」目的，既有「為國」，亦有「為君」，

86　《校注》，頁 356-358。
87　同上註。

亦有「爲己」；而「爲己」部分也是旨在贖罪，以表忠君而已。

4.勸封是否阿諛？

自宋以來，諸人評「勸封」爲「獻佞」，「諛悅」，「阿世取悅」，「獻諛」等等。可論者三端：「勸封」是否阿諛？憲宗功德是否無愧、無虧？唐宋人對封禪觀感之差異？

首先須了解其意涵爲何？

佞：《說文》：「巧讇高才也。」[88]《廣雅》：「才也。」[89]

諛：《說文》：「讇也，从言臾聲。」[90]

讇：《說文》：「諛也，从言閻聲。」[91]

由此看來，獻佞，猶言獻才；「諛悅」、獻諛，猶言諂諛；阿世取悅，是說阿順世俗取悅皇帝。上述諸義近似，今以「阿諛」概括之。以下考察韓愈勸封是否阿諛？

從史實言，韓文所稱憲宗武功是事實；從勸封條件言，憲宗符合「受命於天」、「易姓而王，天下統一」的條件，只是未有符端，而天下未全富庶，條件勉強，若據太宗貞觀五年（631）正月例，「凋殘未復，田疇多曠，倉廩猶虛，家戶未足」的情況下，朝集使王孝恭等「詣闕上表，請封禪」來看，也不過分，是符合唐代的國情，也不好說是「諂媚」。

從目的言，他之「勸封」既爲國、爲君、亦有爲己。不能全說是「徇私」。

至於，憲宗功德是否「無愧」、「無虧」？

---

88 〔漢〕許慎撰、〔清〕段玉裁注：《說文解字注》（台北：藝文印書館，民55年10月），頁629。下稱：《說文》。

89 〔魏〕張輯撰、〔隋〕曹憲註音：《廣雅》（台北：臺灣商務印書館叢書集成簡編，民55年6月）卷四。

90 《說文》，頁96。

91 《說文》，頁96。

　　表中，韓氏「自命文章」，論述皇帝功德，被人質疑爲阿諛。
先鈔錄文句如下，再行討論：

> 臣於當時之文，亦未有過人者。至於論述陛下功德，與
> 《詩》、《書》相表裏，作爲歌詩，薦之郊廟；紀泰山之
> 封，縷白玉之牒，鋪張對天之閎休，揚厲無前之偉蹟。編
> 之乎詩書之策而無愧，措之乎天地之間而無虧，雖使古人
> 復生，臣亦未肯多讓。[92]

此段分兩節，上節藉往昔在元和二年、十三年「論述陛下功德」
所撰之〈元和聖德詩〉[93]和〈平淮西碑〉，[94]令皇帝回憶其忠忱，

92　《校注》，頁 356-358。

93　〈元和聖德詩序〉云：「臣見皇帝陛下即位已來，誅流姦臣，朝廷清明，
無有欺蔽。外斬楊惠琳、劉闢以收夏、蜀，東定青、徐積年之叛，海內
怖駭，不敢違越，郊天告廟，神靈歡喜。……臣蒙被恩澤，……誠宜率
先作歌詩以稱導盛德。……凡千有二十四字，指事實錄，具載明天子文
武神聖，以警醒百姓耳目，傳示無極。」詩中，韓愈稱譽「皇帝神聖」、
「皇帝儉勤」、「皇帝正直」、「皇帝大孝」，贊美「天錫皇帝，爲天下主」，
「天錫皇帝，多麥與黍」，「天錫皇帝，尨臣碩輔」，「天錫皇帝，與天齊
壽」，並祝願：「億載萬年，敢有違者」，「億載萬年，有富無夔」，「億載
萬年，無敢余侮」，「億載萬年，爲父爲母」。末句云：「博士臣愈，職是
訓詁。作爲歌詩，以配吉甫。」韓意乃以吉甫美宣王自喻，此即〈謝表〉
中所言「論述陛下功德，與詩書相表裏，作爲歌詩，薦之郊廟」之意。
其中，更有敦使皇帝回憶詩中之句，「天錫皇帝，與天齊壽」，間接地回
應皇帝加於他「奉佛年蹙」的指摘。《集釋》，頁 627-630。

94　〈平淮西碑〉序云：「天以唐克肖其德，聖子神孫，繼繼承承，於千萬年，
敬戒不怠，全付所覆，四海九州，罔有內外，悉主悉臣，高祖太宗，既
除既治，高宗中睿，休養生息，至於玄宗，受報收功，極熾而豐，物衆
地大，孽牙其間，肅宗代宗，德祖順考。以勤以容。大憝適去，稂莠不
薅。相臣將臣，文恬武嬉。習熟見聞，以爲當然。睿聖文武皇帝，既受
群臣朝，乃考圖數貢，曰：嗚呼！天既全付予有家，今傳次在予。予不
能事事，其何以見于郊廟。」於是，記敘皇帝「平夏」、「平蜀」、「平江
東」、「平澤潞、定易定」、「致魏博貝衛澶相」，之後用力記敘平淮西的經
過。淮西既平，「既奏還，群臣請紀聖功，被之金石，皇帝以命臣愈」撰
碑。〈碑〉文末云：「淮蔡爲亂，天子伐之；既伐而飢，天子活之；始議
伐蔡，卿士莫隨；既伐四年，小大並疑。不赦不疑，由天子明。凡此蔡

用意是明顯的。下節則為未來「封禪」泰山撰文而請命，以當日韓氏「聲名塞天」，為元和文壇盟主而言，[95]他「未肯多讓」，是合理合情的。況且，若能撰文紀封，回朝贖罪便是自然的事。

問題是：韓氏「自命文章」撰文紀封，舖張「皇天后土」之厚恩，揚厲「元和中興」的治功，而憲宗功德是否「無愧、無虧」？

封禪是曠代無儔的大典，是「功高德厚」的堯舜事業，表中，韓氏稱讚憲宗「巍巍治功」，可見「高功」是有了；而「厚德」方面，未見韓氏著墨和論述。在此，指出兩點：

1. 韓在表忠，頌揚皇帝功德「無愧、無虧」，在當時封建皇帝時代是必要的。

2. 勉帝修德，以待符瑞，韓在表中「無愧、無虧」之言，即有此意。若論功高德厚而封禪，恐怕秦皇、漢武亦有有未能。若以唐太宗為例，貞觀五年，群臣「勸封」之初，皇帝謙辭「尚懷多愧」，說：「但流遁日久，凋殘未復，田疇多曠，倉廩猶虛，家給人足，尚懷多愧。豈可遽追前代，取譏虛美。」以太宗之賢，論封禪資格，他比任何君主皆有資格封禪，他亦「尚懷多愧」，其他君主則可知矣！

功，惟斷乃成。既定淮蔡，四夷畢來。遂開明堂，坐以治之。」碑中稱譽皇帝「明斷」，「不赦不疑，由天子明；凡此蔡功，惟斷乃成。」此即〈謝表〉中「論述陛下功德，與詩書相表裏，作為歌詩，薦之郊廟」之意。《校注》，頁274-280。

95 劉禹錫：〈祭韓吏部文〉：「高山無窮，太華削成。人文無窮，夫子挺生。典訓為徒，百家抗行。當時勍者，皆出其下，古人中求，為敵蓋寡。貞元之中，帝鼓薰琴。奕奕金馬，文章如林。君自幽谷，升於高岑。鸞鳳一鳴，蜩螗革音。手持文柄，高視寰海。權衡低昂，瞻我所在。三十餘年，聲名塞天。」瞿蛻園：《劉禹錫集箋證》（上海：上海古籍出版社，1989），頁1537。

　　若以修德言，遠者，三皇五帝不必論；近者，莫過於依唐太宗所撰之《帝範》爲法。[96]以孟子言，這便是「責難於君」。《帝範》分上下卷，計有〈君體〉、〈求賢〉、〈納諫〉、〈建親〉、〈審官〉、〈去讒〉、〈誡盈〉、〈賞罰〉、〈閱武〉、〈崇儉〉、〈務農〉、〈崇文〉十二篇。[97]若皇帝修德，不但是大唐李氏之福，也是百姓之福；不但是百姓之福，而且是韓氏之福。因爲君主察納雅言與國家盛衰相關。其中，對〈納諫〉、〈賞罰〉二篇，尤應多所致意；而對韓氏之罪罰是當允當，自然也應有所考慮。

　　洪邁指出「憲宗雖有武功，亦未至編之詩書而無愧」，顯然看到韓氏表忠而頌揚過度，但在表章中，不能不如此說，否則「欺君」罪名更嚴重；但要注意意涵。

　　另外，筆者還要指出：表中，韓氏以高祖、太宗的治功與憲宗相比況，要注意：高祖是沒有封禪，太宗是旋封旋停的，裏面是否隱含了韓氏對「勸禪」的保留態度，也應考慮。故此筆者強調：韓氏此表實藉「勸封」表忠贖罪而已。前輩加於韓氏之譏評，實未深論。

　　此外，關於「勸封」是否阿諛的討論，筆者指出：與朝代思潮改變有關。

　　唐宋人對封禪的認知，便有「盛事」與「壞事」的落差。試引宋・范祖禹（1041-1098）的一段話說明。

---

96 《舊唐書・憲宗紀下》：「史臣蔣係曰：『憲宗嗣位之初，讀列聖實錄，見貞觀、開元故事，竦慕不能釋卷。』」，頁472。憲宗以太宗、玄宗爲法，可觀諸於「勸諫」、「擢相」事例：元和二年十二月，「丙辰，上謂宰相曰：『太宗以神聖之資，群臣進諫者猶往復數回，況朕寡昧，自今事有違，卿當十論，無論一二而已。』」元和三年九月，嘗謂（裴）垍等曰：「以太宗、玄宗之明，猶藉輔佐以成其理，況如朕不及先聖萬倍者乎！」《通鑑》卷237-239，頁7646-7654。

97 〔唐〕唐太宗撰：《帝範》（台北：廣文書局，民84）

　　《唐鑑》云：「終唐之世，惟柳宗元（773-879）以封禪爲非；以韓愈之賢，則其餘無足怪也。」[98]范祖禹曾參與《資治通鑑》的撰述，學識深博，對封禪的歷史當有了解，但他站在反對的立場，這是宋人的觀點。但這裡卻反映出唐人多不以封禪爲非的事實。現在，問題是：唐人（包括憲宗及公卿大臣）對韓愈「勸帝封禪」不以爲非，但宋以後的人則頗以爲非了，甚至詈言詬責，這又是甚麼緣由？此與宋真宗封禪有關。宋真宗封禪是中國皇帝自秦後有史記載「封禪」活動的第十四次。（參附表）也是最後一次。爲甚麼宋人對「封禪」頗以爲非？因爲，宋真宗封禪的背景和手段問題。譬如，宋真宗在位時，強鄰壓境，國弱民貧，他聽信王欽若（962-1025）「唯封禪可以震服四海，誇示外國」的話，僞造「天書」，動用全國的財力，數路的人力以作登封祀典，這是在「主侈臣諛」的情況下進行的，[99]於是，把「封禪」的名聲給毀了。

　　近人稱：「宋人重節義，因此不滿於韓愈的阿諛乞憐；又重性理，因此批評韓愈鼓吹封禪。」[100]這番話簡明扼要地點出宋人對「封禪」的態度。

　　近人觀察封禪歷史，有一段話很扼要：

> 籠統而言，每次封禪的表面理由都因襲了「封禪說」的主題，或易姓，或盛世而報天告地。而究至具體，卻是各有動機。秦以一諸侯國取周室天下，恐有篡逆之名，封禪祭天祀地，求通天意，又借大典炫耀權威，震懾六國。秦始皇兼有私願，東巡封禪，訪海仙，求不死藥。漢武文治武

98　「奏功皇天」句下注，《校注》，頁 358。
99　《秘聞》，頁 23-25。
100　孫昌武：《韓愈選集》（上海：上海古籍出版社，1996），頁 409。

功，開創盛世，封禪揚名顯功，但先後八次東巡，其意另有所圖，是耽迷於成仙升天。漢光武帝鏟除王莽，恢復劉氏漢朝之正統，封禪之意，特別強調維系皇室統緒，杜絕外戚篡政，向天報請「復祖統」之功。唐高宗、武則天的封禪，對高宗而言，不過是替太宗完成未遂之愿，慶典以賀國安，並無特殊的目的。倒是武則天極力促成參與此事，以「亞獻」之禮登大典之堂，旨在為其進一步的政治野心做準備。唐玄宗自恃功高德廣，盛世太平，封禪之心全在誇顯自耀，極盡鋪張侈奢之能力，把封禪辦成一個舉國歡騰的盛大慶典。宋真宗「窩囊」半世，身背「澶淵之盟」的罵名，竟想借封禪滌國恥，洗辱名，不惜偽「天書」假祥瑞，撒出彌天大謊，終把封禪的名聲給毀了。明清以後，雖有祭岱餘音，封禪卻就此中廢，泰山聖地漸成群教匯集之所，到康熙乾隆時，竟被闢為旅游觀光勝地，泰山神聖的光圈幾乎剝落乾淨。[101]

由於朝代思潮改變，對宋及以後人批評「封禪」，「始同辭非之」，應有所了解。正因如此，我們評論韓愈「勸封」時非要「知人論世」不可。

5.諸家議說是否允當？

從文中稱譽元和中興史實而觀：儲欣謂「昌黎所稱，頗無愧色。若施此文於德、順、敬、穆之朝，則諛矣，舛矣。何以為昌黎？」其論允當。

以封禪的歷史，以至唐宋封禪的史實而觀，何焯說：「封禪之事，自宋以後始同辭非之，前此儒者，多以為盛事，未可宋一

101　黃歷鴻：《泰山封禪》，頁258。

師之學疑其導人主以侈心也。」其說較持平。王若虛指韓「勸封」
為「罪之大者」，「忠君所諱」，這是宋人的觀點。

從「勸封」目的是否正當而論，林雲銘持論甚佳，惟「以將
順為匡救」說，太過曲折。

從「勸封」是否阿諛而觀：洪邁「摧挫獻佞」說、張舜民「畏
死求回」說，黃震「汲汲苟乎性命」說，三人以〈諫表〉、〈謝
表〉，一切直，一哀憐，便指斥攻訐，實則，衛道直諫與諛媚乞
憐，都出於同一忠於國君的立場；而三家所言的「諛媚」，卻又
只看到片面。至於洪邁所言：「憲宗雖有武功，亦未至編之詩書
而無愧。」在封建時代是表忠之舉，雖有過譽，韓仍有其「自占
地步」之處，宜加深論。王若虛「諛悅之計」說，曾國藩「阿世
取悅」說，所論過於簡化，未能「知人論世」，又未分別認真對
待，對韓氏不甚公平。

二、「戚戚嗟嗟」的考察

〈謝表〉第三段云：

> 臣所領州，在廣府極東界上，去廣州雖云纔二千里，然來
> 往動皆經月，過海口，下惡水，瀧濤猛壯，難計程期。颶
> 風鱷魚，患禍不測，州南近界，漲海連天，毒霧瘴氛，日
> 夕發作。臣少多病，年纔五十，髮白齒落，理不久長，加
> 以罪犯至重，所處又極遠惡，憂惶慚悸，死亡無日。單立
> 一身，朝無親黨，居蠻夷之地，與魑魅為群，苟非陛下哀
> 而念之，誰肯為臣言者。[102]

表中記述其所領地潮州的地理位置，所處遠惡，以己多病之身，

---

102 《校注》，頁 356-358。

恐怕「死亡無日」，以求皇帝「哀念」。

〈謝表〉末段又云：

> 臣負罪嬰釁，自拘海島，戚戚嗟嗟，日與死迫，曾不得奏
> 薄伎於從官之內，隸御之間，窮思畢精，以贖罪過，懷痛
> 窮天，死不閉目，瞻望宸極，魂神飛去。伏惟皇帝陛下天
> 地父母，哀而憐之。[103]

因爲「死亡無日」、「日與死迫」，恐無法撰文贖罪，韓氏「戚
戚嗟嗟」，伏惟「哀憐」，由此「哀念」、「哀憐」便招來宋後
人以下「哀憐與戀闕」的正負評語。先摘錄評語，再行討論。

（一）負面的評語

（1）宋‧歐陽修（1007-1072）指韓「有不堪之窮愁」，其
言曰：

> 每見前世有名人，當議事時，感激不避誅死，真若知義者；
> 及到貶所，則感感嗟嗟，有不堪之窮愁，形於文字，其心
> 歡戚，無異庸人。雖韓文公不免此累。[104]

（2）宋‧俞文豹指韓「真有悽慘可憐之狀」：

> 韓文公〈佛骨表〉慷慨激烈，不以死生禍福動其心。及潮
> 陽之行，漲海冥濛，炎風挼擾，向來豪勇之氣，銷鑠殆盡。
> 其〈謝表〉中誇述聖德，披訴艱辛，真有悽慘可憐之狀。
> 至於佛法，亦復屑意。[105]

（二）正面的評價

（1）明‧茅坤（1512-1601）指爲「遭患憂讒，情哀詞迫」，

103　同上註。
104　《歐陽文忠公文集》卷六十七、外集十七，《彙編》，頁108。
105　《吹劍錄》，《彙編》，頁482。

其言曰：

> 昌黎遭患憂讒，情哀詞迫。[106]

（2）清・儲欣（1631-1706）指爲：依戀闕庭：

> 人臣依戀闕庭，自是愛君，非徒爲祿位計也；且以遠竄之
> 苦，入告天子，此亦呼天呼父母之意，豈云搖尾乞憐乎？
> 東坡云：「與其靦顏忍恥，哀求與眾人，不若歸命投誠，
> 控告於君父。」與此同義。必若去不反顧，窮不告哀，此
> 小丈夫悻悻者之所爲，而謂賢者爲之耶！吾見悻悻者之幾
> 於無君，而賢者不失爲忠愛也。世儒之譏此表者眾矣，故
> 略爲言之。[107]

（3）清・儲欣指此爲「純臣」「思衍戀闕」的表現：

> 〈謝州刺史謝上表〉，韓公專精神、致志慮之作，氣盛思
> 精，字鎔句鍊，天地間有數文字。臣子得罪君父，悻悻然
> 自以爲是，不復思衍戀闕者，非純臣也。看韓、蘇貶謫後，
> 是何等忠悃。[108]

（4）清・曾國藩指此爲「求哀君父」，是有節概人的行爲：

> 求哀君父，不乞援奧竈，有節概人，固應如此。[109]

（三）平議諸家之說

綜上評語，試分何謂戚嗟、戚嗟內涵、爲何戚嗟、告哀君父、
忠臣戀闕、平議諸家之說六項考察。

何謂「戚戚嗟嗟」？

106　《唐宋八大家文鈔・韓文》評語，《彙編》，頁767。
107　《唐宋八大家集鈔》卷八，《彙編》，頁932。
108　《昌黎先生全集錄》卷八，《彙編》，頁930。
109　《求闕齋讀書錄》卷八。

戚，憂也。《詩經・小明》：「心之憂矣，自貽伊戚。」傳曰：「憂也。」[110]

戚戚，憂貌。《論語・述而》：「小人長戚戚。」[111]

嗟嗟，重歎聲。《詩經・周頌・臣工》：「嗟嗟臣工。」注：「敕之也。」《正義曰》：「嗟嗟歎聲，將敕而嗟歎，故云嗟嗟，敕之並訓爲敕也。」[112]可見，嗟嗟本義爲嗟歎。

「戚戚嗟嗟」又是何義？如〈謝表〉所言，「戚戚嗟嗟」的內涵計有「感恩、戀闕、慚惶、懇迫」[113]四種心情。

若以韓氏蒞潮任命之前，在貶途中詩句所反映，他此際的心情複雜，包括悽傷，懼死、求釋、戀闕、憶家、思歸、慚惶。茲摘列相關詩句如次：

我今罪重無歸望，直去長安路八千。（〈武關西逢配流吐蕃〉）[114]

晨及曲河驛，悽然自傷情。……而我抱重罪，孑孑萬里程。

親戚頓乖角，圖史棄縱橫。（〈食曲河驛〉）[115]

不知四罪地，豈有再起辰？（〈贈別元十八協律六首之三〉）[116]

此爲韓氏自述其負重罪的心情。

知汝遠來有深意，好收吾骨瘴江邊。（〈左遷至藍關示姪孫湘〉）[117]

北望詎令隨寒雁，南遷纔免葬江魚。（〈量移袁州張韶州端公

---

110 〔漢〕毛亨傳、鄭玄箋、〔唐〕孔穎達疏：《詩經注疏》（台北：藝文印書館十三經注疏本，民71年8月），頁447。

111 〔魏〕何晏注、〔宋〕邢昺疏：《論語注疏》（台北：藝文印書館十三經注疏本，民71年8月），頁65。

112 《詩經注疏》，頁722。

113 〈潮州謝上表〉，《校注》，頁358。

114 《集釋》，頁1101。

115 《集釋》，頁1105。

116 《集釋》，頁1129。

117 《集釋》，頁1097。

以詩相賀因酬之〉〉[118]

此爲韓氏自述其隨時貶死的心情。

臣愚幸可哀，臣罪庶可釋。何當迎送歸，緣路高歷歷。（〈路傍堠〉〉[119]

我昔實愚蠢，不能降色辭。（〈除官赴闕至江州寄鄂州李大夫〉〉[120]

此爲韓氏表達了修省及回朝的期盼。

潮陽南去倍長沙，戀闕那堪又憶家。……。早晚王師收海嶽，普將雷雨發萌芽。（〈次鄧州界〉〉[121]

此爲表達其戀闕、憶家，以及等待皇師大捷而獲赦的心情。

韓氏在貶途中把這種複雜心情寫於詩中，以爲「舒憂娛悲」；這是至誠的表現。

爲何戚嗟？茅坤言韓氏此際是「遭患憂讒，情哀詞迫」，此句頗能道出神髓。

要知道，韓氏心情是傷痛的，他傷痛的是他的忠諫不爲君所知，他所以反佛在於「傷風敗俗，傳笑四方，非細事也」，以歷史言，事佛求福，如梁武帝「乃更得禍」，而「凶穢之餘，豈宜令入宮禁」等等，完全一片至忠，爲君爲民，只以「事佛漸謹，年代尤促」一句被皇帝認爲「乖剌」，而欲置死罪。他的傷痛一如屈原「忠而見疑，信而被謗」的傷痛。至於他文末所云：「乞以此骨，付之有司，投諸水火。」而且直承殃咎：「佛如有靈，能作禍祟，凡有殃咎，宜加臣身，上天鑒臨，臣不怨悔。」乃係指對佛之加禍而言。弔詭的是，現在將「殃咎加於其身」的卻不

118　《集釋》，頁 1173。
119　《集釋》，頁 1102。
120　《集釋》，頁 1184。
121　《集釋》，頁 1103。

是他大力所排之佛，而是他一片丹心竭誠以事的皇帝，這是他的「窮愁」。皇帝不念他的功，要置他以死罪。幸賴大臣求情始得貶於潮州。這是他「忠直而不為君知」的窮愁。茅坤所言的「遭患憂讒」，意思在此。

如今，韓氏以貶地險惡，又「髮白齒落」，身體多病，理不久長，於是而有「死亡」的疑懼。若是貶死，因他實有罪而致，也就罷了，他明明一片至忠，只是「不識禮度」，「不通人事」，觸怒皇帝而被遠貶，他若死亡，心中不平，是「死不閉目」的，所以他「懷痛窮天」，懷著心中的傷痛窮問於天地父母，以求哀憐，「瞻望宸極，魂神飛去」，這是忠君戀闕的表現。如此作為在封建專制時代，遇到困窮，不乞求於權臣顯官，而求哀於君父，連曾國藩也說是節概人的表現。

總上所言，韓氏忠諫，不為君所知，到任後，他以至誠，以貶地遠惡、己身衰病、死亡無日等情告哀於君父。這是他的「戚戚嗟嗟」。

以此而觀，歐說的「窮愁」，俞說的「悽慘可憐之狀」，是片面的說法。而茅坤的「遭患憂讒」頗能道出韓氏心境，儲說的「思衍戀闕」、曾說韓是「有節概人」，尚稱公允。

三、「善否處窮」的考察

關於韓氏「善否處窮」的問題，自宋後亦有兩極的評語，負面評語包括有「悽慘可憐」、「對佛法亦復屑意」、「不善處窮」、「不能自持」、「哀矜悔艾」的批評。以上諸說，可以「不善處窮」為概括。正面之評語，有「堅守原則」、「善占地步」、「自承文章」、「自負貞剛」的說法。茲摘列諸說如下，再行討論。

（一）負面評語

（1）宋・俞文豹指韓「真有悽慘可憐之狀」：

> 韓文公〈佛骨表〉慷慨激烈，不以死生禍福動其心。及潮
> 陽之行，漲海冥濛，炎風掐擾，向來豪勇之氣，銷鑠殆盡。
> 其〈謝表〉中誇述聖德，披訴艱辛，真有悽慘可憐之狀。
> 至於佛法，亦復屑意。[122]

（2）金・王若虛譏韓「不善處窮」：

> 韓退之不善處窮，哀號之語，見於文字，世多譏之。[123]

（3）清・侯方域（1618-1654）譏韓「不安於潮州」，「落
莫悲涼之際，反不能自持」：

> 昌黎一代人傑。其〈諫佛骨〉幾致殺身，尤挺立不撓。然
> 貶潮州，而其〈謝上表〉，亦何哀也。昔人論其欲以詞賦
> 述封禪，幾於相如逢君，此誠太苛。使昌黎而自此貶道以
> 趨時，豈遂安坐不至卿相？乃官侍郎日，明知王廷湊不可
> 犯，而必銜命宣諭，叱馭不回，何哉？蓋士君子之自處，
> 固有生死不難決絕，而落莫悲涼之際，反惘然不能自持者。
> 如蘇子卿娶胡婦，寇萊公陳天書，與昌黎不安於潮陽，其
> 病一也。[124]

（4）元・袁桷（1266-1327）指韓「哀矜悔艾」：

> 昌黎公〈潮州謝表〉，識者謂不免有驕矜悔艾之意。坡翁
> 〈黃州謝表〉悔而不屈，哀而不怨，過於昌黎多矣。[125]

122　《吹劍錄》，《彙編》，頁 482。
123　《滹南遺老集》卷 29，頁 183。
124　《壯悔堂文集》卷九，《彙編》，頁 888。
125　《清容居士集》，《彙編》，頁 647。

（二）正面評語

（1）明‧郭正域（1554-1612）指韓愈「以文章自命，目無唐人」，其言曰：

　　〈潮州表〉以文章自命，目無唐人。[126]

（2）孫昌武指韓「自負貞剛」，他在「單立一身，朝無親黨」句下注云：

　　此自明朝無黨援，實有自負貞剛之意。[127]

綜上評語，實是討論韓氏「善否處窮」的問題。

（三）平議諸家之說

對此問題，首先看他有無「堅守原則」？試以有無盡臣道、有無改信佛法、有無為諫「佛骨」事認錯三者考察。

文中六段，韓氏謝恩、述職、然後「歸命天子」，「告哀君父」、「勸封撰文贖罪」，等等均為表忠，這是臣道。再看他在潮州施政、驅鱷魚、釋奴婢、興學校等都是盡臣道。筆者有〈從「臣道」觀點論韓愈祭鱷魚文思想淵源〉[128]一文，可供參閱。

韓氏雖與大顛和尚來往，但不改其反佛態度。試觀〈與孟尚書書〉一文[129]可知。

126　《韓文杜律。韓文》卷首，《彙編》，頁 814。
127　《韓愈選集》，頁 404。
128　拙撰〈從「臣道」觀點論韓愈祭鱷魚文思想淵源〉，《第五屆唐代文化學術研討會論文集》（嘉義：中正大學中文系出版，1998），頁 199-214。參見本書首篇。
129　韓氏〈與孟尚書書〉：「潮州時，有一老僧號大顛，頗聰明，識道理，遠地無可與語者，故自山召至州郭，留十數日，實能外形骸，以理自勝，不為事物侵亂。與之語，雖不盡解，要自胸中無滯礙，以為難得，因與來往；及祭神至海上，遂造其廬；及來袁州，留衣服為別，乃人之情，非崇信其法，求福田利益也。」《校注》，頁 124-126。

韓愈此表，並無為諫「佛骨」一事認錯。

由此而觀，韓愈在觸怒皇帝，自負重罪之時，仍盡其職分、盡其臣道、不斷表忠，並無改信佛法，並無向「佛骨」事認錯，這都是他「堅守原則」之處。前人評他「不善處窮」，「不能自持」，未得其平，至於俞文豹所指「對佛法屑意」，亦是止於來往，並無信奉。

此外，表中，韓氏行文善於「自占地步」，於「勸封」，他在表忠背後有勉帝修德的暗示；他「哀憐」，但哀憐背後有其自負之處。前者，上節已論。今論後者，今試論「自負貞剛」、「自承文章」：文中韓自述「朝無朋黨，單立一身」，求哀君父，不求媚於權臣寵臣，是「自負貞剛」的節概。又如「酷好學問文章，為時輩所見推許……論述陛下功德，與詩書相表裏，作為歌詩，薦之郊廟；……雖使古人復生，臣亦未肯多讓」。由過往之撰述〈元和聖德詩〉、〈平淮西碑〉，以至為未來紀封泰山而撰文，論忠則忠矣，而其「自命文章」，「古人復生，未肯多讓」，則自恃之情可見。可見，韓氏雖然困窮，其精神不見衰靡，文章也顯得挺拔，別有氣象，有一種悔而不屈的氣概。可見韓氏善於「處窮」的一面。

孔子說：「君子固窮，小人窮，斯濫矣！」[130]韓氏在潮州，有無「放溢為非」？有無不道德、不忠義的行為？若是無有，則可證明韓氏是能固守其窮的，仍是「善於固窮」的。

由此以觀，王若虛「不善處窮」說，俞文豹「至於佛法，亦復屑意」說，侯方域「不能自持」說、袁桷「哀矜悔艾」說，只看到一側面，論述未免偏頗。

---

130 《論語・衛靈公第十五》，「下論」卷八，《四書集注》卷105。

結　論

前人對此表各有毀譽的評語，有的是因片面、側面了解，甚至簡化問題而致，有的則因時代思潮改變而致，經過上文「知人論世」的考察，結論如下：

1.在「勸帝封禪」方面：憲宗有掃平僭亂之功，韓愈文中的稱譽，符合史實；若以封禪條件言，雖有勉強，以唐代言，有前例可援。勸封目的，有鎮壓藩鎮、勉爲聖君、並可回朝贖罪，於國、於君、於己皆有利。並可委婉地消除皇帝心裡的「不祥」。若簡單地評爲「摧挫獻佞」、「畏死求回」、「諛悅之計」、「汲汲性命」、「白圭之玷」等，未爲公允。宋以後人，由於時代思潮轉變，厭惡封禪，多加評擊，宜分別看待。

2.在「戚戚嗟嗟」方面：韓愈上諫，因其至忠不爲君所知，到任後，繼續表其忠誠，他以貶地遠遷，己身衰病，戚戚嗟嗟，懷痛窮天，死不閉目，告哀於君父，表其「思衍戀闕」之情。要知忠諫、戚嗟、哀告君父、戀闕本是一體之兩面。宋後人 以〈諫表〉、〈謝表〉剛柔懸殊，肆意批評，指爲「有不堪之窮愁」、「有悽慘可憐之狀」等，只觀其片面。

3.在「善否處窮」方面：表中，他「堅守原則」，並無改變其反佛態度，未曾爲諫「佛骨」事認錯。在治潮期間，他更做了不少好事，善盡職分，愛民如子，贏得潮人愛戴，流芳百世。表中，他「善占地步」，於「論述功德」背後有「無愧無虧」的暗示；有「責難於君」的「恭敬」；有「悔過贖罪」的「自負貞剛」、「自負文章」；於「勸帝封禪」，以無封禪之高宗比況，似有保留態度。前人評他「不善處窮」，「哀號滿紙」，「不能自持」等，未免管窺，不得全豹。

　　（筆者後記：韓愈貶潮，以至上〈潮州謝表〉，引發許多討論，對此問題，筆者一直思考討論，於 2000 年前後，發表了一些文章；這些舊作，反映了筆者研究此問題的歷史痕跡，有其意義在。至於，今時的觀點，請參閱筆者這幾幾年所發表的論文。2011 年 10 月）

附表：歷代帝王封禪大事紀（春秋至宋）

（△表有成行者凡十四次）

帝王及年號／西元	背　景
周襄王二年魯僖公九年（前 651）	葵丘之會後，齊桓公九合諸侯一匡天下，欲封禪泰山。管仲婉拒之。以不見符瑞不能封禪，必須有「鄗上之黍，北里之禾，江淮之三脊茅，東海之比目魚，西海之比翼鳥」還須是物不召而自至者，十有五焉。」（《史記·封禪書》卷 28。）
△ 秦始皇帝二十八年（前 219）	自泰山陽至巔，立石頌德；從陰道下，禪於梁父。其禮頗采太祝之祀雍上帝所用，而封藏皆秘之，世不得而記也。（《通鑑》卷 7，秦紀二，頁 238-239。）
△ 漢武帝元封元年（前 110）	四月登封泰山至于梁父，升禪肅然。（《通鑑》卷 20，漢紀十二，頁 678-679。《冊府》卷 35，頁 377-378。）初，司馬相如病且死，有遺書，頌功德，言符瑞，勸帝封泰山，上感其言。會得寶鼎，上乃與公卿諸生議封禪。封禪用希曠絕，莫知其儀。（中略）上於是乃令諸儒采尚書、周官、王制之文，草封禪儀，數年不成。上以問左內史兒寬，（中略）上乃自制儀，頗采儒術以文之。（《通鑑》卷 20，頁 675-676）相如既卒五歲，上始祭后土。八年而遂禮中嶽，封于泰山，至梁甫，禪肅然。（《漢書》卷 57，頁 2600。）
元封二年（前 109）	春正月，幸緱氏，至東萊，四月還，過祠泰山。秋作明堂於汶上。（《通鑑》卷 21，漢紀十三，頁 682-685。）
△ 元封五年（前 106）	春，還至泰山增封。始祀上帝於明堂，配以高祖。（《通鑑》卷 21，頁 692。《冊府》卷 35，頁 378。）
△ 太初元年（前 104）	十月幸泰山，十二月禪高里。冬至，祠上帝於明堂。（《通鑑》卷 21，頁 697。《冊府》，卷 35，頁 378。）
△ 太初三年（前 102）	四月，還，脩封泰山，禪石閭。（《通鑑》卷 21，頁 703。《冊府》，卷 35，頁 378。）
△ 天漢三年（前 98）	三月，行幸泰山，修封，祀明堂，因受計。（《通鑑》卷 22，頁 719。《冊府》，卷 35，頁 378。）

△	太始四年 （前 93）	三月，行幸泰山。壬午，祀高祖於明堂以配上帝，癸未，祀孝景皇帝于明堂。丙戌，禪石閭。（《通鑑》卷 22頁 724。《冊府》，卷 35，頁 378-379。）
△	征和四年 （前 89）	三月，幸泰山修封，祀於明堂，禪石閭。見群臣，上乃言曰：「朕即位以來，所爲狂悖，使天下愁苦，不可追悔。自今事有傷害百姓，摩費天下者，悉罷之。」（《通鑑》卷 22，漢紀十四，頁 738。《冊府》，卷 35，頁 379。）
	漢光武帝建武 三 十 年（54）	春，二月，車駕東巡。群臣上言：「即位三十年，宜封禪泰山。」詔曰：「即位三十年，百姓怨氣滿腹，『吾誰欺，欺天乎？』（略）若郡縣遠遣吏上壽，盛稱虛美，必髡令屯田。」於是群臣不敢進言。（《通鑑》卷 44，頁 1422。《冊府》卷 35，頁 379。）
△	漢光武帝中元元年(建武三十二年）（56）	春，正月，上讀《河圖會昌符》曰：「赤劉之九，會命岱宗。」上感此文，乃詔虎賁中郎將梁松等按察河洛讖文，言九世當封禪者凡三十六事。於是張純等復奏請封禪。上乃許焉。（《通鑑》卷 44，漢紀三十六，頁 1424。《冊府》卷 35，頁 379。） 二月幸岱宗，禪梁陰。以高后配，山川群神從祀。（《通鑑》卷 44，頁 1425。《冊府》，卷 35，頁 380-381。）
△ ※	章帝元和二年（85）	二月幸泰山，柴告岱宗。宗祀五帝于汶上明堂。丙子，赦天下，三月，幸魯，祠孔子於闕里，及七十二弟子，作六代之樂，大會孔氏男子二十以上者六十二人，帝謂孔僖曰：「今日之會，寧於卿宗有光榮乎？」對曰：「臣聞明王聖主，莫不尊師貴道。今陛下親屈萬乘，辱臨敝里，此乃崇禮先師，增輝聖德；至於光榮，非所敢承！」帝大笑曰：「非聖者子孫焉有斯言乎！」拜僖郎中。（略）夏四月還宮，庚申，假于祖禰。（《通鑑》卷 47，頁 1502-1503。《冊府》卷 35，頁 381-382。）
※	安帝延光三年（124）	二月，幸泰山，三月，幸魯，還。（《通鑑》卷 50，頁 1628。） 二月辛卯，幸太山，柴告岱宗。（《冊府》卷 35，頁 382。）
	魏明帝黃初（220-226）	中護軍蔣濟勸帝封禪，「宜下公卿廣撰其禮，卜年考時，昭告上帝，以副天下之望。」天子無答詔。「天子雖拒濟議而實使高堂隆草封禪之儀。以天下未一，不欲使行大禮。會隆卒不復行。」（《冊府》卷 35，頁 382。）
	晉武帝太康元年（280）	九月尚書衛瓘、尚書左僕射山濤、右僕射魏舒、尚書劉寔、司空張華等奏請封禪。帝復詔曰：「所議誠列代之盛事也，然方今未可以爾。」便報絕之。（《冊府》卷 35，頁 382-384。）

隋文帝開皇九年（589）	（平陳後），朝野皆稱封禪。秋七月，詔曰：「豈可命一將軍除一小國，遽邇注意，便謂太平。以薄德而封名山，用虛言而干上帝，非朕攸聞。而今而後，言及封禪，宣即禁絕。」（《通鑑》卷 177，隋紀一，頁 5522。）
	兗州刺史薛冑以天下太平，登封告禪帝王盛烈，遂遣博士登大山觀古跡，撰封禪圖及儀，上之。高祖，謙讓不許。（《冊府》卷 35，頁 384。）
開皇十四年（594）	冬，閏十月。陳叔寶從帝登邙山，侍飲，賦詩曰：「日月光天德，山河壯帝居；太平無以報，願上東封書。」并表請封禪。帝優詔答之。無應。（《通鑑》卷 178，隋紀二，頁 5546。）
	群臣請封禪，高祖不納。晉王廣帥百官抗表，固請封禪。帝令牛弘創定儀注。既成，帝視之，曰：「茲事體大，朕何德以堪之！但當東巡，因致祭泰山耳。」（《通鑑》卷 178，隋紀二，頁 5547。《冊府》卷 35，頁 384。）
開皇十五年（595）	春正月，爲壇於泰山，柴燎祀天以歲旱謝愆咎，禮如南郊；又親祀青帝壇。赦天下。（《通鑑》卷 178，頁 5548。）
	春，行幸兗州，遂次岱嶽，爲壇如南郊。《冊府》，卷 35，頁 384。
唐太宗貞觀五年（631）	正月，朝集使趙郡王孝恭等，僉議以爲天下一統四夷來同，詣闕上表，請封禪。帝以流遁久，凋殘未復，田疇多曠，倉廩猶虛，家戶未足，謙辭。（《冊府》卷 35，頁 384。《通鑑》卷 193，頁 6086。）
	十二月，朝集使利州都督武士彠等詣朝堂上表請封禪。帝以喪亂之後，民物凋殘，憚於勞費，謙辭。（《冊府》卷 35，頁 385。《通鑑》卷 193，唐紀九，頁 6090。）
貞觀六年（632）	公卿百寮以天下太平，四夷賓服，詣闕請封禪者，首尾相屬。帝不許。以「嬰氣疾但恐登封之後，彌增誠懼，有乖營衛。非所以益朕」爲由推辭。（《冊府》卷 35，頁 385。《通鑑》卷 194，頁 6093-6094。）
貞觀十一年（637）	帝將有事於封禪。國子博士劉伯莊、睦州刺史徐令言等皆上封禪事，互設疑惑。言新禮簡略，事有未周。於是勅四方名儒、博物之士及顏師古、朱子奢等參議得失者數十家，遞相駁難，紛紜不決。於是，左僕射房玄齡、特進魏徵、中書令楊師道，慎採眾議，以爲永式。（《冊府》卷 35，頁 385。）
	三月，群臣復請封禪，上使秘書監顏師古等議其禮，房玄齡裁定之。（《通鑑》卷 194，頁 6128。）

貞觀十四年 （650）	十月，荊王元景等復表請封禪。帝沖讓不許，至再至三。（《冊府》作趙王）（《冊府》卷35，頁386。《通鑑》卷195，頁6156。）
	十一月，百官復表請封禪，詔許之。更命諸儒詳定儀注，以太常卿韋挺等爲封禪使。（《通鑑》卷195，頁6158。）
貞觀十五年 （641）	三月庚辰，肅州言所部川原遍生芝草。先是百僚及雍州父老詣朝堂上表請封禪。帝沖讓不許。仍命有司往泰山，將前代帝王封禪立碑及石函，遭毀壞者並脩立瘞藏之。（《冊府》卷35，頁387-388。）
	夏四月，詔以來年二月有事於泰山。（《通鑑》卷196，頁6165。）
	五月，并州父老詣闕請上封泰山畢，還幸晉陽，上許之。已酉，有星孛于太微，太史令薛頤上言，未可東封。辛亥，起居郎褚遂言亦言之。丙辰，詔罷東封。（《通鑑》卷196，頁6168。）
貞觀二十年 （646）	十一月，司徒長孫無忌與百官及方嶽等上表請封禪。恐生勞擾，不許。（《冊府》，卷35，頁388-389。）
	十二月，司徒長孫無忌等又詣順天門，抗表請封禪。乃詔有司，廣召縉紳先生，議方石圜壇之制，草封禪射牛之禮，脩造羽儀輦輅並送之洛陽宮。（《冊府》卷35，頁388-391。）
	十二月，群臣累請封禪，從之。（《通鑑》卷198，頁6242。）
貞觀二十一 （647）	正月詔以「弗獲固辭。展禮上玄，實增慚懼，可以貞觀二十有二載仲春之月式遵故實，有事於太山。」（《通鑑》卷198，頁6245。《冊府》卷35，頁391-392。）
	八月，詔以薛延陀新降，土功屢興，加以河北水災，停明年封禪。（《通鑑》卷198，頁6248。《冊府》卷35，頁392。）
高宗顯慶四 年（659）	許敬宗議封禪儀，奏：「請以高祖、太宗俱配昊天上帝，太穆文德二皇后俱配皇地祇。」許之。（《通鑑》卷200，頁6316。）
唐高宗龍朔 二年（662）	即位後，公卿數請封禪。十月詔以四年正月有事泰山。所司詳求故實，務從折衷。（按：《冊府》作一年。疑誤。）（《冊府》卷36，頁393。《通鑑》卷201，頁6331。）
龍朔十二年	詔以薄伐海東二蕃，州縣勞役，介丘之禮及幸都並宜且停。（《冊府》卷36，頁393。）
麟德元年 （664）	七月朔詔，詔以三年正月，式遵故實，有事岱宗。九月詔，來年行幸岱宗，州縣不得浪有煩擾。（《通鑑》201，頁6340。《冊府》卷36，頁393。）

△	高宗乾封元年（666）	正月有事於泰山，親祠昊天上帝於封祀之壇，封泰山禪社首。皇后爲亞獻，越國太妃燕氏爲終獻。（《通鑑》卷201，頁6344-6346。《冊府》卷36，頁393。）
		丙戌，車駕發泰山；辛卯，至曲阜，贈孔子太師，以少牢致祭。癸未，至亳州，謁老君廟，上尊號曰：「太上玄元皇帝」。夏四月，甲辰，至京師，謁太廟。（《通鑑》卷201，頁6347。
	乾封二年（667）	十二月，詔：「自今祀昊天上帝、五帝、皇地祇、神州地祇，並以高祖太宗配，仍合祀昊天上帝、五帝於明堂。」（《通鑑》卷201，頁6353。）
	儀鳳元年（上元三年）（676）	天后勸上封中嶽。二月詔以今多有事嵩嶽，令所司草儀注，務從典故。閏三月以吐蕃犯塞停封嶽（按《冊府》作二月）。（《冊府》卷36，頁395。《通鑑》202，頁6379。）
	調露元年（679）	七月詔以今年多至有事嵩嶽，宜令禮官學士等詳定議注。（《冊府》卷36，頁395。《通鑑》卷202，頁6391。）
		十月，詔以突厥背誕，罷封嵩山。（《通鑑》卷202，頁6393。）《冊府》，卷36，頁395。
	弘道元年（永淳二年）（683）	七月詔以今年十月有事嵩嶽。尋以帝不豫，改用來年正月行封禪之禮。後以寇盜侵邊、關內流離、數郡不寧爲由，停封來年正月中嶽（按：十一月帝疾甚。翌年，駕崩。）。（《冊府》卷36，頁395。《通鑑》卷203，頁6415。）
	垂拱元年（685）	七月，詔自今祀天地，高祖、太宗、高宗皆配座。（《通鑑》卷203，唐紀十九，頁6435。）
△※	武周萬歲登封元年（696）	十二月封於嵩嶽，禪少室山。癸巳，還宮；甲午，謁太廟。（《通鑑》卷205，頁6503。）（《太平御覽》卷536，頁2562。）
	中宗神龍元年（705）	九月，上祀昊天上帝、皇地祇于明堂，以高宗配。（《通鑑》卷208，唐紀二十四，頁6595。）
	睿宗先天元年（712）（是年八月，玄宗即位）	春，正月，睿宗祀南郊。初因諫議大夫賈曾議合祭天地。（《通鑑》卷210，唐紀二十六，頁6670。）
	玄宗開元十一年（723）	十一月，禮儀使張說等奏，以高祖配昊天上帝，罷三祖並配之禮。戊寅，上祀南郊，赦天下。（《通鑑》卷212，頁6757。）
	玄宗開元十二年（724）	十一月群臣屢上表請封禪。閏月，制以明年十一月十日有事於泰山。時張說自建封禪之議，而源乾曜不欲爲之，由是與說不平。（《通鑑》卷212，頁6762。）

	玄宗開元十二年（724）	閏十二月，文武百官吏部尚書裴漼等上請封東嶽，（略）詔以十三年十一月十日式遵故實，有事泰山。（《冊府》卷36，頁396-398。）
△	玄宗開元十三年（725）	四月，撫州三脊茅生。上封者言：請敕撫州且進六束與沅江相比用之。帝曰：可。（《冊府》，卷36，頁398。）
		十一月，封泰山。初，帝登山至齋宮，其夕陰雲慘列，勁風四起，裂幕折柱，寒氣切骨，帝露立祈請，仰天自誓，應時風止，天地清晏，日氣和煦。以睿宗大聖真皇帝配享皇地祇。庚申，幸孔子宅致祭。（《通鑑》卷212，頁6766-6767。《冊府》卷36，頁401-403。）
		七月，帝製〈紀泰山銘〉，親禮勒於山頂之右壁。於是中書令張說撰〈封祀壇頌〉，侍中源乾曜撰〈社首壇頌〉，禮部尚書蘇頲撰〈觀朝壇頌〉，以紀聖德。（《冊府》，卷36，頁402-403）。
	二十三年（735）	九月，文武百官尚書左丞相蕭嵩等累表請封嵩華二嶽。帝以既東封泰山，豈可更議嵩華，沖讓不許。（《冊府》卷36，頁403-404。）
	玄宗開元二十七年（739）二十八年（740）玄宗天寶九年（750）	八月，進諡孔子為文宣王。正孔子像為南坐，被王者之服，追贈弟子皆為公、侯、伯。（《通鑑》卷214，唐紀三十，頁6839。）
		九月，邠王守禮率宗子、左丞相裴耀卿率百官僧道父老皆於朝堂抗表，以時和年豐，請封嵩華二山。帝抑而不許。（《冊府》卷36，頁404）
		正月，文武百寮禮部尚書崔翹等累上表請封西嶽，刻石紀榮號，帝固拒不許。翹又奉表懇請。凡三上表，上乃許之。詔以今載十一月有事華山。是載三月西嶽廟災，時關中久旱，遂停封。（《冊府》卷36，頁404-405。《通鑑》卷216，頁6897-6898。）
	太平興國九年（983）	四月八日，宰臣宋琪率文武百官諸軍將校蕃酋酋長僧道耆壽詣東上閣門，拜表請東封。詔答不允。自是繼上三表。終許之。後以五月，乾元、文明二殿災，恐「未符天意」和「慮于勞人」，「且令停罷，以俟後期。」仍以「柴燎」之禮代替，「以當年十一月廿一日有事於南郊。」（《宋會要輯本》，禮22之1，頁883。）
△	宋真宗大中祥符元年（1008）	三月十三日，兗州父老、僧道呂良等，詣闕上表，請東封。知州邵曄率屬官，繼奉表陳請，帝引對良等於崇德殿，宣諭曰：「封禪大禮，歷代罕行，不可輕議。」賜曄等敕書，父老僧道敕榜，不允所請，仍賜緡帛而遣之。（同上，頁883）

		十八日，諸道貢舉人進士李覺等詣登聞鼓院上表，請封禪。二十一日，文武百官宰臣王旦等拜表繼請。自是至二十七日凡五上表，帝始允批簽。（同上，頁883。）
		十月二十三日，泰山封禪。未明五刻，扶侍使奉天書、升玉輅，至山下，改輿升山。帝服通天冠、絳紗袍、乘金輅、備法駕，至山門徑次，改服靴袍、乘步輦以登。（《宋會要輯本》，禮22之18，頁891。）
政和三年（1113）		十一月十一日，河南府言，節次據營內屬縣命官學生、道釋、耆老等六十六狀咸言封禪。十二月十八日詣宣德門拜表。二十四日於崇政殿引見，賜束帛緡錢有差，所請不允。（《宋會要輯本》，頁892。）
政和四年（1114）		正月十七日，兗州命官學生，道釋、耆老，及至聖文宣王四十七代孫孔若谷等詣闕進表，請行登封之禮。二月七日拜表，八日引見，並如河南府，已得旨揮，賜帛緡錢各有差。內高年人成倩授承事郎賜緋衣銀魚，張春授將仕郎並致仕。所請不允。（同上。）
		二月六日，鄆濮二州命官學生、道釋、耆老等八千六百餘人並詣闕進表，請車駕登泰山。 三月四日引見，賜錢帛如兗州例，所請不允。（同上。）
		四月二十五日，河南府命官學生耆老、道釋等再詣闕拜表，請中封。 二十六日引見，賜束帛緡錢各有差。內高年人張成特授將仕郎致仕。詔不允。（同上。）

※按：章帝、安帝「柴告岱宗」，據袁准《正論》：「焚燎祭天皆王者之事，非諸侯所為也。」今者，章、安二帝之「柴告」，《冊府》入「封禪」部而《太平御覽》不入。再觀《通鑑》所記亦以章帝為隆重，姑系入「封禪」，安帝則不入。

※武周萬歲登封元年，乃是封禪於嵩嶽，而非泰山，此乃唯一特別者。

韓愈〈祭柳子厚文〉內容探析

前　言

　　韓愈、柳宗元是唐代古文運動的領袖。兩人同心，以文明道，宣揚儒學，振起文風，取得重要的成就。在生前兩人詩文責善、論辯切磋，又是友誼深厚、生死相付的朋友。

　　柳宗元於憲宗元和十四年（819）十一月八日卒于柳州。翌年歸葬長安萬年先人墓側。韓愈則於是年十月由潮州改刺袁州；元和十五年（820）正月抵袁。五月五日當靈柩北歸路過袁州時，「候於道旁，致哀成禮」，而有此作。七月十日下葬長安時，韓又作〈柳子厚墓誌銘〉。長慶二年（822）柳州人感念柳宗元的善政，爲造羅池廟。長慶三年（823）春，宗元部將謝寧至長安向韓愈請文，九月，韓又撰成〈柳州羅池廟碑〉。

　　〈祭柳子厚文〉是韓愈文集中的名篇，清・曾國藩指爲：「峻潔直上，語經百鍊。公文如此等，乃不復可攀躋矣！」[1]可謂推崇備至。在坊間，韓愈的選本中，哀祭文部分多選〈祭十二郎文〉而甚少選此文，殊覺可惜。而高步瀛《唐宋文舉要》收錄此文並多舉典故，但不易明白。爲了幫助學子研習，筆者不揣淺陋，勉力而爲，而有此作。

1　〈祭柳子厚文〉題下注，〔清〕馬其昶：《韓昌黎文集校注》第 5 卷（香港：中華書局，1984），下稱《校注》，頁 188。

　　筆者，首先蒐集本文相關的評論和注釋，然後對全文作爬疏解析；深入典實的內容裡，以抉發其內涵義蘊。基於知人論世的宗旨，在寫作背景內特別考察了下述問題：

　　1.韓愈晚年的心境，思想態度的改變。

　　2.他加入自己的情志寫祭文，何故？與柳之貶死有何關係？

　　3.韓愈排觝佛老，爲何卻以老莊思想慰藉子厚？

一、寫作背景和旨趣

　　韓愈〈祭柳子厚文〉（以下簡稱：〈祭柳文〉）的撰作時間在元和十五年五月五日，前一年他諫迎佛骨，被貶潮州，對他的思想性情影響頗大。現在，先從貶潮說起。

　　元和十四年正月，韓愈「志除弊事」，[2]不惜身命，勇諫佛骨，以「言涉不敬」，忤憲宗之怒，「將加極法」，幸賴丞相裴度、崔群上奏「乞賜寬容，以來諫者」，[3]乃貶潮州刺史。四月廿五到任後，韓呈〈潮州刺史謝上表〉，[4]內容要點爲：

　　1.自陳上表諫迎佛骨，言涉不敬，萬死猶輕；

　　2.陛下哀臣既免刑誅，又獲祿食，聖恩弘大；

　　3.提議封禪，東巡泰山，奏天成功。

　　是年十月，朝臣上尊號，韓愈因朝廷大赦改授袁州刺史。

　　翌年閏正月八日，韓抵袁州履任。九月，又獲授爲國子祭酒，回長安。

　　韓愈在刺潮、袁這段期間，思想性情較之以前融通、行事也

2　〈左遷至藍關示姪孫湘〉：「一封朝奏九重天，夕貶潮陽路八千；欲爲聖明除弊事，肯將衰朽惜殘年。」錢仲聯：《韓昌黎詩繫年集釋》（上海：上海古籍出版社，1984）卷11，下稱《集釋》。

3　《舊唐書‧卷160‧韓愈傳》（北京，中華書局點校本，1997年11月）。

4　《校注》，頁356。

較以前謹慎。這點反映在與大顛和尚來往上，尤為明顯。原因是甚麼？大抵是：

　　1.諫迎佛骨，險遭極刑，艱難已甚，圭角已去，加已年過半百，閱歷既多，性情變得溫和。

　　2.受柳宗元影響，開始注意到「浮屠誠有不可斥者」，而與大顛和尚書信往來，並邀大顛「自山召至州郭，留十數日……，與之語，雖不盡解，要自心中無滯礙以為難得，因與來往。」[5]期間並「造其廬……，及來袁州，留衣服為別」，[6]對佛教的態度已由排觝改為包容，從不信佛教的因果說改為名理之過從，反映了韓氏於佛教的態度已為圓融。

　　3.刺袁期間，由於「新獲牽復」，又是等待回朝。在這期間，戒慎恐懼，謹言慎行，近人瞿蛻園便指他「懲禍慎言，不欲輕貽忌者之口實」，[7]也應是情理之常。

　　4.貶潮之初，他認知生命可貴，「懼以譴死」，開始「有禱於神」以求「無殞性命」，並於復授為國子祭酒之時，捐私錢十萬修廟，酬答神恩。〈祭湘君夫人文〉中敘述了求神賜福的經過：

> 前歲之春，愈以罪犯黜守潮州，懼以譴死，且虞海山之波霧瘴毒為災，以殞其命。舟次祠下，是用有禱於神享其衷，賜以吉卜，曰：如汝志。蒙神之福，啟帝之心。去潮即袁，今又獲位於潮，復其章綬。退思往昔，實發夢寐。凡卅年，於今乃合。夙夜怵惕，敢忘神之大庇。伏以祠宇毀損，……堂階頹落，……敢以私錢十萬修而作之。[8]

---

5 〈與孟尚書書〉，《校注》，頁 124。
6 同上註。
7 瞿蛻園：《劉禹錫集箋證》（上海：上海古籍出版社，1989）外集卷 10，下稱《箋證》。
8 《校注》，頁 188-189。

　　5.柳之貶死，於韓的刺激頗大。爲甚麼？因爲物傷其類，人弔其朋。事實上，二人頗多相似之處：如二人共倡古文運動，理想相同；文章角勝，才華相當；兩遭貶逐，遭遇相似；解奴興校，政績相仿。柳既貶死於前，自己難免於後，韓氏內心的哀情可想。

　　試看以下兩條資料，頗能反映出韓愈當日的心境，而此心境與〈祭柳文〉又是如此相通的：

　　1.韓在〈潮州刺史謝上表〉文末，自陳：「負罪嬰釁，自拘海島，戚戚嗟嗟，日與死迫。[9]」貶潮之初，他以「戚戚嗟嗟」自歎，一年後，他撰〈祭柳文〉又以「嗟嗟」歎柳。兩人志除弊事，兩人同遭貶斥，竟是如此相似。

　　2.韓在元和十五年十月所撰的〈祭湘君夫人文〉中思惟自己貶潮、刺袁，回京的經過有「退思往昔，實發夢寐」之句，與前此五、六月寫的〈祭柳文〉：「人之生世，如夢一覺」，又如此相同。

　　可見韓愈此際的心境沉浸在人生如夢的生死問題中，他祭柳不只是祭子厚而已，他還加入了自己的情志；他慨嘆人生如夢，以之安慰子厚，不只傷歎子厚才高遭貶，還傷歎自己！

　　故自潮至袁，適逢亡友柳宗元之喪；他素知柳奉佛，但韓作祭文不能引佛語來撰作，這點和他對佛經的認識有關。有關人生如夢，生死之事便找到老莊來。再說，他觝排佛老，是針對佛教、道教的蠹害民生經濟言，而非反對道家，老子莊子他是不反對的。以此之故，便用老莊的達人思想來安慰子厚了！

　　接下來談談本文的旨趣。

　　〈祭柳文〉內容分三部分：痛惜子厚才高不爲世用，婉約道

9　《校注》，頁 357-358。

出才高不用，乃至不如無才的悲憤；安慰子厚人生如夢，有悲有樂，禍福相倚，而文學不朽，一得一失，可以無憾，亦不必計較；末允托孤之事。

　　清人儲欣評此文曰：「服膺其文，悲其遇，而允其所托，懃懃懇懇，宛如面談。」[10]

　　清人林雲銘評曰：「其大意謂人無不死，即生前之通窮得失，可以夢覺，不足輕重。所痛惜者，以蓋世之才，竟不能供國家之用，實因前此為才名所誤，以致一斥不復，反不如碌碌之徒得以致身通顯，使人皆以才為戒耳。末以生死相托之情，自矢不負。一片血淚，不忍多讀。」[11]

　　清‧林紓評曰：「祭柳子厚文，文簡而哀摯。文末述及托孤，肝膈呈露，真能不負死友者，讀之使人氣厚。」[12]

　　三家之言各有所見。儲欣之說，簡明扼要。他把〈祭柳文〉的內容分為：「服膺其文」、「悲其遇」、「允其所託」三部分。林雲銘之說則較細緻，亦就內容分三部分：第一段「大意謂人無不死，即生前之通窮得失，可以付之夢覺。」第二段「痛惜子厚以蓋世之才，不能供國家之用，實因為才名所誤，以致一斥不復。」第三段「以生死相托」，儲、林二說只是分合不同，但林雲銘頗能道出韓愈的用心。

　　林紓之說，較短略，重點在指出韓愈「不負死友」的情誼，文章簡短而哀情真摯。

　　綜觀三家之言，他們均認為韓柳彼此情誼非常深厚，這是不

10　吳文治：《韓愈資料彙編》（北京：中華書局，1983 年 9 月），頁 921。下稱《彙編》。
11　《彙編》，頁 1016。
12　《彙編》，頁 1620。

容置疑的。但筆者以爲：由於二人理想、才華、遭遇和政績的許多相似，加上人在貶謫中容易激起生死同哀的心理，方能寫下千秋傳誦的好文章。

二、祭文内容探析

〈祭柳子厚文〉原文不長，先抄下來，逐段探析。祭文開頭說：

> 維年月日，韓愈謹以清酌庶羞之奠，祭於亡友柳子厚之靈。

「維年月日」，《文苑英華》作「維某年歲次庚子五月壬寅朔五日丙午」，[13]即是元和十五年（庚子）五月五日。

這裏，值得注意的是：韓愈在開首不敍官爵的寫法。當時柳爲柳州刺史，韓爲袁州刺史，但皆不書，只是注明是祭於「亡友柳子厚之靈」。清人林雲銘說：「開手彼此不敍官爵，以明千古性命之交，與自己骨肉無異，親狎之至也。」[14]可謂指出要點了。子厚死前以遺事相托，而韓以亡友相稱，兩人友誼深厚，可喻而知。

祭文開首說：

> 嗟嗟子厚，而至然耶？

悲嘆呀子厚！悲嘆呀子厚！一代弘才的您，就這樣去逝了嗎？

在文中，韓愈一前一後用了兩次「嗟嗟子厚」，一次「我又何嗟？」「嗟嗟子厚」的「嗟嗟」有三個意思：

1.美歎聲：《詩・商頌・烈祖》：「嗟嗟烈祖，有秩斯祜。」

13　〔宋〕李昉等編：《文苑英華》（北京，中華書局，1982）卷 987。
14　《彙編》，頁 1016。

[15]《毛詩正義》：「重言嗟嗟，美歎之深。」[16]

　2.戒歎聲：《詩·周頌·臣公》：「嗟嗟臣工，敬爾在公。」[17]《毛詩正義》：「嗟嗟，歎聲。將敕而嗟歎，故云嗟嗟。敕之非訓爲敕也。」[18]

　3.悲歎聲：《楚辭·九章·悲回風》：「曾歔欷之嗟嗟兮，獨隱伏而思慮。」[19]《王逸注》：「歔欷：啼貌。」又曰：「言己思念懷王悲啼嘘欷，雖獨隱伏猶思道德欲輔助之也。」[20]《楚辭·九思·悼亂》：「嗟嗟兮悲乎，殽亂兮紛挐。」[21]

　三個意思，究竟要取哪一個？

　祭文原是道達情意，爲要述哀，表示痛惜，[22]採悲歎義似較妥適。在韓愈的二十篇祭文中，一般都用「嗚呼」開頭，「嗟嗟」一詞只用了一次，也只用在柳子厚一人身上而已。[23]這當然和寫作

15　〔漢〕毛亨傳、鄭玄箋、〔唐〕孔穎達疏：《詩經注疏》（台北：藝文印書館十三經注疏本，民 71 年）卷二十之三，頁 791。下稱《詩疏》。

16　同上註。

17　《詩疏》，頁 722。

18　同上註。

19　〔宋〕洪興祖：《楚辭補注》（台北：藝文印書館，民 54 年）卷四，頁 259。

20　同上註，頁 259-260。

21　同上註，頁 532。

22　〔明〕吳訥說：「古者祀享，史有冊祝，載其所以祀之之意，考之經可見。若《文選》所載謝惠連之〈祭古冢〉，王僧達之〈祭顏延年〉，則亦不過敘其所祭及悼惜之情而已。迨後韓柳歐蘇，與夫宋世道學諸君子，或因水旱而禱于神，或因喪葬而祭親舊，真情實意，溢出言辭之表，誠學者所當取法者也。」《文章辨體序說》（香港：太平書局，1977）又〔明〕徐師曾說：「按祭文者，祭奠親友之辭也。古之祭祀，止於告饗而已。中世以還，兼讚言行，以傷之意，蓋祝文之變也。」《文體明辨序說》（香港：太平書局，1977）

23　韓祭文分兩類，一類是祭神文，共十首；一類是祭人的祭文，除了體裁奇特的〈弔武侍御所畫佛文〉之外，祭文共二十篇。茲表列如下。只有柳子厚的一篇是用「嗟嗟子厚」開頭而已。

篇名（人名）	稱謂	開頭	結尾
1、祭田橫墓文（田橫）		事有曠百世而能相感者	跽陳辭而薦酒，魂髣髴而來享。
2、祭穆員外文（穆員）		於乎，建中之初……	於乎死矣，何日來還。
3、祭郴州李使君文（李伯康）	敬祭于故郴州李使君之靈	古語有之……	神乎來哉，辭以爲侑，尙饗。
4、祭薛助教文（薛公達）	祭于亡友國子助教薛君之靈	嗚呼吾徒……	嗚呼哀哉，尙饗。
5、祭虞部張員外文（張季友）	敬祭于亡友張十三員外之靈		酒食備設，靈其降止論德敘情，以視諸誄，尙饗。
6、祭河南張員外文（張署）	祭于亡友故河南縣令張十二員外之靈	貞元十九，君爲御史……	嗚呼哀哉，尙饗。
7、祭左司李員外太夫人文	敬祭于某縣太君鄭氏尊夫人之靈	冑此茂族……	庶展哀誠，式陳牢醴，尙饗。
8、祭柳子厚文	祭于亡友柳子厚之靈	嗟嗟子厚	嗚呼哀哉，尙饗。
9、祭竇司業文（竇牟）	祭於故國子司業竇君二兄之靈	惟君文行夙成，有聲江東	嗚呼哀哉，尙饗。
10、祭侯主簿文（侯喜）	致祭于亡友故國子主簿侯君之靈	嗚呼，惟子文學，今誰過之	嗚呼哀哉，尙饗。
11、祭馬僕射文（馬摠）	敬祭于僕射馬公十二兄之靈	惟公弘大溫恭……	嗚呼哀哉，尙饗。
12、祭故陝府李司馬文（李邾）	祭于故陝府左司馬李公之靈	公學以爲耕，文以爲穫	敬致微禮，公其歆之，尙饗。
13、祭十二兄文（韓岌）	敢昭告于十二兄故虢州司戶府君之靈	嗚呼，維我皇祖，有孫八人	長號送哀，以薦此文，尙饗。
14、祭鄭夫人文	敢昭告于六嫂滎陽鄭氏夫人之靈	嗚呼，天降我家……	絕而復蘇，伏惟尙饗。
15、祭十二郎文	告汝十二郎之靈	嗚呼，吾少孤……	嗚呼哀哉，尙饗。
16、祭周氏姪女文（韓愈女）	祭于周氏二十娘子之靈	嫁而有子……	汝曾知乎，我念曷闕，尙饗。

背景有關，但也反映出兩人深厚的情誼。

「而至然耶？」就這樣撒手去逝了嗎？表示一副疑幻疑真的態度。劉禹錫〈重祭柳子員外文〉：「嗚呼！自君之沒，行已八月，每一念至，忽忽猶疑。（略）安知世上，真有此事？」[24]韓和劉的「猶疑」態度是一樣的。只是韓的行文來得沉鬱，劉則表現為噴薄而已。

祭文又說：

> 自古莫不然，我又何嗟？

千百年來，誰不如此？誰能不死？既然人死為必然，無何逃脫，我又何必嗟嘆！祭文一開始，「嗟嗟子厚」四句，韓便以嗟歎、痛惜，營造出氣氛，這種氣氛，一直籠罩全篇。近人李剛己便是這樣說：「起四句反覆嗟歎，痛惜之意溢於言表。」[25]

祭文說：

> 人之生世，如夢一覺。其間利害，竟亦何校？
>
> 當其夢時，有樂有悲。及其既覺，豈足追惟？

韓愈是說：人生在世，宛如作了一場夢。在夢之時，有樂，有悲，

17、祭滂文（韓滂）	祭于二十三郎滂之靈	汝聰明和順	瀝酒告情，哀何有極，尚饗。
18、祭李氏二十九娘子文	祭于李氏二十九娘子之靈	汝之警敏和靜	奠以送汝，知乎不知，尚饗。
19、祭張給事文（張徹）	祭于故御中侍御史贈給事中張君之靈	惟君之先，以儒名家	嗚呼哀哉，尚饗。
20、祭女挐女文（韓挐）	祭于第四小娘子挐子之靈	嗚呼，昔汝疾極	歸于其丘，萬古是保，尚饗。

24 瞿著：《箋證》外集卷 10。
25 李剛己著：《桐城吳氏古文法下篇》（台北：華正書局，民 74 年），頁 145。下稱《古文法》。此書上篇為《桐城吳氏古文法》內收吳闓生所選之《韓非子》、《史記》選文。

有得也有失，而得失悲樂之間，往往是互爲倚伏的，難以認真計量的。一旦到大夢覺醒之時，那裏值得我們追思計較呢！

　　本段意出《莊子・齊物論》：「夢飲酒者，且而哭泣；夢哭泣者，且而田獵。方其夢也，不知其夢也。夢之中又占其夢焉，覺而後知其夢也。且有大覺而後知此其大夢也。而愚者自以爲覺，竊竊然知之。君乎，牧手，固哉！丘也與女（汝），皆夢；予謂汝夢，亦夢也。」[26]

　　〈齊物論〉的主旨說明莊子的人生觀、宇宙觀。戰國之世百家爭鳴，學術不同，交相是非，所以莊子主張不若是非兩忘而歸之自然。

　　「人生如夢，有樂有悲」，八句出自第六節中的「瞿鵲子問乎長梧子」一段寓言。意思是說：人生如夢，只有非常清醒的人才知道：「人生就像一場大夢。」愚昧的人自以爲清醒，什麼都知道！甚麼君呀！臣呀！貴呀！賤呀！苦呀！樂呀！簡直是做夢。在人生的夢中，不全是悲，也不全是喜，而是有樂有悲，有的先喜（如夢見飲酒作樂）後悲（醒後遇到不如意事而哭泣），有的先悲（夢見傷心痛哭）後樂（醒後會有一場田獵的快樂）。夢中有的人貪生，有的人怕死，當其夢醒之時，「怎麼知道當時的貪生不是迷惑呢？」「怎麼知道當時的怕死不是像自幼流落在外而不知返回家鄉那樣？」只有大覺悟的聖人才體會到：生死一如，生由自然而生，死向自然而死；泯是非、同貴賤，任運自然，不加分別，達致「天地與我並生，萬物與我爲一」的境界。

　　以下，試列出柳宗元一生的悲和喜。這裏可悲與可喜的劃分，是按著一般人的情緒反應而認知的！以下試依柳宗元仕途的順

---

26 郭慶藩：《莊子集釋》（北京：中華書局，1996 年 2 月），頁 49-50

陷、家庭與妻子、永州與文學、柳州與政績[27]四項分敘如次：

	可　　　悲	可　　　喜
仕途的順陷	1、貞元五年，未冠求進士，未成。 2、貞元十二年，應博學宏辭科，未第。 3、貞元二十一年七月，因叔文黨故，外貶邵州刺使；十一月，再貶永州司馬。 4、元和元年憲宗下詔：八司馬「從逢恩赦，不在量移之限。」 5、元和十年三月，再出爲柳州刺史。	1、貞元九年，登進士第。 2、貞元十四年，應博學宏辭科，及第。 3、同年，任集賢殿正字。 4、貞元十七年，調藍田縣尉。 5、貞元十九年，升監察御史裏行。 6、貞元二十一年，升任禮部員外郎。 7、元和十年正月詔回京師。
家庭與妻子	貞元九年五月，父柳鎮卒。 貞元十五年八月妻楊氏卒。年二十三，無子女。 貞元十六年，二姊（裴謹妻）卒。年三十。 貞元十八年，大姊（崔簡妻）卒。 元和元年五月，母盧氏病逝永州。 元和五年，女和娘病故。年十歲。 元和七年，姊夫崔簡卒于驩州，兩外甥扶靈柩北歸時，遇暴風淹死於海。七月殯葬父子三人於永州。	德宗興元元年，十二歲，與楊憑女訂婚。 貞元十二年，二十四歲，與楊氏完婚。 貞元十七年，女和娘誕生；元和五年，柳宗元續娶得一女。 元和十一年，長子周六生。
永州與文學	永貞元年十一月，再貶永州。 元和元年，有「縱逢恩赦，不在量移之限」之詔。 元和四年，致書許孟容、蕭俛、楊憑、李建等，望得量移，未果。 元和六年，摯友衡州刺史呂溫卒，年四十。悲慟甚哀。	元和三年，〈貞符〉在吳武陵催促下完稿。 元和四年，貶官流人集於永州，有元克已、吳武陵、李幼清等八人，西亭夜遊，月下賦詩。 元和四年，攜親友游西山、鈷鉧潭、西山丘、小石潭等，作文記之，[28]又作《非國語》六十七篇。

<hr>

27 此年譜資料係根據：羅聯添《韓愈研究》（台北：學生書局，民 70 年）；羅聯添《唐代詩文六家年譜‧劉夢得年譜》（台北：學海出版社，民 75 年）；羅聯添：《柳宗元事蹟繫年暨資料彙編》（台北：國立編譯館中華叢書編審委員會印行，民 70 年 12 月）。

28 柳宗元於〈始得西山宴遊記〉說：「自余爲僇人，居是州，恒惴慄，其隙

	元和九年，劉禹錫致書宰相李絳、武元衡能「超振幽蟄」，重新起用，未果。 元和九年，柳作囚山賦，抒拘囚之憤。	元和四年，作書與道州刺史呂溫討論《非國語》。 元和五年，以〈送僧浩初序〉答韓愈，「浮屠誠有不可斥者。」 元和五年，作〈讀韓愈所著毛穎傳後題〉，大張韓愈筆意，全力支持創新。 元和六年，作〈承復仇狀〉，表示與韓愈〈復仇狀〉法學思想的差異。 元和七年秋，岳父楊憑自杭州長史入爲太傅，子厚獻詩五十韻以賀。 元和七、八年，與韓愈、劉禹錫討論天人關係。 元和七年，游袁家渴、石渠、石澗、小石城山等地。作文記之。 元和八年，游黃溪，並作記。 同年，來愚溪問學者日多。欲奉子厚爲師，子厚不敢爲。 元和九年，撰〈與韓愈論史官書〉，責善于韓。 同年，又寄韓愈〈段太尉逸事狀〉以備修史用。
	貶永州，身居閒職，無能爲力。	在柳州任內四年，推行善政，民情悅服。政績計有：富庶民生，教化禮儀，贖歸奴婢，振興教育，整治市容。 「觀察使下其法（贖歸奴婢）於他州，比一歲，免而歸者且千人。」（〈柳子厚墓誌銘〉） 元和十四、十五年，韓刺潮州與刺袁州，取法宗元「贖歸奴婢」。

也，則施施而行，漫漫而游。日與其徒上高山、入深林，窮迴谿，幽泉怪石，無遠不到；到則披草而坐，傾壺而醉；醉則更相枕以臥，臥而夢，意有所極，夢亦同趣；覺而起，起而歸，以爲凡是州之山有異態者皆我有也，而未始知西山之怪特。……引觴滿酌，頹然就醉，不知日之入。蒼然暮色，而遠而至，至無所見，而猶不欲歸。心凝形釋與萬化冥合，然後知吾嚮之未始遊，游於是乎始。」就此處看，游山水應屬可樂的事。

　　由上所述，可見子厚一生，是有悲有喜的；或先喜後悲（如黨叔文），先悲後喜（斥不久、窮不極，文章不能出於人）

　　再看，韓愈此時，剛自潮州量移袁州，待命回朝。此時的韓愈，已經五十三歲，在風浪之中翻滾已經好幾回了。「人之生世，如夢一覺。其間利害，竟亦何校？當其夢時，有樂有悲；及其既覺，豈足追惟？」這番話，難道不是韓自己的人生體驗嗎？

　　以下，試就文學與仕進，任官與治績二部分再看韓愈一生的可悲與可喜。[29]

	可　悲	可　喜
文學與仕進	四舉於禮部乃一得，三選于吏部卒無成。遑遑乎四海無所歸，恤恤乎飢不得食，寒不得衣。（〈上宰相書〉）公不見信於人，私不見助於友。跋前躓後，動輒得咎。暫為御史，遂竄南夷。三年博士，冗不見治。命與仇謀，取敗幾時。冬煖而兒號寒，年豐而妻啼饑。頭童齒豁，竟死何裨。（〈進學解〉）薄命不幸，動遭讒謗，進寸退尺，卒無所成……學成而道益窮，年老而智益困。（〈上兵部李侍郎書〉）	愈七歲讀書，日記數千百言，書能通六經百家學，早有文名。不絕吟於六藝之文，手不停披於百家之編……之業可謂勤矣。觝排異端，攘斥佛老……於儒，可謂有勞矣。沉浸醲郁，含英咀華，……於文，可謂閎其中而肆其外矣。少始知學，勇於敢為，通於方，左右具宜，……於人，可謂成矣。（〈進學解〉）3、直道而行，盡忠職事，屢蹶屢起，由河南縣令而職方員外郎，而考功郎中，而知制誥，由行軍司馬而刑部侍郎，而吏部侍郎
任官與治績	貞元十九年外貶陽山。元和四年六月，改都官員外郎分司東都並判祠部。元和五年冬，改河南縣令。元和十四年貶潮州。元和十四年十月量移袁州。	在陽山有惠政，民生子，多以其姓及字名之。元和四年，在任內，韓據六典，將東都寺廟管理權從宦官手中收歸祠路，並誅殺不良僧尼道士，使浮屠風氣一時為之改變。元和五年冬在河南縣令任內，嘗禁阻藩鎮在洛陽置宅第貯潛卒，杜奸于未然，使東都賴以

29　《校註》，頁89、頁25、頁83。

		安。憲宗悅曰：「韓愈助我者。」（〈韓愈神道碑〉）治潮凡七月。任內政績有：①除鱷魚。②放奴婢。（取法於柳者）③興學校：出已俸興學，命趙德爲師。韓治袁如治潮，任內凡九曆月。政績是放奴婢。（取法于柳者）

　　「及其既覺，豈足追惟？」惟，《說文》：「凡思也。」[30]《段注》：「凡思謂浮泛之思也。」[31]「追惟」即今「追思」的意思，「追思」難免計較。韓此番話，不就是他老年的心聲嗎？這番話不但對柳宗元說，而且是對自己說的；不但對自己說，而且是對世人說的。「生死同哀」即是這個意思！

　　祭文又說：

凡木之生，不願為才。

凡是樹木，不管是有用之木，無用之木，它們都是不願成爲「有用之才」的，因爲一旦成才便是「苦其生」、「不終其天年而中道夭」了！

　　典出《莊子・人間世》：「子綦曰：此果不材之木也，以至於此其大也。嗟乎，神人以此不才。」[32]裏面討論到無用之才和有用之才的問題。先由無用之才說起。

　　有一名姓石的木匠到齊國去，「至於曲轅」，見到一棵碩大無朋的「櫟社樹」。它是櫟樹，但寄身於社，故稱「櫟社樹」。枝葉扶疏，其下足可遮「蔽數千牛」，量一下，大抵有百圍之粗，

30　〔漢〕許慎著、〔清〕段玉裁注：《說文解字》（台北，藝文印書館，民55年），頁509。下稱《說文》。

31　同上註。

32　《莊子集譯》，頁80-81。

「其高臨山，十仞而後有枝」，足可以做數十艘船。「觀者如市」，但匠石看也不看一眼，一直走過。他的弟子奇怪走向匠石，問：「自吾執斧斤以隨夫子，未嘗見材其美也。先生不肯視，行不輟，何邪？」[33]匠石說：「算了吧！這是一株無用的散木，『以爲棺槨則速腐，以爲器則速毀，以爲門戶則液樠（流出污漿），以爲柱則蠹：是不材之木也。無所可用，故能若是之壽。』」匠石回到家，晚上作了一個夢，夢見櫟社樹對他說：「您拿甚麼東西和我相比呢？把我和文木相比嗎？那柤梨橘柚、瓜果之類，實熟則剝落，剝落就被扭折，大枝折，小枝斷的，『此以其能苦其生者也。故不終其天年而中道夭，自掊擊於世俗者也。』」[34]櫟社樹認爲柤梨橘柚瓜果之類，常人認爲有用之木，之所以「熟則剝、剝則辱」，都是由於它們的才能害苦了自己的一生，所以不能享盡天賦的壽命而中途夭折了，這都是自己顯露「有用」而招來世俗的打擊啊！

　　櫟社樹接著又說，無用之用，無用爲大用的道理。它說：「物莫不若是。且予求無所可用久矣，幾矣，今乃得之，爲予大用。使予也而有用，且得有此大也邪？」[35]是說：「一切東西沒有不是這樣的。我求做到無所可用的地步，已經很久了，幾乎被砍死，那現在我才保全到自己，這正是我的大用。」

　　櫟社樹爲自我保全，追求「無所可用」，這是他的「大用」。他鑑懲於柤梨橘柚瓜果一類之木，因爲顯露出「有用」而「掊擊於世俗」，「不修其天年而中道夭」，莊子痛切地指出：「此以其能苦其生者也。」故櫟社樹不求有用而「求無所可用久矣」，

33　《莊子集譯》，頁 80-81。
34　《莊子集譯》，頁 78-79。
35　《莊子集譯》，頁 79。

韓愈「凡物之生，不願爲材」顯然從此意提鍊出來。

〈人間世〉主旨在描述人際關係的紛爭糾結，以及處人和自處之道。[36]今人說：「處於一個權謀獪詐的戰國時代，無辜者橫遭殺戮，社會成了人吃人的陷阱，一部血淋淋的歷史，慘不忍睹暴露在眼前。」[37]又說：「莊子揭露了人間世的險惡面，而他所提供的處世與自處之道卻是無奈的。」[38]

韓愈「凡物之生，不願爲才」二句，可謂怵目驚心，他作出深沉的慨歎，揭露了中唐社會政治的種種鬥爭亂象下，多少才識之士「壯志沉埋」「齎志以歿」的悲哀！

祭文又說：

> 犧尊青黃，乃木之災。

此喻在朝爲官的悲哀。典出《莊子‧天地篇》：「百年之木，破爲犧尊，青黃而文之，其斷在溝中，比犧尊於溝中之斷，則美惡有間矣，其於失性一也。」[39]

以上說過無用之木，現在說有用之木了。

匠人到山中去，砍下百年老樹的一段來作「犧尊」。甚麼是「犧尊」？犧，《說文》：「宗廟之牲也。」[40]《段注》引鄭玄云：「純毛色也。」[41]意即純色的犧牲。音娑。尊，《說文》：「酒器也。」[42]犧尊就是，把木頭做成一個畫上牛形的酒器，一說是畫上鳳凰，[43]又給它塗上青黃的顏色，這便是「犧尊青黃」。

---

36 陳鼓應：《莊子今注今譯》（台北：臺灣商務印書館，民66年），頁117。
37 同上註。
38 同上註。
39 《莊子集釋》，頁302。
40 《說文》，頁53。
41 同上註。
42 同上註，頁759。
43 犧尊有畫鳳凰和牛二說，載見《禮記‧明堂位》〈鄭注〉：「犧尊以沙羽爲

「犧尊」被供奉在宗廟內，《禮記·禮器》：「廟堂之上，罍尊在阼，犧尊在西。」[44]而剩下的另外一段則被丟棄在溝中。從凡人的角度看，「犧尊」和斷木，一貴一賤，一美一惡，有著很大的差異；但莊子從「喪失本性」看，兩段木都是一樣的，因為兩個都不能終其天年而夭壽了。

　　試看朝廷上的官人們，他們入朝為官之後，成為廟堂的陳設工具（犧尊），便是黜陟由人，寵辱由人了。早上置於青雲之上，晚上逐於塵泥之下。如韓愈之貶潮，便是在差吏急如星火催迫下萬里奔馳，罪人家屬也在牽累下不得留京，不得喘息，逐臣千里，流落異鄉；又如柳宗元的兩次南貶，難道不是災嗎？柳子厚便因而禍及母親（柳母盧氏元和元年逝於永州），韓愈則禍及女兒（韓愈四女挐因潮州之貶，病死商南層峰驛），不用說了！至如柳子厚「一斥不復」死於窮裔，不是災嗎？如果當年不入仕，隱居田園不就是安享晚年了嗎？「犧尊青黃，乃木之災」二句，真是一字一淚！

　　祭文又說：

　　　子之中棄。天脫羈羈。

「子之中棄」兩句是指宗元在宦途之中被棄置了。「天脫羈羈」，比喻宗元這匹千里馬被上天脫卸下羈勒，被逐於南荒，放任自由，不必供人驅策了。

畫飾。」《正義》引《鄭志》：「張逸問曰：『犧讀如沙，沙鳳凰也，不解鳳凰何為沙？』答曰：『刻畫鳳之象於尊，其形娑娑然』。」又引王注禮器云：「為犧牛及象之形，鑿其背以為尊，故曰犧尊。」又引阮諶〈禮圖〉云：「犧尊畫以牛形云。」〔漢〕鄭玄注、〔唐〕孔穎達疏：《禮記注疏》（台北，藝文印書館十三經注疏本，民71年），頁578、579。

44 《禮記注疏》，頁471。

羈，《說文》：「絆馬足也。」[45]重文作縶。馬韁曰縶；用以絆勒馬之繞索，或以革爲之。

羈，《說文》：「馬絡頭也。」[46]

「天脫羈羈」。意本《莊子・馬蹄》：「連之以羈羈。」[47]原指伯樂用羈勒加於馬頭上施以訓練，使有所用之意；而韓愈反用其典。《莊子・馬蹄篇》主旨在於評擊政治權力所做成的災害。刑法殺伐，規範束縛，就如良馬遭到燒剔刻烙，「幾死者半矣」，這是「治天下之過」[48]。韓愈用此典，是否暗喻著朝廷于八司馬之懲戒太過了呢？值得我們注意。

祭文又說：

玉佩瓊琚，大放厥辭。

出語不凡，禮儀合度的您，在永州期間，寫作文章，成就傑出。「玉佩瓊琚」句出《詩經・鄭風・有女同車》：「有女同車，顏如舜華。將翱將翔，佩玉瓊琚。」[49]《正義》曰：「所佩之玉是瓊琚之玉，言其玉聲和諧，行步中節也。」[50]

45　《說文》，頁 472。
46　《說文》，頁 360。
47　《莊子集釋》，頁 149。
48　陳著：《今譯》，頁 270。
49　《詩經注疏》，頁 171。
50　同上註。
　　〈有女同車〉，《詩經正義》云：「詩者刺忽也。鄭人刺忽之不婚於齊……太子忽嘗有功於齊，齊侯喜得其功，請以女妻之；此齊女賢而忽不娶。由其不與齊爲婚，卒以無大國之助，至於見逐，棄國出奔，故國人刺之。」按：據《史記・鄭世家》記載：太子忽是鄭莊公的嫡長子。莊公有許多內寵，分別生了公子突、公子亶等，都有可能成爲他的爭奪皇位對手。鄭莊公三十八年，北戎攻打齊國，齊國的使者請求鄭侯援助。鄭侯派太子忽帶兵救齊，有功。齊僖公要把女兒嫁給太子忽，太子忽婉謝道：「我們是小國，不配跟齊國攀親戚！」這時祭仲跟他在一起，勸他娶了齊僖公的女兒，說：「國君有許多寵愛的姬妾，太子沒有大國的援助，可能登

　　上句韓愈分別用了「粗梨橘柚」與「不羈之馬」做比喻，現在改換喻體爲「顏如舜華」的美女。舜，一名木槿，其樹如李，朝生暮落。「佩玉瓊琚」的解釋有二，（一）、喻其出身高貴，而「玉聲和諧，行步中節」，即喻其出語不凡，禮儀合度。（二）、喻其文章華美。類似的形容，見於以下的文獻：

　　《舊唐書・本傳》：「宗元少聰警絕眾，尤精西漢詩騷，下筆構思，與古爲侔，精裁密緻，璨若珠貝，當時流輩咸推重之。」[51]

　　高步瀛：「玉瓊喻文章之貴，佩琚喻音節之美。」[52]

　　「玉佩瓊琚」和「璨若珠貝」都是形容文章華美。至於「大放厥辭」的意思，下面三條資料可供參考。

　　近人指柳貶永州後：「此時所作，如〈封建論〉、〈送薛存義之任序〉，識見卓越；如〈非國語〉、〈論語辯〉，爲宋人辨僞疑古風氣之先導；如〈捕蛇者說〉、〈永某氏之鼠〉，脫胎周

不了君位，三位公子都有可能作國君呢！」結果，莊公死，太子忽即位，便是昭公。昭公二年，昭公被大臣高渠彌所殺。高渠彌改立公子亹爲君。子亹元年，與齊襄公相會於首止，被殺。高又改立其弟公子嬰爲君，這是鄭子。鄭子十四年，公子突在大夫甫假幫助下，殺了鄭子及其兩個兒子，回朝復位。《正義》說：子忽「以無大國之助，至於見逐，棄國出奔」，與《史記》所載不同，可能有誤。「有女同車，顏如舜華，將翱將翔，玉佩瓊琚。」《正義》：「鄭人刺忽不娶，假言忽實娶之，『與之同車』，言有女與鄭忽同車。此女之美，其顏色如舜木之華。然其將翱將翔之時，所佩之玉，是瓊琚之玉，言其玉聲和諧，行步中節也。」（《詩疏》四之三）韓用「有女同車」之典，究有無深義？鄭太子忽無娶齊女，而詩人假想他已娶了齊女，從而反刺之。子厚與叔文黨，而交惡於朝中老臣杜佑、武元衡、杜黃裳、鄭絪等人甚至忤於太子李純，終以「疏俊少檢」獲罪（劉禹錫《唐故柳州刺史柳君集紀》）。韓在〈柳誌〉中說：「子厚不自貴重顧藉」，「自貴重顧藉」就是「行步中節」。齊女「玉佩瓊琚」，即「所以納閑」；「行步中節」，即此之謂。若順是推想，則是韓愈婉言嗟嗟「子厚不自貴重顧藉」，借「玉佩瓊琚」即反諷喻意。若將祭文與墓誌銘合讀的話，是比較容易看得出來。

51 《舊唐書・卷 160・柳宗元傳》，頁 4213。
52 高步瀛：《唐宋文舉要》（香港：中華書局，1985 年 9 月），頁 438。

秦諸子，諷刺時俗，味至雋永；而永州山水諸記尤爲膾炙人口。
要皆竄逐後讀書游覽之功。故宗元之貶永，在政治上雖爲失敗，
而實大有造于其文也。」[53]可謂揭出「大放厥辭」之義。

宋・黃震說：「柳以文與韓並稱焉，韓文論事說理，一一明
白透徹，……柳之達於上聽者皆諛辭，……。惟記志人物，以寄
其嘲罵；模寫山水，以抒其抑鬱，則峻潔精奇，如明珠夜光，見
輒奪目。此蓋子厚放浪之久，自寫胸臆，不事諛，不求哀，不聞
經義，又皆晚年之作，所謂大肆其力於文章者也。」[54]

清・沈歸愚說：「言放山水之間，俾以文章名世。」[55]亦即
「大放厥辭」之意。

祭文又說：

　　富貴無能，磨滅誰紀？子之自著，表表愈偉。

朝中富貴而無能的人，他們聲名磨滅，後人有誰知道他們？而您
晚年在柳州的善政，便是政治才華的奇偉表現。

司馬遷〈報任安書〉：「古者富貴而名磨滅，不可勝紀，唯
倜儻之人稱焉。」[56]倜儻，「卓異也」。[57]

「富貴無能，磨滅誰紀？」二句當從上句脫化而來。

清・陳景雲曰：「八司馬之貶，有永不量移之命。後八人中
惟程异以大臣李巽力荐，復得進用。位登宰輔，可謂有鉅力推挽
矣。然物望素輕，歿於相位，旋即身名俱滅，視子厚之以文章傳

---

53 施子愉：《柳宗元年譜》（香港：崇文書局，1973 年 3 月），頁 56。

54 〔宋〕黃震：《黃氏日鈔》（台北：大化書局，民 73 年 12 月），頁 688。

55 《古文法》，頁 145。

56 〔漢〕班固撰、〔唐〕顏師古注：《漢書》（北京，中華書局，1996 年 11
月）卷 62，頁 2735。

57 〔魏〕張輯撰：《廣雅》（台北：商務印書館叢書集成簡編，民 55 年 6
月）卷五，頁 76。

世，百事不磨者，所得孰多耶？异先子厚卒。當韓誌墓時，正兩人蓋棺論定之日。故誌中云云，似專爲异發也，太史公有言：『富貴而名磨者，不可勝記，惟倜儻非常之人稱焉。』韓子之軒輊柳程，猶斯志也。」[58]

按：《通鑑・憲宗元和四年》：「初，王叔文之黨既貶，有詔，雖遇赦無得量移。吏部尙書、鹽鐵轉運使李巽奏：『郴州司馬程异，吏才明辨，請以爲楊子留後。』上許之。巽精於督察，吏人居千里以處，戰栗（慄）如在巽前。异句檢簿籍，又精於巽，卒獲其用。」[59]這是程异得李巽力荐得用的資料。

又按：《通鑑・憲宗元和十四年》：「辛未，工部侍郎同平章事程异薨。」[60]這是程异位登宰輔的資料。

文中所指的「富貴無能」，是韓愈文勢上不得不寫的一種人，「富貴無能」的人歷史上不知凡幾？不必如陳所言：「似專爲异發」；不過，八司馬中，或貶或死，只程异以「吏才明辨」得李巽推挽進用，是罕有的特例，陳景雲謂韓誌柳，程异又先子厚卒，以故順便「軒輊柳程」，亦是很自然的事。然而「身名俱滅」之說，證之《通鑑》，其人得留名史冊，似不得謂然。

隨後，司馬遷舉歷代「窮愁著書」的聖賢爲例：「西伯拘而演周易，仲尼厄而作春秋；屈原放逐，乃賦離騷；左丘失明，厥有國語；孫子臏腳，兵法修列。（中略）此人皆意有所鬱結，不得通其道（中略），退論書策，以抒其憤，思垂空文以自見。」[61]

58　〔清〕陳景雲：《韓集點勘》，《韓昌黎全集》（台北：新興書局，民國59年）卷四。

59　〔宋〕司馬光撰：《新校資治通鑑注》，宋晶如、章榮校注（台北：世界書局，民63年）頁7657。

60　同上註，頁7768。

61　〈報任安書〉，《漢書》，頁2735。

司馬遷意謂：這些窮愁著述，以抒其憤的都是「倜儻非常之人」。而子厚貶永州，窮愁著述，憤激之情亦似司馬遷。

「子之自著」，著，《廣雅》：「明也。」[62]自著是經過學習而表露於外，其功著明之意。《禮記·中庸》：「誠則形，形則著，著則明，明則動，動則變，變則化，唯天下至誠爲能化。」[63]意謂：賢人經過學習，人見其功，由小而大，更著更明而能感動於眾，乃至感動人心，化惡爲善，改移風俗，其功與天地同參。[64]「表」，特也；[65]偉，《說文》：「奇也。」[66]倜儻就是特異不羈之意，「表表愈偉」一句形容子厚形象的特異奇偉。似從「倜儻非常之人」翻新而來。此二句是說子厚柳州的德政。

祭文又說：

不善爲斲，血指汗顏，巧匠旁觀，縮手袖間。

朝中富貴無能的人居於高位，而一代弘才的您卻只能一旁觀看。

不善兩句脫化自《老子·七十四章》：「夫代大匠斲者，希不傷其手矣。」[67]原意是：大匠指司殺的天道，拙匠則是代替天道司殺的人。現在，韓愈不用《老子》本義而是用其詞，他提煉「巧匠」的觀念，再生造一個「拙匠」來，「巧匠」喻有文才而不得用，縮手旁觀的柳宗元；「拙匠」則指那些「富貴而無能」的人。這處的無能包括無政才和文才兩層意思。無才而大用，徒然落得「血指汗顏」。「血指汗顏」顯然是由「傷其手」之意脫胎描摹而來，使更形象化。

62　《廣雅》卷四。
63　《禮記注疏》，頁895。
64　同上註。
65　《廣雅》，頁62。
66　《說文》，頁372。
67　〔晉〕王弼注：《老子道德經》（北京，中華書局，1996年2月），頁44。

　　柳的大才不只文學之才，還有政理之才，此處是否有著暗喻子厚不得在朝爲官，「利濟元元」，而庸才當國，至足爲憾的意思？

　　吳闓生說：「此非僅喻文事，而不善爲斲，亦非公所以自喻也。下乃續以文章用世云云，蓋特假以亂之耳；實則用意與群飛刺天相應也。」[68]意說：〈祭柳文〉中的：「不善爲斲」句，「非公自喻」而是與「群飛刺天」相應，指那些批評子厚的人；而韓硬要把自己也加進去，不要說的太明顯，「特假以亂之耳」。

　　祭文又說：

　　　　子之文章，而不用世；乃令吾徒，掌帝之制。

您有卓異的文章，卻不得大用；竟而至讓我們這些人，得以任職爲知制誥，享受榮寵。

　　韓柳二人在中唐古文運動中，互相頡頏。柳生前，韓愈曾以文墨事相推；在柳死後，韓在〈祭文〉中說：「子之文章，而不用世；乃令吾徒，掌帝之制。」按：韓於元和九年十一月至十一年初曾任知制誥，即文中所謂「掌帝之制」。韓愈性情明銳，「好爲人師」，但他這番話似非謙虛之詞。後來，五代人劉昫撰《舊唐書》評論中唐文壇時便說：

　　　　貞元、大和之間，以文學聳動搢紳之伍者，宗元、禹錫而已。其巧麗淵博，屬辭比事，誠一代之宏才。如俾之永歌帝載，黼藻王言，足以平揖古賢，氣吞時輩。（略）韓、李（翱）二文公於陵遲之末，遑遑仁義，有志于持世範，欲以人文化成而道未果也。至若抑楊墨、排釋老，雖於道未弘，亦端士之用心也。[69]

劉昫肯定劉柳的文章超出時輩，而認爲韓、李的成就主要在儒學，

---

68 吳闓生著：《古文範》（台北，臺灣中華書局，民73年）
69 《舊唐書‧卷160‧柳宗元傳》，頁1080。

這應是平允的持論。

近人說：「柳宗元在順宗朝，以其傑出的文才，負責詔命章奏的起草。」[70]可見他曾「掌帝之制」。柳宗元後來回憶自己「文字進身」，「宗元無異能，獨好為文章，始用此以進，終用此以退。[71]由此可見：（一）、柳曾在順宗、永貞革新時期掌制誥，即「掌帝之制」。（二）、因文章而進，亦因之而退，即是：因王叔文黨而進，又因之而退，一得一失難以計較，真的是「其間利害，究亦何校？」

祭文又說：

> 子之視人，自以無前。一斥不復，群飛刺天。

您一向視人，都自居領袖之位。自從您外貶永州，便一斥不復了，而那批營求未遂群起流言攻擊的人就如飛蟲一樣佈滿天空啊！

「自以無前」，意謂無人能居其前，猶言無敵。《後漢書・馬武傳》：「武常為軍鋒，力戰無前，諸將皆引而隨之。」[72]〈柳子厚墓誌銘〉寫柳宗元青少年時頭角崢嶸，卓犖不凡：

> 子厚少精敏，無不通達，逮其父時，雖少年已自成人，能取進士第，嶄然見頭角，眾謂柳氏有子矣！其後以博學宏辭授集賢殿正字，雋傑廉悍，議論證據今古，出入經史百子，踔厲風發，率常屈其座人。[73]

雋傑廉悍，踔厲風發，卒常屈其座人，文中指的「自以無前」大抵指此。

「一斥不復」，斥指貶斥、黜斥。近人李剛己說：「一斥不

---

70 孫昌武：《柳宗元傳論》（北京：人民文學出版社，1982 年 8 月），頁 126。
71 同上註，頁 126。
72 〔南朝宋〕范曄：《後漢書》卷 22（北京，中華書局點校本，1997 年 11月），頁 784。
73 《校注》，頁 295-297。

復，謂子厚擯棄終身也。」[74]柳宗元參予王叔文集團政治革新、短短六七個月的改革，換來十四年的貶謫，卒至老死窮裔了。

「群飛刺天」，飛指飛蟲。刺，《說文》：「直傷也」[75]本義指以兵器直前傷人之意，引申為斥責。李剛己曰：「謂群小連翩直上也。」[76]近人說：「攻擊者如大批飛蟲充滿天空。」[77]

這批飛蟲是甚麼？劉禹錫有諷刺詩，可供參考。

柳宗元與劉禹錫是八司馬的骨幹人物，又是知己好友。在貶謫連州期間，劉亦走上窮愁著書的路，寫了不少政治諷刺詩，大膽揭露宦官和官僚的醜行，雖屬遭打擊而始終不屈。他評擊鎮壓永貞革新的權臣和官宦，把他們比作「利嘴迎人著不得」的蚊子（〈聚蚊謠〉），「笙簧百轉音韻多」的百舌鳥（〈百舌吟〉），「瞥下雲中爭腐鼠」的飛鳶（〈飛鳶操〉）。[78]

由此看來，「群飛刺天」是指那些誣陷攻擊子厚的人，用大批佈滿天空蚊子、百舌鳥、飛鳶做比喻，形象聳動。

「群飛」的飛，《舊注》：「或作非。」[79]非，《說文》：「韋（違）也；飛下（翅），取其相背也。」[80]據金文，非，本義為飛，引申為相背，非難。這句是說：非議子厚的人甚眾。

瞿蛻園說：「柳宗元與禹錫，其科名、宦跡、年齒，趣尚無不相同，宜其被禍亦同，名為王、韋之累，實則別有被謗之由，皆以營求仕宦未遂所欲者群起流言所至也。」[81]其說甚是。

74　《古文法》，頁 146。
75　《說文》，頁 184。
76　《古文法》，頁 146。
77　孫昌武：《韓愈選集》（上海：上海古籍出版社，1996），頁 435。
78　瞿著：《箋證》卷 21，頁 579、580、582。
79　《校注》，頁 188。
80　《說文》，頁 588。。
81　《箋證》，頁 515。

李剛己說：「此二句妙處，在先言子厚之不得志，而後言他人之得志者，以反襯之。故筆下有蒼茫不盡之勢。若凡手爲之，將二句上下顛倒，則奄奄無生氣矣！[82]曾國藩曰：「以上言柳之才高不用。」[83]

祭文又說：

> 嗟嗟子厚，今也則亡。臨絕之音，一何琅琅。
>
> 遍告諸友，以寄厥子。不鄙謂余，亦託以死。

「嗟嗟子厚」文中有二句，一前一後。前一句的作用爲領起，後一句的作用爲收束。

「嗟嗟子厚」：悲歎呀！悲歎呀！一代弘才的子厚啊！

「今也則亡」：如今作古了！

「臨絕之音，一何琅琅」：您臨終之遺言，像玉聲那麼的響亮！

琅，《說文》：「琅玕、似珠者。」[84]琅琅，珠玉之聲。

「遍告諸友，以寄厥子。」您病重時曾分別致書與眾好友和我，把編印遺集和撫育孤兒的責任，交付與諸親友。「不鄙謂余」是說：承您不鄙棄於我而報我。謂，《說文》：「報也。」[85]《段注》：「引申凡論人論事得其實謂之報。」[86]「亦托以死」：亦承您以死後遺事相托。

祭文又說：

> 凡今之交，觀勢厚薄。余豈可保，能承子託？

今日的人，他們之相交往，完全看彼此勢力的厚薄。我的命豈知能否保存，不知能否完成您的托付？

---

82 《古文法》，頁 146。
83 同上註。
84 《說文》，頁 18。
85 《說文》，頁 90。
86 同上註。

在唐代，對貶黜的「罪人」管制頗嚴，特別是象「八司馬」那樣近乎謀逆大罪的繫囚，一經流貶，親友故舊都不敢通音問。柳宗元到永州，一直處於「罪謗交織，群疑當道」的地位，原來相識的「故舊大臣」，不敢通訊。[87]

「凡今之交，觀勢厚薄」，反映出世態人情，本來如此。柳宗元死後，家境貧困，無法料理後事，只得停柩八個月。為甚麼停柩這樣長？有甚麼因素？個中有什麼艱難、避忌？

柳託孤於韓，為何韓說：「余豈可保，能承子託？」連自身也難以保全，還能接受您的付託嗎？韓此際剛從黜斥潮州移刺袁州，等候回朝；難免憂讒畏譏，戒慎恐懼；「余豈可保？」頗能反映出一位年逾半百遭逢兩次南貶的流臣的心境。但柳仍然託孤於韓，甚麼原因？吳闓生說：「反跌下文，以明子厚相知之深，託已之重。」[88]正可反映出他二人的友誼深厚。

祭文又說：

> 非我知子，子實命我。猶有鬼神，寧敢遺墮。

不是我深知於您，是您托付於我。我相信人死有鬼神的事。我那裏敢怠墮不從呢！

韓、柳二人雖然感情深厚，但二人政治改革上、天人、鬼神等思想上、排佛態度上是頗有距離的。惟是推動古文運動，「以文明道」、「弘揚儒學」、「文學創作」等的根本方向是相同的。「非我知子」著實道出了二人間的一些差距，也是韓氏預留地步的寫法。

瞿蛻園說：

> 韓文與禹錫兩篇比較（按：即韓愈〈祭柳子厚文〉和劉禹錫〈祭柳員外文〉和〈重祭柳員外文〉），詞氣頗有間。

---

87 《柳宗元傳論》，頁 163。
88 《古文範》，頁 161。

> 至謂人生如夢，利害不足較，殊非守道不回之君子所宜言，
> 抑非真知宗元者之言也。蓋韓新獲牽復，懲禍慎言，不欲
> 輕貽忌者之口實耳！[89]

瞿指柳遭貶謫十四年，以守道不回的君子自任，以韓〈祭柳文〉所言，殊「非真知宗元者之言也」。不過誠如〈祭柳文〉說：「非我知子」，韓自知某些方面不是柳的知己，他是戰友，是古文運動的戰友；而非王叔文集團政治改革的盟友。

「子實命我」，即是承命付託於我。

「猶有鬼神，寧敢遺墮？」因為知道有鬼神，那敢怠棄不從您的付託呢！

於鬼神的觀念，韓柳二人是歧異的。韓信鬼神，柳似不相信。鬼神觀念是當時社會的一種普通信仰。即以元和十四年、十五年而論，韓到潮州任，先後拜祭潮州大湖之神（求雨）城隍神（乞晴）界石神（淫雨既霽），寫下〈潮州祭神文五首〉。[90]在袁州，又先後祭告于城隍神（求雨）、仰山之神（賜雨），寫下〈袁州祭神文三首〉。[91]雖說這是地方官的職份；而韓信鬼神，祭祀求福；最明顯的便是寫有〈祭湘君夫人文〉，[92]更捐私錢十萬修廟酬恩。但柳似乎不信鬼神，他任監察御史時嘗管朝廷祭祀，他在〈禊說〉一文便這樣寫：「神之貌乎？吾不得而見也；祭之饗乎？吾不得而知也，是其誕漫徜恍冥冥然不可執取者。」[93]專管祭祀的人，卻認為神是荒誕的，實在令人驚駭的，簡直是不可思議。柳到了永州，人陷于困境，仍是無神論者。

---

89 《箋證》，頁 1534。
90 《校注》，頁 185。
91 《校注》，頁 187。
92 《校注》，頁 188。
93 《柳集》，頁 457。

　　奇怪的是，一位不相信鬼神的人，死後卻成爲羅池神。根據〈柳州羅池廟碑〉記載：柳在死前一年「與其部將魏忠，謝寧、歐陽翼飲酒驛亭，謂曰：『明年吾將死，死而爲神。後三年，爲廟祀我。』及期而死。」[94]後來，還施以威神，促使一個侮慢的人而死呢！[95]

　　韓意自承我是相信有鬼神的，所以，我那敢遺墮！意即表示應允撫孤之事了。吳闓生便說：「止此已足；血誠自任之語，似淡而實深，極沉鬱惻怛之至。」[96]這已經指出文章寫作風格了。

　　祭文最後說：

　　　念子永歸，無復來期，設祭棺前，矢心以辭。

　　　嗚呼哀哉，尚饗！

您永歸九泉，沒有再見的日期了。現今，就在您的棺木前設祭，朗讀這篇祭文向您表白心聲。嗚呼哀哉，請您的神靈來享用吧！

　　近人李剛己說：「韓公爲子厚所作諸文，與杜公爲太白所作諸詩，其辭意均極沉至。蓋文章道義之結契，通於性命，與尋常酬應之作，固自不同也。」[97]此即道出由於彼此深厚的情誼，與道義相契，加以感同身受，出於至誠，故能流傳千載！

結　語

　　經過上文的探析和討論，試總結如下：

　　1.韓是一代文宗，柳是一代弘才，彼此以文學道義相契，惺惺相惜。柳一斥不復，客死異鄉，死前以遺事相託。韓此際自潮

94　《校注》，頁284。
95　同上註。
96　《古文範》。
97　《古文法》，頁146。

刺袁，等候回朝。對人生的喜悲與得失，有頗深的體會，思想性情較前融通，行事也較前戒慎；對佛教，他不再排斥而改爲包容，與大顛和尚曾書信三度往來，並留衣作別；貶潮之初，他甚至「懼以譴死」而向湘君夫人廟求神賜福，後來還捐錢修廟。

2.對柳之貶死，韓的感受頗深。由於二人理想、才華、遭遇等許多相似，加以人在貶謫中容易激起生同死哀的心理。他之祭柳往往加入自己的情志，故筆底充滿情感；他不只哀歎子厚，其實，也是哀歎自己！

3.柳奉佛韓排佛，故韓祭柳不用佛語，這也許和他的佛經知識有關。有關生死之事，他借用老莊的達人思想以爲慰藉。

4.本文主旨，韓告柳以人生如夢，禍福悲喜互爲倚伏之理，難以計較；一方面痛惜子厚「高才能文」坐「叔文黨累」，一斥不復，不能爲國所用，而永州十年讀書寫作，其文學成就亦已不朽，而柳州的善政化民，亦可以無憾；末則應允托孤之事，誠不愧知己好友了。

5.韓柳二人在當時文壇上，雙峰並峙，互爲頡頏。臨終時，韓以文墨相推，似非謙遜之詞。

6.文中韓用「猶有鬼神」二句是表示他與柳不同的天人思想，是韓自占地步的寫法。

7.行文間有許多寓意深微之處，如「犧尊青黃」二句喻爲官者的悲憤；「天脫羈靮」句，暗喻朝廷之懲罰太過；「不善爲斲」二句，暗喻庸才當道；「群飛刺天」句，諷刺小人：「玉佩瓊琚」婉言「子厚不自貴重顧藉。」這些寓意深微之處，若將〈祭柳文〉和〈柳子厚墓誌銘〉合讀，是比較容易看得出來的。

韓愈〈祭柳子厚文〉作法探析

一、前　言

　　韓愈和柳宗元是唐代古文運動的兩位領袖。柳死，韓為作〈祭柳子厚文〉，這是一篇好文章。對于此篇，清·曾國藩評為：「峻潔直上，語經百鍊，公文如此等，乃不復可攀躋矣。」[1]評價甚高。而歷來對此文探析的似乎不多。前些時，筆者曾撰〈韓愈祭柳子厚文內容探析〉，刊於中正大學《中文學術年刊》創刊號，計三萬字；以篇幅所限，只就內容部分提出探析。本文則專論該文的寫作技巧；諸君視之為獨立的篇幅亦可，視之為前文的後續部分亦無不可。

二、寫作技巧

　　〈祭柳子厚文〉（下稱〈祭柳文〉），文章雖短，只二百五十四字，但技巧頗多可述者，茲敘列如下：

（一）命意謀篇，意脈可尋

　　本祭文是一首四言詩。文分三段。文前有一則小序：「維年月日，韓愈謹以清酌庶羞之奠祭於亡友柳子厚之靈」，點出了祭

1　李剛己著：《桐城吳氏古文法下篇》（台北：華正書局，民74年），頁146。下稱《古文法》。

祀的時間，祭物和對象。第一段韓愈這樣寫：

> 嗟嗟子厚，而至然耶！自古莫不然，我又何嗟？
>
> 人之生世，如夢一覺；其間利害，竟亦何校？
>
> 當其夢時，有樂有悲；及其既覺，豈足追惟。[2]

首段，韓愈駕空立論，提出文章的主題思想 —— 莊子的達人思想：在這個如夢的人生裏，有快樂的事，也有悲傷的事，而喜樂、悲傷的利害得失，往往是相對的，互為倚伏的，很難算計得清楚的；既然，夢醒了，不必夢中追夢，也就不必追思計較了。在作法上，韓用的是先總後分，第一段是總論，第二、三段是分論。

> 凡物之生，不願為材；犧尊青黃，乃木之災。
>
> 子之中棄，天脫靮羈；玉佩瓊琚，大放厥辭。
>
> 富貴無能，磨滅誰紀？子之自著，表表愈偉。
>
> 不善為斲，血指汗顏；巧匠旁觀，縮手袖間。
>
> 子之文章，而不用世；乃令吾徒，掌帝之制。
>
> 子之視人，自以無前；一斥不復，群飛刺天。[3]

這是第二段，承上「當其夢時，有樂有悲」。通過莊子筆下的「無用之才」和「有用之才」分述其悲與樂。「無用之才」的悲是：「匠人不顧，無用於世。」「無用之才」的樂卻是：不必犧尊青黃地供在宗廟，不受剖擊而享天年，這是無用而大用。而「有用之才」則又分兩類：文中以高才不用的柳子厚和富貴而無能者為代表。「子之中棄，天脫靮羈」，因然是柳宗元的悲；「玉佩瓊琚，大放厥辭」，未嘗不是柳宗元的樂。「富貴無能，磨滅誰紀？」則明顯便是富貴者（朝中大官）的樂與悲了。以下再看第三段：

---

2 〔清〕馬其昶：《韓昌黎文集校注》（香港：中華書局，1984 年），頁 187。下稱《校注》。

3 同上註，頁 188。

嗟嗟子厚，今也則亡；臨絕之音，一何琅琅？

偏告諸友，以寄厥子；不鄙謂余，亦託以死。

凡今之交，觀勢厚薄；余豈可保，能承子託？

非我知子，子實命我；猶有鬼神，寧敢遺墮？

念子永歸，無復來期；設祭棺前，矢心以辭。

嗚呼哀哉，尚饗！[4]

此段續寫柳宗元死後的悲與樂。悲的是：子女皆幼，妻子腹大便便，懷孕待產，喪葬費無著；喜的是舅弟盡力，護柩回京，經理其家，有朋友可以託孤！「凡今之交，觀勢厚薄」是悲；「猶有鬼神，寧敢遺墮」，而韓願受託孤之任，則又是樂了。

　　總觀此文，韓採先總後分的作法，首先總論提出主題：「人之生世，如夢一覺」，「當其夢時，有樂有悲」，「及其既覺，豈足追惟。」「其間利害，竟亦何校？」此主題思想，便像是一首樂曲的主調一樣，貫串全篇。而第二和第三段不過係此一主題「當其夢時，有樂有悲」，「其間利害，究亦何校？」的分述而已。中間，韓又用了兩次「嗟嗟子厚」，一次是「嗟嗟子厚，而至然耶！」一次是「嗟嗟子厚，今也則亡。」前者作用為開篇，帶引出主題，後者的作用為收縮上文，與上文的「及其既覺，豈足追惟」相呼應。而末句曰「設祭棺前，矢心以辭」則更是清心自白，重現一次主題了。依此看來，這篇祭文的文意脈絡非常清楚。

（二）祭用四言，體格甚正

　　祭文本是四言詩之一種。祭文的語言，有用韻的，如本篇；有用散文的，如〈祭十二郎文〉；在駢文盛行的時代，也有用駢

---

4 同上註。

文寫成的。但以四言用韻語的爲正體。[5]

　　本文除文前的小序外，分三段，均爲四言，而且押韻。如第
一段便換韻三次：

　　　　耶、嗟。（上平聲麻韻）

　　　　覺、校。（去聲九效）

　　　　時、悲、惟。（上平聲四支）

此段共用七個韻，平仄韻輪用，二韻一轉；只「時、悲、惟」一
組三韻一轉例外。

　　再看第二段的用韻：

　　　　材、災。（上平聲十灰）

　　　　羈、辭。（上平聲四支）

　　　　紀、偉。（上聲五尾）

　　　　顏、間。（上平聲十五刪）

　　　　世、制。（去聲八霽）

　　　　前、天。（下平聲一先）

此段共用十二韻，平仄韻輪用，二韻一轉。再看第三段：

　　　　亡、琅。（下平聲七陽）

　　　　子、死。（去聲四紙）

　　　　薄、托。（入聲十藥）

　　　　我、墮。（上聲二十哿）

　　　　斯、辭。（上十聲四支）

5　〔明〕徐師曾：「按祭文者，祭奠親友之辭也。（略）其辭有散文、有韻
　　語，有儷語；而韻語之中，又有散文、四言、六言、雜言、騷體、儷體
　　之不同。」《文體明辨序說》（北京・人民出版社，1982 年），頁 154。
　　馮書耕、金仞千云：「祭文多以四字爲句，亦有用長短句協韻者，亦爲得
　　格意之正。」《古文通論》（臺北：國立編譯館中華叢書編審委員會印行，
　　民 68 年），頁 730。

此段共用十韻，平仄韻輪用，二韻一轉。

　　從祭文的體格看，此文用四言寫作，協韻，是正格的寫法。

（三）用筆多折，文境瘦峭

　　文中的敘事，也不是平鋪直敘的，近人李剛己便指韓愈用了正逆兩種筆法。[6]正筆是指正面描述的方法；[7]逆筆則指從側面著墨的敘寫方法。李剛己氏在「凡物之生」四句下自注：「此等比喻，即係旁面文字，故均謂之逆筆。」[8]如第二段：「凡物之生，不願爲才。犧尊青黃，乃木之災」，李剛己說：「逆筆」；[9]「子之中棄，天脫霾羈。玉佩瓊琚，大放厥辭」，李說是「正筆」；[10]「富貴無能，磨滅誰紀？」李說是「逆筆」；[11]「子之自著，表表愈偉」，是「正筆」；[12]「不善爲斲，血指汗顏。巧匠旁觀，縮手袖閒」是「逆筆」；[13]「子之文章，而不用世。乃令吾徒，掌帝之制」是「正筆」；[14]「子之視人，自以無前」，是「逆筆」；

6　《古文法》，頁 145。
7　彭會資：《中國文論大辭典》（廣西・百花文藝出版社，1990 年），頁 223。
8　《古文法》，頁 145。
　　按：古文筆法，有「正筆」、「旁筆」、「順筆」、「逆筆」。「正筆」指「指正面描述的方法」；「旁筆」，或稱「側筆」，「指從側面著墨的敘寫方法」；「順筆」，即順敘的筆法，按事件發生過程的先後秩序來進行敘述。「逆筆」，與「順筆」，指不按事件發展進程的順序，甚至從反面導入的描述方法。很明顯，「正筆」與「旁筆」、「順筆」與「逆筆」各爲一組。然細繹李剛己「凡物之生」四句所下的注釋：「此等比喻，即係旁面文字，故均謂之逆筆。」則李氏的意思乃指「旁筆」而言。《中國文論大辭典》，頁 223、224。
9　《古文法》，頁 145。
10　同上註。
11　同上註。
12　同上註。
13　同上註。
14　同上註。

[15]「一斥不復，群飛刺天」，李說是：「正筆」。[16]

又如第三段：「凡今之交，觀勢厚薄。余豈可保，能承子託」，李曰：「逆筆」；[17]「非我知子，子實命我。猶有鬼神，寧敢遺墮」，李曰：「正筆」。[18]

按：第一段是用「逆筆」。至於第三段有好幾句，李剛己氏沒有標出正逆筆法的，大抵都是「正筆」。

綜上看來，韓愈在第二段中，便是三逆三正（逆、正、逆、正、逆、正）的互用；第三段則是：正、正、逆、正、正的運用了。這樣的寫法，古人稱爲「峭」，「峭」是峻峭，文章有平鋪直敘的，有奇峰迭起的，前者平順，後者峻峭。這種寫法「破空而來，意取直上，陡然險絕，如峭壁懸岸，故文境特瘦峭。」[19]清·曾國藩評此文：「峻潔直上。」[20]除「潔」字外，「峻」「直上」三字說的便是此境。

（四）對比映襯，意境沉鬱

文中第二段，韓用對比映襯的手法，將子厚與他人，讓他們自作對比，又或交叉對比，帶出彼此的悲樂和得失，這種悲樂得失在人生之中往往是禍福倚伏，難以計算清楚的。這樣寫來，便將第一段所說的「其間利害，究亦何校？」作了很深刻的描述，從而加深了作品的意境，如：

1.「子之中棄，天脫驂羈」與「玉佩瓊琚，大放厥辭。」四

---

15 同上註。
16 同上註。
17 同上註。
18 同上註。
19 孟憲純：《評點古文法》，王安石〈書《李文公集》後〉引張裕釗評。周振甫：《文章例話》（北京，中國青年出版社，1983 年），頁 463。
20 《古文法》，頁 146。

句便是以柳子厚之貶永州，自成對比，以見一得一失。

2.「富貴無能，磨滅誰紀？」二句便以朝中大臣自成對比，「富貴」是得，而「無能，磨滅雖紀？」便是失。

3.至於「富貴無能，磨滅誰紀？子之自著，表表愈偉。」四句則是以「富貴無能」者的磨滅與貶居永州的子厚文章不朽來作對比。

4.「子之文章，而不用世。乃令吾徒，掌帝之制。」四句則是以子厚文章不用世與他人文章用世作對比。

5.「子之視人，自以無前。一斥不復，群飛刺天。」四句則是以高才遭黜一斥不復的子厚與「營求未遂，群起流言」的小人作對比。[21]

韓愈在文中通過柳子厚與他人對比，透發出人生的悲樂得失，難以計較，這個主題帶給人深沉的思考。

至於「子之視人」四句，李剛已指是韓愈筆法高妙，「筆下有蒼茫不盡之勢」：

> 此二句妙處，在先言子厚之不得志，而後言他人之得志者，以反襯之，故筆下有蒼茫不盡之勢，若凡手為之，將二句之意，上下顛倒，則奄奄無生氣矣！[22]

筆者以為：「子之視人，自以無前。一斥不復，群飛刺天。」四句寫盡柳宗元的早達晚蹶。前二句固然寫出少年柳宗元的頭角崢嶸，「雋傑廉悍，議論證據今古，出入經史百子，踔厲風發，

21　瞿蛻園云：「柳宗元與禹錫，其科名、宦跡、年齒、趣尚無不相同，宜其被禍亦同，名為王韋之累，實則別有被謗之由。皆以營求仕宦未遂所欲者群起流言所至也。」《劉禹錫集箋證》（上海：上海古籍出版社，1989年），頁515。下稱《箋證》。

22　《古文法》，頁146。

卒常屈其座人。」[23]而末二句之所以撼動人心，乃是「群飛刺天」，試想：那漫天的飛蟲，遮天蔽日的，不是和「浮雲蔽白日」一樣嗎？忠賢受讒、良才不用、黑白顛倒，小人道長，君子道消，不正是這樣嗎？這不是古來聖賢的寂寞嗎？這不是忠良的嘆息嗎？故筆下有蒼茫之勢」，令人悚目驚心、震撼不已。

　　吳闓生評本文：「沉鬱質厚」。[24]按「沉鬱」係指作品中意境的深遠和情調的渾厚言。「沉鬱」一般與作品的主題內容有關。試看文中所提出的主題思想乃是一個普遍的人生問題，超過了韓柳的遭遇以外，「人生如夢，有樂有悲」，難道不是韓自己當時的啓悟和心聲嗎？他不但以此慰藉子厚，亦是慰藉天下失意人。故此「筆下有蒼茫之勢」。而文後「非我知子，子實令我。猶有鬼神，寧敢遺墮」四句，吳闓生評說：「止此已足，血誠自任之語，似淡而實深，極沉鬱惻怛之致。」[25]因爲「質厚」，至誠惻怛，情調深厚，故感人甚深。

（五）概括典事，思出人外

　　在本文中，韓愈用典，或明用、或暗用、或反用，或借用，茲敘列如下：

1.明　用

　　（1）「嗟嗟」二字，出自《楚辭‧九章‧悲回風》：「曾歔欷之嗟嗟兮，獨隱伏而思慮。」[26]《王逸注》：「言已思念懷王

23　〈柳子厚墓誌銘〉，《校注》，頁 295。

24　〈祭柳子厚文〉題下導言。吳闓生：《古文範》（台北：台灣中華書局，民 73 年），頁 161。下稱《古文範》。

25　同上註。

26　〔宋〕洪興祖：《楚辭補註》（台北：藝文印書館，民 54 年），頁 259。

悲啼歔欷，雖獨隱伏猶思道德欲輔助之也。」[27]

（2）「人之生世，如夢一覺。當其夢時，有樂有悲。及其既覺，豈足追惟。」出自《莊子·齊物論》：「夢飲酒者，旦而哭泣；夢哭泣者，旦而田獵。方其夢也，不知其夢也。夢之中又占其夢焉，覺而後知其夢也。且有大覺而後知其大夢也。」[28]

（3）「犧尊青黃，乃木之災。」概括自《莊子·天地》：「百年之木，破爲犧尊，青黃而文之，其斷在溝中。比犧尊於溝中之斷，則美惡有間矣，其於失性一也。」[29]

（4）「玉佩瓊琚」，出自《詩經·有女同車》：「有女同車，顏如舜華。將翱將翔，佩玉瓊琚。」[30]

（5）「富貴無能，磨滅誰紀？」概括自司馬遷〈報任安書〉：「古者富貴而名磨滅，不可勝紀，唯倜儻之人稱焉。」[31]

（6）「無前」，語出《後漢書·馬武傳》：「武常爲軍鋒，力戰無前，諸將皆引而隨之。」[32]

2.暗　用

「凡物之生，不願爲才」二句乃暗用《莊子·人間世》：櫟社樹鑑懲於柤梨橘柚瓜果一類之木，因爲有才而「掊擊於世俗」，不修其天命而中道夭。它說：「物莫不若是。且予求無所可用久矣，幾矣，今乃得之，爲予大用。使予也而爲用，且得有此大也

27　同上註。頁 260。

28　郭慶藩：《莊子集釋》（北京·中華書局，1996 年 2 月），頁 49。

29　同上註，頁 202。

30　〔漢〕毛亨傳、鄭玄箋、〔唐〕孔穎達疏：《詩經注疏》（台北：藝文印書館十三經注疏本，民 71 年）卷第 4 之 3，頁 171。下稱《詩疏》。

31　〔漢〕班固撰、〔唐〕顏師古注：《漢書》（北京：中華書局點校本，1997 年 11 月）卷 62，頁 2735。

32　〔南朝宋〕范曄撰：《後漢書》（北京：中華書局點校本，1997 年 11 月）卷 12，頁 785。

邪？」[33]韓此二句顯是從此意境提鍊而來。但表面不易看，故爲「暗用」。

3.反　用

「天脫轡羈」一句原出《莊子·馬蹄》：「連之以羈靮。」[34]韓則反用其意。

4.借　用

（1）「不善爲斵，血指汗顏。巧匠旁觀，縮手袖間」四句乃借用自《老子·七十四章》：「夫代大匠斵者，希有不傷其手矣。」[35]《老子》一書的原意是：大匠指司殺的天道，拙匠是代替天道司殺的人。韓在這裡不是用其本義，而是借用其詞。他從「大匠」中提鍊出「巧匠」，再生造一個「拙匠」來。「不善爲斵，血指汗顏」即指「拙匠」，喻那些「富貴無能」的人。「巧匠旁觀，縮手袖間」則喻才高不用的柳宗元。

（2）「群飛」一詞則借用自劉禹錫三首諷刺詩。劉評擊當時的讒者之眾和居高位的忘身徇利的醜態，把他們喻作「利嘴迎人著不得」的蚊子（〈聚蚊謠〉）[36]「笙簧百轉音韻多」的百舌鳥（〈百舌吟〉）、[37]「瞥下雲中爭腐鼠」的飛鳶。（〈飛鳶操〉）。

33　《莊子集釋》，頁 79。
34　《莊子集釋》，頁 149。
35　〔晉〕王弼：《老子道德經》，（北京：中華書局，1996 年 2 月），頁 44。
36　劉禹錫〈聚蚊謠〉：「沈沈夏夜閑堂開，飛蚊伺暗聲如雷；嘈然忽起初駭聽，殷殷若自南山來；喧騰鼓舞喜昏黑，昧者不分聽者惑；露華滴瀝月上天，利嘴迎人看不得；我軀七尺爾如芒，我孤爾眾能我傷；天生有時不可遏，爲爾設幄潛匡床；清商一來秋日曉，羞爾微形飼丹鳥。」瞿蛻園曰：「此詩乃借聚蚊成雷之諺以喻讒者之眾。」《箋證》，頁 579。
37　劉禹錫〈百舌吟〉：「曉星寥落春雲低，初聞百舌間關啼；花柳滿空迷處所，搖動繁英墜紅雨；笙簧百囀音韻多，黃鸝吞聲燕無語；東方朝日遲遲升，迎風弄景如自矜；數聲不盡又飛去，何許相逢綠楊路；綿蠻宛轉似娛人，一心百舌何紛紛？酡顏俠少停歌聽，墜珥妖姬和睡聞；可憐光

[38]韓愈把牠們概括成「群飛」二字。

　　總言之，祭文的一二段差不多全用典故以爲言志抒情，或明用、或暗用、或反用、或借用。可見韓愈深入典實史事的內容中，深力探取，運用自如的藝術技巧。近人吳闓生評說：「祭文亦四言詩一種也。韓公爲之鎚幽鑿險，神駴（駭）鬼眩，（略）而以自發其光怪駭愕，磊砢不平之氣。」[39]這不正指出韓愈運用典故思出人外的本領嗎？而所謂「自發其光怪駭愕，磊砢不可不平之氣」，即指抒發自家內心的牢騷不平。故此說此篇不止哀慰子厚，其實也是哀慰他自己！

　　再說：韓愈多用典故，以少總多，概括性強：「人生如夢，如夢一覺。當其夢時，有樂有悲。及其既覺，豈足追惟。」廿四字便概括了〈齊物論〉：「夢飲酒者（略）予謂女夢，亦夢也。」一段八十三個字的意思。「凡物之生，不願爲才」八個字便概括了〈人間世〉：「匠石之齊」至「且得有此大也邪？」一大段凡二百五十八字的意思。又如「犧尊青黃，乃木之災」八個字便概

景何時盡，誰能低回避鷹隼？廷尉張羅自不關，潘郎挾彈無情損；天生羽族爾何微？舌端萬變乘春輝；南方朱鳥一朝見，索莫無言高下飛。」瞿蛻園曰：「此篇之致慨於讒夫，與〈聚蚊謠〉大旨相同，而更含蓄婉妙。」《箋證》，頁580。

38 劉禹錫〈飛鳶操〉：「鳶飛冥冥青雲裏，鳶鳴蕭蕭風四起；旗尾飄揚勢漸高，箭頭舂劃聲相似；長空悠悠霽日懸，六翮不動凝飛煙；遊鶻朔雁出其下，慶雲清景相回旋；忽聞飢烏一噪聚，瞥下雲中爭腐鼠；騰音礪吻相喧呼，仰天大赫疑駕雛；畏人避犬投高處，俛啄無聲猶屢顧；青鳥自愛玉山禾，仙禽徒貴華亭露；撲漱危巢向莫時，毵毵飽腹蹲枯枝；遊童挾彈一麾肘，臆碎羽分人不悲；天生眾禽各有類，威鳳文章在仁義；鷹隼儀形螻蟻心，雖能戾天何足貴？」瞿蛻園曰：「此詩極力刻畫居高位者亡身徇利之醜態。據篇末『鷹隼儀形螻蟻心』一語，疑指武元衡任御史中丞時之夙怨。又據『臆碎羽分』一語，更疑作此詩在元和十年元衡被刺以後。」《箋證》，頁582。

39 《古文範》，頁161。

括了〈天地〉篇:「百年之木」至「其於失性一也」一段三十六字的意思。其他的例子恕不多舉了。以少總多,內涵豐富,就是「簡潔」,清‧曾國藩評此文:「語經百鍊」[40]即是此意。

李剛己說:「凡古人爲文,遇幽隱難顯之意,多以譬況出之。周秦諸子文章妙處全在於此。至有韻之文,尤非正喻雜揉無以盡其變化,觀毛詩、楚辭及兩漢以來詩歌箴銘之類,可以見矣。」[41]李氏所言之「過幽隱難顯之意,多以譬況出之」大抵指用典而言,亦即上文所言之「事難直言,用典以求其含蓄」之意。

此外,在造語奇瑰方面,祭文中的「犧尊青黃」、「天脫羈羈」、「玉佩瓊琚」、「血指汗顏」、「縮手袖間」、「群飛刺天」等句,或以顏色鮮麗、或是形象鮮明,皆各有其特色了。

三、結　語

〈祭柳文〉雖僅二百五十四字,卻總論了人生的悲樂得失,不但以此慰藉柳宗元,亦可慰藉了天下的失意人了。內容豐富,意境深遠,情調渾厚;而立意謀篇的脈絡,用筆的曲折、對比的運用、典事的精鍊,造語的瑰奇,思意出乎人外,寫作技巧的境界可以說很高了。無怪曾國藩評本文說:「峻潔直上,語經百鍊,公文如此等,乃不復可攀躋矣!」洵非虛言,本文可說是韓愈哀祭文中的上乘之作。

---

40 《古文法》,頁 146。
41 《古文法》,頁 145。

韓愈文繫年三家異同比較研究

前　言

有關韓愈詩文繫年，自宋以來多是詩文合刊。如方崧卿《韓文年表》，方成珪《昌黎先生詩文年譜》都是。民國之後，廿世紀中葉至末葉，台灣和大陸的學者分別在前人的基礎上，踵事增華，後出轉精，各自呈現其個別之特色，如黃埕喜撰之「韓愈事蹟繫年考」、屈守元主編之：《韓愈全集校注》、張清華之《韓學研究》等。由於詩繫年部分已經專篇比較研究綴於附編，現在，謹就文繫年部分論述。爲了論述方便，文中提及各家皆作簡稱：方崧卿簡稱大方，方成珪簡稱小方，屈守元主編之《韓愈全集校注》簡稱屈，張清華《韓學研究》簡稱張，黃埕喜「韓愈事蹟繫年考」簡稱黃。至於有關各家專著的結構與特色，請參拙作〈韓愈詩繫年四家比較研究〉，因前篇已有詳述，本篇不再贅言。

本篇在論述方面，分兩部分進行。第一部分，將方崧卿的《韓集舉正》、〈韓文年表〉和方成珪《韓集箋正》、〈昌黎先生詩文年譜〉作一比較。第二部分，則是將屈、張、黃三人作比較研究。這是本論文重點所在。

一、大小方韓愈文繫年比較研究

方崧卿《韓集舉正》，對詩文均有繫年，另有〈韓文年表〉，

包括詩文的繫年，今專論韓愈文繫年。

　　方成珪《韓集箋正》，講繫年的甚少，繫年部分完全集中在〈昌黎先生詩文年譜〉中，筆者將大小方繫年列表比較後（參附表一），作一總計：

書名/篇名	收文篇數	有繫年篇數	無繫年篇數	無收篇數	無年考篇數
《韓集舉正》十卷	292	169	133	0	
《舉正》外集一卷	21	7	14	21	
〈韓文年表〉	292	206	86	0	
屬《外集》者	22	10	11	1	
《韓集箋正》五卷	251	46	205	40	
《外集》十卷及遺文	30	0	30	13	
〈昌黎先生詩文年譜〉一卷	292	256	4	0	32
屬《外集》者	30	28	7	0	8

　　比較以後，筆者有以下的發現，茲分大小方繫年敘述：

（一）方崧卿韓文繫年方面：

　　1.《舉正》有收，無繫年，〈年表〉亦無繫年者，有如下 58 篇：

　　　〈閔己賦〉　　　　　　　　　　　　（卷一）

　　　〈原道〉　　　　　　　　　　　　　（卷十一）

　　　〈原性〉　　　　　　　　　　　　　（卷十一）

　　　〈原毀〉　　　　　　　　　　　　　（卷十一）

　　　〈原人〉　　　　　　　　　　　　　（卷十一）

　　　〈原鬼〉　　　　　　　　　　　　　（卷十一）

　　　〈行難〉　　　　　　　　　　　　　（卷十一）

〈送高閑上人序〉　　　　　　　　　（卷二十一）

〈送鄭尚書序〉　　　　　　　　　　（卷二十一）

〈祭穆員外文〉　　　　　　　　　　（卷二十二）

〈祭左司李員外太夫人文〉　　　　　（卷二十二）

〈潮州祭神文五首〉　　　　　　　　（卷二十二）

〈袁州祭神文五首〉　　　　　　　　（卷二十二）

〈弔武侍御所畫佛文〉　　　　　　　（卷二十三）

〈祭李氏二十九娘子文〉　　　　　　（卷二十三）

〈曹成王碑〉　　　　　　　　　　　（卷二十八）

〈處州孔子廟碑〉　　　　　　　　　（卷三十一）

〈貝州司法參軍李君墓誌銘〉　　　　（卷三十四）

〈盧渾墓誌銘〉　　　　　　　　　　（卷三十五）

〈痊瘞硯銘〉　　　　　　　　　　　（卷三十六）

〈毛穎傳〉　　　　　　　　　　　　（卷三十六）

〈下邳侯革華傳〉　　　　　　　　　（卷三十六）

〈請遷玄宗廟議〉　　　　　　　　　（外集）

〈送浮屠令縱西遊序〉　　　　　　　（外集）

〈通解〉　　　　　　　　　　　　　（外集）

〈擇言解〉　　　　　　　　　　　　（外集）

〈鄠人對〉　　　　　　　　　　　　（外集）

〈祭董相公文〉　　　　　　　　　　（外集）

〈祭房君文〉　　　　　　　　　　　（外集）

〈高君仙硯銘〉　　　　　　　　　　（外集）

〈高君畫贊〉　　　　　　　　　　　（外集）

〈潮州請置鄉校牒〉　　　　　　　　（外集）

2.《舉正》無收，〈年表〉無繫年的，有如下 1 篇：

〈與大顛書〉　　　　　　　　　　　（外集卷二）

3.《舉正》有繫年、〈年表〉無繫者，有 40 篇：

〈感二鳥賦〉　　　　　　　　　　　（卷一）

〈復志賦〉　　　　　　　　　　　　（卷一）

〈別知賦〉　　　　　　　　　　　　（卷一）

〈獲麟解〉　　　　　　　　　　　　（卷十二）

〈師說〉　　　　　　　　　　　　　（卷十二）

〈諱辯〉　　　　　　　　　　　　　（卷十二）

〈愛直贈李君房別〉　　　　　　　　（卷十三）

〈貓相乳〉　　　　　　　　　　　　（卷十四）

〈太學生何蕃傳〉　　　　　　　　　（卷十四）

〈答楊子書〉　　　　　　　　　　　（卷十五）

〈答侯繼書〉　　　　　　　　　　　（卷十六）

〈答李翊書〉　　　　　　　　　　　（卷十六）

〈重答李翊書〉　　　　　　　　　　（卷十六）

〈代張籍與李浙東書〉　　　　　　　（卷十六）

〈答李秀才書〉　　　　　　　　　　（卷十六）

〈答陳生書〉（陳師錫）　　　　　　（卷十六）

〈與李翶書〉　　　　　　　　　　　（卷十六）

〈答胡生書〉　　　　　　　　　　　（卷十七）

〈與于襄陽書〉　　　　　　　　　　（卷十七）

〈與馮宿論文書〉　　　　　　　　　（卷十七）

〈答劉正夫書〉　　　　　　　　　　（卷十八）

〈答殷侍御書〉　　　　　　　　　　（卷十八）

〈答陳商書〉　　　　　　　　　　　（卷十八）

〈送孟東野序〉　　　　　　　　　　（卷十九）

〈上巳日燕太學德彈琴詩序〉　　　　　（卷十九）

〈贈崔復州序〉　　　　　　　　　　　（卷二十）

〈送何堅序〉　　　　　　　　　　　　（卷二十）

〈送廖道士序〉　　　　　　　　　　　（卷二十）

〈送王秀才〉　　　　　　　　　　　　（卷二十）

〈送陳秀才（陳彤）序〉　　　　　　　（卷二十）

〈送幽州李端公序〉　　　　　　　　　（卷二十）

〈歐陽生哀辭〉　　　　　　　　　　　（卷二十二）

〈題哀辭後〉　　　　　　　　　　　　（卷二十二）

〈祭侯主簿文〉　　　　　　　　　　　（卷二十三）

〈試大理評事胡君墓銘〉　　　　　　　（卷二十五）

〈殿中少監馬君墓誌〉　　　　　　　　（卷三十三）

〈請復國子監生徒狀〉　　　　　　　　（卷三十七）

〈謝許受王用男人事物狀〉　　　　　　（卷三十八）

〈奏韓弘人事物狀〉　　　　　　　　　（卷三十八）

〈除崔戶部侍郎制〉　　　　　　　　　（外集）

4.《舉正》無繫年，〈年表〉有繫年的，有如下 89 篇：

〈汴州東西水門記〉　　　　　　　　　（卷十三）

〈燕喜亭記〉　　　　　　　　　　　　（卷十三）

〈徐泗濠三州節度掌書記廳石記〉　　　（卷十三）

〈畫記〉　　　　　　　　　　　　　　（卷十三）

〈藍田縣丞廳壁記〉　　　　　　　　　（卷十三）

〈新修滕閣記〉　　　　　　　　　　　（卷十三）

〈科斗書後記〉　　　　　　　　　　　（卷十三）

〈上李尚書書〉　　　　　　　　　　　（卷十五）

〈重上張僕射書〉　　　　　　　　　　（卷十七）

〈應科目時與人書〉　　　　　　　　　（卷十八）

〈送陸歙州詩序〉　　　　　　　　　　（卷十九）

〈送李愿歸盤谷序〉　　　　　　　　　（卷十九）

〈送浮屠文暢師序〉　　　　　　　　　（卷二十）

〈送張道士序〉　　　　　　　　　　　（卷二十一）

〈送水陸運使韓侍御歸所治序〉　　　　（卷二十一）

〈韋侍講盛山十二詩序〉　　　　　　　（卷二十一）

〈石鼎聯句序並詩〉　　　　　　　　　（卷二十一）

〈祭田橫墓文〉　　　　　　　　　　　（卷二十二）

〈祭薛助教文〉　　　　　　　　　　　（卷二十二）

〈李元賓墓銘〉　　　　　　　　　　　（卷二十二）

〈崔評事墓銘〉　　　　　　　　　　　（卷二十四）

〈施先生墓銘〉　　　　　　　　　　　（卷二十四）

〈考功員外盧君墓銘〉　　　　　　　　（卷二十四）

〈施州房使君鄭夫人殯表〉　　　　　　（卷二十四）

〈清邊郡王楊燕奇碑文〉　　　　　　　（卷二十四）

〈河南少尹裴君墓誌銘〉　　　　　　　（卷二十四）

〈國子助教河東薛君墓誌銘〉　　　　　（卷二十四）

〈監察御史元君妻京兆韋氏夫人墓誌銘〉（卷二十四）

〈登封縣尉盧殷墓誌銘〉　　　　　　　（卷二十五）

〈興元少尹房君墓誌銘〉　　　　　　　（卷二十五）

〈河南少尹李公墓誌銘〉　　　　　　　（卷二十五）

〈集賢院校理石君墓誌〉　　　　　　　（卷二十五）

〈江西觀察使韋公墓誌〉　　　　　　　（卷二十五）

〈河南府王屋縣尉畢君墓誌銘〉　　　　（卷二十五）

〈襄陽盧丞墓誌銘〉　　　　　　　　　（卷二十五）

〈贈絳州刺史馬府君行狀〉　　　　　　（卷三十七）

〈袁州申使狀〉　　　　　　　　　　　（卷四十）

〈送汴州監軍俱文珍序〉　　　　　　　（外集）

〈記宣城驛〉　　　　　　　　　　　　（外集）

〈題李生壁〉　　　　　　　　　　　　（外集）

〈祭石君文〉　　　　　　　　　　　　（外集）

5. 《舉正》、〈年表〉繫年不一致者，有如下 17 篇：

〈爭臣論〉（卷十四），有貞九、貞八之異。

〈禘祫議〉（卷十四），有貞十八、貞十七之異。

〈顏子不貳過論〉（卷十四），有貞十、貞九之異。

〈答竇秀才書〉（卷十五），有貞十二、貞二十之異。

〈賀徐州張僕射白兔書〉（卷十五），有貞十五、貞十六
之異。

〈送竇送事〉（卷十九），有貞十七、貞十六之異。

〈送齊皞下第序〉（卷十九），有貞九、貞八之別。

〈送楊支使序〉（卷二十），有貞二十一，貞二十之別。

〈荊潭唱和詩序〉（卷二十），有元元，貞二十一之別。

〈送溫處士赴河陽軍序〉（卷二十一），有元五、元六之
異。

〈祭郴州李使君文〉（卷二十二），有元元、貞廿一之異。

〈祭鄭夫人文〉（卷二十三），有貞九、貞十之異。

〈祭十二郎文〉（卷二十三），有貞十九、貞十七之異。

〈清河郡公房公墓碣〉（卷二十七），有元十一、元十之
異。

〈南陽樊紹述墓誌銘〉（卷三十四），有長三、長四之異。

〈為宰相賀白龜狀〉（卷三十八），有元十一、二、元十

之異。

〈薦樊宗師狀〉（卷三十八），有元十一、二，元十之異。

（二）方成珪韓文繫年方面

1.《箋正》收文 251 篇，有繫年的只有 46 篇。〈年譜〉收文 292 篇，有繫年者 256 篇，可見《箋正》的重點在「校箋」，〈詩文年譜〉的重點在繫年，分工明顯。

2.《箋正》、〈年譜〉的繫年不一致，有一篇：

〈河南令張君墓誌銘〉（卷三十），有元十一、元十二之異。

總由上述，方崧卿《舉正》收文 292 篇，有繫年者只 169 篇，約佔一半強，〈韓文年表〉收文 292 篇，有繫年者 206 篇；方成珪《箋正》收文 251 篇，有繫年者只 46 篇，無收者 40 篇；〈年譜〉收文 292 篇，有繫年者 256 篇，可見方崧卿《舉正》、〈年表〉有蓽路藍縷之功；方成珪〈年譜〉則有後出轉精之利，可作參考，未足作為主要論述。

二、韓愈文三家繫年比較研究

筆者將屈、張、黃三家韓愈文繫年列表比較之後（參附表二），發現三家異同需待研究者計為 61 篇，謹比較研究如次：

（一）〈貓相乳〉（《韓集》卷十四）

屈繫於貞元五、六年；張繫於貞元四年；黃無收。

方崧卿云：「北平王，馬燧也。燧死於貞元十一年。公始冠，來京師，以故人稚弟求見於王，此文當貞元五、六年間作也。」

王元啓云：「按〈馬少監墓誌〉，公始冠，拜北平王於馬前，

因得主其家。此文初至北平王家作。集中錄君少作，此爲最先。」

方成珪從王元啓說因繫於「貞元二年」云：「始至京師時。」

屈引《殿中少監馬君墓誌》：「始余初冠，應進士，貢在京師，窮不自存，以故人稚弟，拜北平王於馬前。王問而憐之，因得見於安邑里第。」因論云：「據『以故人稚弟拜北平王於馬前』考之，愈初見北平王馬燧應在其從兄韓弇殉難於吐蕃平涼劫盟之後。」韓弇殉難在貞元三年（七八七），則此文當作於貞元三年後。」因此屈遂據此說：「方崧卿說近是。」而繫於貞元五、六年間。

張據《殿中少監馬君墓誌》論云：「韓愈遇北平王馬燧當在貞元三、四年。」張又云：「此文當是韓愈初入馬燧府而作，確有頌揚馬燧府家風之意，擬寫於是年。」因繫之於貞元四年。

按：羅聯添《韓愈研究》云：「興元元年馬燧嘗與渾瑊共討李懷光，馬燧殆因渾瑊之薦而識韓弇。韓愈以先世故交求見馬燧，而燧念其兄新歿王事，故賜以衣食，待之特厚。」韓氏貞元三年二十歲，與〈墓誌〉所謂「初冠」合時。自此至貞元十一年馬燧卒，八九年間，韓愈在京師均托衣食於馬燧，故此文既作於馬燧家，則由貞元三年至貞元十一年皆有可能。而今屈繫五、六年、張繫四年，觀〈貓相乳〉一文記敘馬燧府中家貓一死一存，存者乳死貓之子，「若其子然」。韓氏因此異事而「頌王之德感應召致」，又借客之口，頌王之功德如是。以馬燧之念及故交之後，而「賜之衣食，待之特厚」言，此文作于入北平王府之初，甚爲合理。故訂於貞元三、四年爲宜。

（二）〈瘞硯銘〉（《韓集》卷三十六）

屈繫於貞元八年，張繫於貞元十年，黃無收。

樊汝霖云：「李元賓硯，公為之文，公與元賓皆貞元八年進士也。」

屈云：「李觀於貞元八年登進士第，貞元九年第博學宏辭科。此文僅謂第進士，而不言舉博學宏辭事，則貞元八年作也。」

張引〈銘〉之序云：「四年悲歡窮泰，凡試於春官，二年登上第，是貞元八年。毀而瘞之，以盡仁之義。在李觀卒前，故繫於十年。」

按：韓愈〈李元賓墓誌銘〉云：「李觀字元賓，其先隴西人也，始來自江之東，年二十四舉進士，三年登上第，又舉博學宏辭，得太子校書一年，年二十九客死於京師。」查李觀與韓同年進士，同在貞元八年。「舉博學宏辭」在九年或十年，授「太子校書」。貞元十一年病死於京師。〈瘞硯銘〉序云：「隴西李觀元賓始從進士，貢在京師。或貽之硯。既四年，悲歡窮泰，未嘗廢其用。凡與之試藝春官，實二年登上第，行於襃谷。役者劉胤誤墜之地，毀焉。乃匣歸埋於京師里中。」據此文韓所記之背景，似為李觀貞元八年登第後，則寫作時間可為八年，也可能是十一年李觀死之前。若以文中僅謂「第進士」，而不言「舉宏辭事」，則以在貞元八年之說為長。

（三）〈爭臣論〉（即〈諫臣論〉）（《韓集》卷十四）

屈繫此文於貞元九年，張與黃則繫於貞元八年。

洪興祖《韓子年譜》「貞元八年」條云：「〈諫臣論〉曰：『諫議大夫陽城居位五年矣。』城以貞元四年夏起家為諫議大夫，至今五年。」

方崧卿云：「陽城為諫議大夫，考〈柳子厚遺愛碣〉（《柳河東集》卷九），貞元四年也。此論當作於九年，時年二十六。」

　　王元啓云：「此論《洪譜》以為貞元八年作。按城以貞元四年六月被徵，十一年四月改官司業。歐公（歐陽修）〈上范司諫書〉云：『當退之作論時，城為諫議已五年。又二年始庭論陸贄及沮裴延齡作相。』據此，則此論當作於貞元九年。洪謂八年，則論延齡事當云『後三年』，與歐語不合，恐由誤解篇中『居位五年』，乃并初徵時計之，故為此說，其實非是，今據歐書定為九年作。」

　　方成珪云：「按陽城以貞元四年李泌之薦，六月乙酉被徵。此論云『居位五年』，則貞元八年也。延英閣上書係十一年四月事，後此論正三年。王宋賢（元啓）據歐公〈上范司諫書〉云：『當退之作論時，城為諫官已五年，又二年始廷論陸贄及沮裴延齡作相』，因定為九年作。不知此時歐公誤記，或傳錄之誤耳？公正譏城『在位久而不言』，而城以四年六月徵拜，不應舍此一年不計也，則此論當從《洪譜》定為八年作無疑。公是年登進士第，年二十五。」

　　屈論云：「陽城以貞元四年六月徵拜，至九年五月為五年，歐陽修、方崧卿以九年作似為合理。」因繫之於貞元九年。

　　張據《舊唐書・德宗紀下》：「貞元四年六月乙酉，征夏縣處士先除著作郎陽城為諫議大夫。」由貞元四年六月到貞元八年夏，正好為「五年」，因此，張認為〈爭臣論〉當寫於貞元八年。

　　黃於「貞元八年」條下云：「陽城為諫官五年，而無所諫，韓愈作〈爭臣論〉譏切之」，論云：「案貞元二年韓愈自宣城入京，過河中，嘗作〈條山蒼〉一詩，表仰慕陽城之意。今陽城為諫官五年，而未盡言責，韓愈作此論，蓋冀其『能受盡言』、『聞而能改』。」又據魏本昌黎集十四引韓醇曰：「及裴延齡誣逐陸贄等，城乃守延英閣上疏，極論延齡罪，慷慨引誼申直贄等，帝

欲相延齡，城顯語曰：『延齡爲相，吾當取白麻壞之爭於庭』，帝不相延齡，城之力也。公作此論時，城居位五年。後三年而能排擊延齡，或謂城蓋有待，抑公有以激之歟。」以此繫於貞元八年。

　　按：此篇有貞元八年，貞元九年之爭。前者《洪譜》、王元啓、方成珪、張、黃主之；後者方崧卿、歐陽修、屈主之。若以陽城貞元四年六月徵拜，五年應是貞元八年。據吳文治著《中國文學史大事年表》唐貞元四年（788）戊辰條下云：「六月，征夏縣處士先除著作郎陽城爲諫議大史。城以褐衣詣闕，帝賜之章服而後召。」唐貞元八年（792）壬申條下云：「四月，陸贄爲中書侍郎，同中書門下平章事。」「是年，韓愈等人同登進士第。」「韓愈作詩〈北極一首贈李觀〉，作文〈爭臣論〉。」

　　至於陽城廷論陸贄罷相及詛裴延齡相事在貞元十一年四月，事見《通鑑》卷235，唐紀五十一，德宗貞元十一年條，不贅引。

　　以「貞元八年」至「貞元十一年」應爲「後三年」，而非「後二年」，由於歐陽修誤記，使王元啓誤爲九年，方成珪已論之。

　　今繫於貞元八年。

（四）〈應科目時與人書〉（《韓集》卷十八）

　　屈繫於貞元十年，張繫於貞元九年，黃無收。

　　《魏本》引嚴有翼云：「即貞元九年宏詞試也。」。

　　洪興祖〈韓子年譜〉亦繫於貞元九年。

　　屈指此文：「祝本、魏本皆作〈應科目時與韋舍人書〉。」論云：「案韓愈貞元九年、十年、十一年三試宏詞不第，此書似再試所爲，姑繫於十年。韋舍人，不詳。」復引沈欽韓云：「貞元九年中書舍人高郢，十年權德輿，獨處西掖者八年。無韋舍人也。」意欲坐實「貞元八年」說不實，而繫於貞元十年。

　　張論云：「題目魏本等作〈應科目時與韋舍人書〉。首句『愈再拜』作『應博學宏辭前進士韓愈謹再拜上書舍人閣下』。知此書寫于貞元八年中進士後。以題目或作『韋舍人』，疑韋舍人佐考。」因繫於貞元九年。

　　按：此文為韓氏應博學宏辭前致書於所謂「有力者」，致其惜才擢拔之意。寫作時間有：貞元九年、貞元十年二說。張認為「此書寫於貞元八年中進士後」，故繫之於貞元九年；屈則認為「此書似再試所為」，「姑繫於十年」。以此文所言之「閣下其亦憐察之」，伏望「韋舍人」哀憐，則似為再試後之作。今繫貞元十年。

（五）〈與鳳翔刑尚書書〉（《韓集》卷十八）

　　屈繫此文於貞元十年，張及黃則繫於貞元九年。

　　方崧卿云：「刑君牙時知鳳翔，貞元十一年（795）也。」

　　程俱《韓文公歷官記》載：「（貞元十一年）五月去京師，（略）潼關，遊鳳翔，以書抵刑君牙，不得意去。」

　　朱熹云：「《洪氏年譜》云：『公以貞元八年壬申（792）二十五歲中第，十一年乙亥二十八歲上宰相書，求官不得而歸，出潼關，作〈二鳥賦〉。』又據程致道（俱）說，既出潼關，因遊鳳翔，上刑君牙書。今按：程說大誤。蓋〈賦序〉言：『五月過潼關。』而此〈書〉言六月至鳳翔，潼關在長安之東，鳳翔在長安之西，相距六百餘里，豈有五月方東出潼關，而六月遽能復西至鳳翔之理？此書決非此年所作，必是八年之後，十年以前曾到鳳翔，而有此〈書〉及〈岐山下〉等詩也。」

　　屈認為：「朱子之說甚有理。今姑繫于貞元十年。」

　　張繫於貞元九年，說：「〈與鳳翔刑尚書書〉，是年又舉博

學宏辭科試落第，無聊之極，夏游宦鳳翔，而望入幕，書當寫于此時。」

　　黃於「貞元九年」條下云：「是年（或八年）六月，韓愈自長安西遊鳳翔求仕，有〈與鳳翔刑尙書書〉，〈岐山下〉二首詩及〈青青水中蒲〉詩。」黃稱：「〈上刑書〉，朱子以爲非貞元十一年所作，誠是。然貞元十年，韓愈嘗歸河陽省墓，其時，當在二、三月間，六月似不大可能復自河陽至鳳翔。此書有「二十五而擢第於春官」語，當是貞元八年六月或九年六月所作」。

　　按：三家皆認同朱熹之說，此篇之作，「必在八年之後，十年以前」，但三家各有所主，一主貞元八、九年（如黃），一主貞元九年（如張），一主貞元十年（如屈）。若以貞元十年韓氏二三月間歸河陽省墓（張說是四五月間東歸省墓），則六月不大可能再到鳳翔，則此書作八、九年而非十年，以目前而論，以貞元九年說爲長。今繫於貞元九年。

（六）〈祭鄭夫人文〉（《韓集》卷二十三）

　　屈、張繫於貞元十年，黃繫於貞元十一年。

　　屈據韓愈〈祭十二郎文〉云：「吾年十九，始來京師。其後四年，而歸視汝。又四年，吾往河陽省墳墓，遇汝從嫂喪來葬。又二年，吾佐董丞相于汴州。」樊汝霖注：「年十九」云：「貞元二年。」據韓愈〈董公行狀〉、李翶〈韓公行狀〉及〈舊唐書·德宗紀〉，董晉帥汴州，辟韓愈爲觀察推官，乃貞元十二年七日事。貞元十二年，上推二年，貞元十年也。貞元六年，下推四年，亦貞元十年。」

　　張據〈祭鄭夫人文〉云：「苟容躁進，不顧其躬；祿仕而還，以爲家榮。奔走乞假，東西北南；孰云此來，乃睹靈車。」說他

遇嫂喪歸葬的時間，其〈祭十二郎文〉裡講得很清楚。云：「吾年十九，始來享師。其後，四年，而歸視汝。又四年，吾往河陽省墳墓，遇汝從嫂喪來葬。」韓愈十九歲進京時為貞元二年，後四年為貞元六年，又四年則恰為貞元十年。

黃於「貞元十一年」條下云：「五、六月間至河陽故里，既為嫂服朞而祭之以文。」又於「貞元十年」條下云：「二、三月，歸河陽省墓，嫂鄭氏卒於宣城，姪老成（即十二郎）護喪歸葬河陽，與韓愈相晤。」顯然地，黃是將護喪歸葬與服朞服分兩年來解釋。

按：大小方此文皆繫貞元十年。由屈、張所言，知嫂鄭氏貞元十年卒於宣城，其姪老成護喪歸葬河陽，而韓氏是年再應吏部博學宏辭試，未成，歸河陽省墓，「孰云此來，乃睹靈車」。於是，即在「逆旅備時羞之奠，再拜頓首，敢昭告于六嫂滎陽鄭氏夫人之靈」，乃有此祭文之作。以此而論，則祭文作於貞十，而非貞十一，非常明顯。

（七）〈省試學生代齋郎議〉（《韓集》卷十四）

屈繫於貞元十一年，張、黃繫之於貞元十年。

屈云：「祝本、魏本、殘宋丙本、殘宋丁本題下皆注『貞元十年（794）應博學宏辭。』」

又云：「《文苑英華》卷 765 載此文，題下註云：『貞元十一年。』」

屈引方崧卿云：「今本此下有『貞元十年應博學宏辭』九字，三本皆無之。考《登科記》，當在貞元十一年。」

洪興祖《韓子年譜》「十年甲戌」條下云：「〈省試學生代齋郎議〉注云：『貞元十年應博學宏辭』。」

　　方崧卿《增考》云：「按〈學生代齋郎議〉，本題實作〈罷齋郎以學生享議〉。然亦來歲之試也。《科第錄》：『十一年試〈朱絲繩賦〉、〈多日可愛詩〉，議乃此也。』或注『十年』，而洪從之，非也。蓋公并來歲，凡三試宏辭故也。」

　　徐松《登科記考》卷十三，「貞元十年」載云：「洪興祖《韓子年譜》引《科第錄》：『十一年，試〈朱絲繩賦〉、〈多日可愛詩〉、〈學生代齋郎議〉。』按：《韓文考異》：『〈學生代齋郎議〉，諸本作貞元十年應博學宏辭』，是。洪氏譜誤。」

　　屈云：「按方氏舉《科第錄》、《登科記》乃爲確據；又閣本、杭本、蜀本皆無題下注十字，則十字乃後出注文，未可據依。（疑注亦據唐《登科記》，而誤書『十一年』作『十年』也。）徐、王二氏尊信朱熹《考異》，以《考異》判方氏爲誤，則本末倒置矣。今從方氏繫於貞元十一年。」

　　張引沈欽韓《補注》云：「貞元十二年，朝廷欲以太學生令于郊廟攝事，將去齋郎以從省便。太常博士裴堪議曰：『罷齋郎則失重祭之義，用學生則撓敬業之道。』」

　　張論云：「此〈議〉作年，諸說不一，有十年、十一年，或謂十二年之說者。」又云：「唐制進士考試于二月進行，三月乃罷，大致無差。博學宏辭試，當在進士科放榜之後。」他據韓愈下（按即十一）年所寫〈上宰相書〉，指「韓愈說他貞元十一年正月廿七日已經吏部三次試，當是貞元十年已參加第加第三次吏部選試，貞元十一年，他根本就未參加吏部博學宏辭科的選試。」因此繫於貞元十年。

　　黃於「貞元十年」條下云：「再應吏部博學宏辭試，未成是年以〈朱絲繩賦〉、〈多日可愛詩〉（今不傳）、〈學生代齋郎議〉三者爲試題。」

　　按：據徐松《登科記考》「貞元十年」「博學宏辭」科條，則〈學生代齋郎議〉應系貞元十年。至《洪譜》引《科第錄》是十一年，應為誤記。徐氏已據《考異》指出是「洪氏譜誤」。其說可據。

（八）〈送權秀才序〉（《韓集》卷二十一）

　　屈繫於貞元十三年；張、黃繫於貞元十四年。

　　方崧卿云：「貞元十二（796）年，三月間汴州作。」

　　樊汝霖云：「公時佐汴州，權自汴舉進士京師，送以此序。」

　　文讜云：「貞元十二年權自汴舉進士京師，公以此序送之。」

　　屈據〈序〉：「相國隴西公，既平汴州，天子命御史大夫吳縣南為軍司馬，門下之士權生實從之來。」論稱：「韓愈從董晉至汴，在貞元十二年七月，陸長源為宣武行軍司馬，在是年八月（見〈董公行狀〉）。唐鄉貢士于每年十一月送尚書省，次年正月應禮部試。又韓愈于貞元十五年（799）二月去汴，則此〈序〉之作，十二、十三、十四年皆有可能。今姑繫於十三年。」

　　張於「貞元十四年」「韓愈事跡」下云：「十一月主汴州貢士舉考，試進士策問，〈反舌無聲詩〉，張籍中選，得首薦；權秀才中選。」因指〈送權秀才序〉稱：「此為權秀才選中後，進京應試時韓愈的送行之作。權生乃陸長源門下之士，十二年八月隨陸來汴。」

　　黃於「貞元十四年」「送權秀才于京師」條據《登科考・凡例》云：「舉進士而未第曰進士，曰舉進士，通稱秀才。」（按：原書無「通稱秀才」四字）。論稱：「權生在汴州舉進士。韓愈今年秋為考官，張籍登第，可能權亦與籍同登第而赴長安時，送之以序。」

按：此篇之觀察點為：韓氏何時任汴州貢士之主考？以韓愈從董晉至汴，在貞元十二年七月。於貞元十五年二月去汴而論，則只有貞元十三、十四年兩種可能。所任之將仕郎、試秘書省校書郎、汴宋亳穎等州觀察推官，正式任職在十四年春。貞元十二年七月至貞元十三年年底，韓氏是在試用，未經皇命任用，而任命之文，則在貞元十四年春。故此，只剩十四年一種可能。

（九）〈進士策問十三首〉（《韓集》卷十四）

屈繫貞元十四年，張以其前六首繫貞元十四年，黃無收。

屈據韓愈〈此日足可惜一首贈張籍〉及張籍〈祭退之〉詩指出：「張籍貞元十五（799）以鄉貢進士登第。唐鄉貢進士於每年十月送京師，次年正月應禮部試，二月放榜，則張籍貞元十四（798）貢舉於汴州，韓愈為府試官。此文當即韓愈是年在汴州董晉幕府領進士府試時所撰之試題也。」

張云：「（貞元十四年）十一月主汴州貢士舉考，試進士策問，〈反舌無聲詩〉，張籍中選，得首荐。」又云：「韓愈有〈進士策問〉十三首，非一歲所作，編者集之耳。其中前六個題目，是此次考試所出。」並據馬其昶《韓昌黎文集校注》卷二〈進士策問〉第六首之〔補注〕云：「案汴州舉進士，公為考官，〈贈張籍〉詩云：『馳辭對我策』是也，後世取士，非由庠序，徑自州縣貢舉，知之無素，故請各誦所懷，此當即汴州策問。」

按：此〈策問十三首〉大方無繫年，小方列「無年考」。《舊注》謂是：「非一歲所作，編者集之耳。」直至馬其昶在第六首用〔補注〕揭出是在「汴州策問」。接著是究竟十三首是當時策問，抑或前六首是？屈主前者，張主後者。筆者以為，先要考察韓氏一生中做過幾次考官？有無替人代作情事？若是皆無的話，

則應是十三首皆汴州考官時作。查永貞元年十月，昌黎掾江陵，陳彤既拔解，貢於京師，昌黎送之以序。則《舊注》云：非一時之作，可從。

（十）〈子產不毀鄉校頌〉（《韓集》卷十三）

屈繫於貞元十五年，張繫於貞元十九年，黃無收。

屈曰：「貞元十五年冬，國子司業陽城貶道州刺史。太學生何蕃、王魯卿、李讜等二百人詣闕乞留，經數日，吏遮止之，疏不得上。時太學闕祭酒，又貶司業陽城，是毀之也。此文當為其事而發，其時韓愈為徐州節度使張建封朝正京師。參見〈太學生何蕃傳〉及〈歐陽生哀辭〉。」因繫於貞元十五年。

張曰：「此文諸譜無繫年。按此文寫作緣起與時間，一說是諷刺李實，寫於貞元末年；一說諷刺皇甫鎛，寫於憲宗元和末年。憲宗元和十四年正月韓愈貶潮州刺史，十月移袁州，十五年閏正月八日到袁州，九月辛酉（二十二日）授國子祭酒，十月後才回到長安。殊不當回京後即寫此文以諷當政。故前說為優。貞元末李實當政而韓愈未去陽山者，只有是年（按：即十九年）。疑此文為譏李實等權臣閉塞言路而發，當寫於是年。」因繫於貞元十九年。

按：方成珪繫此詩於元和二年。貶陽城，太學詣闕乞留事，見《通鑑》卷 235，唐紀五十一，德宗貞元十四年九月。屈謂：貞元十五年冬貶道州刺史，誤記。貞元十五年冬，韓愈為徐州節度使張建封朝正京師，時歐陽詹「為國子監四門助教，將率其徒伏闕下」舉韓愈為博士，「會監有獄，不果上」（按：「會監有獄」即指薛約事，陽城以「黨罪人，出為道州刺史」。以上可參《韓集》卷 14、22，〈太學生何蕃傳〉及〈歐陽生哀辭〉。）當

時，「太學闕祭酒」，而司業陽城又「出貶道州」，學校行政近於癱瘓，此即文題「毀之」之意。今繫貞元十五年冬。

（十一）〈賀徐州張僕射白兔書〉（《韓集》卷十五）

屈及黃繫於貞元十五年，張繫於貞元十六年。

方崧卿云：「貞元十五年（799）作。」

樊汝霖云：「公貞元十五年秋佐張建封於徐，〈書〉是時作。」

屈論曰：「愈以貞元十五年二月末至徐，居符離睢上，至秋方辟為從事。文云：『得之符離』，又不稱從事而稱『小子』，當作於未受辟時，似題『書』字為當。」因繫於貞元十五年。

黃於「貞元十五年」條下云：「及秋，徐州節度使張建封辟為節度推官」又云：「韓愈在徐州又作〈賀徐州張僕射白兔書〉。」

張云：「書有記日，而未明年月，韓愈自十五年秋七月至十六年五月在徐州建封幕，〈書〉寫于這段時間，然據營田巡官陳從說在軍田中所見，一般當在冬天，〈書〉當寫于上年末或今年初。」因繫於貞元十六年。

按：若以秋圍射獵言，射白兔，一般當在秋冬天，則此〈書〉寫於貞元十五年冬為是。

（十二）〈與李翱書〉（《韓集》卷十六）

屈、張繫於貞元十五年，黃繫於貞元十六年。

屈據方崧卿引樊汝霖云：「此書貞元十五年（799）徐州作。」又據韓醇云：「公貞元十五年以董晉死於汴後，依張建封於徐，未知所去就。翱之以書勉之，俾之入京城，故公此書言其窮空，家累無托，及前日客京城之狀以答之。」

張據本書云：「『僕之家本窮空，重遇攻劫，衣服無所得，

養生之具無所有，家累僅三十口，携此將安所歸托乎？舍之入京，不可也；挈之而行，不可也。足下將安以爲我謀？」正說他於汴州亂之後在徐州符離的困窘實況。可證實於是年。」

黃於「貞元十六年三月」條：「李翺至徐州，有書致韓愈勸其入京求進，不宜居幕下，韓愈有書與之。」並云：「韓愈自陳家累，又恐難遇相知之人，故暫安於幕府之中，以求取資。此翺此書集不載，蓋已佚。」

按：據羅聯添《唐代詩文六家年譜。李翺年譜》，李翺是韓門弟子。字習之，汴州開封人。貞元十二年（796）七月，韓受辟爲汴州觀察推官，李翺自徐州至汴，始與昌黎定交。貞元十三年（797），李翺四度至長安舉進士，爲有司罷黜後，即至汴州從昌黎學文。貞元十四年，進士及第。貞元十五年（799）在汴州，早春，韓愈、孟郊、李翺有〈遠游聯句〉之作。八月李翺北歸。同年秋，昌黎爲徐州節度推官。貞元十六年（800）李翺至徐州，有書致昌黎，勸其入京求仕，不宜居幕下。昌黎以此書復之。四月娶韓愈從父兄弇之女。

據此書語云：「僕於此豈以爲大相知乎？」《舊注》云：「此謂張建封幕府，謂在南陽公幕中也。」（《韓昌黎文集校注》卷三），可知是在徐幕作。又云：「累累隨行，役役逐隊，飢而食，飽而嬉者也。」可知是作於〈上張建封書論晨入夜歸〉之後，至翌年五月爲張所黜之前。又韓書有「離違久，乍還侍左右，當日懽喜」句，知李翺與韓愈有一段長時間不見，這大概指去年秋至今年春的時間，以此推之，作於貞元十六年春，是有可能。但韓愈又云：「其所以止而不去者，以其心誠有愛於僕也。」又按：貞元十五年冬，韓愈奉建封命朝京師賀新正。翌年春歸徐州，作〈歸彭城〉詩，清人查晚晴，以爲此詩結語連上數句，「蓋因不

滿於建封而發」，則此時之感情有變，故應作於〈歸彭城〉以至朝正之前矣。此書應作貞元十五年底，李翺有書致勸，曾預言將至徐會面，考之韓氏書中所表現的久別懽喜的心情，此說較合理。今繫貞元十五年冬。

（十三）〈獲麟解〉（《韓集》卷十二）

屈、張繫於貞元十七年，黃繫於貞元十六年。

屈據方崧卿云：「李本題云：元和八年（812）麟見東川。疑公因此而作。然李翺嘗書此文以贈陸傪，傪死於貞元十八年（802），則此文非元和間作也。」又引朱熹云：「此文有激而托意之詞，非必爲元和獲麟而作也。」又引王元啓云：「此公不遇時作。李翺嘗書此文以贈陸傪，當在貞元十七年參調無成之歲。」

張亦據方崧卿，云：「李翺此段文字見〈與陸傪書〉（載《全唐文》卷 635），李翺〈陸歙州述〉云：『吾郡陸傪，字公佐，生於卅五十有七年矣。（中略）由侍御史入爲祠部員外郎二年，出刺歙州，卒于道，貞元十八年四月二十八日也。』（同上卷 638）李翺〈與傪書〉當不晚於陸出刺歙州的二月，〈獲麟解〉既已見於翺之書，寫作的時間當早於此。此文有激而托意之詞，不必爲元和七年獲麟之作，當寫於他是冬入長安，授四門博士之前。」

黃於「貞元十六年」條：「是年（？），作〈獲麟解〉。」乃據其業師羅聯添《韓愈研究》之言：「李翺力薦韓愈之文章爲人於陸傪，愈因得知於陸傪。十七年春，韓愈在長安得識陸傪，蓋李翺此書先爲之推薦。」由此知此篇「當作於貞元十七年以前。故系於此年。」

按：此文有兩個觀察點，一爲「有激而作」，朱熹，王元啓，張清華主之。一爲「爲示範寫古文而作」，觀乎李翺〈與陸傪書〉

所云：「……既又思我友韓愈，非茲世之文，古之文也；非茲世之人，古之人也。其詞與其意適，則孟子既沒，亦不見有過於斯者。當其下筆時，如他人疾書寫之，誦其文不過是也。其詞乃能如此。嘗書其一章曰：獲麟解。其他以類知也。」（《李文公集》卷七）則李翱之觀點實贊舉韓愈其文其人為「古之文」、「古之人」。再觀韓李定交在貞元十二年，從李韓「學文」則始於貞元十三汴州時。之後，在汴州時間分別是貞元十五年早春，未幾南游吳越，八月北歸。及貞元十六年春至五月，李這段期間，韓愈皆有可能寫此文，作為「學古文之示範」。惟此三段時間中，貞元十三年，韓在汴州董晉幕下，生活亦可；貞元十五年早春，之後董晉卒，韓從喪至洛，時間上匆促，不可能；貞元十六春韓長安歸徐，而李至徐，四月娶韓弇女，其中有二三月逗留，而韓此時與張建封意不合，五六月被黜，隨韓歸洛；冬，韓至長安，而李携眷返汴州開封故里。此時陸傪徵拜祠部員外郎，李翱因修書以薦。是以十七年春，韓在長安得識陸傪。（《韓愈研究》，頁149-150），由此言之，此書可斷作於貞十七之前即貞元十六年間，情境亦合。

（十四）〈行難〉（《韓集》卷十一）

屈繫於貞元十七年，張繫於貞元十八年。黃無收。

屈云：「文中言明陸傪為祠部員外郎時作。權德輿〈歙州刺史陸君墓誌銘〉云：『（貞元）十六年，徵拜祠部員外郎。』韓愈〈送陸歙州詩序〉云：『貞元十八年二月十八日，祠部員外郎陸君出刺歙州。』則陸傪任祠部員外郎，在貞元十六年至十八年二月之間。貞元十八年春韓愈曾薦士於陸傪，稱『愈之獲幸於左右，其足跡接於門牆之間，陞乎堂而望乎室者，亦將一年于今矣。』

（〈與祠部陸員外書〉），則此文當作於貞元十七年間。」因繫於貞元十七年。

張云：「以公〈與祠部陸員外書〉、〈送陸歙州詩序〉考之，此文當寫於此時。」因繫於貞元十八年。

按：屈說有理據，從之。今繫貞元十七年。

（十五）〈送孟東野序〉（《韓集》卷十九）

屈繫於貞元十七年，張、黃繫於貞元十八年。

屈引方崧卿云：「《呂譜》繫於貞元十九年，此序送孟東野尉溧陽也。考《孟集》有〈乙酉歲獨止待替人〉詩，唐居官以四考爲任，孟赴溧陽，當在貞元之辛巳，蓋十七年也。」因繫之於貞元十七年。

張云：「孟郊授溧陽縣尉，韓愈送行，寫序爲之鳴不平。」并繫之於貞元十八年，張論云：「據韓愈〈貞曜先生墓志〉：『從進士試，既得，即去。間四年，又命來選，爲溧陽尉。』孟郊貞元十二年第進士，間四年，則爲十七年。〈祭十二郎文〉：『去年孟東野往』云云，此文於貞元十九年，則孟郊是十八年赴溧陽任的。韓愈〈與陳給事書〉寫於貞元十九年貶陽山前，上云：『送孟郊序一首，生紙寫，不加裝飾，皆有揩字注字處。』〈序〉爲送孟赴任而寫，知其作於十八年。華忱之〈孟郊年譜〉云：『貞元十九年癸未，韓愈有〈送孟東野序〉。』《呂譜》云：『貞元十九年癸未，是年拜監察御史，坐言事，貶連州陽山令。時有〈送浮圖文暢〉、〈孟東野序〉。』而〈送孟東野序〉注云：『此序呂汲公以爲是年作。』即華之所據。《華譜》在繫孟郊〈溧陽秋霽詩〉時，則說：此詩『疑即爲貞元十七、八年間任溧陽尉時罰俸後所作。』這就產生了矛盾。既然孟十七、八年已在溧陽，而

送序又爲韓愈用『東野之役於江南也，有若不釋然者，故吾道其命於天以解之。』當繫十八年爲宜。」

　　黃引《校注五》〈祭十二郎文〉：「去年孟東野往，吾書與汝。」注云：「蓋貞元十八年有〈送東野序〉。」論云：「案華忱之《孟郊年譜》：十七年孟郊爲代溧陽假尉，……而韓愈貞元十九年作〈祭十二郎文〉中『東野之使者』云云，知東野使使者往長安報老成之死。文中有『去年東野往』句，可知當在十八年東野嘗至京師而歸江南，故有此序以送之。且寄書遺老成。」因而繫此文於十八年。

　　按：此文繫年試論如下：

　　東野「不釋然」的時間：他之任官溧陽縣尉，據《呂譜》、《華譜》皆爲貞元十六年選授，十七年調代溧陽假尉，至二十年辭職，奉母歸湖州。若以〈序〉所云：「東野之役於江南也，有若不釋然者」而論，則應爲貞元十七年調代溧陽假尉之後至二十年辭職這段時間。

　　據《呂譜》、《華譜》及寫於貞元十九年貶陽山前之〈與陳給事書〉，則爲貞元十九年所作。

　　屈繫貞元十七年是據《呂譜》，並言：「此序送孟東野尉溧陽」。即指此係初任官溧陽尉時之作，雖然溧陽尉是小官，東野可能感到大才小用，總比無官做來得好，以人情論，應是心情愉悅的。與「不釋然」三字無法符合。故可排除。

　　張據《華譜》繫孟郊〈溧陽秋霽詩〉疑爲「貞元十七、八年任溧陽尉時罰俸後所作」而認爲韓氏之「不釋然」在此，故繫十八年。

　　黃則據作于貞元十九年之〈祭十二郎文〉中「去年東野往」句而認爲「十八年東野嘗至京師而歸江南，故有此序以送之」。

以諸說言之，黃據〈祭十二郎文〉「去年東野往」而繫於貞元十八年，其說較長。

（十六-十七）〈歐陽生哀辭〉、〈題哀辭後〉（《韓集》卷二十二）

此二文乃同時作。屈及黃繫於貞元十七年，張繫於貞元十八年。

屈云：「文中述及貞元十五年冬，歐陽詹擬舉韓愈為國子博士，則此文為其後所作。貞元十七年冬，韓愈始為四門博士，此文既未及此事，當作於此前。據此，此文或作於貞元十六年至十七年冬之間。」故繫之於十七年。

黃於「貞元十七年」條下云：「是年（？），歐陽詹因太原妓之卒，悲慟不食而死。韓愈作〈歐陽生哀辭〉及〈題哀辭後〉。」論云：「案歐陽詹因太原歌妓之死，殉情以終，關於歐陽詹遊太原年月及其卒年，《韓愈研究》考之甚詳。據之：貞元十六年秋，歐陽詹遊太原與妓交往，之後，詹驅馬歸京，不克如約往迎，太原妓因憂念而死。詹得其髮髻，不食涉旬而歿，估計其時日，當有數月之久。詹之卒，殆不出貞元十七年，故繫於此年。」

張說：「歐陽詹……貞元八年進士及第，十四年登博士宏辭科，授國子監四門助教。十五年春，向時宰鄭餘慶上書，（略）因未獲答復，心中鬱悶，于是年夏游太原。（略）歐陽詹此次游太原寫有〈咏德上太原李尚書〉、〈和嚴長官秋日登太原龍興寺閣野望〉、〈和太原鄭中丞登龍興寺閣〉、〈太原和嚴長官八月十五日夜西山童子上方玩月寄中丞少尹〉、〈陪太原鄭行軍中丞登汾上閣中丞詩〉，……李尚書即李說，……鄭行軍中丞即鄭儋。……嚴長官，即嚴授。……從兩《唐書》提供的史料看，李說、鄭儋、嚴授同在太原的時間，只可能是貞元十六年秋。時李

說雖病而當在太原任職；鄭儋雖代總軍政之事，然衡仍為軍司馬。嚴授已在太原，尚無受司馬之職，時稱其為長官，疑在于此。時在太原能陪同歐陽詹登臨游賞者是鄭、嚴二人，沒有李說，而詹〈咏德上太原李尚書〉詩，只咏李說軍政功績，可見此時重病難以理事。所以，詹這次游太原後而狎太原妓，只能在貞元十六年五月至八九月。在太原期間他還寫了一首〈太原旅懷呈薛十八侍御齊十二奉札〉，以『䤚口百家周，賃屋三月餘』；『眼見寒序臻，生送秋光除』，說他在太原歷時三個多月，離開太原回長安已經是秋光天寒了。他回太原後因事未馬上去接太原妓，并且還參加了十七年的朝正。不料太原妓卻鍾情抑鬱而卒。當歐陽詹差人去接時，回報的卻是一縷言情的頭髮。詹也因此而死。對於他的死，孟簡說他授髮後，涉旬而死；也有說他不久即死的。由此觀之，他從太原回長安後時間不長就死去了。所以，定歐陽詹卒年在貞元十七、八年間，大體可信。如此說合理，那末，韓愈的〈歐陽生哀辭〉，〈題哀辭後〉，當寫於是時，故繫於此。」

按：羅聯添《韓愈研究》，有一章節考究歐陽詹。考訂「詹之卒，殆不出貞元十七年」，則此文當作於是年。至〈題哀辭後〉，據《校注》引何焯之言：「此專為孟簡誤信穆玄道之語，有為太原妓慟怨而歿之謗。又以其事不足辨，故但自明其不苟譽，則毀者之非實可見矣。」則亦作於是年，故一併繫入貞元十七年。

（十八）〈答陳生書〉（陳師錫）（《韓集》卷十六）

屈繫於貞元十八年，張繫於元和三年，黃無收。

屈引方崧卿云：「師錫。名以《蜀本》校。《文錄》亦作「陳師錫」。監本以『師錫』為『陳商』，（以『圖南』為『師錫』），誤也。貞元十（原注文無『十』字，今據上下文意補之）八（802）、

九年公爲博士日作。陳蓋學文於公者。此書云：『誠將學於太學，愈猶守是說而竢見焉。』公時爲博士故也。」又說：「陳師錫，事迹不詳。」

張繫此書於元和三年，云：「陳生，名商，字聖述。元和九年進士。從書中所寫投書寄詩，求速化之術（中略），韓愈時正爲博士，當在是年。」

按：據《五百家注昌黎文集》卷16題注：「韓醇曰：『陳生或云名商，或云名師錫。以書求速化之術於公，公以待己以信，事親以誠，而告之，此與子張學干祿，孔子告之以：言寡尤、行寡悔之說，無異君子之言，自眾人視之，雖若迂闊而理實如此。』方成珪《詩文年譜》「貞元十八年」條下云：「以篇末『學於太學』句，定爲是年作。」張誤陳商爲陳師錫。而陳商另有其人，韓有〈答陳商書〉，在《韓集》卷18。今繫貞元十八年。

又按：方崧卿繫此書於「貞元八、九年公爲博士日作。」原文無「十」字，應爲補上。

（十九）〈禘祫議〉（《韓集》卷十四）

屈、張繫於貞元十九年，黃繫於貞元十七年。

屈據孫汝聽云：「時貞元十八年。」又據沈欽韓云：「案《會要》則貞元十九年三月也。」是年三月壬子朔，則十六日爲丁卯。又據《舊唐書・德宗紀下》：「貞元十九年三月丁卯，以今年孟夏禘饗，前議太祖、懿、獻之位未決，至此禘祭，方正太祖東向之位，已下列序昭穆。其獻祖、懿祖祔於德明、興聖之廟，每禘祫年就本室饗之。」辨曰：「正與此文合，故作十九年是也。」

張據〈禘祫議〉云：「右今月十六日敕旨，宜令百僚議，限五日內聞奏者，將仕郎守國子監四門博士臣韓愈謹獻。」指出：

「所謂今月十六日,正是十九年三月十六日。」又據《舊唐書・德宗紀下》:「十九年三月丁卯,以今年孟夏禘饗,前議太祖、懿、獻之位未決,……每禘祫年就本室饗之。」指出:「丁卯正是三月十六日。韓之參與議禘祫,當在三月十六日詔下後。」又據方崧卿〈增考〉曰:「公議禘祫,《新史・禮樂志》及〈陳京傳〉並見,但傳文稍詳。然〈京傳〉載初集議實在貞元十七年,公議與韋武、陸淳等議並列於後,至十九年遂定從王紹等議。故今公議狀首載云:『今月十六日敕旨,宜令百僚議,限五日內聞奏。』則是首議之日有此旨也。是公除博士蓋在十七年也。洪、樊二譜以爲初除在十八年,誤矣。詳見洪譜。」張指出:「云韓愈授任博士之初在貞元十七年,是。說韓愈議禘祫在十七年則誤矣。」辨云:「據《新唐書・禮樂志三》及〈儒學・陳京傳〉載,這次議禘祫開始于建中二年,陳京首議,繼有顏真卿議,左庶子李巘等七人議,禮部侍郎柳冕等十二人議,司勳員外郎裴樞等人議,左僕射姚南仲等獻議五十七封,尚書王紹等五十五人議。韓愈所排五說,即以上諸人所議,而與韓愈合者唯真卿之議。最後詔從王紹等議。韓愈參與的是十九年三月十六日後詔敕百僚之議,非十七年也。」又考證云:「經詳查貞元十七年不僅三月無丁卯日,十八年三月也無丁卯日,而十九年三月丁卯日,正是詔下的日子。與韓愈〈禘祫議〉始云:『今月十六日』正合,故韓愈議在貞元十九年三月詔下之後,初夏之前。方崧卿再三強調爲十七年之說是錯誤的。」

黃於「貞元十七年」條下云:「秋或多,除四門博士。任四門博士後,獻〈議禘祫〉。」黃據〈禘祫議〉、《新書卷200陳京傳》、《新書十三・禮樂志》及《韓文公歷官記》,指出:「雖《新書・陳京傳》不記年號,而與《新書・禮樂志》貞元十七年

下記之諸議者之職官及人名來互參，可知韓愈此議亦在貞元十七年諸議中。」

按：有關論述，已詳屈、張，貞元十九年之說，可從。至於張考證謂：「貞元十七、八年無丁卯日」，不確。按平岡武夫《唐代的曆》，貞元十七年辛巳三月癸亥朔，十六日戊寅，初五日丁卯；貞元十八年壬午三月，丁巳朔，十六日壬申，十一日丁卯；貞元十九年癸未，壬子朔，十六日丁卯。另高步瀛據《通典》、《會要》、《新舊唐書》所載考之，亦謂「退之此議當在貞元十九年。」（《唐宋文舉要》甲編卷二）

（二十）〈訟風伯〉（《韓集》卷十二）

屈繫貞元十九年，黃無收，張無繫年。

屈引樊汝霖云：「德宗貞元十九年（803）正月不雨，至七月甲戌（二十六日）始雨。公時為四門博士，作此專以刺權臣裴延齡、李齊運、李寔等壅蔽聰明，不顧旱饑，專於誅求，使人君恩澤不得下流，如風吹雲而雨澤不得墜。是年多公拜御史，竟以言旱饑謫山陽（按：應為「陽山」）令。」又引沈欽韓云：「此貞元十九年官御史時作。指李寔之徒也。案：裴延齡、李齊運皆於貞元十二年卒，舊注混引。」因繫於貞元十九年。

按：此詩方崧卿「無繫年」，方成珪繫於貞元十九年，注引「樊澤之謂是年官四門博士作。」是年，韓愈有〈御史臺上論天旱人饑狀〉，連繫而觀，樊說可從，繫貞元十九年為是。

（二十一）〈送王秀才序〉（王含）（《韓集》卷二十）

屈繫於貞元十九年，張無繫年，黃無收。

屈引方崧卿云：「《文苑》（卷731）作〈送進士王含序〉，

王之名『含』得於此也。貞元十八、九年作。」又據樊汝霖、文讜皆云:「含,元和八年(813)進士。」故繫於貞元十九年。

按:此文方成珪〈年譜〉列「無年考」。諸家無繫年,惟方崧卿《舉正》繫貞元十八、九年、〈年表〉無繫。今按韓氏任職四門博士在貞元十八年春至十九年七月,文中言:「今子之來見我也無所挾,吾猶將張之,況文與行不失其世守。渾然端且厚,惜乎吾力不能振之,而其言不見信於世也。」一方面既贊美王含「文行不失世守,渾然端厚」,只惜其力「不能振之」,這是韓氏官小位微之證,繫於四門博士時,近是。今繫貞元十九年。

(二十二)〈送董邵南序〉(《韓集》卷二十)

屈繫於貞元十九年,張繫於元和二年,黃無收。

方世舉云:「〈送董邵南序〉當在憲宗之世,故云『明天子在上,凡昔時屠狗者,皆可出而仕矣。』」

方成珪曰:「公(貞元)十五年(799)有〈嗟哉董生行〉,時邵南猶未應舉也。此云『舉進士,連不得志於有司』,自是十八九年所作,姑附于此。」

屈「姑從方成珪說」,繫於貞元十九年。

張因方成珪之言,論云:「案序裡未明作時,然以邵南十五年尚未應試,若以十六年以後來京應試,而序云:『董生舉進士,連不得志於有司,懷抱利器,鬱鬱適茲土,吾知其必有合也。』從邵南要往河北投藩鎮的形勢看,序應作於元和年間。至少當在元和二年以後,姑繫此。」

按:此文之觀察點在於:「董生應舉進士,連不得志於有司」,究在何時?有兩說:(一)、在貞元十八、九年。(二)、在元和二年以後。前者方成珪主之,論據是韓氏作〈嗟哉董生行〉在

貞元十五年之後，舉進士「連不得志於有司」，於是以爲是「十八九年所作」；後者，張主之。論據是「明天子在上」的「明天子」，當在「憲宗之世」。

　　試觀〈嗟哉董生行〉一詩云：「唐貞元時，縣人董生召南隱居行義於其中。刺史不能薦，天子不聞名聲。爵祿不及門，門外惟有吏，日來徵租更索錢。嗟哉董生，朝出耕，夜歸讀古人書，盡日不得息。或山于樵，或水于漁。入廚具甘旨，上堂問起居。父母不慼慼，妻子不咨咨。嗟哉董生孝且慈。」以此而觀，則董生家境清寒，經濟仍可，雖有「日來徵租及索錢」之吏未至急於求仕以維生的地步。故貞元十八、九年游燕趙求仕之說，可以排除。至於由貞元十九年（799）至元和二年（807）相隔八年之後，經濟情境則又不同，求仕態度開始改變，乃有可能。

　　至於韓愈一面，〈嗟哉董生行〉，文讜云：「此詩之作，當在徐州從事時，蓋薦之於建封也。」由於徐州與壽州相近，「稔聞其行義如此」，故有此作。

　　貞元十七年冬至十九年四月，韓在長安任四門博士，冬拜監察御史，貞元十九年十二月貶陽山，元和元年六月召拜國子博士，還朝。元和二年夏末以國子博子分司洛陽，至元和四年改都官員外郎。

　　以薦士論，貞元十八年韓爲四門博士，有〈與祠部陸員外書〉推薦侯喜等十人，其中尉遲汾等四人登第。元和元年爲孟郊作〈薦士〉詩，薦之於太子賓客鄭餘慶。其年十一月，鄭餘慶爲河南尹時，鄭辟孟爲水陸轉運從使。元和三年十二月，又有〈與少室山李渤書〉，勸其出山入仕。

　　以此而觀，韓此文之作，以在「貞元十八年、十九年」及「元和二年後」爲有可能。若再依〈嗟哉董生行〉詩中之言，前說排

除，則以後說爲長。

（二十三）〈送區冊序〉（《韓集》卷二十一）

洪興祖《韓子年譜》列於貞元二十年條下。（《韓文類譜卷三》）

方崧卿《舉正》繫於貞元二十一年：「是年春，陽山作。」

方崧卿〈年表〉繫貞元二十一年。

孫汝聽在〈送區冊序〉「歲之初吉」句下，注：「貞元二十一年正月。」

文讜云：「姓區名冊，韓門弟子，廣州人也。貞元十九年，時公貶連州陽山令詩。此云：『待罪於斯且半歲』，貞元二十年也。『歲之初吉』，則二十一年也。」

《東雅堂本昌黎集註》題下注云：「貞元十九年冬，公自御史出爲陽山令，此序在陽山作。其曰：『歲初吉』，當在明年正月也。」

方成珪《詩文年譜》繫貞元二十一年。

《韓昌黎文集校注》題下注曰：「此序在陽山作。其曰『歲初吉』，當在明年正月也。」（卷四）

屈繫於永貞元年。

黃繫於貞元二十年，係據注云：「此序在陽山作。其曰：『歲初吉』，當在明年正月也。」

張繫於貞元二十一年，引序：「歲之初吉，歸拜其親，酒壺既傾，序以送別。」云：「知是年歲首區冊離陽山，韓愈爲其置酒送行，作此序。」

按：此詩系年有三說：貞元二十年，洪興祖、黃主之；貞元二十一年，孫汝聽、文讜、方崧卿、方成珪主之；永貞元年，屈主之。

繫貞元二十年之誤，係據《東雅堂本昌黎集註》題下注云：

「貞元十九年冬，公自御史出爲陽山令，此序在陽山作。其曰：
『歲初吉』，當年明年正月也。」（卷21）遂誤以作序時在貞元
二十年，方成珪已指出其謬，其《箋正》卷21云：「按公寄三翰
林詩云：『商山季冬月，冰凍絕行輈，春風洞庭浪，出沒驚孤舟。』
蓋公以十九年冬末貶官，二十年春始到陽山也。序末歲之初吉，
當從《舉正》及孫注作二十一年正月，此注謂十九年之明年，誤
矣。」洪興祖《韓子年譜》繫於貞元二十年條下。（《韓文類譜
卷三》）其誤亦同。至於永貞元年，應指當年八月改元以後。

　　今繫貞元二十一年正月。

（二十四）〈毛穎傳〉（《韓集》卷三十六）

　　此文之寫作時間實難確定，謂其作於元和元年至四年皆有可
能。屈繫於元和二年，張繫於元和四年，黃無收。

　　屈云：「柳宗元〈與楊誨之書〉云：『足下所持韓生〈毛穎
傳〉來。』韓醇注謂柳此書元和五年十月，則韓愈〈毛穎傳〉作
在此前。又柳讀〈韓愈所著毛穎傳後題〉云：『自吾居夷，不與
中州人通書。有來南者，時言韓愈爲〈毛穎傳〉，不能舉其辭，
而獨大笑以爲怪，而吾久不克見。楊子誨之來，始持其書，索而
讀之。若捕龍蛇，博虎豹，急與之角而力不敢暇，信韓子之怪於
文也。』稱『久不克見』則似〈毛穎傳〉作在元和一、二、三年
也，今姑繫在二年。」因繫於元和二年。

　　張據柳宗元〈與楊誨之書〉及〈讀韓愈所著毛穎傳後題〉，
論云：「宗元於順宗永貞元年九月貶邵州刺史，十一月再貶永州
司馬。貶前在長安未見及〈毛穎傳〉，到永州後聽來人所述，始
知有〈毛穎傳〉。又『久不克見』。誨之元和四年七月自京兆尹
貶賀州臨賀尉，經永州，付柳以〈毛穎傳〉。柳讀〈毛穎傳〉應

在此時。再上溯與南來者所述到始見之相距時間爲之推斷,則〈毛穎傳〉的寫作時間當在元和初年爲宜。故暫繫此。更不會後此。」因繫於元和四年。

　　按:此文作年有兩個觀察點:一、貞元十九年前;二、貞元二十年至廿一年;三、元和元年至四年。

　　關於第一點:此時韓柳已有交誼,同在長安,若韓有作,柳必知之,故可排除。

　　關於第二點:韓氏時在陽山,後移江陵,至元和元年春夏仍在江陵。此時,韓氏曾讀書著述,〈毛穎傳〉有可能是此時作。

　　關於第三點:元和元年六月召拜國子博士,還朝。元和二年夏末以國子博士分司洛陽,至元和四年六月改都官員外郎分司洛陽兼判祠部。此時期內,韓氏主要任國子博士,讀書寫作,故作於在此時期的可能性爲高。

　　柳宗元〈讀毛穎傳後題〉云:「自吾居夷,不與中州人通書。有來南者,時言韓愈爲〈毛穎傳〉,不能舉其辭,而獨大笑以爲怪。楊子誨之來,始持其書,索而讀之。」

　　子厚貶於永貞元年九月,先貶邵州刺史,十一月再貶永州司馬。韓、柳二人曾於江陵相晤,彼此無一言及於此文。十二月至永州。至元和四年,始有書與翰林學士蕭俛、李建、京兆尹許孟容等陳情,請除罪移官,「不與中州人通書」指此。此時,「有來南者」言及〈毛穎傳〉,「不能舉其辭,而獨大笑以爲怪」,大概是「來南人」只是閱讀了,而未及謄錄或記誦之故。妻父楊憑元和四年以贓罪貶臨賀尉,其舅楊誨之南來省親,經永州時,使人持其來書因得索而讀之,柳作〈與楊誨之書〉與〈韓愈所著毛穎傳後題〉時爲元和五年十一月,故此文作年當在其前,即在國子博士時任上時;而韓任國子博士時在元和二至四年。今繫元

和四年。

（二十五）〈諱辯〉（《韓集》卷十二）

屈繫於元和四年，張繫於元和六年，黃無收。

方崧卿云：「李賀死於元和十年（815），公分司東都日始識賀，此文當作於元和中年也。」

方成珪《詩文年譜》繫於元和六年（811），云：「長吉〈高軒過〉詩自注：『韓員外愈，皇甫侍御湜見過。因命而作。』當為職方時也。〈諱辯〉亦當作於是年。至十一年，而長吉赴玉樓之召矣。」

屈云：「韓愈元和四年六月為都官員外郎分司東都，五年秋冬為河南令，六年夏秋為職方員外郎歸京。賀〈高軒過〉詩自注謂『韓員外愈』，當謂都官，非職方也。文謂『賀舉進士有名』，應是賀應河南府鄉貢試也（賀有〈河南府試十二月樂詞詩〉）。唐鄉貢進士以每年秋試於州府，冬送京師，似韓愈以四年秋過賀，勸賀舉進士，賀即應河南府試，有名而遭毀，愈乃作此文以辯也。」故繫之於元和四年。

張云：「諸譜皆系五年冬。按賀赴長安，遇爭名者之毀，消息再傳知韓愈，恐已到六年正月；進士之試也在春正二月間。……朱子清《李賀年譜》云：『元和五年庚寅，二十一歲，是年韓愈為河南令。賀應河南府試，作〈十二月樂詞〉獲雋。冬，舉進士入京。或毀賀曰：『父名晉肅，子不得舉進士。』韓愈為作〈諱辯〉，然賀卒不就試，歸。』」因此繫在元和六年。

按：韓愈〈諱辯〉曰：「賀舉進士有名，與賀爭名者毀之曰：『晉父名晉肅，賀不舉進士為是，勸之舉者皆非。』聽者不察也，和而唱之，同然一辭。皇甫湜曰：『若不明白，子與賀且得罪。』」

案唐代規定，應進士舉與就進士試爲兩事。皇甫湜提出，昌黎身爲河南令，是這次鄉貢進士的主考官，對於李賀能否舉進士？有責任說明，否則，他與李賀都有罪，顯然針對前者而言。於是，韓於文中舉「二名不偏諱」及「不諱嫌名」之條，謂「考之於經，質之於律，稽之於國家之典。」賀舉進士，宜可無譏。至於，就進士試方面，鄉貢進士例於十月二十五日集吏部，正月乃就禮部試。李賀於元和五年應河南府試，獲雋，冬應進士舉入京，賀既爲進士，惟未赴禮部，毀之者意在不使就試；至於舉進士，彼輩亦無法如何。（朱自清：《李賀年譜》）而李賀卒不就試，是說不參加正月的禮部試。韓作〈諱辯〉當於其前。今繫元和五年十二月。

（二十六）〈河南府同官記〉（《韓集外集》卷四）

屈、張繫此文於元和五年，黃繫於元和四年。

屈云：「〈記〉謂永貞元年（805）在江陵聞裴均言，後五年並石刻語，則作於元和四（809）五年間，時韓愈爲都官員外郎分司東都。」因繫於元和五年。

張云：「《洪譜》、方崧卿〈年表〉、方成珪《詩文年譜》均繫元和四年。然〈記〉云：『永貞元年，愈自陽山移江陵法曹參軍，獲事河東公。』又云：『既五年，始立石刻其語河南府參軍舍庭中。』永貞改元爲八月，後五年立石，爲元和五年八月。《舊注》在『于是焉，書既五年』句下注云：『謂元和五年也。』立石在此時，而寫文當早于此時，當在八月稍前。」因繫於元和五年。

黃據《校注·外集上卷》此文，謂：「案〈記〉謂永貞元年，後五年，始立石，則應爲元和四年也。」

按：方崧卿《舉正》題下注云：「元和五年作」，又據馬其昶《韓昌黎文集校注・外集上卷》題文下注謂：「〈記〉謂永貞元年，愈自陽山移江陵法曹，獲事河東公，言裴均時節度荊南也。後五年始立石，則元和四年也。」查《東雅堂昌黎集註・外集卷四》題文下注明謂：「則元和五年也」，顯然是馬氏《校注》誤校所致。今繫「元和五年」。

（二十七）〈送幽州李端公序〉（《韓集》卷二十）

屈繫此文於元和五年，張繫於元和四年，黃無收。

屈引方崧卿云：「李端公，李益也，時爲幽州劉濟幕屬。司徒公，濟也。今相國，李藩也。藩以元和四年（809）拜相，此序五年（810）東都作。」又據《舊唐書・韋貫之傳》及權德輿〈幽州節度使劉濟墓誌銘〉，辨云：「是李益佐幽州劉濟幕在元和三年前，則此序之李端公非李益也。」

張據魏本引樊汝霖《譜注》曰：「按天寶十四載，范陽節度使安祿山反，范陽，幽州也。其年歲在乙未，至元和九年（815）甲午，數窮六十，一甲子終矣。公此序元和四年（809）二月以後爲之，故云。」辨曰：「序寫李藩子李益來東都給其父祝壽，時在東都當繫此。」

按：小方《箋正》云：「按李藩以元和四年二月拜相，六年二月罷爲太子詹事。序稱今相國李公，是藩正當軸時，公作此序也。故《舉正》以此序爲東都作。」

李藩，字叔翰。元和元年（806）爲吏部員外郎，四年二月（809）給事中拜相，六年二月（811）罷。（見兩《唐書》本傳、《新書・憲宗紀》、《新唐書・宰相表》）則此序作於元和四年二月後至元和六年二月前，而韓氏元和四年六月十日改都官員外郎分司東

都並判祠部，元和五年多改河南縣令，元和六年夏入朝爲職方員外郎。

李益（748-827？）字君虞，行十，鄭州（今屬河南）人，郡望隴西姑臧（今甘肅武威）。大曆四年（767）登進士第，六年（774）中諷諫主文科，授華州鄭縣尉，遷鄭縣主簿。建中元年（780）爲朔方節度從事，二年（781）府罷。四年（783）中拔萃科，授侍御史。貞元四年（788）爲邠寧節度從事，十二年（796）府罷。十三年（797）爲幽州節度從事，進營田副使。元和元年（809）前後，入朝爲都官郎中，三年（808），以本官充考制策官。約于四年（809）進中書舍人，五年（810）改河南少府，七年（812）任秘書少監兼集賢學士。八年（813）前後，因「感恩知有地，不上望京樓」詩降居散秩，俄復用爲秘書少監。累歷太子右庶子，秘書監，太子賓客，集監學士判院事。十五年（820）任右散騎常侍，太和元年（827）以禮部尚書致仕。此後一二年卒。益詩名卓著，世稱「文章李益」，與李賀齊名。生平見《舊唐書》卷137、《新唐書》卷203本傳、《唐詩記事》卷30、《唐才子傳校箋》卷4。

以李益生年論，元和四年至元和六年間，他進位「中書舍人」、任「河南少府」，是朝廷命官，韓何故稱他「幽州李端公」，無怪屈懷疑另有其人，「此序之本端公非李益也。」

但筆者作以下推測：韓愈知李益曾「入幽州劉濟幕」，又曾「中拔萃科，授侍御史」，故稱他「端公」，「端公者，御史之號」，雖然，以後他已不任「御史」，但時人仍以「端公」稱他。（參拙著〈弔武侍御所畫佛文〉）元和四年，其父李藩已爲相國，新歲之時，回家團聚賀歲向父祝壽，其家即在東都洛陽，當時「東都士大夫莫不拜於門」，韓愈送之以序，藉著他與幽州劉濟的舊

情，期望他向劉濟表達「效忠」王室，「帥河南北之將，歸順朝臣之意。」

重要的是韓文中的一段話：「愈曰：『國家失太平，於今六十年矣。夫十日十二子相配，數窮六十，其將復平，平必自幽州始；亂之所出也。今天子大聖，司徒公勤於禮，庶幾帥先河南北之將，來覲奉職始開元時乎！』」

這番話，李益有無傳達給劉濟？不可知。但據《新唐書・卷212 劉總傳》載：「總性陰賊，尤險譎，已毒父，即領軍政，朝廷不知其姦，故詔嗣節度，封楚國公，進累檢校司空。（中略）及吳元濟、李師道平，承宗憂死，田弘正入鎮州，總失支助，大恐，謀自安。（中略）譚忠復說總曰：『天地之數，合必離，離必合。河北與天下離六十年，數窮必合。往朱泚、希列自立，趙、冀、齊、魏稱王，郡國弄兵，低目相視，可謂危矣，然卒於無事。元和以來，劉闢、李錡、田季安、盧從史、齊、蔡之疆，或首于都市，或身爲逐客，皆君自見。今兵駸駸北來，趙人已獻德、棣十二城，助魏破齊，唯燕無一日勞，後世得無事乎？爲君憂之。』總泣且謝，因上疏離奉朝請，且欲割所治爲三。（下略）」

再據魏本引樊《譜注》云：「其後，濟裨將譚忠亦說濟子總曰：『天地之數，合必離，離必合，河北與天下離六十年，數窮必合，今兵駸駸北來，趙人已獻德、隸十二城，助魏破濟，淮燕無一日勞，後世子孫得無事乎？爲君憂之。』總上疏，因願奉朝請，以盧龍軍八州歸於有司。忠說總在元和十四年，其所云數窮必合者，豈用公語邪？何相似也。」樊汝霖發現韓愈文中語與譚忠之語相似，即說明李益曾將此語傳達於劉濟，譚忠亦聽聞。時應爲元和五年（810）七月劉濟死前。十年後雖然劉濟已死，此語仍發生作用。

　　而李益傳此語於劉濟，以元和五年六、七月劉濟死前的一時間爲合理推測。故序文以繫元和五年爲是。

（二十八）〈送溫處士赴河陽軍序〉（《韓集》卷廿一）

　　屈、張繫於元和五年，黃繫元和六年。

　　屈引洪興祖《韓子年譜》「元和六年條」下云：「公有送石洪、溫造〈序〉。唐本云送石在五年，送溫在今年。」又引方崧卿《年譜增考》云：「按公〈烏氏廟碑〉云：元和五年（810）四月，中貴人誘盧從史縛之，壬辰詔用烏公爲河陽節度使。以許孟容〈神道碑〉考之，壬辰，四月二十三也。蓋辟石洪在六月，故曰『鎮河陽之三月』，此時未赦承宗，故曰：『恒山險猶恃』也。然送石與溫二序，疑『只當附之五年。』又引《舉正》云：「石洪溫造，皆以元和五年從烏重胤之辟。」又引方成珪云：「是年冬，公初令河南時作。《洪譜》列之六年，與〈序〉中「未數月」之言不合，方氏《增考》已辨之矣。」

　　張繫元和五年，辯云：「以韓愈序云溫造是在石洪入烏重胤幕數月後由石介紹從戎的，而石洪入幕在六月，未數月，不當超逾半年，時當在是年冬。韓愈已爲河南令之時，這從韓愈序云：『與吾輩二縣之大夫』語可證。」

　　黃於「元和六年辛卯」條下：「今春，又送溫造致河陽軍節度使御史大夫烏重胤幕下。」所據乃《校注》此序，黃辯之云：「案石生，名洪。去歲，曾送之赴河陽軍。留守相公則鄭餘慶也。《校注》云：『前年』語不適也。」（按：其意指「前年」應作「去年」。）

　　按：此序應與〈送石處士序〉合看。〈送石處士序〉既作於元和五年四月，「河陽軍節度御史大夫烏公爲節度之三月」即是

歲之六七月間。「未數月也，以溫生爲才，於是以石生爲媒，以禮爲羅，又羅而致之幕下」，「留守相公首爲四韻詩，歌其事，愈因推其意而序之」，故關鍵是「未數月」一句，若不超逾半年，則當在是年冬。大方、小方俱已辯正，屈、張之繫五年乃從此語。黃則據《校注》題下《舊注》，把「公前年送石洪，今送造」，易爲「前年送石，今送造」，故繫六年，乃從此路。惟「公時爲河南令」句亦很重要，韓愈任官河南縣令由元和五年冬至六年夏。按「不數月」之數，是約舉之詞，義爲幾。如「數口之家，可以無饑矣。」（《孟子‧梁惠王》）「拾遺曾奉數行書」（杜甫《酬嚴公詩》），則「數月」可由四月至八月。故此，誠如方崧卿《增考》所云：「或辟命在去冬，而春首行，然實無所考也。」今依題注，繫元和六年。

（二十九）〈唐河中府法曹張君墓碣銘〉（《韓集》卷二十五）

屈、黃均繫此於元和五年，而張則繫於元和四年。

屈據〈銘〉云：「張圓死在元和四年（809）八月壬辰（十九日），葬以五年二月（或爲「三月」之誤）」，論稱：「則〈誌〉作在四年冬或五年春，時韓愈爲都官員外郎分司東都。」故繫於元和五年。

黃於「元和五年庚寅」條下云：「河中府法曹張圓，逢盜死途中，其妻乞銘於韓愈，故爲作墓碣銘。」

張據〈銘〉文云：「知此文寫作時間在圓死後，安葬前一定時間，故定于是年末爲宜。」又云：「方成珪《詩文年譜》等繫下年，不如繫此爲符合實情。」因繫元和四年。

按：張圓死於元和四年八月，死於汴城西雙丘，葬河南偃師。

其妻就其夫生前之言，乞銘於韓氏，以爲不朽。時韓氏任都官員外郎分司東都。張圓由死至歸葬，中間有許多事要處理，待得安頓下來，心情平伏之後憶及先夫遺言，而請銘之時，應在年底或翌年初。待葬之日，「抱嬰兒來」乞銘於韓氏，「愈既哭弔辭」，韓氏一聽之後，而哭弔，哭弔之後，即「敘次其族世銘字事始終而銘」，故此篇的寫作時間非常之短，「既辭而遂敘其事，蓋一辭而許，所謂禮辭者也。」有可能是即日寫就，或翌日寫就，時間約在元和五年二月（或三月）歸葬河南偃師之時。

　　此篇之作，時間在元和四年多至元和五年春之間皆有可能。惟以喪事的繁瑣而言，以元和五年春之說較長。再以元和五年二月廿四日葬，其妻乞銘於韓氏而言，則繫此時爲宜。

（三十）〈代張籍答李浙東書〉（《韓集》卷十六）

　　屈、黃繫此文於元六，張無繫年。

　　屈引方崧卿云：「考《舊傳》，遜以元和五年（810）刺浙東，九年（814）召還。此書六、七年間作也。」又引韓醇云：「中丞名遜，字友道，荊州石首人。元和五年八月，以遜兼御史中丞，充浙東觀察使。張籍時爲太常寺太祝，病眼京師，公於是代之爲書上遜。」又據《舊唐書・憲宗紀》：「元和五年八月，以常州刺史李遜爲越州刺史，浙東觀察使。」又引方成珪云：「李遜以是年八月爲浙東觀察使，〈書〉即其年作。」屈因辯之云：「文中有『近者閣下從事李協律翱到京師』句，孫汝聽注謂李翱到京師爲元和六年，當即有據，宜從之。」因繫於元和六年。

　　黃於「元和六年辛卯」條下云：「浙東觀察判官李翱以事至京師，晤張籍、韓愈」，「張籍在長安爲太常寺太祝，病目窮困，韓愈代作書與浙東觀察使李遜，冀其擢用」，「八月，李翱自京

師歸浙東」，論云：此書「當由李翺攜致。」

　　按：此文繫年無論爭。按羅聯添《李翺年譜》亦繫此書於元和六年。

（三十一）〈答渝州李使君書〉（《韓集》卷一八）

　　屈繫此文於元和六年，張無繫年，黃無收。

　　屈引方崧卿云：「《蜀本》注「方古」二字。方古，貞元十二年（796）進士。」又引王元啓云：「此書《洪譜》不載，今考篇中有『重敘河南事跡』一語，疑李亦嘗令河南，被屈無以自明，故因公令河南，敘其事以相告，當是元和五（810）、六年作。」

　　按：此文大方無繫年，小方列「無年考」。三家中只有屈繫於元六，其餘兩家，或「無繫年」或「無收」。

　　又按：王元啓繫於「元和五、六年」，當亦有其理由。而屈則訂爲元六，大概因爲韓愈任河南縣令由元和五年多至元和六年夏，元和六年比元和五年時間長之故。

（三十二）〈答楊子書〉（《韓集》卷十五）

　　屈繫此書於元和六年，張、黃皆繫之貞元十七年。

　　方崧卿云：「按此書是答楊敬之，凌之子也。貞元十七年（801）作。」

　　王元啓云：「《舊注》十七年之說，他無考據，蓋由臆說。時公年止三十有四，何遽自稱爲『老者』？書云：『比於東都，略見顏色』，蓋指爲都官郎分司東都之日，『到城已來』，則由河南令遷職方郎，復入都城時也。是爲元和六年，公年四十有四，將近始衰，故可言老。」

　　方成珪云：「此書之作，王惺齋謂元和六年爲職方郎時，其

說良是。《洪譜》元和六年公有〈醉留東野詩〉，次年有〈和崔
舍人詠月二十韻〉，書中所謂『平昌孟東野』、『崔大敦詩』，
正相往還。」

屈於是據王元啓及方成珪繫於元和六年。

張引韓愈此書云：「若僕者，守一官且不足以修理，況如是
重任邪？」認為此一官當指所任四門博士，因繫於貞元十七年。

黃於「貞元十七年」條下云：「秋或多，除四門博士。得楊敬
之之書，有〈答楊子書〉。」引《舊注》云：「此書答楊敬之，凌
之子也。……此書貞元十七年作。」又據《韓愈研究》云：「此書
貞元十七年秋多，韓愈入京為四門博士以後作。據首所云：『比
於東都，略見顏色。……』知韓愈以貞元十六、七年在洛陽初晤
敬之。」因繫於貞十七年。

按：此文繫年有二說：一、貞元十七年，《舊注》主之；二、
元和六年，王元啓主之。王元啓認為「公年止三十有四，何遽自
稱『老者』」於是認為是於元和六年，韓氏任「河南令遷職方郎」
之時，由「三十四」歲延至「四十四」歲。試觀〈祭十二郎文〉：
「吾自今年來，蒼蒼者或化而為白，動搖者或脫而落矣，毛血日
益衰，志氣日益微。」時為貞元十九年，則韓氏在此二年前自稱
為「老者」，未嘗不可。

再按：羅聯添《韓愈研究》「楊敬之」條下，亦謂：「此書
貞元十七年秋多韓愈入京為四門博士作。」故繫貞元十七年為是。

（三十三）〈答陳商書〉（《韓集》卷一八）

屈繫此文於元和七年，張繫於元和三年，黃無收。

屈引方崧卿云：「商，元和九年（814）進士。《唐志》（《新
唐書‧藝文志》）有集十七卷。此書未第日所答也。」又引沈欽

韓云：「《江南通志》：『陳商字述聖，太平府繁昌縣人。』《摭言》（卷三）：『會昌三年（843），諫議大夫陳商權知貢舉。』又云：『會昌六年，陳商主文以延英對，見辭不稱旨，改稱王起。』」又引王元啓云：「此文，商未第前，公爲國子博士時作。」屈論云：「韓愈爲國子博士在元和七年（812）二月至八年三月。」因繫於元和七年。

　　張在元和三年之〈答陳生書〉下云：「陳生，名商，字聖述，元和九年進士。從書中所寫投書寄詩，求速化之術，汲汲于科名看，時陳商未中進士，而將學于太學，韓愈時正爲博士，當在是年，下年則爲都官員外郎矣。」

　　按：《韓集》有兩篇文章，易於混淆的。一爲〈答陳生書〉、一爲〈答陳商書〉，前書是答陳師錫，方崧卿《舉正》篇名下有「師錫」二字，云：「陳李二生之名以《蜀本》校。《文錄》亦作『陳師錫』。監本以『師錫』爲『陳商』，以圖南爲師錫，誤也。貞元十（按：原注文無「十」字，今據上下文理補入）八、九年公爲博士日作。」陳師錫，事迹不詳。至後書所答之陳商，字述聖。生平資料見上引方崧卿、沈欽韓之說。

　　如今，但看張論〈答陳生書〉，云陳生即陳商，又謂「求速化之術」云云，則顯然是指陳師錫卻混於陳商。而〈答陳生書〉（《韓集》卷16）繫於元和三年，亦誤，大方《舉正》已詳辯之，應繫於貞元十八年爲是。又按：據《五百家注昌黎全集》（卷18）題下〈集注〉云：「商元和九年前進士。會昌五年爲侍郎，與貢舉。此書乃商未第前，以文求益於公，而公爲國子先生時作也。」查韓氏任國子博士時爲元和七年二月至元和八年三月。以時間長短言，以元和七年爲長。今繫元和七年。

（三十四）〈唐銀青光祿大夫守左散騎常侍致仕上柱國襄陽郡王平陽路公神道碑銘〉（《韓集》卷廿六）

屈、黃均繫於元和七年，而張則繫於元和六年。

方崧卿云：「石本首題云：『大唐銀青光祿大夫守左散騎常侍致仕上柱國襄陽郡王平陽路公神道碑銘，朝議郎守國子博士上騎都尉韓愈撰，……』，末云：『元和七年（812）歲次壬辰十月景（唐諱丙，字作景）戌朔十五日庚寅建。』」

屈論云：「按是月丙戌朔，庚寅爲五日，庚子爲十五日，疑書衍『十』字，或『庚寅』爲『庚子』書誤。」因繫於元和七年。

黃引題注云：「石本其首云：『朝議郎守國子博士上騎都尉韓愈撰……』後云：『元和七年歲次壬辰十月丙子朔十五日庚寅建云。』可以補刊本之闕。」又稱：「案銘末云『博士是銘』，《校注》蓋是。故從之。」因繫於元和七年。

張云：「路公名應，字從眾，元和六年九月十五日，卒於京都正平里府第，年六十七。七年葬京兆萬年縣少陵原，夫人滎陽鄭氏祔，寫於是年末。」因繫於元和六年。

按：大方、屈、黃之說有根據。路應既葬於七年，墓碑建於七年十月，《碑銘》之作，仍以葬日爲準，今繫元和七年。

（三十五）〈祭左司李員外太夫人文〉（《韓集》卷二十二）

屈繫於元和九年，張繫於元和六年。黃無收此文。

屈引韓醇云：「謂與其子同僚，必公爲職方員外郎時也。」論云：「按元和六年秋，韓愈由河南令轉職方員外郎歸京，七年二月坐事降爲國子博士。職子（按：疑爲方之誤）屬兵部，兵部

隸左司（按：疑爲右司之誤）。考韓愈元和九年、十年爲考功郎中，史館修撰，考功屬吏部，吏郎隸左司，文稱『同服官僚』，則當在元和九年、十年也，今姑繫於九年。」

張據《魏本》引韓醇《全解》曰：「謂與其子同僚，必公爲職方員外郎時也。」因繫於元和六年。

按：本文繫年之觀察點有二：一、左司；二、員外。據《新唐書·百官志》：「唐尚書置左、右司，總六部事。左司由左丞主之，總吏部、戶部、禮部十二司。右司由右丞主之，總兵部、刑部、工部十二司。各置郎中一人（從五品上）、員外郎一人（從六品上），爲丞之貳。」文中韓氏既言：「某等幸隨令子，同服官僚」，以下試以韓氏任於左司爲員外或郎中之官職以爲考察。由元和四年至十年，韓氏先後官職及其所屬左右司爲：都官員外郎（刑部，右司）、職方員外郎（兵部、右司）、比部郎中（刑部，右司）、考功郎中（吏部，左司），經此比較，韓氏任職於左司與其「同服官僚」只有「考功郎中」之時，則作於元和九年至十年皆有可能。

（三十六）〈答劉正夫書〉（《韓集》卷十八）

屈繫於元和十年，張繫於元和七年，黃無收此文。

方崧卿云：「閣與杭本作『正夫』，《蜀》作『齒夫』，此書謂『賢尊給事』者，劉伯芻也。伯芻三子，寬夫、端夫、嚴夫。嚴夫第於元和十年，端夫十一年。蜀本以劉三子無名正夫者，刊作齒夫，然又安知端夫不先名正夫邪？姑從舊本。此書作於十年間。」屈據其說繫於元和十年。

魏本引樊汝霖《譜注》：「正夫或作岩夫。書云：愈于足下忝同道而先進者，又嘗同游于賢尊給事。給事，劉伯芻也。公詩

有〈和虢州劉給事使君新題二十一咏〉，即其人。伯芻三子：寬夫、端夫、岩夫。岩夫，字子耕，登元和十年進士第。」

《舊唐書‧憲宗紀上》：「六年正月丙申，敕諫議大夫孟簡、給事中劉伯芻、工部侍郎歸登、右補闕蕭俛等于豐泉寺翻譯〈大乘本生心地觀音經〉。」

張云：「《舊唐書‧孟簡傳》同。時愈正與伯芻游，而正夫問文，亦當公在博士任上。縷析比對時事，當寫於元和七年。此書是公論文的重要文章。」因繫於元和七年。

按：據《校注》文題下注：「正，或作齒。此書謂賢尊給事者劉伯芻也。伯芻三子：寬夫、端夫、巖夫，無名正夫者，故蜀本刊作齒，豈正夫即齒夫邪？今且從舊。」又據《樊譜》云：「正夫或作岩夫」，岩夫同巖夫；再查《唐登科記考》卷十八，巖夫元和十年登進士第，書中首句「愈白進士劉君足下」，明是寫於劉中進士之後，即元和十年。

（三十七）〈論淮西事宜狀〉（《韓集》四十卷）

屈、張繫於元和十一年，黃繫於元和十年。

方崧卿指此文：「元和十年作。」

《樊譜》云：「（韓愈）元和十一年正月二十日拜中書舍人，五月十八日坐廷議伐蔡與執政意忤，以它事降太子右庶子。見本傳及《憲宗實錄》。」

屈論云：「廷議伐蔡，當即此狀也。」因繫元和十一年。

張歷引李翱〈韓公行狀〉、皇甫湜〈韓文公神道碑〉、程俱《韓文公歷官記》、《新舊書‧韓愈傳》，辯云：「元和九年『淮西節度使吳少陽卒，其子元濟匿喪，自總兵柄，乃焚劫舞陽等四縣』，十年正月，制削奪吳元濟在身官爵。而韓愈〈狀〉云：『自

少陽疾病，去年春夏已來，圖爲今日之事。』當指唐軍與吳元濟戰及裴度視師事。今日則指今年的元和十一年。又云：『臣謬承恩寵，獲掌綸誥。地親職重，不同庶寮，輒竭愚誠，以效裨補。』正指爲中書舍人時而上此〈狀〉，與〈狀〉首所說，十、十一年形勢正合。」因繫之於元和十一年。

黃於「元和十年乙未」條下云：「五月，諸軍討淮西久未有功，憲宗遣中丞裴度詣行營宣慰，察用兵形勢。度還，言淮西必可取之狀，上悅。韓愈有〈論淮西事宜狀〉。」

按：〈狀〉中韓愈云：「臣謬承恩寵，獲掌綸誥，地親職重，不同庶寮，輒謁愚誠，以效裨補。謹條次平賊事宜，一一如後。」查韓愈在元和九年十二月至元和十一年正月十九日以考功郎中知制誥。文中謂「獲掌綸誥」即寫於此時。

再按《通鑑》卷 239「憲宗元和十年」條：考功郎中、知制誥韓愈上言云云，即爲此〈狀〉，時在裴度還朝，言淮西必可取之後。故知此〈狀〉寫於元和十年，五月間。

（三十八）〈唐荊南節度使袁滋先廟碑〉（《韓集》卷二十七）

屈及黃繫於元和十一年，張繫於元和十年。

屈引《資治通鑑》卷二三九云：「元和十一年二月，荊南節度使袁滋父祖墓朗山，請入朝，欲勸上罷兵。行至鄧州，聞蕭俛、錢徽貶官。及見上，更以必克勸之，僅得還鎮。」及〈碑〉云：「袁公滋既成廟，明歲二月，自荊南以旄節朝京師，留六日得壬子春分，率宗親子屬用少牢於三宮。」論云：「既事，請愈爲此碑。則袁滋以蔡州吳元濟反，而其祖墓在蔡州，乃於京師建先廟以祭。其以荊南節度朝京師，即元和十一年二月也。是年二月丁酉朔，壬子爲十六日，則碑作在是月中、下旬。」故繫之於元和

十一年。

黃於「元和十一年」條下云：「二月，爲袁滋作袁氏先廟碑。」所據資料爲此文、《通鑑》卷 239，唐紀十五，元和十一年條，論云：「案此碑當在元和十一年袁滋上京時作。」

張引方成珪《詩文年譜》繫十一年，云：「袁滋以去年立廟京師，是年二月自荊南來朝。」論稱：「按碑文云：『袁公滋既成廟，明歲二月，自荊南以旌節朝京師。』明歲，指十一年，此碑文當成於十年廟成時。」

按：此篇文意，是袁公率宗親子屬祭廟後，既事，退議「必屬篤古而達於詞者」撰文紀德，「遂以命愈」；愈辭不獲，乃有此作，故應寫於元和十一年二月之後。張謂寫於元和十年廟成時，若此，則十年時韓愈焉能預寫明年（十一年）之情事耶？

（三十九）〈爲宰相賀白龜狀〉（《韓集》卷三十八）

屈繫於元和十二年，張及黃繫於元和十一年。

屈云：「《舊唐書。憲宗紀》載：『元和十二年七月，以宰相裴度爲彰義軍節度，充淮西宣慰處置使，統諸道兵伐蔡，韓愈爲其行軍司馬。八月甲申（二十七日）度至行營，十月克蔡州，擒吳元濟以獻。』狀云：『今始入賊地而獲龜』，當作於九月也。」因繫於元和十二年。

張據〈狀〉云：「鄂岳觀察使所進白龜」，因論稱：「明係李道古授鄂岳觀察使後所進。道古此任在十一年。時宰爲李逢吉、韋貫之、裴度。逢吉十一年二月拜相，貫之是年八月罷相。此白龜之進當在二月後八月前。繫十一年爲宜。」

黃於「元和十一年丙申」條下云：「李道古爲鄂岳觀察使，得白龜以獻，有〈爲宰相賀白龜狀〉。」係據《校注》：「元和

十一年，以李道古爲鄂岳觀察使，會平淮西，得白龜以獻。」

　　按：此文繫年有二說：（一）、元和十一年，張、黃主之；（二）、元和十二年，屈主之。前者的觀察點爲「李道古授鄂岳觀察使後所進」，後者的觀察點爲「今始入賊地而獲龜」。

　　查《舊唐書・憲宗紀》，裴度以宰相爲彰義節度，充淮西宣慰處置使，統諸兵代蔡，韓愈爲行軍司馬。八月甲申（二十七日）「裴度至郾城行營，十月克蔡，擒吳元濟。」據羅著《韓愈研究》，當時討淮西諸將有：李光顏、烏重胤、韓公武、李文通、李道古、李愬。

　　再查《校注》卷八本狀「鄂岳觀察使所進白龜」，《舊注》云：「元和十一年，以李道古爲鄂岳觀察使，會平淮西，得白龜以獻。」所謂「會平淮西」即〈狀〉中所言之：「今始入賊地而獲龜」。裴度大軍「始入賊地」應是元和十二年八月甲申（二十七日）以後至十月壬申（十六日）李愬入蔡之前，屈繫於當年九月，近是。

　　至於「元和十一年」說，黃無繫月份，較疏略；張則與李逢吉、韋貫之拜相、罷相連繫而言，殊爲不必。今繫元和十二年。

（四十）〈薦樊宗師狀〉（《韓集》卷三十八）

　　屈繫於元和十二年，張繫於元和十三年，黃繫於元和九年。

　　韓醇云：「宗師字紹述，公薦之屢矣。因東野之葬稱其經營如己，薦之於鄭餘慶，後又薦之於故相袁滋，今又以狀薦於朝，其於朋友，可謂信矣。」

　　方崧卿云：「元和十一、二年作。」

　　屈論云：「鄭餘慶以元和九年（814）三月除山南西道節度使，其辟樊宗師爲副使，當在是年多或明年。十一年十月，權德輿代

鄭餘慶爲節度使。此狀似作在鄭餘慶去鎭後,姑繫在十二年。」

　　張謂:「此狀云:『攝山南西道節度副使朝議郎前檢校水部員外郎兼殿中侍御史賜緋魚袋樊宗師』,又韓愈〈紹述墓志銘〉說他以金部郎中告哀南方,後出爲綿州刺史,一年,征拜左司郎中,又出刺絳州的情況看,此薦當在元和十三年。故暫繫此年。」

　　黃云:「案觀此文知樊宗師已被鄭餘慶辟爲山南節度副使,然何時作此狀則不可考知。」姑繫於「元和九年」。

　　按:此文繫年有四說:(一)元和九年,黃主之;(二)元和十一、二年,方崧卿主之;(三)元和十二年,屈主之;(四)元和十三年,張主之。

　　據《校注》卷八〈薦樊宗歸狀〉,題下《舊注》云:「宗師字紹述,公薦之屢矣。因東野之葬,稱其經營如己,薦之鄭餘慶,後又薦之於故相袁滋,……今又以狀薦於朝,……紹述死,又爲之銘,極所稱道,其於朋友可謂信矣。」

　　查「東野之葬」,事在元和九年(814)八月,據《舊唐書·卷158·鄭餘慶傳》,其年,鄭餘慶,拜檢校右僕射,兼興元尹,充山南西道節度觀察使,奏孟郊爲軍參謀、試大理評事,孟郊携眷赴任,次于閿鄉,八月己亥,以暴疾卒。孟之喪葬,概由樊經營。其後韓馳書於鄭,有〈與鄭相公書〉,文中言及樊宗師,此即「薦之鄭餘慶」也。因此之故,樊遂爲山南西道節度副使,大概是由鄭氏所徵辟;元和十一年十月,鄭任期任滿。之後,由權德輿接任。又據《舊唐書·卷148·權德輿傳》,權德輿以檢校吏部尚書,兼興元尹,充山南西道節度使。因韓氏與權氏亦爲相識。韓氏有無再薦於權氏?不可知。而權德輿卒於元和十三年八月。以此言之,若無再薦,則樊之副使任職到元和十一年十月;若有再薦,則可繼續任職至元和十三年八月。

再查《新唐書・卷 159・樊宗師傳》及韓氏所撰之《南陽樊紹述墓誌》及其內文舊注，樊於「元和十五年正月，憲宗崩，曾以金部郎中告哀南方」，自此之後，「出爲綿州刺史」，「一年，徵拜左司郎中，又出刺絳州」，又「以爲諫議大夫，命且下，遂病以卒。」如此以觀，則樊無官職之時間，可能即在元和十一年十月後或元和十三年八月後這兩段時間，而韓薦狀之寫作亦可能作於此時。再查韓氏的仕履。元和十一年，韓氏五月降爲子右庶子，元和十三年八月韓任刑部侍郎。

按《韓集》，韓薦樊於鄭有書，（《校注》卷三）若薦樊於權氏似不應無書，現既無書薦樊於權氏，則元和十三年八月之說可以排除。

再查《唐會要》卷 82「冬薦」條：「元和七年八月，中書門下奏：『諸州府五品已上大官，替後，委本道觀察使及長吏量其材行幹能，堪獎用者，具人才資歷，每年冬季，一度聞薦。其罷使郎官御史，委中書門下兩省，御史、尚書省常參官，及諸司職事三品已上文官、左右庶子、詹事、諸司少卿監⋯⋯等，每年冬准此聞薦。』從之。」元和十一年十月後，鄭任滿，樊亦離職，韓時爲右庶子，故此以爲「冬薦」。若以上述四說而論，則以元和十一年冬和元和十二年冬說較長。對於「元和九年」說，是年爲韓致書鄭氏之時，不可能在此年；至於「元和十三年」之說，又覺太遠，坐令樊宗師由元和十一年十月後至元和十三年凡一年多時間空白等待，故可以排除。今姑繫元和十一年冬。

（四十一）〈祭柳子厚文〉（《韓集》卷二十三）

屈繫此文於元和十四年，黃無言其年月，張繫此文於元和十五年。

屈云：「柳宗元，字子厚，兩《唐書》有傳，韓愈有〈柳子厚墓誌〉及〈羅池廟碑〉。元和十四年十月卒於柳州刺史任上。連州刺史劉禹錫受託訃告友朋，劉之〈祭柳員外文〉稱：『元和十五年歲次庚子正月朔日』，文云：『退之承命，改收（按：疑為牧之誤）宜陽，亦馳一函，候於便道。』則愈之祭文，作於元和十四年多由潮州刺史移袁州刺吏時也。」因繫於元和十四年。

黃於「元和十四年」條下云：「十一月八日柳宗元卒於柳州，宗元病篤時遺書劉禹錫、韓愈，託以編集撫孤之事。」所據為羅著《柳宗元事蹟繫年》「元和十四年」及《校注》五〈祭柳子厚文〉，但無繫撰作年月。

張於「元和十五年庚子」條下云：「聞柳宗元卒，作〈祭柳子厚文〉以吊，又作〈柳子厚墓志銘〉。」論云：「按《舊唐書·柳宗元傳》宗元卒于元和十四年十月五日。韓愈〈墓志〉云宗元卒于十一月八日（《魏本》作十月五日）。《洪譜》、方崧卿《年譜》、方成珪《詩文年譜》將二文繫是年。《文苑英華》祭文于「維年月日」作「維元和十五年歲次庚子五月壬寅朔五日景午」，方成珪以此定祭文寫于五月五日。〈墓志銘〉也當寫于此時，或稍後。」

按：羅聯添《韓愈研究》「柳宗元」條云：「（元和十四年）十月，韓愈改授袁州刺史。十一月八日柳宗元卒於柳州。宗元病篤時遺書劉禹錫、韓愈，託以編集撫孤之事。元和十五年（820）正月，韓愈至袁州任。五月，宗元喪柩北歸，韓愈有〈祭文〉。七月十日葬之於萬年縣，韓愈為作墓誌。」

再據劉〈祭柳員外文〉：「退之承命，改牧宜陽」係指韓氏量移袁州之事；「候於便道」係指韓氏在柳之靈柩北歸時，在「便道」中等侯以為弔祭，〈祭文〉應寫於是時。故應繫元和十五年五月五日。

（四十二）〈舉韓泰自代狀〉（《韓集》卷三十九）

屈及黃繫於元和十五年，張繫於元和十四年。

屈云：「韓愈以元和十五年二月八日到袁州刺史任，到任三日後上此狀。」故繫於元和十五年。

黃據《校注》云：「公自潮州移刺袁州，舉泰以自代，時元和十五年春也。」故繫元和十五年。

張云：「寫於移袁前。《洪譜》、方崧卿《年譜》、方成珪《詩文年譜》繫十五年不妥。如〈狀〉云：『建中元年正月五日制：常參官及刺史授上訖，三日內舉一人自代者』，韓愈受命在是年十一月底許，上狀不當到十五年。」因繫於元和十四年。

按：此文繫年觀察點在於：對「授上訖」的解釋：一、授官上任後：如屈、黃之說。二、接受皇命之後三日：如張之說。

試以韓愈的五篇〈自代狀〉作為考察，所據文獻為《五百家注昌黎文集》和《東雅堂昌黎集註》：

篇　　名	官位變遷	寫作時間	主其說者
〈舉韓泰自代狀〉	由潮州刺史量移袁州刺史	時守袁州 元和十四年十月己巳（廿四日）因赦改授袁州刺史，聞命在十二月。 按：元和十五年閏正月八日到任	《祝本》小注
〈舉薦張維素狀〉	由袁州召為國子祭酒	時為國子監 元和十五年多 按：元和十五年九月獲授，十月聞新命，十二月歸朝。	《祝本》小注 韓醇
〈舉韋顗自代狀〉	自國子祭酒除兵部侍郎	長慶元年七月 按：文題下注尚書兵部	韓醇

〈舉馬摠自代狀〉	由兵部侍郎遷京兆尹兼御史大夫	長慶三年六月 按：文題下注：京兆尹	孫汝聽
〈舉張正甫自代狀〉	自京兆尹除兵部侍郎	長慶三年十月 按：文題下注：尙書兵部。	韓醇 方崧卿訂作「尙書兵部」云：「十月自京兆除。」

〈舉韓泰自代狀〉、〈舉薦張維素狀〉，據《祝本》小注，皆爲到任後作。其他〈舉韋顗自代狀〉、〈舉馬摠自代狀〉、〈舉張正甫自代狀〉，據韓醇、孫汝聽、方崧卿則作於長慶元年七月、長慶三年六月、十月。其文題下注或作「尙書兵部」、「京兆尹」、「尙書兵部」，皆爲新職。以此而觀，則作「授官到任」解釋爲是。

（四十三）〈舉薦張籍狀〉（《韓集》卷三十九）

屈繫於長慶元年，張及黃繫於元和十五年。

方崧卿云：「長慶元年，任祭酒日作。」

屈據之繫於長慶元年。

張云：「方崧卿《年譜》（按：方崧卿《舉正》、《年表》俱繫於長慶元年，張誤記。）方成珪《詩文年譜》繫是年，謂是年冬爲國子祭酒時作。魏本引韓醇《全解》：『籍字文昌，蘇州吳人。貞元十五年進士。公時爲祭酒，以狀薦籍。籍用是自校書郎除國子博士。』」論云：「案以韓愈是冬所上〈國子監論新注學官牒〉云：『國子監應今新注學官等牒，准今年赦文，委國子祭酒選擇有經藝堪訓導生徒者，以充學官。』據此，韓愈又與籍爲好友，深知其學藝爲人，又憐其官職低微。故而薦之，當在是冬。此薦上後，籍未馬上獲任，然稍後即爲博士。以《舊唐書・張籍傳》可證。」故繫元和十五年。

　　黃據《校注》云：「公時爲國子祭酒，以狀薦籍，藉用是自校書郎除國子博士，元和十五年也。」論云：「案張籍用此狀除爲國子博士在長慶元年，蓋此狀作於元和十五年十二月韓愈初任時。」因繫於元和十五年。

　　按：此文繫年有二說：（一）元和十五年；（二）長慶元年。據《校注》卷八，該文題下注云：「籍字文昌，蘇州吳人，貞元十五年進士。公時爲國子祭酒，以狀薦籍，籍用是自校書郎除國子博士。元和十五年也。」查韓氏元和十五年自袁州刺史召授國子祭酒，回朝時約爲十二月。初任國子祭酒之時，韓氏有〈國子監論新注學官牒〉，即據「今年赦文，委國子祭酒選擇有經藝堪訓生徒者，以充學官」，於是，而有此狀之薦。

　　此狀繫年關鍵點爲，就在「今年赦文」一句。韓氏爲祭酒，由元和十五年九月廿二日至長慶元年七月二十六日，計二年。惟此牒，乃據「今年赦文」提出。是故，「今年赦文」的內容，便是關鍵所在。查穆宗即位，據《唐大詔令集》卷2、卷10，《全唐文》卷66，有三道赦文。元和十五年，二月五日，有〈穆宗即位赦〉；長慶元年正月三日，南郊改元，有〈南郊改元德音〉；長慶元年七月十八日，羣臣上尊號，大赦，有〈長慶元年冊尊號赦〉。再查，此牒既云：「今年赦文，委國子祭酒選擇有經藝堪訓導生徒者，以充學官。」以之比對上述三道赦文，發現第一道無此語句；只有第二道相合，第二道〈南郊改元德音〉謂：「天下諸色人中，有能精通一經堪爲師法者，委國子祭酒訪擇，具以名聞，將加試用。」第三道云：「天下諸色人中，有能精通一經堪爲師法者，委國子祭酒訪擇；其有課績特除，堪任朝獎者，臺員官有闕，宜先選擇。」則爲近似。故知，昌黎係據長慶元年正月三日〈南郊改元德音〉推薦，今繫長慶元年正月。

（四十四）〈請復國子監生徒狀〉（《韓集》卷三十七）

屈及黃繫於長慶元年，張繫於貞元十九年。

方氏《增考年譜》曰：「《洪譜》謂此狀在元和元年。謂《歷官記》恐誤，《樊本》以前後編次考之，作貞元十九年任四門博士日所請。程致道《歷官記》則繫於長慶元年，《洪譜》以爲誤。洪之意，蓋以狀云：『今聖道大明，儒風復振，恐須革正，以贊皇猷』，謂本於憲宗即位也。然以穆宗即位言之，亦無不可。請復《六典》之舊制，非登科人勿擬學官，蓋皆一時事。公前後四官學省，然此二事非祭酒不可，要當以《歷官記》爲正。」

方成珪認同方氏《增考年譜》的說法：「按方氏《舉正》取《洪譜》元和元年之說，及《年譜增考》，則從《歷官記》，蓋《增考》乃晚年定論也。」

屈據小方之說，繫於長慶元年。

黃據羅聯添《韓愈研究》指此文爲「長慶元年國子祭酒時作」。又云：「文有『緣今年舉期已近』句，知今年春作。」故繫於長慶元年。

張論云：「案〈狀〉云：『緣今年舉期已近』語，實爲十九年爲宜。唐時科舉考試規定頭年秋各地舉選貢士，而春正月赴京匯考，公時未罷博士而上狀申奏，與時正合。如爲元和十五年冬，則舉期已過，不得云『舉期已近』。當與〈論今年權停舉選狀〉同時。」因繫於貞元十九年。

按：此文繫年有三說：一、貞元十九年，韓氏任四門博士時作，如《舊注》、《樊本》、張主之；二、元和元年，如《洪譜》、《舉正》主之；三、長慶元年國子祭酒時作。如《程記》、方崧卿《增考年譜》、方成珪等主之。各家似皆有所據。

以內容而論，〈狀〉中所議：請復《六典》之舊制，非登科人勿擬學官，此二事誠如方成珪所言「非祭酒不可」，故一、二兩說排除。

以「舉期已近」句言，鄉貢進士考試在秋月，進士試則在正月，若以貢舉言，是「舉期已過」；若以進士試言，則是「舉期已近」，則此文作于長慶元年正月初。今繫長慶元年。

（四十五）〈國子監論新注學官牒〉（《韓集》卷四十）

屈及黃繫於長慶元年，張繫於元和十五年。

屈云：「方崧卿繫此文於長慶元年。《全唐文》卷六十六穆宗〈南郊改元德音〉：『可大赦天下，改元和十六年爲長慶元年。』此即韓文所謂『今年赦文』。〈南郊改元德音〉：『天下諸色人中，有能精通一經堪爲師法者，委國子祭酒訪擇，具以名聞，將加試用。』此即韓文所謂『委國子祭酒選擇有經藝堪訓導生徒者，以充學官。』則方氏以作於長慶元年爲是。」因繫於長慶元年。

黃據《校注》云：「此疏公爲祭酒時所論，元和十五年也。然此文有『今年赦文，委國子祭酒選擇有經藝堪訓導生徒者，以充學官』。《登科記考》十九『長慶元年』：『正月，（略）大赦改元制。三代致理皆重學官（略）國子祭酒訪擇具以名聞，將加試用天下諸色（略）委有司各舉所知限（略）。』」黃遂「知此文在長慶元年典貢舉之前作，而文意與《登科記》所載之意同。」故繫於長慶元年。

張云：「按李翺〈韓公行狀〉曰：『韓公入遷國子祭酒，奏儒生爲學官，日使會講，生徒多奔走聽聞。』皆相喜曰：『韓公來爲祭酒，國子監不寂寞矣。』」各譜皆據此繫十五年冬。」因繫於元和十五年。

　　按：方崧卿《舉正》繫此牒於長慶元年。《魏本》引韓醇曰：「李翱之狀公行云：『其爲國子祭酒也。奏儒生爲學官，日使會講，生徒多奔走聽聞，皆曰：韓公爲祭酒，國子監不寂寞矣。』皇甫持正〈神道碑〉亦云：『此疏乃爲祭酒時所論也。』」

　　《東雅堂本昌黎集註》卷四十，文題下注云：「李翱之狀公行曰：『其爲國子祭酒也。奏儒生爲學官，日使會講，生徒多奔走聽聞，皆喜曰：韓公來爲祭酒，國子監不寂寞矣。』此疏公爲祭酒所論元和十二年也。（按：疑爲十五年之誤）

　　方成珪《詩文年譜》引題注：「韓（醇）曰：『此疏公爲祭酒時所論。』」

　　《校注》文題下注與《東雅堂昌黎集注》引同，已改作「元和十五年也」。

　　綜上諸譜，《舉正》謂作於長慶元年，《魏本》引韓醇、《珪譜》謂作於爲祭酒時；《東雅堂本》及《校注》謂作於元和十五年，諸家之說，其實是說作於爲國子祭酒時。查昌黎自元和十五年九月廿二日召拜，冬暮回京。長慶元年七月始轉兵部，以時間長度言，跨有二年。惟此牒，乃據「今年赦文」提出。是故，「今年赦文」的內容，便是關鍵所在。查穆宗即位，據《唐大詔令集》卷 2、卷 10，《全唐文》卷 66，有三道赦文。元和十五年，二月五日，有〈穆宗即位赦〉；長慶元年正月三日，南郊改元，有〈南郊改元德音〉；長慶元年七月十八日，羣臣上尊號，大赦，有〈長慶元年冊尊號赦〉。再查，此牒既云：「今年赦文，委國子祭酒選擇有經藝堪訓導生徒者，以充學官。」以之比對上述三道赦文，發現第一道無此語句；只有第二道相合，第二道〈南郊改元德音〉謂：「天下諸色人中，有能精通一經堪爲俟法者，委國子祭酒訪擇，具以名聞，將加試用。」第三道云：「天下諸色人中，有能

精通一經堪爲師法者，委國子祭酒訪擇；其有課績特除，堪任朝獎者，臺員官有闕，宜先選擢。」則爲近似。今繫長慶元年正月。

（四十六）〈祭張給事文〉（《韓集》卷二十三）

屈繫於長慶三年，張繫於長慶元年，黃無收此文。

方崧卿云：「長慶元年（821），祭張徹。」

王儔云：「張給事者徹，而公之從子婿也。元和四年進士，長慶元年七月甲辰，幽州盧龍軍都知兵馬使朱克融囚其節度使張弘靖以反，徹時爲節度判官，以罵賊遇害，朝廷贈給事中。」

樊汝霖曰：「張給事，徹也，元和四年登第，詳見公所誌墓云。」

洪興祖《韓子年譜》，繫此文於長慶三年。

王元啓云：「公於長慶元年七月由祭酒轉兵部侍郎，二年九月改吏部，三年十月罷京兆尹，又爲兵部，才七日仍改吏部。徹以元年被難，三年鄆帥馬總遣人以幣之范陽歸其喪。文有『輿魂東歸』之語，當是徹柩初歸，公再爲兵部時作。蓋在三年癸卯十月癸巳（十二日）後，庚子（十九日）以前。」

屈云：「按洪、王以長慶三年作近是。」

張云：「方崧卿《年譜》、方成珪《詩文年譜》繫是年。」論云：「案張徹於三月十七日張弘靖受命幽州大督都府長史後，即赴鎮。七月幽州軍亂，徹被拘囚月餘，罵賊而死，時在八月，而公寫此文當在九月，任兵部侍郎時，故文首云『兵部侍郎韓愈謹以清酌之奠，祭于故殿中侍御史贈給事中張君之靈。』」故繫之於長慶元年。

案：此文繫年觀察點爲：張徹遇難於長慶元年八月，何時「輿魂東歸」？以張清華之言，此文作於長慶元年九月，則恐未得東

歸！然據《韓集》〈清河張君墓誌銘〉，則有幾點可以注意：（一）其得歸葬故里，頗爲曲折。〈墓誌銘〉云：「其友侯雲長佐鄆使，請於其帥馬僕射，……使以幣請之范陽，范陽人義而歸之。以聞，詔所在給船轝，傳歸其家，賜錢物以葬。」（二）「長慶四年四月某日，其妻子以君之喪葬于某州某所。」若以長慶三年，其靈柩歸家，韓氏祭之以文，翌年四月爲之誌墓，此爲合理的推測，若是在長慶元年八月作祭文，然後長慶四年誌墓，變得不合理；故此長慶三年說長。

（四十七）〈唐故幽州節度判官贈給事中清河張君墓誌銘〉（《韓集》卷三十四）

屈及黃繫此文於長慶四年，張繫於長慶三年。

屈云：「宋傳《韓集》此《誌》所書張徹葬年月日，有作『長慶二年四月某日』者，有作『長慶三年四月某日』者，有作『長慶四年四月某日』者。」論云：「按〈誌〉有『今牛宰相』、『鄆帥馬僕射』云云，牛宰相，牛僧孺也；馬僕射，馬摠也。《舊唐書‧穆宗紀》云：『長慶二年（822）十二月己酉（二十三日），以前天平軍節度使馬總檢校左僕射，守戶部尚書。』又『長慶三年二月，以牛僧孺同中書門下平章事。』則其作『長慶二年四月某日者』非當。洪興祖《韓子年譜》從『長慶四年四月某日』之本，繫〈誌〉於是年四月作。幽州兵亂，踰年而定，方崧卿雖云『徹葬或只在三年』，然仍從作『四年』之本，蓋不能必定作『三年』、『四年』之是非，則取作『四年』者以爲慎也。今從《洪譜》繫年。」故繫於長慶四年。

黃云：「案《韓譜增考》：『案踰年則固定不應四年而後歸葬也。』而仍不詳何時，故猶從《洪譜》繫於此年。」以故，繫

於長慶四年四月條下。

　　張引《洪譜》：「四年四月，〈張徹墓志〉云：『其妻子以君之喪葬于某州某所。』而〈祭文〉云：『無所掩葬，輿魂東歸』者，徹初被殺，招魂而歸，其後故人以幣請之范陽，始得歸葬也。」

　　張又引方崧卿《增考》：「按洪載〈張徹墓志〉于今年（長慶四年），載祭文于去年（長慶三年）。質之舊本，墓志實長慶三年，祭文則當在元年也。洪兩皆失之。〈徹墓志〉云：『其友侯雲長佐鄆使，請于其帥馬僕射，為之選于軍中，得故與君相知張孝恭、元實者，使以幣請之范陽，范陽人義而歸之。』馬僕射，馬摠也。摠以長慶二年秋遷右僕射，逾年之夏則召還矣。徹死于長慶元年秋，朱克融之變，逾年則定，固不應四年而後歸葬也。舊本為是。又公祭徹之日，實為兵部侍郎也。其文云：『無所掩葬，輿魂東歸』，蓋聞訃之始也。公為兵部實在元年，而徹以元年七月死，蓋祭徹在是年之秋冬無疑矣。并考正之以俟知者。」張又引方成珪《詩文年譜》繫長慶四年，謂：「給事以是年四月某日葬。四月庚辰朔。」

　　之後，張論云：「按墓誌云：『長慶四年某月某日』，方云『四年』，舊本或作『三年』，或作『二年』。《舊唐書・穆宗紀》：馬摠，于長慶二年十二月二十三日，為檢校左僕射、守戶部尚書，召還。使人以幣請范陽乞張徹屍骨，時間當於馬在鄆州而未召回長安時；張徹屍骨乞回安葬，也不可能逾年到長慶四年才乞回安葬。然其所定之本作『四年』姑先繫此。」因繫此文於長慶三年。

　　按：此〈墓誌〉繫年應與以上〈祭文〉相並而觀：〈墓誌〉既言長慶四年四月葬，則此文作於是年四月，應無可疑。

（四十八）〈南陽樊紹述墓誌銘〉（《韓集》卷三十四）

屈繫於長慶四年，張繫於長慶三年，黃無收此文。

樊汝霖云：「紹述卒且葬，〈誌〉皆無年月，或云：不必載也。按紹述作〈絳守居園池記〉乃長慶三年五月十七日，而公卒以四年十二月，則疑在長慶三、四年間。」

文讜、方崧卿皆依樊氏說。

文讜云：「公此銘，疑四年所作也。」

方崧卿云：「紹述〈絳守居園池記〉，長慶三年五月也，公作於次年。紹述蓋未罷絳州而卒，此銘無歲月，當以此考。」以此，屈姑繫之於長慶四年。

張引方成珪《詩文年譜》：「此當是長慶三四年作。」論云：「韓愈《誌銘》不書紹述卒葬時間。韓愈明年十二月卒，而已有此文。又紹述〈絳守居園池記〉後書『長慶三年五月十七日』，知紹述卒在五月以後，故繫是時。樊宗師約卒於此年，生年不詳。」故繫於長慶三年。

按：此文繫年有二說：一、在長慶三年或四年之間，樊汝霖、方成珪主之；二、在長慶四年，文讜及方崧卿主之。觀察點有二：

1. 樊宗師卒於何年、不可考。只能從樊所作之〈絳守居園池記〉乃長慶三年五月十七日而知悉一二。據〈樊墓誌〉云：「綿、絳之人，至今皆曰：『於我有德』。以為諫議大夫，命且下，遂病以卒。」則可能卒於長慶三、四年間。

2. 再觀韓氏，長慶四年五月請告，養病，至八月免吏部侍郎，十二月卒。則此〈樊墓誌〉之寫作時間約在長慶三年五月至長慶四年八月之間。若以「銘法」而論，樊既卒，應由其家人妻子將先人行狀寫備，交於韓氏，韓氏應銘而作墓

誌。如今，「愈既銘之，從其家求書」，可見其家人妻子
無此準備，而述及樊家「自祖及紹述三世」皆甚簡略，推
知其家人妻子亦不甚清楚，故未能作完整之提供，甚至，
其妻子郡望姓氏以及有無子女，皆不書，顯然是韓氏晚年
作品，甚至在養病時所寫。今姑從長慶四年之說。

（四十九-五十三）〈原道〉、〈原性〉、〈原毀〉、〈原人〉、〈原鬼〉（《韓集》卷十一）

屈置此五文於「疑年」，張繫於貞元二十年，黃繫於貞元廿一年。

屈引諸家之說，而置於「疑年」。如引方崧卿云：「此卷所作，多不得其年月。程伊川曰：『〈原性〉等文，多少時作。』按公〈上李巽書〉曰：『謹獻舊文一卷，扶樹教道，有所明白。』或曰：此當指〈原道〉等文也。公上書之日，尚在江陵，年未四十，以〈原道〉等為舊文，蓋所作舊矣。」（屈按云：「此卷」，指原本第十一卷，其中篇目有〈原道〉、〈原性〉、〈原毀〉、〈原人〉、〈原鬼〉……等十五篇。）又引樊汝霖云：「張芸叟（張舜民）曰：『昔張籍嘗勸愈排佛老，不若著書，愈亦嘗以書反復之。既而〈原道〉、〈原性〉等篇，皆激籍而作。』」王儔說同。屈復考張籍〈上韓昌黎書〉、〈上韓昌黎第二書〉與韓愈〈答張籍書〉、〈重答張籍書〉，謂「二人反復辯難，在貞元十三年（797），韓愈三十歲。」復云：「貞元十九年（803）冬，韓愈出為陽山令，過郴州，識郴州刺史李伯康，〈李員外寄紙筆〉詩云：『莫怪殷勤謝，虞卿正著書。』亦指此事。」屈辯云：「五原思想一貫，當屬同時所作。〈原毀〉云：『事修而謗興，德修而毀來。』亦與陽山之貶憤懣之情相符。疑所說『虞卿正著書』，

即指此五文。或者貞元十三年雖辭不爲，在貞元十九年多卻如張舜民所推斷，有感于張籍之言，激而作之。〈原道〉言儒學之道堯、舜、禹、湯、文武傳授順序、亦與是年春所作〈送浮屠文暢師序〉相符。〈上李巽書〉所說「舊文」，正指兩年前三十六歲舊作。」

張云：「『五原』篇目，體例既同，當是一時之作。韓愈在永貞元年十二月九日〈上兵部李侍郎書〉中說：『薄命不幸，動遭讒謗，進寸退尺，卒無所成。性本好文學（中略）謹獻舊文一卷，扶樹教道，有所明白（後略）。』（《韓集》卷15）疑五原即舊文一卷諸篇。當是江陵前困厄之境中作。程子獨以〈原性〉爲少作，恐其考之或未詳。又〈李員外寄紙筆〉云：『莫怪殷勤謝，虞卿正著書』，也當指此。或謂〈原人〉爲晚年所作，也沒有文獻詳考。」以故，繫於貞元二十年。

黃於「貞元二十一年」條下云：「在郴州俟新命於李伯康處，約三月，沈潛著書，有五原篇。」黃引《校注一‧原性》下注：「今按〈原道〉、〈原人〉、〈原鬼〉之例，作〈原性〉爲是。又此五原篇目既同，當是一時之作。與〈兵部李侍郎書〉所謂：『舊文一卷，扶樹教道，有所明白』，此諸篇也。然則皆是江陵以前所作。程子獨以〈原性〉爲少作，恐其考之或未詳。」

按：屈、張、黃三家皆認此五原「體例既同，當爲一時之作」，所異者，屈指此「舊文」作於三十六歲時，即貞元十九年；張則指是「江陵前困厄之境中作」，即貞元二十一年郴州時；黃則指是「在郴州時俟新命於李伯康處」，即貞元廿一年。

查韓愈〈上李巽書〉所謂：「舊文」一卷，指本集第十一卷，除五原外，還有〈行難〉、〈對禹問〉、〈雜說四首〉、〈讀荀子〉、〈讀鶡冠子〉、〈讀儀禮〉、〈讀墨子〉等十二篇。韓愈

自貞元十九年貶陽山，時為十二月，翌年春始抵陽山，到貞元廿一年夏秋遇赦離陽山，計有一年半時間在陽山，另在郴州三個月，這兩段時間，韓皆可以讀書著述。而此十二篇，正是寫於此時。五原既是「一時之作」，又是「舊文」一卷之首篇則作於陽山時應合情理，若以陽山與郴州兩段時間而論，以繫貞元二十年為宜。證以「虞卿正著書」句，情境亦合。

　　（後記：近閱方介教授論文，〈韓愈五原作於何時？──兼論韓愈道統說之發展時程〉，臺大中文學報，民99年23月，主張五原係作於貞元十九年。可以參閱。）

（五十四-五十六）〈通解〉〈擇言解〉、〈鄠人對〉 （《韓集・外集》）

　　此三文，屈列於「疑年」，張繫於貞元四年，黃無收。

　　屈引洪興祖云：「〈通解〉、〈擇言解〉、〈鄠人對〉或云皆少作。」又引樊汝霖云：「〈通解〉見於趙德《文錄》，德親受本文於文公，比它本最可信。」

　　屈又引文讜據《唐史・孝友傳》所云，辯曰：「疑此文作於長慶三年韓愈為京兆尹時。」

　　張引洪慶善曰：「此三篇，或云皆少作。」辯云：「味文意與筆力尚非老辣，或云少作，不無道理。然三文皆針對時俗而發，非入長安後一段時間，了解世情後，不能發，疑寫於是年或是年之後。或疑非韓愈之文，而入外集卷4。非也。〈通解〉雖不見于正集，然趙德《文錄》已載，此在潮州已見，若非韓愈文，韓愈為何不作糾正？三文當於同時。」

　　按：此三篇，洪興祖「或云皆少作」，張繫貞元四年（788），乃韓氏首次應進士試，未第之年，若以為是「非入長安後一段時

間了解世情後不能發」，但仍不能確定。至於屈懷疑〈鄠人對〉作於長慶三年，亦止於疑，故列「疑年」爲宜。

（五十七）〈答侯生問論語書〉（《韓集‧遺文》）

屈列此文於「疑年」，張繫於貞元十七年，黃無收。

屈引文讜之言，辯侯生「必喜也。」復曰：「此篇作年不詳。」

張於「貞元十七年」條〔韓愈事迹〕欄下云：「韓愈三十四歲，自去年冬赴長安調選，至今年三月在長安；因調選未成，三月後回洛陽。夏秋閑居洛陽，與諸友交游。冬又赴長安調選。」其間「與李景興、侯喜、尉遲汾等同游洛陽山林古迹，釣於洛北溫洛，夜宿惠林寺。有〈山石〉詩、〈贈侯喜〉詩、〈與汝州盧郎中薦侯喜狀〉……等」，故此，張指此書「也當寫于此時。」

按：此文繫年有二說：一、貞元十七年，張主之；二、疑年，屈主之。

此詩繫年於何時，不易考定。觀察點有二：（一）韓注論語於何時？（二）侯生問論語於何時？關於第一點：分兩項考察：

1.韓氏有無注《論語》？據《校註》載：李漢《昌黎先生集序》其末即云：「又有《注論語》十卷傳學者。」馬其昶「補注」引陳景雲曰：「張籍〈祭公詩〉云：『魯論未訖註，手跡猶微茫。』則此所云十卷者，未成之書也。今所傳《論語筆解》，出後人委託。」《四庫全書總目提要》云：「以意推之，疑愈注《論語》時，或先于簡端有所記錄，翺亦間相討論，附書其間。迨書成之後；後人得其稿本，采注中所未載者，別錄爲二卷行之。」（卷三五《經部‧四書類》）近人孫昌武在〈關於《論語筆解》〉的一篇論文中說：「在新材料發現之前，最妥當的辦法是維持《四庫提要》提出的看法。《筆解》可能不出于韓愈之手，但傳承有

據，確實反映了韓愈的意見。」（參《韓愈研究》第一輯，鄭州：中州古籍出版社，1996 年）由李漢序、張籍詩、《四庫提要》等的記述，可知韓愈是有註《論語》的，只惜未完成而已。

2.何時註《論語》？對此問題，試據羅著《韓愈研究》及《李翱年譜》，以韓愈、李翱二人同時同地讀書論文爲考察：

若以韓、李二人同時同地讀書論文而論，則可能時間爲貞元十三年春至秋，貞元十五年春，貞元十六年春夏，貞元十八年，元和十年多在長安，元和十二年七月前。

文中韓愈言：「愈昔註解其書」，則此「昔」意指何時，上述時間，也許可以提供線索。由貞元十三年至十八年，韓氏仕宦不定，或在汴幕，或在徐幕，至十八年始任四門博士，在此之前，兩人讀書論文的可能性爲長，張繫之於貞元十七年。即此之故。

（二）侯生問論語於何時？以下據《韓愈研究》，考察韓、侯二人來往的時間：

1.貞元十六年，兩人始相識。

2.貞元十六年多，侯謁盧虔，盧以侯爲選首。

3.貞元十七年，侯以五月自關至洛，七月二十二日與韓釣魚。

4.貞元十八年，韓爲四門博士，有〈與陸傪書〉薦侯喜等十人。

5.貞元十九年，侯登進士第。

6.元和元年夏六月，韓自江陵召入長安爲國子博士，與孟郊、張籍、張徹會京師，同作聯句。十一月孟郊辟爲東都水陸轉運判官，孟既去，侯喜始至長安，韓有〈喜侯喜至贈張籍、張徹詩〉。

7.元和七年，韓復爲國子博士，侯喜爲校書郎。

8.元和十一年五月，韓罷右庶子。侯喜作〈詠筝詩〉來慰，韓有詩和之。

9.元和十五年，九月，韓自袁州召爲國子祭酒，冬至長安，
　十二月有〈同侯喜詠燈花詩〉；侯由協律郎擢爲國子主簿。
10.長慶元年至三年，韓氏在朝爲官，歷任兵部侍郎、吏部侍
　郎、京兆尹兼御史大夫等職；侯則以國子主簿卒官。

　　以上時間可分三段：第一段爲貞元十六年至貞元十九年；第
二段由貞元二十年至元和六年。第三段由元和七年至長慶元年。
第四段由長慶元年七月至長慶三年。

　　若以上述三段時間論，第一段時間，侯生基本上是求仕、應
試、讀書、論學，他與韓氏認識、伴遊、同釣等等，有許多機會
當面論學，不必致書「問論語」，故可排除。

　　第二段時間，基本上侯生是準備宏辭試以及求幕府徵辟，心
情較鬱悶，未必會「問論語」於韓氏。

　　至於第三段時間，韓氏與侯生同在朝廷爲官，職業有著落，
心情較穩定。雖官職卑微，仍以聖人「踐形」之道自許，故有此
書之問。元和七年同在長安，侯初爲校書郎，問書可能即在此時；
至於元和十一年兩人同在長安，韓爲中書舍人以至右庶子，侯爲
左右官協律；元和十五年韓爲國子祭酒，侯爲國子主簿，侯是其
僚屬，兩人交往論學方便，可能有此問。

　　第四段時間兩人論學已不像前段時間方便。

　　總言之，若以時間言，以第三段時間爲宜；若再細論，則以
元和七年侯初爲校書郎及元和十五年韓自袁州召授國子祭酒回朝
兩年爲可能，元和十一年已有和〈詠筝詩〉故可排除。

　　再以韓氏的人生遭遇言，韓任途坎坷，屢躓屢起，惟以生死
險惡而論，則莫過於諫迎佛骨，遠貶潮州的一段，韓氏由「懼以
貶死」，以至在潮時撰作〈琴操〉，「借古聖賢以自寫其性情」、
「遇災害而不失其操也」，故以人生境界的歷練言，韓氏在潮州

「憂深思遠」，經已體悟聖人「反身而誠」、「萬物皆備於我」的「踐形」境界。〈答侯生書〉云：「踐形之道無他，誠是也。」即深刻體會。試觀韓氏貶潮後的作為以至回朝亦是誠而已。從此角度言，則作於元和十五年回朝後，明顯為長。今姑繫於此。

（五十八）〈祭李氏二十九娘子文〉（《韓集》卷廿三）

《五百家注昌黎文集》卷 23 文題下注：「樊曰：『公之姪孫女也，其李干妻歟？公嘗誌干墓曰：『李干，余兄孫婿也。長慶二年卒，穿其妻墓而合之。』其曰『合葬』，先干死也。則二十九娘子者干之妻明矣。』

方崧卿云：「李干妻也，干墓誌可考。」又據〈李干墓誌〉云：「長慶三年（823）正月五日卒，其月二十六日，穿其妻墓而合葬之。」

屈置於「疑年」。

黃於「長慶二年壬寅」條下云：「是年，干妻、韓愈姪孫女卒，有〈祭李氏二十九娘子文〉。」

按：查〈祭李氏二十九娘子文〉：「我哀汝母，孰慰窮嫠；我憐汝兒，誰與抱持。」可見李氏娘子卒時，上有老母，下有幼兒；年紀尚輕。再查〈故太學博士李君墓誌〉，「初，干以進士，為鄂岳從事。」樊汝霖注云：「元和十年（815），李干登第，年四十。」《登科記》記同。長慶三年（823）正月五日卒，李干，得年四十八，可謂短壽。論其婚娶，依俗例，多為進士後婚娶。則是元和十年娶李氏，結婚只九年；又查〈李干墓誌〉：「子三人，皆幼。」若翌年生子，則李干死時，大兒子才八歲，其次，六歲、四歲；或比此更小。今因其妻先卒，「我憐汝兒，誰與抱持」，疑其幼子尚在襁褓，還沒三歲。若隔年生子，則三子疑在

元和十一、十三年、十五年出生；幼子㠫在襁褓，則其妻卒年在
長慶元年至二年間，今姑繫長慶元年。

　　查〈故太學博士李君墓誌〉（同書卷 34）作「長慶三年正月
五日卒」，則樊之言「長慶二年卒」，誤也。影響所及，黃誤亦同。

（五十九）〈順宗實錄五卷〉（《韓集・外集》卷六至十）

　　屈列爲「疑年」，張、黃繫於元和十年。

　　屈引〔宋〕程俱《韓文公歷官記》繫於元和八年。又引洪興
祖《韓子年譜》繫之於「元和十年」下。屈據《洪譜》引《憲宗
實錄》及韓集中〈進順宗實錄表狀〉二道，辯云：「據以上二表，
知《實錄》之修撰，實三易其稿。其事始於元和八年十一月，至
元和九年冬十月李吉甫卒時，初稿已修成。吉甫卒後，韓愈取舊
稿刊正，在元和九年冬至元和十年夏，此爲第二稿，隨〈表〉一
進上者即此稿。憲宗宣示此稿尚有錯誤，並遺漏順宗建中末年隨
駕至奉天一段事迹，詔令添改。次月，韓愈添改訖，此爲第三稿，
即隨〈表〉二進上者，其時當在元和十年夏或初秋。參與修撰者，
以韓愈爲首，沈傳師、宇文籍亦任採事詮次之責。」

　　張於「元和十年乙未」條下云：「是夏，《順宗實錄》成，
進呈，並作〈進順宗皇帝實錄表狀〉。」辯云：「吉甫授愈等《實
錄》三卷稿在八年，初步修成送給吉甫是九年，吉甫卒于元和九
年十月，而愈從吉甫宅拿回實錄稿在此後。又『自冬及夏，刊正
方畢』，指自九年冬至十年夏。《實錄》之進，表、狀是呈當在
此時。」

　　黃於「元和十年乙未」條下云：「夏，完成《順宗實錄》，
獻上於憲宗，有進〈順宗皇帝實錄表狀〉。」論云：「案李吉甫
卒於元和九年冬十月。此文有『自冬及夏』，當在元和十年夏作。」

　　按：《順宗實錄》乃爲合撰。論寫作時間由元和八年十一月至元和十年夏秋間，論完成，則在元和十年夏，韓愈〈進狀〉亦呈於此時。

（六十）〈與大顛師書〉（《韓集・外集》卷二）

　　屈列入「存疑」文，黃繫於元和十四年，張無收。

　　屈引朱熹云：「此書諸本皆無，唯嘉祐小杭本有之，（中略）杭本注云：『唐元和十四年（819）刻石，在潮陽靈山禪院。宋慶曆丁亥（1047），江西袁陟世弼得此書，疑之，因之滁州謁歐陽永叔，覽之曰：實退之語，它意不及也。』（中略）而東坡《雜說》乃云：『韓退之喜大顛，如喜澄觀、文暢，意非信佛法也。而或者妄撰退之與大顛書，其詞凡鄙，雖退之家奴僕亦無此語也。（中略）以余考之，所傳三書，最後一篇實有不成文理處，但深味其間語意，一二文勢抑揚，則恐歐、袁、方意誠不爲過，但意或是舊本亡逸，僧徒所記不真，致有脫誤。』（《韓集考異》卷9）於是，屈認爲：「此三書，朱熹疑其『舊本亡逸，僧徒所記不真』，近是。」於是列爲「存疑」文中。

　　黃於「元和十四年己亥」條下云：「夏秋間，在潮州與大顛僧交往，有〈與大顛師書〉三篇。」黃據《校注三》〈與孟尙書書〉，辯曰：「據此知韓愈與大顛交往乃爲不爭之事實。然韓慕其『頗聰明』、『以理自勝』之優點，因此與之交。未有信奉佛教之念。」

　　按：據羅聯添《韓愈研究》有論：「韓愈與大顛三書，宋以來聚訟頗紛紜，歐陽修《集古錄》跋尾謂：『宜爲退之之言』，蘇軾《雜說》以爲：『其詞凡鄙，雖退之之家奴僕亦無此語。』朱子作《韓文考異》（按：應爲《韓集考異》）定爲退之之筆，謂

『舊本亡逸，僧徒所記不真，致有脫誤。』陸游《老學菴筆記》卷 6 謂：『黠僧所造，投歐公之好。』清・陳澧《東塾集》二〈書僞韓文公與大顚書後〉謂：『責韓公不當與大顚往來則可，必欲以僞爲真，則雖歐公朱子不可掩後人耳目。』明。楊慎《升菴外集》四九舉李漢韓集序，無有失墜，以爲此書既在集外，其僞可知。清。鄭珍《巢經巢文集》〈書韓昌黎與大顚三書後〉以爲韓愈至潮在四月二十五日，書稱「孟夏漸熱」則絕非其所作。」

羅辯云：「案韓愈知制誥，李漢竟未收，（中略）韓集失墜實多，不可妄信李漢之言。楊慎以三書在外集，而定其僞，其誤不待辨。至鄭珍之說，言之頗成理，然朱子既云：『舊本亡逸，僧徒所記不真』，則『孟夏』之語，可能爲僧徒所補綴。執此一端，以定其僞，理亦不足。韓愈自潮移袁州後有〈與孟簡書〉云（中略），據此知韓愈與大顚交往乃爲不爭之事實，與大顚三書爲愈爲作，當無可疑（部分或經文竄易）。」

羅說辯析甚詳，其說可從。今繫於元和十四年。

（六十一）〈請遷玄宗廟議〉（《韓集・外集》卷一）

屈列入「存疑」詩文，張繫於長慶四年，黃無收。

屈引樊汝霖云：「此議《舊史》載於〈禮儀志〉」，曰：「長慶四年五月（《舊唐書・禮儀志》原文爲「正月」）禮儀使奏云云。公時豈以吏部侍郎爲禮儀使耶？」指出：「方崧卿、朱熹從樊氏『以吏部侍郎爲禮儀使耶』之推測，又以《蜀本》有此篇，遂訂爲韓愈文。」屈質疑云：「按《冊府元龜》卷 591 載：『牛僧孺爲禮儀使，長慶四年（824）七月奏』，下錄所奏『謹按周禮』云云，實即此議，僅文字小有異耳。則此議爲牛僧孺文，劉曄誤收爲韓文也。」故列入「存疑」詩文中。

張據方成珪《詩文年譜》謂：「是年五月作。公上此議後即請告矣。」引《舊唐書・禮儀志五》：「長慶四年正月，禮儀使奏：『謹按《周禮》：天子七廟，三昭三穆，與太祖之廟而七。（略）』」又引《舊唐書補校》云：「《冊府元龜》五九一載此事，云牛僧孺為禮儀使，長慶四年七月奏。《會要》作五月。穆宗以其年正月辛未崩，不得于正月即議其遷廟，疑五月近是。」辨云：「《會要》所云是。因韓愈參議，如在七月，他告休在城南莊，不當參與此議。此議當寫于五月，時尚在吏部侍郎任，未告休。」

按：〈請遷玄宗廟議〉見於《韓集・外集》卷一。查此文有兩作者之爭議：一題為〈請遷玄宗廟議〉，韓愈撰；見於《全唐文》卷 550，頁 5576；一題為〈請祧遷玄宗廟主奏〉，牛僧孺撰；見於《全唐文》卷 682，頁 6968。再查《舊唐書・卷 25・禮儀志五》，文字略同，頁 958-959。

茲分三個問題討論：禮儀使是誰？作於何時？是否為韓愈作？

據《舊唐書補校》云：「《冊府元龜》591 載此事，云牛僧孺為禮儀使。」

又云：「長慶四年七月奏，《會要》作五月。穆宗以其年正月辛未崩，不得於正月即議其遷祔，移五月近是。」（頁 975）。

則此文所言之禮儀使是牛僧孺；正月為五月之誤，即認作於長慶四年五月。

至於，是否為韓愈作？有兩派意見：一認此議為牛僧孺文，劉瞱誤收為韓文，如屈；一認此為韓愈作，如沈欽韓。

據《校注》引沈欽韓曰：「上具禮儀使奏，而下列議，則韓公特是議者，分非禮議使。」是說長慶四年五月，韓愈應朝議命，

提出自己意見。爲何文字略同？筆者推測，禮儀使牛僧孺提出此議，而韓愈只在其議文基礎上推衍，略提意見，故多出幾字。沈說可取。

總言之，此議是長慶四年五月韓愈所作，作後即告休矣。

結　語

經上文比較，試分兩部分總結如下：

（一）大小方韓愈文繫年部分

1.方崧卿《舉正》與〈年表〉，自身的繫年工作不一致：或《舉正》有收，無繫年，〈年表〉亦無繫年者，凡 58 篇；或《舉正》無收，〈年表〉亦無繫年者，凡 1 篇；或《舉正》有繫年，〈年表〉無繫者，凡 40 篇；或《舉正》無繫年，〈年表〉有繫年者，凡 89 篇；更甚者，爲《舉正》、〈年表〉繫年不一致，有一、二年之差者，凡 17 篇。也許在繫年工作上，這是難以避免的。經此發現，可以提醒學界，在使用該書時必須注意。

2.方崧卿《舉正》，收文 292 篇，有繫年者 169 篇，無繫年 133 篇。方崧卿〈韓文年表〉，收文 292 篇，有繫年 206 篇，無繫年 86 篇。

3.方成珪《箋正》收文 251 篇，有繫年 46 篇，無繫年 205 篇。《詩文年譜》收文 292 篇，有繫年者 256 篇（另外集 28 篇），「無年考」與無繫年者 36 篇。可見《箋正》與《詩文年譜》分別負有「校箋」與「年譜」工作。另外，《箋正》與《詩文年譜》也有一篇繫年不一致者。

（二）三家韓愈文繫年部分

在三家韓愈文繫年中，有異同者凡 61 篇，經此較研究後，茲分三家特色，及個人意見分述如下：

1.特色方面：屈只繫年。黃、張則繫年、繫月。屈的優點爲多以宋版爲校證；黃的優點爲「事蹟繫年」，綱目清晰，易於閱讀與尋檢；張的優點其體例分「時事」、「文壇述要」、「韓愈事跡」三項敘述以爲證補，每有新意。

2.繫年方面：筆者以爲三家之說各有優勝，經討論後，認同者爲：屈有 32 篇；張有 20 篇；黃 23 篇。

3.個人意見方面：對於三家繫年，經討論後，有四篇持不同意見者，計爲：〈貓相乳〉、〈諱辨〉、〈薦樊宗師狀〉、〈答侯生問論語書〉。

茲將三家繫年經比較後的結果列表如下，以醒眉目。

韓文篇目	屈守元	張清華	黃珵喜	個人見解
1 貓相乳	貞五、六	貞四	無收	貞元三、四年
2 瘞硯銘	貞八	貞十	無收	貞八
3 爭臣論	貞九	貞八	貞八	貞八
4 應科目時與人書	貞十	貞九	無收	貞十
5 與鳳翔刑尙書書	貞十	貞九	貞九	貞九
6 祭鄭夫人文	貞十	貞十	貞十一	貞十
7 學生代齋郎議	貞十一	貞十	貞十	貞十
8 送權秀才序	貞十三	貞十四	貞十四	貞十四
9 進士策問十三首	貞十四	前六題，貞十四年作	無收	貞十四，非一時之作
10 子產不毀鄉校頌	貞十五	貞十九	無收	貞十五
11 賀徐州張僕射白兔書	貞十五	貞十六	貞十五	貞十五多
12 與李翺書	貞十五	貞十五	貞十六	貞十五多
13 獲麟解	貞十七	貞十七	貞十六	貞十六
14 行難	貞十七	貞十八	無收	貞十七

15 送孟東野序	貞十七	貞十八	貞十八	貞十八
16 歐陽生哀辭	貞十七	貞十八	貞十七	貞十七
17 題哀辭後	貞十七	貞十八	貞十七	貞十七
18 答陳生書	貞十八	元三	無收	貞十八
19 禘祫議	貞十九	貞十九	貞十七	貞十九
20 訟風伯	貞十九	無繫年	無收	貞十九
21 送王秀才序	貞十九	無繫年	無收	貞十九
22 送董邵南序	貞十九	元二	無收	元二
23 送區冊序	永元	貞廿一	貞廿	貞廿一
24 毛穎傳	元二	元四	無收	元四
25 諱辯	元四	元六	無收	元五多
26 河南府同官記	元五	元五	元四	元五
27 送幽州李端公序	元五	元四	無收	元五
28 送溫處士赴河陽軍序	元五	元五	元六	元六
29 唐河中府法曹張君墓碣銘	元四、五	元四	元五	元五,二月
30 代張籍答李浙東書	元六	無繫年	元六	元六
31 答渝州李使君書	元六	無繫年	無收	元六
32 答楊子書	元六	貞十七	貞十七	貞十七
33 答陳商書	元七	元三	無收	元七
34 唐銀青光祿大夫守左散騎常侍致仕上柱國襄陽郡王平陽路公神道碑銘	元七	元六	元七	元七
35 祭左司李員外太夫人文	元九	元六	無收	元九或十
36 答劉正夫書	元十	元七	無收	元十
37 論淮西事宜狀	元十一	元十一	元十	元十,五月
38 袁氏先廟碑	元十一	元十	元十一	元十一
39 為宰相賀白龜狀	元十二	元十一	元十一	元十二
40 薦樊宗師狀	元十二	元十三	元九	元十一多
41 祭柳子厚文	元十四	元十五	無言年月	元十五,五月
42 舉韓泰自代狀	元十五	元十四	元十五	元十五
43 舉薦張籍狀	長元	元十五	元十五	長元,七月
44 請復國子監生徒狀	長元	貞十九	長元	長元
45 國子監論新注學官牒	長元	元十五	長元	長元,正月

46 祭張給事文	長三	長元	無收	長三
47 唐故幽州節度判官贈給事中清河張君墓誌銘	長四	長三	長四	長四四月
48 南陽樊紹述墓誌銘	長四	長三	無收	長四
49-53 原道、原性、原毀、原人、原鬼	疑年	貞二十	貞廿一	貞元二十
54-56 通解 擇言對 鄠人對	疑年	貞四	無收	疑年
57 答侯生問論語書	疑年	貞十七	無收	元十五
58 祭李氏二十九娘子文	疑年	無收	長二	長慶年間
59 順宗實錄五卷	疑年	元十	元十	元十
60 與大顛書	存疑	無收	元十四	元十四
61 請遷玄宗廟議	存疑	長四	無收	長四

附表一：韓愈文大小方繫年比較表

說明：

1.排序依東雅堂《韓昌黎全集》篇次。

2.大方部分，分《韓集舉正》與〈韓文年表〉兩欄；小方部分，分《韓集箋正》與《詩文年譜》兩欄。

3.「✓」，表有收。「無收」：表示該書沒有收入此篇。

4.「無繫年」：表示該書沒有列入此篇並予繫年。

5.「無年考」，表示該書列為無年可考。

第一卷	大方《韓集舉正》			小方《韓集箋正》		
賦	有收	舉正繫年	年表	有收	箋正繫年	年譜
1 感二鳥賦	✓	貞十一	無繫年	✓	無繫年	貞十一，五月
2 復志賦	✓	貞十三	無繫年	✓	無繫年	貞十三，七月
3 閔已賦	✓	無繫年	無繫年	✓	無繫年	貞十六，辭徐居洛時作
4 別知賦	✓	貞二十年陽山作	無繫年	✓	貞元二十	貞二十，夏
第十一卷						
雜著						
5 原道	✓	無繫年	無繫年	✓	無繫年	無年考
6 原性	✓	無繫年	無繫年	✓	無繫年	無年考
7 原毀	✓	無繫年	無繫年	✓	無繫年	無年考
8 原人	✓	無繫年	無繫年	✓	無繫年	無年考
9 原鬼	✓	無繫年	無繫年	✓	無繫年	無年考
10 行難	✓	無繫年	無繫年	✓	無繫年	貞十八
11 對禹問	✓	無繫年	無繫年	無收	無收	無年考
12 雜說四首	✓	無繫年	無繫年	✓	無繫年	無年考
13 讀荀	✓	無繫年	無繫年	✓	無繫年	無年考

14 讀鶡冠子	✓	無繫年	無繫年	✓	無繫年	無年考
15 讀儀禮	✓	無繫年	無繫年	無收	無收	無年考
16 讀墨子	✓	無繫年	無繫年	✓	無繫年	無年考
第十二卷						
雜著						
17 獲麟解	✓	非元和間作	無繫年	無收	無收	無年考
18 師說	✓	貞元年（按：疑有脫字）	無繫年	✓	無繫年	貞十八
19 進學解	✓	元七	元七	✓	無繫年	元八，春
20 本政	✓	無繫年	無繫年	✓	無繫年	無年考
21 守戒	✓	無繫年	無繫年	✓	無繫年	無年考
22 圬者王承福傳	✓	無繫年	無繫年	✓	無繫年	無年考
23 五箴五首並序	✓	永貞元年掾江陵時	貞廿一	✓	無繫年	貞廿一
24 後漢三賢贊三首	✓	無繫年	無繫年	✓	無繫年	無年考
25 諱辯	✓	元和中年	無繫年	✓	無繫年	元六
26 訟風伯	✓	無繫年	無繫年	無收	無收	貞十九
27 伯夷頌	✓	無繫年	無繫年	✓	無繫年	無年考
第十三卷						
雜著						
28 子產不毀鄉校頌	✓	無繫年	無繫年	✓	無繫年	元二
29 釋言	✓	元二春	元二	✓	無繫年	元二，正月
30 愛直贈李君房別	✓	貞十五徐州作	無繫年	無收	無收	貞十五，徐幕
31 張中丞傳後敘	✓	無繫年	無繫年	✓	無繫年	元二，四月
32 河中府連理木頌	✓	貞六	貞六	✓	題注：時年廿四	貞六
33 汴州東西水門記	✓	無繫年	貞十四三月	✓	無繫年	貞十四，三月
34 燕喜亭記	✓	無繫年	貞二十	✓	無繫年	貞二十
35 徐泗濠三州節度掌書記廳石記	✓	無繫年	貞十五	✓	題注：貞十五	貞十五，春
36 畫記	✓	無繫年	貞十一	✓	無繫年	貞十一
37 藍田縣丞廳壁記	✓	無繫年	元十	✓	無繫年	元十
38 新修滕王閣記	✓	無繫年	元十五	✓	元十五，十	元十

					月	五,十月
39 科斗書後記	✓	無繫年	元十一	✓	無繫年	元十一,六月四日
第十四卷						
雜著書						
40 鄆州溪堂詩並序	✓	（入詩）無繫年	長二	✓	無繫年	長二,夏秋間
41 貓相乳	✓	貞五六年間	無繫年	無收	無收	貞元二年
42 進士策問十三首	✓	無繫年	無繫年	✓	無繫年	無年考
43 爭臣論	✓	貞九	貞八	✓	貞八	貞八,登第後作
44 改葬服議	✓	無繫年	無繫年	✓	無繫年	元十三
45 學生代齋郎議	✓	貞十一年	貞十一年	✓	無繫年	貞十一
46 禘祫議	✓	貞十八	貞十七	✓	貞十九	貞十九
47 顏子不貳過論	✓	貞十宏詞試	貞九	✓	無繫年	貞九
48 與李秘書論小功不稅書	✓	無繫年	無繫年	✓	無繫年	無年考
49 太學生何蕃傳	✓	貞十五年冬朝正于京作	無繫年	✓	貞十五	貞十五,冬
50 答張籍書	✓	貞十二,汴州	貞十二	✓	貞十三,秋	貞十三,秋
51 重答張籍書	✓	貞十二,汴州	貞十二	✓	無繫年	貞十三,秋
第十五卷						
書						
52 與孟東野（孟郊）書	✓	貞十六	貞十六	✓	無繫年	貞十六,三月
53 答竇秀才（竇存亮）書	✓	貞十二	貞二十	✓	題注：公以言事貶為陽山令	貞二十
54 上李尚書（李實）書	✓	無繫年	貞十九	✓	無繫年	貞十九
55 賀徐州張僕射白兔書（張建封）	✓	貞十五	貞十六	✓	無繫年	貞十六
56 上兵部李侍郎(李巽)書	✓	永貞元年	永貞元年十二月	✓	無繫年	貞廿一（永

					元），十二月
57 答尉遲生（尉遲汾）書	✓	無繫年	無繫年	無收	無收	貞十七
58 答楊子（楊敬之）書	✓	貞十七	無繫年	✓	元六	元六
59 上襄陽于相公(于頔）書	✓	元和改元，召還日作	元元	✓	無繫年	元元
啟						
60 上鄭尚書相公啟（鄭餘慶）	✓	元和五年	元五	無收	無收	元五，未拜河南令時。
61 上留守鄭相公啟（鄭餘慶）	✓	元和五年	元五	✓	無繫年	元五，多為河南令時。
第十六卷						
書						
62 上宰相書	✓	貞十一年	貞十一	✓	無繫年	貞十一
63（後十九日）復上書	✓	貞十一年	貞十一	✓	無繫年	貞十一
64（後二十九日）復上書	✓	貞十一年	貞十一	無收	無收	貞十一
65 答侯繼書	✓	貞十一年宏詞試不利作	無繫年	✓	無繫年	貞十一，未上宰相書之前作。
66 答崔立之書	✓	貞十一年宏詞試不利作	貞十一	無收	無收	貞十一，未上宰相書之前作。
67 答李翊書	✓	貞十七、八年間	無繫年	✓	無繫年	貞十七，六月
68 重答李翊書	✓	貞十七、八年間	無繫年	無收	無收	貞十七，六月
69 代張籍與李浙東（李遜）書	✓	元和六、七年間	無繫年	✓	題注：元和五年	元五
70 答李秀才書	✓	貞八、九年博士日作	無繫年	✓	無繫年	貞十八

71 答陳生（陳師錫）書	✔	貞八、九年博士日作	無繫年	✔	無繫年		貞十八
72 與李翱書	✔	貞十五徐州作	無繫年	✔	無繫年		貞十五，在徐幕作。
第十七卷							
書							
73 上張僕射（張建封）書	✔	貞十五，九月徐州上	貞十五	✔	無繫年		貞十五，九月
74 答胡生（胡直均）書	✔	貞十八	無繫年	✔	貞十八，胡未第時		無繫年
75 與于襄陽（于頔）書	✔	貞十八	無繫年	✔	無繫年		貞十八，七月
76 與崔群書	✔	貞十八	貞十八	✔	無繫年		貞十八
77 與陳給事（陳京）書	✔	貞十九	貞十九	✔	無繫年		貞十九
78 答馮宿書	✔	元二、三年間東都作	元二	✔	無繫年		元二，在東都作
79 與衛中行書	✔	貞十六居洛時作	貞十六	✔	貞十六，去徐居洛時		貞十六，去徐歸洛後作
80 重上張僕射（張建封）書	✔	無繫年	貞十五	✔	無繫年		貞十五，九月
81 與馮宿論文書	✔	貞十二、三年	無繫年	✔	無繫年		貞十四
82 與祠部陸員外（陸傪）書	✔	貞十八薦士於陸傪	貞十八	✔	無繫年		貞十八，春
第十八卷							
書							
83 與鳳翔邢尚書（邢君牙）書	✔	貞十一	貞十一	✔	公時年廿八，作於感二鳥賦之後。		貞十一，六月遊鳳翔時作
84 爲人求薦書	✔	無繫年	無繫年	✔	無繫年		無年考
85 應科目時與人書（上韋舍人書）	✔	無繫年	貞十	✔	無繫年		貞九
86 答劉正夫書	✔	元十	無繫年	✔	元六至元八之前作		元七

87 答殷侍御（殷侑）書	✔	元十三	無繫年	✔	無繫年	元十三，八月
88 答陳商書	✔	元八	無繫年	✔	無繫年	元七
89 與孟尚書（孟簡）書	✔	元和十五，秋	元十五	✔	無繫年	元十五
90 答呂醫山人書	✔	無繫年	無繫年	✔	無繫年	無年考
91 答渝州李使君（李道古）書	✔	無繫年	無繫年	✔	無繫年	無年考
92 答元侍御（元稹）書	✔	元九	元九	✔	無繫年	元九，秋
第十九卷						
書						
93 與鄭相公（鄭餘慶）書	✔	元九	元九	無收	無收	元九，秋
94 與袁相公（袁滋）書	✔	元九	元九	✔	題注：滋時爲山南東道節度使	元九，九月袁初鎮荊南後作
95 與鄂州柳中丞二書（柳公綽）	✔	元九、十年間	元十	✔	無繫年	無繫年
96 答魏博田僕射（田弘正）書	✔	元九	元九	✔	元九，十二月	元九，十二月
97 與華州李尚書（李絳）	✔	元十	元十	無收	無收	元十，春
98 京尹不臺參答友人書	✔	長三	長三	✔	無繫年	長三，六月
序						
99 送陸歙州詩序（陸傪）	✔	無繫年	貞十八	無收	無收	貞十八，二月
100 送孟東野（孟郊）序	✔	貞十七	無繫年	✔	無繫年	無繫年
101 送許郢州（許仲輿）序	✔	貞十九	貞十九	✔	無繫年	貞十九
102 送寶從事（寶平）序	✔	貞十七，東都作	貞十六	✔	無繫年	貞十七，夏
103 上已日燕太學聽彈琴詩序	✔	貞十九	無繫年	✔	無繫年	貞十八，三月

104 送齊暤下第序	✓	貞九、十年間	貞八	✓	無繫年	貞十
105 送陳密序	✓	無繫年	無繫年	無收	無收	貞十九，爲博士時
106 送李愿歸盤谷序	✓	無繫年	貞十七	✓	無繫年	貞十七
107 送牛堪序	✓	無繫年	無繫年	無收	無收	貞十九，爲博士時
第二十卷						
序						
108 送董邵南序	✓	無繫年	無繫年	✓	無繫年	貞十八、九
109 贈崔復州序	✓	貞元末	無繫年	✓	無繫年	貞十九
110 送張童子序		無繫年	無繫年	✓	無繫年	貞十，九月
111 送浮屠文暢師序	✓	無繫年	貞十九	✓	無繫年	貞十九，春
112 送楊支使（楊儀之）序	✓	貞二十一陽山	貞二十	✓	無繫年	貞二十
113 送何堅序	✓	貞十九	無繫年	✓	無繫年	貞十九，爲博士時作
114 送廖道士序	✓	永貞元	無繫年	✓	無繫年	貞廿一
115 送王秀才(王含)序	✓	貞元十八、九年	無繫年	✓	無繫年	無年考
116 送孟秀才(孟琯)序	✓	永貞元	永貞元年多	✓	無繫年	貞廿一，多
117 送陳秀才(陳彤)序	✓	永貞元	無繫年	✓	無繫年	貞二十
118 送王塤秀才序	✓	無繫年	無繫年	無收	無收	無年考
119 荊潭唱和詩序	✓	元九，江陵作。（按九爲元之誤）	貞廿一	✓	無繫年	貞廿一
120 送幽州李端公（李益）序	✓	元五，東都作	無繫年	✓	元五，東都作	元五
第二十一卷						
序						

121 送區冊序	✔	貞廿一春陽山	貞廿一	✔	貞廿一，正月	貞廿一
122 送張道士序	✔	無繫年	元九	✔	無繫年	元九，秋
123 送高閑上人序	✔	無繫年	無繫年	✔	無繫年	無年考
124 送殷員外（殷侑）序	✔	元和十二年	元十二	✔	無繫年	元十二，爲庶子時作。
125 送楊少尹（楊巨源）序	✔	長四	長四	✔	無繫年	長四，請告後所作。
126 送權秀才序	✔	貞十二、三年間汴州作	貞十二	✔	無繫年	貞十三，秋
127 送湖南李正字（李礎）序	✔	元五，東都作	元五	✔	元五	元五，秋
128 送石處士(石洪)序	✔	元五	元五	✔	初令河南時	元五，夏秋間作。
129 送溫處士赴河陽軍（溫造）序	✔	元五	元六	✔	初令河南時	元五，冬
130 送鄭尙書(鄭權)序	✔	無繫年	無繫年	✔	無繫年	長三，四月
131 送水陸運使韓侍御歸所治（韓約）序	✔	無繫年	元八	無收	無收	元八，冬
132 送鄭十校理（鄭瀚）序	✔	元五東都	元五	✔	無繫年	元五春
133 韋侍講盛山十二詩序（韋處厚）	✔	無繫年	長二	✔	長慶二年四五月間作	長二，夏
134 石鼎聯句詩並序	✔	無繫年	元七	✔	無繫年	元七，十二月
第二十二卷						
哀辭祭文						
135 祭田橫墓文	✔	無繫年	貞十一	✔	無繫年	貞十一，九月
136 歐陽生哀辭（歐陽詹）	✔	貞十八年	無繫年	✔	無繫年	無年考
137 題哀辭後	✔	貞十八年	無繫年	無收	無收	無年考

138 獨孤申叔哀辭（獨孤申叔）	✔	貞十八年	貞十八	無收	無收	貞　十八，四月
139 祭穆員外（穆員）文	✔	無繫年	無繫年	✔	無繫年	貞元十五、六
140 祭郴州李使君文	✔	元元	貞廿一	✔	無繫年	元元，二月二十四
141 祭薛助教（薛公達）文	✔	無繫年	元四	無收	無收	元四
142 祭虞部張員外（張季友）	✔	元十	元十	✔	無繫年	元十
143 祭河南張員外文（張署）	✔	元十二	元十二	✔	無繫年	元十二，秋
144 祭左司李員外太夫人文	✔	無繫年	無繫年	無收	無收	元六
145 祭薛中丞（薛存誠）文	✔	元九年八月十五	元九	無收	無收	元九
146 祭裴太常文	✔	元九	元九	✔	無繫年	元九
147 潮州祭神五首	✔	無繫年	無繫年	✔	元十四	元十四，三月、六月
第二十三卷						
祭文						
148 袁州祭神三首	✔	無繫年	無繫年	無收	無收	元十五，夏
149 祭柳子厚（柳宗元）文	✔	元十五，五月五日	元十五	✔	無繫年	元十五，五月五日
150 祭湘君夫人文	✔	元十五	元十五	無收	無收	元十五，十月
151 祭竇司業（竇牟）文	✔	長二	長二	✔	無繫年	長二，二月鎮州回時作
152 祭侯主簿（侯喜）文	✔	長二，九月	無繫年	✔	無繫年	長三
153 祭竹林神文	✔	長三，六月	長三	✔	無繫年	長三，六月為京兆尹時作
154 曲江祭龍文	✔	長三，六月	長三	✔	無繫年	長三，六

						月爲京兆尹時作
155 祭馬僕射（馬總）文	✓	長三	長三	✓	長三，八月	長三，十月
156 弔武侍御所畫佛文	✓	無繫年	無繫年	✓	無繫	無年考
157 祭故陝府李司馬（李郱）文	✓	長元，三月	長元	✓	長元，正月	長元，正月
158 祭十二兄（韓岌）文	✓	元元，六月	元元	✓	無繫年	元元，九月
159 祭鄭夫人文	✓	貞元元年（按：元爲九之誤）	貞十	✓	貞十	貞十
160 祭十二郎（韓老成）文	✓	貞十九年五月廿六	貞十七	✓	貞十	貞十九，秋多
161 祭周氏姪女（韓俞女）文	✓	元十一年	元十一	無收	無收	元十一
162 祭滂（韓滂）文	✓	元十五	元十五	✓	元十五	元十五
163 祭李氏二十九娘子（李干妻）文	✓	無繫年	無繫年	✓	無繫年	無年考
164 祭張給事（張徹）文	✓	長元	長元	✓	無繫年	長元
165 祭女挐文	✓	長三	長三	✓	無繫	長三，多
第二十四卷						
碑誌						
166 李元賓墓銘（李元賓）	✓	無繫年	貞十	✓	無繫年	貞十一，多
167 崔評事墓銘（崔翰）	✓	無繫年	貞十五	✓	無繫年	貞十五，二月
168 施先生墓銘（施士丏）	✓	無繫年	貞十八	✓	無繫年	貞十八，十月
169 考功員外盧君墓銘（盧東美）	✓	無繫年	元二	✓	無繫年	元二，二月
170 施州房使君鄭夫人殯表（房式妻）	✓	無繫年	貞廿一	✓	無繫年	貞廿一，多
171 清邊郡王楊燕奇碑文（楊燕奇）	✓	無繫年	貞十四	✓	無繫年	貞十四，十月
172 河南少尹裴君墓	✓	無繫年	元三	✓	無繫年	元三，七

						月
誌銘（裴復）						
173 國子助教河東薛君墓誌銘（薛公達）	✔	無繫年	元四	✔	無繫年	元四
174 監察御史元君妻京兆韋氏夫人墓誌銘（元稹妻）	✔	無繫年	元四	✔	無繫年	元四
第二十五卷						
碑誌						
175 登封縣尉盧殷墓誌銘（盧殷）	✔	無繫年	元五	✔	元五，十月	元五，十一月十一日
176 興元少尹房君墓誌銘（房武）	✔	無繫年	元六	✔	元六，正月	元六，正月十四日
177 河南少尹李公墓誌銘（李素）	✔	無繫年	元七	✔	無繫年	元七
178 集賢院校理石君墓誌銘（石洪）	✔	無繫年	元七	✔	無繫年	元七，七月廿八月
179 江西觀察使韋公墓誌銘（韋丹）	✔	無繫年	元六	✔	無繫年	元六，七月初八
180 河南府王屋縣尉畢君墓誌銘（畢坰）	✔	無繫年	元六	✔	無繫年	元六，二月廿五日
181 試大理評事胡君墓銘（胡明允）	✔	元十二年從晉公征淮西日作	無繫年`	無收	無收	元八，三月
182 襄陽盧丞墓誌銘（盧行簡）	✔	無繫年	元六	✔	無繫年	元六，九月
183 河中府法曹張君墓碣銘（張圓）	✔	無繫年	元五	✔	無繫年	元五
184 太原府參軍苗君墓誌銘（苗蕃）	✔	無繫年	元二	✔	無繫年	元二
第二十六卷						
碑誌						
185 朝散大夫贈司勳員外郎孔君墓誌銘（孔戡）	✔	無繫年	元五	✔	無繫年	元五，八月十六日
186 中散大夫河南尹杜君墓誌銘（杜兼）	✔	無繫年	元五	✔	無繫年	元五，二月廿四

						日
187 銀青光祿大夫守左散騎常侍致仕上柱國襄陽郡王平陽路公神道碑銘（路應）	✔	無繫年	元七	✔	無繫年	元七，十月初五
188 烏氏廟碑銘（烏重胤）	✔	無繫年	元八	✔	無繫年	元八，八月廿五日
189 河東節度觀察使滎陽鄭公神道碑文（鄭儋）	✔	無繫年	元八	✔	無繫年	元八，六月廿日
190 魏博節度觀察使沂國公先廟碑銘（田弘正）	✔	無繫年	元八	✔	無繫年	元八，十一月三日
第二十七卷						
碑誌						
191 劉統軍碑（劉昌裔）	✔	無繫年	元九	✔	無繫年	元九，九月
192 衢州徐偃王廟碑	✔	無繫年	元十	✔	無繫年	元十，十二月九日
193 袁氏先廟碑（袁滋）	✔	元十一	元十一	✔	無繫年	元十一
194 清河郡公房公墓碣（房啓）	✔	元十一	元十	✔	無繫年	元十，秋
195 銀青光祿大夫檢校左散騎常侍兼右金吾衛大將軍贈工部尙書太原郡公神道碑文（王用）	✔	無繫年	元十一	✔	無繫年	元十一冬
第二十八卷						
碑誌						
196 曹成王碑	✔	無繫年	無繫年	✔	無繫年	元十一
197 息國夫人墓誌銘（李繫妻）	✔	無繫年	元八	✔	無繫年	元八，八月初十
198 試大理評事王君墓誌銘（王適）	✔	元九	元九	✔	無繫年	元九
199 扶風郡夫人墓誌	✔	無繫年	元九	✔	無繫年	元九，正

銘（馬暢妻）						月廿五
200 殿中侍御史李君墓誌銘（李虛中）	✔	無繫年	元八	✔	無繫年	元八，十月廿九
第二十九卷						
碑誌						
201 朝散大夫商州刺史除名徙封州董府君墓誌（董溪）	✔	無繫年	元八	✔	元八，正月	元八，十一月五日
202 貞曜先生墓誌（孟郊）	✔	無繫年	元九	✔	元九	元九，十月十七
203 祕書少監贈絳州刺史獨孤府君墓誌銘（獨孤郁）	✔	無繫年	元十	✔	無繫年	元十
204 虞部員外郎張府君墓誌銘（張季友）	✔	元十	元十	✔	無繫年	元十
205 檢校尚書左僕射右龍武軍統軍劉公墓誌銘（劉昌裔）	✔	無繫年	元九	✔	無繫年	元九
第三十卷						
碑誌						
206 監察御史衛府君墓銘（衛中行兄）	✔	無繫年	元十	✔	無繫年	元十，十二月
207 河南令張君墓誌銘（張署）	✔	無繫年	元十二	✔	元和十一，七月前	元十二，未從征蔡時作
208 鳳翔隴州節度使李公墓誌銘（李惟簡）	✔	無繫年	元十三	✔	無繫年	元十三，十一月十六
209 中散大夫少府監胡良公墓神道碑（胡珦）	✔	無繫年	元十四	✔	無繫年	元十四
210 故相權公墓銘（權德輿）	✔	無繫年	元十三	✔	元十三	元十三
211 平淮西碑	✔	無繫年	元十三	✔	無繫年	元十三，春
第三十一卷						
碑誌						
212 南海神廟碑	✔	無繫年	元十五	✔	無繫年	元十五，十月一日

213 處州孔子廟碑	✓	無繫年	無繫年	✓	無繫年	元十五，為祭酒時
214 柳州羅池廟碑	✓	無繫年	長三	✓	無繫年	長三，春
215 黃陵廟碑	✓	無繫年	長元	✓	無繫年	長元，秋為兵侍時
216 江南西道觀察使贈左散騎常侍太原王公神道碑銘（王仲舒）	✓	無繫年	長四	✓	長慶四年二月	長四
第三十二卷						
碑誌						
217 司徒兼侍中中書令贈太尉許國公神道碑銘（韓弘）	✓	無繫年	長三	✓	（韓弘）以長慶二年十二月三日薨於日永崇里第	長三，七月
218 柳子厚墓誌銘（柳宗元）	✓	無繫年	元十五	✓	無繫年	元十五，七月十日
219 昭武校尉守左金吾衛將軍李公墓誌銘（李道古）	✓	無繫年	長元	✓	無繫年	長元
220 朝散大夫尚書庫部郎中鄭君墓誌銘（鄭羣）	✓	無繫年	長元	✓	無繫年	長元，十一月廿二日
221 朝散大夫越州刺史薛公墓誌銘（薛戎）	✓	無繫年	長元	✓	無繫年	長元，十一月二十七日
第三十三卷						
碑誌						
222 楚國夫人墓誌銘（韓弘妻）	✓	無繫年	長二	無收	無收	長二
223 國子司業竇公墓誌銘（竇牟）	✓	無繫年	長二	✓	無繫年	長二，八月
224 正議大夫尚書左丞孔公墓誌銘（孔戣）	✓	無繫年	長四	✓	無繫年	長四，八月八日
225 江南西道觀察使贈左散騎常侍太原	✓	無繫年	長四	✓	無繫年	長四，二月

王公墓誌銘（王仲舒）						
226 殿中少監馬君墓誌（馬繼祖）	✓	長慶初	無繫年	✓	無繫年	長元
第三十四卷						
碑誌						
227 南陽樊紹述墓誌銘	✓	長三，五月	長四	✓	無繫年	長三、四月
228 中大夫陝府左司馬李公墓誌銘（李郱）	✓	長元	長元	✓	無繫年	長元，五月廿五
229 幽州節度判官贈給事中清河張君墓誌銘（張徹）	✓	長三	長三	✓	長四	長四，四月
230 河南府法曹參軍盧府君夫人墓誌銘（盧貽妻）	✓	無繫年	貞十九	✓	無繫年	貞十九
231 貝州司法參軍李君墓誌銘（李楚金）	✓	無繫年	無繫年	✓	無繫年	貞十七，九月
232 處士盧君墓誌銘（盧於陵）	✓	無繫年	元二	✓	無繫年	元二
233 太學博士李君墓誌銘（李于）	✓	無繫年	長三	✓	無繫年	長三，正月廿六
第三十五卷						
碑誌						
234 盧渾墓誌銘	✓	無繫年	無繫年	✓	無繫年	無年考
235 虢州司戶韓府君墓誌銘（韓峇）	✓	無繫年	元元	✓	無繫年	元元
236 四門博士周況妻韓氏墓誌銘（韓好好）		無繫年	元十一		無繫年	元十一，春夏間，爲中舍時作。
237 韓滂墓誌銘（韓老成子）	✓	無繫年	元十五	✓	無繫年	元十五，袁州時
238 女挐壙銘（韓挐）	✓	無繫年	長三	✓	長三	長三，十一月十一日
239 河南緱氏主簿唐充妻盧氏墓誌銘	✓	無繫年	元四	✓	無繫年	元四

240 乳母墓銘	✓	無繫年	元六	✓	無繫年	元六，三月廿日，時為河南令
第三十六卷						
雜文						
241 瘞硯銘	✓	無繫年	無繫年	✓	無繫年	貞十
242 毛穎傳	✓	無繫年	無繫年	✓	無繫年	無年考
243 下邳侯蕐華傳	✓	無繫年	無繫年	✓	無繫年	無繫年
244 送窮文	✓	元六春	元六	✓	元六	元六
245 鱷魚文	✓	元和十四年四月二十四	元十四	✓	無繫年	元十四四月廿四
第三十七卷						
狀						
246 贈太傅董公行狀	✓	無繫年	貞十五	✓	無繫年	貞十五，五月十八
247 與汝州盧郎中論薦侯喜狀	✓	貞十七	貞十七	✓	無繫年	貞十七
248 論今年權停舉選狀	✓	貞十九，博士日	貞十九	✓	無繫年	貞十九，七月
249 御史臺上論天旱人饑狀	✓	貞十九，冬	貞十九	✓	無繫年	貞十九，十二月
250 請復國子監生徒狀	✓	元元	長元	✓	長元	長元
251 贈絳州刺史馬府君行狀（馬彙）	✓	無繫年	貞十八	✓	無繫年	貞十八
252 復讎狀	✓	元六年九月	元六年九月	✓	無繫年	元六，冬
253 錢重物輕狀	✓	長元	長元	✓	長元	長元，秋
第三十八卷						
表狀						
254 爲韋相公讓官表（韋貫之）	✓	元九	元九	✓	元九，十二月	元九，十二月
255 爲宰相賀雪表	✓	元十，二月	元十	✓	元十，十二月	元十，二月
256 進順宗皇帝實錄表狀	✓	元十	元十	✓	無繫年	元十，夏

257 爲裴相公讓官表（裴度）	✔	元十	元十	✔	無繫年	元十，六月
258 爲宰相賀白龜狀	✔	元十一、十二	元十	✔	無繫年	無繫年
259 多薦官殷侑狀	✔	元十一、十二	元十一	無收	無收	元十一，多
260 進王用碑文狀	✔	元十一、十二	元十一	✔	無繫年	元十一，多
261 謝許受王用男人事物狀	✔	元十一、十二	無繫年	無收	無收	元十一，多
262 薦樊宗師狀	✔	元十一、十二	元十	無收	無收	元九
263 舉錢徽自代狀	✔	元十一、十二	元十二	✔	無繫年	元十二，十二月遷兵侍後作
264 進撰平淮西碑文表	✔	元十三	元十三	✔	無繫年	元十三
265 奏韓弘人事物狀	✔	元十三	無繫年	無收	無收	元十三，夏
266 謝許受韓弘物狀	✔	元十三	元十三	無收	無收	元十三，夏
第三十九卷						
表狀						
267 論捕賊行賞表	✔	元十	元十	✔	無繫年	元十，夏秋間作
268 論佛骨表	✔	元十四正月	元十四	✔	無繫年	元十四，正月
269 潮州刺史謝上表	✔	潮州作	元十四	✔	無繫年	元十四，三月廿五
270 賀冊尊號表	✔	潮州作	元十四	無收	無收	元十四，秋
271 袁州刺史謝上表	✔	袁州作	元十五	✔	無繫年	元十五，春
272 賀皇帝即位表	✔	袁州作	元十五	無收	無收	元十五，春
273 賀赦表	✔	袁州作	元十五	無收	無收	元十五，春

274 賀冊皇太后表	✓	袁州作	元十五	無收	無收	元十五，春
275 賀慶雲表	✓	袁州作	元十五	✓	無繫年	元十五，六月後
276 舉張惟素自代狀	✓	元十五	長元	無收	無收	元十五，十月
277 舉韓泰自代狀	✓	元十五	元十五	✓	無繫年	元十五，春
278 慰國哀表	✓	元十五	元十五	✓	無繫年	元十五，春
279 舉薦張籍狀	✓	長元，任祭酒日作	長元	無收	無收	元十五，冬為國子祭酒時作
280 請上尊號表	✓	長元，任祭酒日作	長元	✓	無繫年	長元，未轉兵部時作
281 舉韋顗自代狀	✓	長元，兵部尚書時作	長元	無收	無收	長元，七月轉兵部時作
第四十卷						
表狀						
282 論孔戣致仕狀	✓	長三	長三	✓	無繫年	長三，四月
283 舉馬摠自代狀	✓	長三	長三	✓	無繫年	長三，六月，為京兆時
284 賀雨表	✓	長三	長三	✓	無繫年	長三，六月
285 賀太陽不虧狀	✓	長三	長三	✓	長三，九月	長三，九月朔上
286 舉張正甫自代狀	✓	長三，除京兆時	長三	✓	無繫年	長三，十月再轉兵部侍郎時作
287 袁州申使狀	✓	無繫年	元十五	無收	無收	元十五，九月
288 國子監論新注學官牒	✓	長元	長元	✓	題注：公為祭酒時所	長元

					論	
289 黃家賊事宜狀	✓	袁州歸日作	元十五	✓	無繫年	元十五，秋
290 應所在典貼良人男女等狀	✓	袁州歸日作	元十五	✓	無繫年	元十五
291 論淮西事宜狀	✓	元十	元十	✓	無繫年	元十一為中舍時作
292 論變鹽法事宜狀	✓	長二	長二	✓	無繫年	長二，春夏間
外集舉正目錄				**昌黎先生外集目錄**		
				第一卷		
1 明水賦	✓	貞八，省試	貞八	✓	無繫年	貞八
2 請遷玄宗廟議	✓	無繫年	無繫年	✓	無繫年	長四，五月
				第二卷		
3 上賈滑州書	✓	貞六	貞六	無收	無收	貞六
4 上考功崔虞部書	✓	貞九	貞九	✓	無繫年	貞九
5 與少室李拾遺書（李渤）	✓	元三	元三，十二月	✓	無繫年	元三，七月
6 答劉秀才論史書	✓	元九	元九	✓	無繫年	元八，六月九日
7 與大顛師書	無收	無收	無收	✓	無繫年	元十四，夏
				第三卷		
8 送汴州監軍俱文珍序	✓	無繫年	貞十三，春	✓	無繫年	貞十三，春
9 送浮屠令縱西遊序	✓	無繫年	無繫年	✓	無繫年	無年考
				第四卷		
10 通解	✓	無繫年	無繫年	✓	無繫年	無年考
11 擇言解	✓	無繫年	無繫年	無收	無收	無年考
12 鄠人對	✓	無繫年	無繫年	✓	無繫年	無年考
13 河南府同官記	✓	元五	元四	✓	無繫年	元四，冬
14 記宜城驛	✓	無繫年	元十四	✓	無繫年	元十四，二月二日
15 題李生壁	✓	無繫年	貞十六	✓	無繫年	貞十六，五月十

						四日
				第五卷		
16 除崔戶部侍郎制（崔羣）	✓	元十	無繫年	無收	無收	元十
17 祭董相公文（董晉）	✓	無繫年	無繫年	✓	無繫年	貞十五，二月
18 祭石君文（石洪）	✓	無繫年	元七	✓	無繫年	元七，七月廿七
19 祭房君文（房次卿）	✓	無繫年	無繫年	無收	無收	無年考
20 高君仙硯銘	✓	無繫年	無繫年	無收	無收	無年考
21 高君畫贊	✓	無繫年	無繫年	無收	無收	無年考
22 潮州請置鄉校牒	✓	無繫年	無繫年	✓	無繫年	元十四，抵潮後
				第六卷		
23 順宗實錄卷第一	無收	無收	無收	✓	無繫年	無繫年
				第七卷		
順宗實錄卷第二	無收	無收	無收	✓	無繫年	無繫年
				第八卷		
順宗實錄卷第三	無收	無收	無收	✓	無繫年	無繫年
				第九卷		
順宗實錄卷第四	無收	無收	無收	✓	無繫年	無繫年
				第十卷		
順宗實錄卷第五	無收	無收	無收	✓	無繫年	無繫年
				遺文一卷		
				書		
24 答侯生問論語	無收	無收	無收	✓	無繫年	貞十七
				墓誌		
25 相州刺史御史中丞田公故夫人魏氏墓誌銘	無收	無收	無收	無收	無收	無繫年
				啓		
26 皇帝即位賀宰相	無收	無收	無收	無收	無收	元十五，春
				狀		
27 奏汴州得嘉禾嘉瓜	無收	無收	無收	✓	無繫年	貞十三，夏秋間作

28 皇帝即位賀諸道	無收	無收	無收	✓	無繫年	元十五，春
29 皇帝即位降赦賀觀察使	無收	無收	無收	無收	無收	元十五，春
30 潮州謝孔大夫	無收	無收	無收	✓	無繫年	元十四，八月
				疏		
31 憲宗崩慰諸道	無收	無收	無收	無收	無收	元十五，春
				題名		
32 長安慈恩塔	無收	無收	無收	✓	無繫年	無年考
33 洛北惠林寺	無收	無收	無收	✓	無繫年	貞十七，七月廿二
34 謁少室李渤	無收	無收	無收	無收	無收	元三
35 福先塔寺	無收	無收	無收	✓	無繫年	元三，十月九日
36 嵩山天封宮	無收	無收	無收	✓	無繫年	元四，三月廿六
37 迓杜兼	無收	無收	無收	無收	無收	元三，九月廿二
38 華嶽	無收	無收	無收	✓	無繫年	元十二，八月八日
39 與張徐州荐薛公達書	✓	貞四	貞四	無收	無收	無繫年

附表二：韓文繫年諸家異同一覽表

說明：

1. 篇章排列依屈守元主編之《韓愈全集校注》。

2. 繫年比較以屈、張、黃三家為主，並列大小方以為比觀。

3. 「無」，表示原書有收卻無繫年

4. 「無年考」，表示該書列為「無年可考」。

5. 「無收」，表示該書無收此篇。

6. 「疑年」、「存疑」，表示原書自列為「疑年文」或置於「存疑詩文」中。

7. 「入附錄」，表原書置入附錄，不收入繫年中。

8. 「入詩」，表該書列入詩繫年中。

9. 「？」表篇中所指人物姓名有誤。

（△：表示為異同而需待研究之篇目，計 61 篇）

			方崧卿	方成珪	屈守元	張清華	黃珽喜
1		與張徐州薦薛公達書（張建封）	貞四	無收	貞四	貞四	貞四
2		河中府連理木頌	貞六	貞六	貞六	貞六	貞六
3	△	貓相乳	貞五、六	貞二	貞六	貞四	無收
4		上賈滑州書（賈耽）	貞六	貞六	貞六	貞六	貞六
5		明水賦	貞八	貞八	貞八	貞八	貞八
6	△	瘞硯銘	無	貞十	貞八	貞十	無收
7		省試顏子不貳過論	貞九	貞九	貞九	貞九	貞九
8	△	爭臣論	貞八	貞八	貞九	貞八	貞八
9		上考功崔虞部書（崔元瀚）	貞九	貞九	貞九	貞九	貞九
10	△	應科目時與人書	貞十	貞九	貞十	貞九	無收
11	△	與鳳翔刑尚書書（刑君牙）	貞十一	貞十一	貞十	貞九	貞九

12	送齊皞下第序	貞八	貞十	貞十	貞十	無收
13	贈張童子序	無	貞十	貞十	貞十	無收
14	△祭鄭夫人文（韓會妻）	貞十	貞十	貞十	貞十	貞十一
15	唐故太子校書李公墓誌銘（李元賓）	貞十	貞十一	貞十	貞十	貞十
16	感二鳥賦并序	貞十一	貞十一	貞十一	貞十一	貞十一
17	畫記	貞十一	貞十一	貞十一	貞十一	無收
18	上宰相書	貞十一	貞十一	貞十一	貞十一	貞十一
19	後十九日復上書	貞十一	貞十一	貞十一	貞十一	貞十一
20	後二十九日復上書	貞十一	貞十一	貞十一	貞十一	貞十一
21	答侯繼書	貞十一	貞十一	貞十一	貞十一	貞十一
22	答崔立之書	貞十一	貞十一	貞十一	貞十一	貞十一
23	△省試學生代齋郎議	貞十一	貞十一	貞十一	貞十	貞十
24	祭田橫墓文	貞十一	貞十一	貞十一	貞十一	貞十一
25	監軍新竹亭記	無收	無收	貞十二	貞十二	無收
26	復志賦并序	貞十三	貞十三	貞十三	貞十三	貞十三
27	△送權秀才序	貞十二	貞十三	貞十三	貞十四	貞十四
28	奏汴州得嘉禾嘉瓜狀	無收	貞十三	貞十三	貞十三	無收
29	△進士策問十三首	無	無年考	貞十四	前六題是貞十四作；餘非一歲所作。	無收
30	汴州東西水門記	貞十四	貞十四	貞十四	貞十四	貞十四
31	答張籍書	貞十二	貞十三	貞十四	貞十四	貞十四
32	重答張籍書	貞十二	貞十三	貞十四	貞十四	貞十四
33	與馮宿論文書	貞十二、三	貞十四	貞十四	貞十四	貞十四
34	清邊郡王楊燕奇碑文	貞十四	貞十四	貞十四	貞十四	無收
35	太學生何蕃傳	員十五	貞十五	貞十五	貞十五	無收
36	△子產不毀鄉校頌	無	元二	貞十五	貞十九	無收
37	徐泗豪三州節度掌書記廳石記	貞十五	貞十五	貞十五	貞十五	貞十五
38	愛直贈李君房別	貞十五	貞十五	貞十五	貞十五	貞十五
39	△賀徐州張僕射白兔書（張建封）	貞十六	貞十六	貞十五	貞十六	貞十五
40	上張僕射書	貞十五	貞十五	貞十五	貞十五	貞十五
41	上張僕射第二書	貞十五	貞十五	貞十五	貞十五	貞十五
42	△與李翺書	貞十五	貞十五	貞十五	貞十五	貞十六
43	祭董相公文（董晉）	無	貞十五	貞十五	貞十五	貞十五

44		董公行狀	貞十五	貞十五	貞十五	貞十五	貞十五
45		崔評事墓誌（崔瀚）	貞十五	貞十五	貞十五	貞十五	貞十五
46		閔已賦	貞十六	貞十六	貞十六	貞十六	無收
47		題李生壁	貞十六	貞十六	貞十六	貞十六	貞十六
48		與孟東野書	貞十六	貞十六	貞十六	貞十六	貞十六
49		與衛中行書	貞十六	貞十六	貞十六	貞十六	貞十六
50		祭穆員外文（穆員）	無	貞十六	貞十六	貞十六	無收
51	△	獲麟解	非元和間作	無年考	貞十七	貞十七	貞十六
52	△	行難	無	貞十八	貞十七	貞十八	無收
53		圬者王承福傳	無	無年考	貞十七	貞十七	無收
54		答李翊書	貞十七、八	貞十七	貞十七	貞十七	貞十七
55		重答李翊書	貞十七、八	貞十七	貞十七	貞十七	貞十七
56		答尉遲生書（尉遲汾）	無	貞十七	貞十七	貞十七	無收
57	△	送孟東野序（孟郊）	貞十七	無	貞十七	貞十八	貞十八
58		送竇從事序（竇牟）	貞十六	貞十七	貞十七	貞十七	貞十七
59		送李愿歸盤谷序	貞十七	貞十七	貞十七	貞十七	貞十七
60		與汝州盧郎中論薦侯喜狀（盧虔）	貞十七	貞十七	貞十七	貞十七	貞十七
61	△	歐陽生哀辭（歐陽詹）	貞十八	無年考	貞十七	貞十八	貞十七
62	△	題哀辭後	貞十八	無年考	貞十七	貞十八	貞十七
63		唐故貝州司法參軍李君墓誌銘（李楚金）	無	貞十七	貞十七	貞十七	貞十七
64		師說	貞元年	貞十八	貞十八	貞十八	無收
65		與祠部陸員外書（陸傪）	貞十八	貞十八	貞十八	貞十八	貞十八
66		與于襄陽書（于頔）	貞十八	貞十八	貞十八	貞十八	貞十八
67		答李秀才書	貞八、九	貞十八	貞十八	貞十八	無收
68	△	答陳生書（陳師錫）	貞八、九	貞十八	貞十八	元三	無收
69		與崔群書	貞十八	貞十八	貞十八	貞十八	貞十八
70		答胡生書（胡直均）	貞十八	胡未第時	貞十八	貞十八	無收
71		上已日燕太學聽彈琴詩序	貞十九	貞十八	貞十八	貞十八	無收
72		獨孤申叔哀辭	貞十八	貞十八	貞十八	貞十八	無收
73		唐故贈絳州刺史馬府君行狀（馬彙）	貞十八	貞十八	貞十八	貞十八	無收
74		施先生墓誌（施士丐）	貞十八	貞十八	貞十八	貞十八	貞十八
75	△	禘祫議	貞十七	貞十九	貞十九	貞十九	貞十七
76	△	訟風伯	無	貞十九	貞十九	無	無收

77	與陳給事書（陳京）	貞十九	貞十九	貞十九	貞十九	貞十九
78	上李尙書書（李實）	貞十九	貞十九	貞十九	貞十九	貞十九
79	送浮屠文暢師序	貞十九	貞十九	貞十九	貞十九	貞十九
80	送牛堪序	無	貞十九	貞十九	貞十九	無收
81	送陳密序	無	貞十九	貞十九	貞十九	無收
82	△送王秀才序（王含）	貞十八、九	無年考	貞十九	無	無收
83	送何堅序	貞十九	貞十九	貞十九	貞十九	無收
84	贈崔復州序	貞元末	貞十九	貞十九	貞十九	無收
85	△送董邵南序	無	貞十九	貞十九	元二	無收
86	送許郢州序（許仲輿）	貞十九	貞十九	貞十九	貞十九	無收
87	論今年權停舉選狀	貞十九	貞十九	貞十九	貞十九	貞十九
88	御史臺上天旱人饑狀	貞十九	貞十九	貞十九	貞十九	貞十九
89	祭十二郎文（韓老成）	貞十七	貞十九	貞十九	貞十九	貞十九
90	唐故河南府法曹參軍盧府君夫人苗氏墓誌銘（盧貽妻）	貞十九	貞十九	貞十九	貞十九	無收
91	別知賦	貞二十	貞二十	貞二十	貞二十	貞二十
92	燕喜亭記	貞二十	貞二十	貞二十	貞二十	貞二十
93	答竇秀才書（竇存亮）	貞二十	貞二十	貞二十	貞二十	貞二十
94	送楊支使序（楊儀之）	貞二十	貞二十	貞二十	貞二十	貞二十
95	五箴	永元	貞廿一	永元	貞廿一	永元
96	上兵部李侍郎書（李巽）	永元	永元	永元	永元	永元
97	△送區冊序	貞廿一	貞廿一	永元	貞廿一	貞二十
98	送廖道士序	永元	永元	永元	永元	永元
99	送孟秀才序（孟珰）	永元	永元	永元	永元	無收
100	送陳秀才彤序	永元	貞二十	永元	永元	永元
101	荊潭唱和詩序	貞元廿一（永元）	貞元廿一（永元）	永元	永元	永元
102	施州房使君鄭夫人殯表（房武妻）	永元	永元	永元	永元	永元
103	上襄陽于相公書（于頔）	元元	元元	元元	元元	元元
104	祭郴州李使君文（李伯康）	貞廿一（永元）	元元	元元	元元	貞廿一（永元）
105	祭十二兄文（韓岌）	元元	元元	元元	元元	元元
106	唐故虢州司戶韓府君墓誌銘（韓岌）	元元	元元	元元	元元	元元

107	△毛穎傳	無	無年考	元二	元四	無收
108	釋言	元二	元二	元二	元二	元二
109	答馮宿書	元二	元二	元二	元二	無收
110	張中丞傳後敘（張巡）	無	元二	元二	元二	元二
111	考功員外盧君墓銘（盧東美）	元二	元二	元二	元二	元二
112	處士盧君墓誌銘（盧於陵）	元二	元二	元二	元二	元二
113	唐故太原府參軍事苗君墓誌銘（苗蕃）	元二	元二	元二	元二	元二
114	與少室李拾遺書（李渤）	元三	元三	元三	元三	元三
115	唐故河南少尹裴君墓誌銘（裴復）	元三	元三	元三	元三	元三
116	△諱辯	元和中	元六	元四	元六	無收
117	祭薛助教文（薛公達）	元四	元三	元四	元四	元四
118	唐故國子助教薛君墓誌銘（薛公達）	元四	元四	元四	元四	元四
119	河南緱氏主簿唐充妻盧氏墓誌銘（唐充妻）	元四	元四	元四	元四	元四
120	監察御史元君妻京兆韋氏夫人墓誌銘（元稹妻）	元四	元四	元四	元四	元四
121	△河南府同官記	元四	元四	元五	元五	元四
122	上鄭尚書相公啟（鄭餘慶）	元五	元五	元五	元五	元五
123	上留守鄭相公啟（鄭餘慶）	元五	元五	元五	元五	元五
124	△送幽州李端公序（李益）	元五	元五	元五	元四	無收
125	△送溫處士赴河陽軍序（溫造）	元六	元五	元五	元五	元六
126	△唐故河中府法曹張君墓碣銘（張圓）	元五	元五	元五	元四	元五
127	唐故中散大夫河南尹杜君墓誌銘（杜兼）	元五	元五	元五	元五	元五

128	唐朝散大夫贈司勳員外郎孔君墓誌銘（孔戡）	元五	元五	元五	元五	元五
129	唐故登封縣尉盧殷墓誌銘（盧殷）	元五	元五	元五	元五	元五
130	送窮文	元六	元六	元六	元六	元六
131	△代張籍答李浙東書（李遜）	元六、七	元五	元六	無	元六
132	△答渝州李使君書（李方古）	無	無年考	元六	無	無收
133	△答楊子書（楊敬之）	貞十七	元六	元六	貞十七	貞十七
134	復讎狀	元六	元六	元六	元六	元六
135	唐故興元少尹房君墓誌銘（房武）	元六	元六	元六	元六	元六
136	唐故河南府王屋縣尉畢君墓誌銘（畢坰）	元六	元六	元六	元六	元六
137	乳母墓銘	元六	元六	元六	元六	元六
138	唐故江西觀察使韋公墓誌銘（韋丹）	元六	元六	元六	元六	元六
139	唐故襄陽盧丞墓誌銘（盧行簡父）	元六	元六	元六	無收	元六
140	△答陳商書	元八	元七	元七	元三？	無收
141	石鼎聯句詩序	元七	元七	元七	元七	元七
142	祭石君文（石洪）	元七	元七	元七	元七	元七
143	唐故集賢院校理石君墓誌銘（石洪）	元七	元七	元七	元七	元七
144	△唐銀青光祿大夫守左散騎常侍致仕上柱國襄陽郡王平陽路公神道碑銘（路應）	元七	元七	元七	元六	元七
145	唐故河南少尹李公墓誌銘（李素）	元七	元七	元七	元七	元七
146	進學解	元七	元八	元八	元八	元八
147	答劉秀才論史書（劉軻）	元九	元八	元八	元八	元八
148	送水陸運使韓侍御歸所治序（韓重華）	元八	元八	元八	元八	元八

149	唐故河東節度觀察使榮陽鄭公神道碑文（鄭儋）	元八	元八	元八	元八	元八
150	唐息國夫人墓誌銘（李欒妻）	元八	元八	元八	元八	元八
151	唐河陽軍節度使烏公先廟碑銘（烏重胤父）	元八	元八	元八	元八	元八
152	大唐故殿中侍御史隴西李府君墓誌銘并序（李虛中）	元八	元八	元八	元八	元八
153	唐魏博節度觀察使沂國公先廟碑銘(田弘正)	元八	元八	元八	元八	元八
154	唐故朝散大夫商州刺史除名徙封州董府君墓誌銘(董溪)	元八	元八	元八	元八	元八
155	答元侍御書（元稹）	元九	元九	元九	元九	元九
156	與袁相公書（袁滋）	元九	元九	元九	元九	元九
157	與鄭相公書（鄭餘慶）	元九	元九	元九	元九	元九
158	答魏博田僕射書（田弘正）	元九	元九	元九	無收	元九
159	為韋相公讓官表（韋貫之）	元九	元九	元九	元九	元九
160	祭薛中丞文（薛存誠）	元九	元九	元九	元九	無收
161	祭裴太常文	元九	元九	元九	元九	無收
162	△祭左司李員外太夫人文	無	元六	元九	元六	無收
163	扶風郡夫人墓誌銘（馬暢妻）	元九	元九	元九	元九	元九
164	唐故檢校尚書左僕射右龍武統軍劉公墓誌銘（劉昌裔）	元九	元九	元九	元九	元九
165	唐故檢校尚書左僕射兼御史大夫龍武統軍贈潞州大都督彭城劉公墓碑（劉昌裔）	元九	元九	元九	元九	元九
166	貞曜先生墓誌銘（孟郊）	元九	元九	元九	元九	元九

167	試大理評事王君墓誌銘（王適）	元九	元九	元九	元九	元九
168	藍田縣丞廳壁記	元十	元十	元十	元十	元十
169 △	答劉正夫書	元十	元七	元十	元七	無收
170	與華州李尙書書（李絳）	元十	元十	元十	元十	元十
171	與鄂州柳中丞書（柳公綽）	元十	不	元十	元十	元十
172	再答柳中丞書	元十	不	元十	元十	無收
173	爲宰相賀雪表	元十	元十	元十	元十	元十
174	爲裴相公讓官表（裴度）	元十	元十	元十	元十	元十
175	論捕賊行賞表	元十	元十	元十	元十	元十
176	進《順宗皇帝實錄》表狀	元十	元十	元十	元十	元十
177	除崔群戶部侍郎制	元十	元十	元十	元十	元十
178	祭虞部張員外文（張季友）	元十	元十	元十	元十	元十
179	唐故虞部員外郎張府君墓誌銘（張季友）	元十	元十	元十	元十	元十
180	唐故秘書少監贈絳州刺史獨孤府君墓誌銘（獨孤郁）	元十	元十	元十	元十	元十
181	唐故清河郡公房公墓碣銘（房啓）	元十	元十	元十	元十	無收
182	唐故監察御史衛府君墓誌銘（衛中立）	元十	元十	元十	元十	元十
183	衢州徐偃王廟碑	元十	元十	元十	元十	無收
184	科斗書後記	元十一	元十一	元十一	元十一	元十一
185 △	論淮西事宜狀	元十	元十一	元十一	元十一	元十
186	多薦官殷侑狀	元十一	元十一	元十一	元十一	元十一
187	進王用碑文狀	元十一	元十一	元十一	元十一	元十一
188	謝許受王用男人事物狀	元十一	元十一	元十一	元十一	元十一
189	祭周氏侄女文	元十一	元十一	元十一	元十一	無收
190	四門博士周況妻韓氏墓誌銘（韓好好）	元十一	元十一	元十一	元十一	元十一

191		唐故銀青光祿大夫檢校左散騎常侍兼右金吾衛大將軍贈工部尙書太原郡公神道碑文（王用）	元十一	元十一	元十一	元十一	元十一
192	△	唐荊南節度使袁滋先廟碑（袁滋）	元十一	元十一	元十一	元十	元十一
193		曹成王碑（李皋）	無	元十一	元十一	元十一	元十一
194		送殷員外序（殷侑）	元十二	元十二	元十二	元十二	元十二
195	△	爲宰相賀白龜狀（裴度等）	元十	無收	元十二	元十一	元十一
196		舉錢徽自代狀	元十二	元十二	元十二	元十二	元十二
197	△	薦樊宗師狀	元十	元九	元十二	元十三	元九
198		祭河南張員外文（張署）	元十二	元十二	元十二	元十二	元十二
199		唐故河南令張君墓誌銘（張署）	元十二	元十二	元十二	元十二	元十二
200		唐故試大理評事胡君墓銘（胡明允）	元十二	元八	元十二	無收	無收
201		答殷侍御書（殷侑）	元十三	元十三	元十三	元十三	元十三
202		改葬服議	無	元十三	元十三	元十三	無收
203		進撰平淮西碑文表	元十三	元十三	元十三	元十三	元十三
204		奏韓弘人事物表	元十三	元十三	元十三	元十三	元十三
205		謝許受韓弘物狀	元十三	元十三	元十三	元十三	元十三
206		唐故鳳翔隴州節度使李公墓誌銘（李惟簡）	元十三	元十三	元十三	元十三	元十三
207		唐故相權公墓碑（權德輿）	元十三	元十三	元十三	元十三	元十三
208		平淮西碑	元十三	元十三	元十三	元十三	元十三
209		記宜城驛	元十四	元十四	元十四	元十四	元十四
210		與路鴟秀才序	無收	無收	元十四	無收	無收
211		論佛骨表	元十四	元十四	元十四	元十四	元十四
212		潮州刺史謝上表	元十四	元十四	元十四	元十四	元十四
213		潮州請置鄉校牒	元十四	元十四	元十四	元十四	元十四
214		賀冊尊號表	元十四	元十四	元十四	元十四	元十四
215		鱷魚文	元十四	元十四	元十四	元十四	元十四
216		潮州祭神文五首	無	元十四	元十四	元十四	元十四

217	△	祭柳子厚文	元十五	元十五	元十四	元十五	元十四
218		唐故中散大夫少府監胡良公墓神道碑（胡珦）	元十四	元十四	元十四	元十四	元十四
219		新修滕王閣記	元十五	元十五	元十五	元十五	元十五
220		與孟尚書書（孟簡）	元十五	元十五	元十五	元十五	元十五
221		袁州刺史謝上表	元十五	元十五	元十五	元十五	元十五
222	△	舉韓泰自代狀	元十五	元十五	元十五	元十四	元十五
223		慰國哀表	元十五	元十五	元十五	元十五	元十五
224		憲宗崩慰諸道疏	無收	元十五	元十五	元十五	元十五
225		賀皇帝即位表	元十五	元十五	元十五	元十五	元十五
226		皇帝即位賀宰相啓	無收	元十五	元十五	元十五	元十五
227		皇帝即位賀諸道狀	無收	元十五	元十五	元十五	元十五
228		賀赦表	元十五	元十五	元十五	元十五	元十五
229		皇帝即位降赦賀觀察使狀	無收	元十五	元十五	元十五	元十五
230		賀冊皇太后表	元十五	元十五	元十五	元十五	元十五
231		賀慶雲表	元十五	元十五	元十五	元十五	元十五
232		袁州申使狀	元十五	元十五	元十五	元十五	元十五
233		舉薦張維素狀	長元	元十五	元十五	元十五	元十五
234		黃家賊事宜狀	元十五	元十五	元十五	元十五	元十五
235		應所在典貼良人男女等狀	元十五	元十五	元十五	元十五	元十五
236		袁州祭神文三首	無	元十五	元十五	元十五	元十五
237		祭澇文（韓澇）	元十五	元十五	元十五	元十五	元十五
238		祭湘君夫人文	元十五	元十五	元十五	元十五	元十五
239		唐柳州刺史柳子厚墓誌銘	元十五	元十五	元十五	元十五	元十五
240		韓澇墓誌銘	元十五	元十五	元十五	元十五	元十五
241		南海神廟碑	元十五	元十五	元十五	元十五	無收
242		處州孔子廟碑	無	元十五	元十五	元十五	無收
243		請上尊號表	長元	長元	長元	長元	長元
244	△	舉薦張籍狀	長元	元十五	長元	元十五	長元
245	△	請復國子監生徒狀	元元	長元	長元	貞十九	長元
246	△	國子監論新注學官牒	長元	長元	長元	元十五	長元
247		舉韋顥自代狀	長元	長元	長元	長元	長元
248		錢重物輕狀	長元	長元	長元	長元	無收

249	祭故陝府李司馬文（李郱）	長元	長元	長元	長元	長元
250	唐故中大夫陝府左司馬李公墓誌銘（李郱）	長元	長元	長元	長元	長元
251	唐故殿中少監馬君墓誌銘（馬繼祖）	長初	長元	長元	長元	長元
252	唐故昭武校尉守左金吾衛將軍李公墓誌銘（李道古）	長元	長元	長元	長元	長元
253	唐故朝散大夫尚書庫部郎中鄭君墓誌銘（鄭群）	長元	長元	長元	長元	長元
254	唐故朝散大夫越州刺史薛公墓誌銘（薛戎）	長元	長元	長元	長元	長元
255	黃陵廟碑	長元	長元	長元	長元	無收
256	韋侍講盛山十二詩序（韋處厚）	長二	長二	長二	長二	長二
257	論變鹽法事宜狀	長二	長二	長二	長二	長二
258	祭竇司業文（竇牟）	長二	長二	長二	長二	長二
259	楚國夫人墓誌銘（韓弘妻）	長二	長二	長二	長二	長二
260	唐故國子司業竇公墓誌銘（竇牟）	長二	長二	長二	長二	長二
261	京尹不臺參答友人書	長三	長三	長三	長三	長三
262	論孔戣致仕狀	長三	長三	長三	長三	長三
263	舉馬摠自代狀	長三	長三	長三	長三	長三
264	賀雨表	長三	長三	長三	長三	長三
265	賀太陽不虧狀	長三	長三	長三	長三	長三
266	舉張正甫自代狀	長三	長三	長三	長三	長三
267	祭竹林神文	長三	長三	長三	長三	長三
268	曲江祭龍文	長三	長三	長三	長三	長三
269	祭女挐女文（韓挐）	長三	長三	長三	長三	長三
270 △	祭張給事文（張徹）	長元	長元	長三	長元	無收
271	祭侯主簿文（侯喜）	長二	長三	長三	長三	長三
272	祭馬僕射文（馬摠）	長三	長三	長三	長三	長三
273	女挐壙銘（韓挐）	長三	長三	長三	長三	長三

274	唐故太學博士李君墓誌銘（李干）	長三	長三	長三	長三	長三
275	唐故司徒兼侍中中書令贈太尉許國公神道碑銘（韓弘）	長三	長三	長三	長三	長三
276	柳州羅池廟碑	長三	長三	長三	長三	長三
277	送楊少尹序（楊巨源）	長四	長四	長四	長四	長四
278	唐故江南西道觀察使中大夫洪州刺史兼御史中丞贈左散騎常侍太原王公墓誌銘（王仲舒）	長四	長四	長四	長四	長四
279	唐故江南西道觀察使中大夫洪州刺史兼御史中丞上柱國賜紫金魚袋贈左散騎常侍太原王公神道碑銘（王仲舒）	長四	長四	長四	長四	長四
280	△唐故幽州節度判官贈給事中清河張君墓誌銘（張徹）	長三	長四	長四	長三	長四
281	△南陽樊紹述墓誌銘（樊宗師）	長四	長四	長四	長三	無收
282	唐正議大夫尙書左丞孔公墓誌銘（孔戣）	長四	長四	長四	長四	長四
283	△原道	無	無年考	疑年	貞二十	貞廿一
284	△原性	無	無年考	疑年	貞二十	貞廿一
285	△原毀	無	無年考	疑年	貞二十	貞廿一
286	△原人	無	無年考	疑年	貞二十	貞廿一
287	△原鬼	無	無年考	疑年	貞二十	貞廿一
288	對禹問	無	無年考	疑年	無收	無收
289	雜說四首	無	無年考	疑年	無收	無收
290	讀荀	無	無年考	疑年	無收	無收
291	讀《鶡冠子》	無	無年考	疑年	無收	無收
292	讀《儀禮》	無	無年考	疑年	無收	無收
293	讀《墨子》	無	無年考	疑年	無收	無收
294	本政	無	無年考	疑年	無收	無收
295	守戒	無	無年考	疑年	無收	無收

296		後漢三賢贊	無	無年考	疑年	無收	無收
297		伯夷頌	無	無年考	疑年	無收	無收
298	△	通解	無	無年考	疑年	貞四	無收
299	△	擇言解	無	無年考	疑年	貞四	無收
300	△	鄠人對	無	無年考	疑年	貞四	無收
301		與李祕書論小功不稅書	無	無年考	疑年	無收	無收
302	△	答侯生問《論語》書	無收	貞十七	疑年	貞十七	無收
303		爲人求薦書	無	無年考	疑年	無收	無收
304		答呂毉山人書	無	無年考	疑年	無收	無收
305		送浮屠令縱西遊序	無	無年考	疑年	無收	無收
306		送高閑上人序	無	無年考	疑年	無收	無收
307		送王秀才序（塤）	無	無年考	疑年	無收	無收
308		高君仙硯銘	無	無年考	疑年	無收	無收
309		高君畫贊	無	無年考	疑年	無收	無收
310		祭房君文（房次卿）	無	無年考	疑年	元六	無收
311	△	祭李氏二十九娘子文（李干妻）	無	無年考	疑年	無收	長二
312		弔武侍御所畫佛文	無	無年考	疑年	無收	無收
313		盧渾墓誌銘	無	無年考	疑年	無收	無收
314	△	順宗實錄第一 順宗實錄第二 順宗實錄第三 順宗實錄第四 順宗實錄第五	無收	無	疑年	元十	元十
315		送毛仙翁十八兄序	無收	無收	存疑	無收	無收
316		下邳侯革華傳	無	無	存疑	無收	無收
317	△	與大顛師書	無收	元十四	存疑	無收	元十四
318		詩之序議	無收	無收	存疑	無收	無收
319		范蠡招大夫文種議	無收	無收	存疑	無收	無收
320		直諫表	無收	無收	存疑	無收	無收
321		論顧威狀	無收	無收	存疑	無收	無收
322		潮州謝孔大夫狀	無收	元十四	存疑	元十四	無收
323		三器論	無收	無收	存疑	無收	無收
324		相州刺史御史中丞田公故夫人魏氏墓誌銘	無收	無收	存疑	無收	無收
325	△	請遷玄宗廟議	無	長四	存疑	長四	無收

326	長安慈恩塔題名	無收	無年考	（入附錄） 無	無收	無收
327	洛北惠林寺題名	無收	貞十七	（入附錄） 貞十七	貞十七	貞十七
328	謁少室李渤題名	無收	元三	（入附錄） 無	元四	元四
329	福先塔寺題名	無收	元三	（入附錄） 元三	元三	元三
330	嵩山天封宮題名	無收	元四	（入附錄） 元四	元四	元四
331	迓杜兼題名	無收	元三	（入附錄） 元四	元四	元四
332	華嶽題名	無收	元十二	（入附錄） 元十一	元十二	無收
333	濟源題名	無收	無收	（入附錄） 元四	無收	無收
334	承天山題名	無收	無收	（入附錄） 長二	無收	無收

屈漏收者附列於此：

太清宮觀紫極舞賦	無收	無收	無收	貞九	貞九
朱絲繩賦	無收	無收	無收	無收	貞十

下列幾篇屈列入詩系年：

送陸歙州詩序	貞十八
送石處士序	元五
送湖南李正字序	元五
送鄭十校理序	元五
送鄭尚書序	長三
郾州谿堂詩並序	長二
送張道士序	元九
送汴州監軍俱文珍序	貞十三

韓愈詩繫年四家異同比較研究

前　言

　　關於韓愈文集的傳布，其初，不過作爲學文的範本。其後，傳鈔既多，訛誤難免，於是而有校正；校正不可不詳事蹟，於是而有年譜；年譜不足以詳究文義，於是而有註解；言解紛繁，乖謬支離，於是而有通論；及至通論，粗而不精，於是而有分類研究；此乃韓學發展之大概。

　　前人記載韓愈事蹟，即年譜之作，自宋朝起，有呂大防《韓吏部文公集年譜》、[1]程俱《韓文公歷官記》、[2]洪興祖《韓子年譜》。[3]首先，把詩文編年的，是宋人方崧卿的《韓文年表》，[4]方氏校訂《韓愈全集》寫成《韓集舉正》，[5]《年表》之作即是其附

1　見《韓柳年譜》，韓柳文研究叢刊（中國文學研究叢編第二輯）（香港：龍門書局，1969 年 10 月）
　　又見馬曰璐輯：《唐韓柳年譜》，新編中國名人年譜集成，第十三輯（台北：臺灣商務印書館，民 70 年 4 月）
　　又見徐敏霞校輯：《韓愈年譜》（北京：中華書局，1991 年 5 月）
　　又見〔宋〕魏仲舉輯：《韓文類譜》，據清雍正七年馬氏小玲瓏山館依宋本韓柳二先生年譜刻本影印，續修四庫全書（史部。傳記類）（台北：莊嚴文化事業有限公司，1997 年 6 月）
2　同上注。
3　同注 1。
4　見徐敏霞：《韓愈年譜》，同注 1。
5　〔宋〕方崧卿：《韓集舉正》，四庫全書景印文淵閣本。

屬的產品。[6]其後清人方成珪寫成《韓集箋正》，[7]〈昌黎先生詩文年譜〉[8]又是其校訂《韓集》後的成果。

　　論專注韓愈詩，始於清人顧嗣立[9]之《昌黎先生詩集注》，[10]其〈年譜〉則附於《集注》書前。

　　論專爲韓詩編年，則始於清人方世舉[11]《韓昌黎詩集編年箋注》。

　　民國之後，89 年來分別出版了下列四書，均與韓詩繫年有關，且用力甚勤，即爲：錢仲聯《韓愈詩繫年集釋》，[12]黃埡喜《韓愈事蹟繫年考》，[13]屈守元主編之《韓愈全集校注》[14]和張清華《韓愈研究》之《韓愈年譜匯證》。[15]

6　《韓文年表》不見於四庫全書文淵閣本。現採用者乃據徐敏霞：《韓愈年譜》頁 90-104 所引。
7　〔清〕方成珪：《韓集箋正五卷附年譜一卷》，瑞安陳氏湫漻齋校刊本。
8　同上注。
9　顧嗣立（1669-1722）。字俠君，號閭丘，江蘇長洲（今蘇州）人。康熙五十一年進士，曾預修《佩文韻府》，授知縣，以疾歸，喜藏書，尤耽吟詠，性豪於飲，有酒帝之稱。博學有才名，喜藏書，尤工詩。所輯《元詩選》又箋注韓昌黎、溫飛卿二家詩，皆極賅洽；著有《秀野集》、《閭丘集》。
10　〔清〕顧嗣立：《昌黎先生詩集注》，秀野堂本（台北：臺灣學生書局，民 56 年 5 月）
　　又見《韓詩增註證訛十一卷》，秀野堂本。下稱《證訛》。
11　方世舉（1675-1759），字扶南，號息翁，清代人。博學篤行。好爲詩，晚年酷嗜韓詩，爲《韓詩編年箋注》12 卷。乾隆初薦舉鴻博不就。著有《春及草堂詩集》4 卷、《江關集》卷。
12　錢仲聯：《韓昌黎詩繫年集釋》（上海古籍出版社，1984 年 8 月）
13　黃埡喜「韓愈事蹟繫年考」，台北東吳大學中國文學研究所碩士論文，民 78 年 4 月。收入羅聯添主編：《韓愈古文校注彙輯》，台北：國立編譯館出版，民 92 年 6 月。
14　屈守元、常思春主編：《韓愈全集校注》（成都：四川大學出版社，1996 年 7 月）
15　張清華：《韓愈年譜匯證》，《韓學研究》（南京：江蘇教育出版社，1998 年 8 月）

以下試對上述文獻作一檢討。

方崧卿[16]《韓集舉正》十二卷。

關於此書，近人認爲有「撥亂反正」之功，並「集宋人校理韓集之大成」，他說：

> 南宋孝宗淳熙年間，方崧卿遵從歐陽修的意見，廣搜韓集古本、舊本及韓文石本，以校正當時通行的監本。又摘錄所校正字句，注明依據之本及取舍之意，成《韓集舉正》十二卷。[17]

又稱：

> 《舉正》廣羅韓集傳本資料，于古本、舊本、石本悉記異同，辨其正訛，並撰〈敘錄〉記主要參校本流傳原委，于諸家校本有一得者亦不干沒，凡采皆出其姓名，殫見洽聞，原原本本地反映了宋代韓集傳本校理歷史，集宋人校理之大成。[18]

另一近人說：

> 《韓集舉正》是方崧卿韓集校理本卷後附錄的一部校勘記，其中錄存所參校的中唐至南宋初年文獻達九十種以上，出校異文上萬條，具有很高的文獻價值。南宋以後的

---

16 方崧卿（1135-1194），字季申，莆田（福建）人。孝宗隆興元年（1163）
進士，始以左迪功郎授紹興府學教授，未上，丁母憂。乾道二年（1166）
爲湖廣總領所辦公事。秩滿，陞從事郎，賞循文林郎，添差淮西安撫司
準備差遣。乾道六年（1170），爲文林郎添差充兩浙西路轉運司準備差遣。
淳熙三年（1176），以奉議郎知上饒，轉明州通判。淳熙十二年（1185）
知無爲軍，未上，改南安軍，累官朝請郎。淳熙十六年（1189）光宗登
極，遷朝奉大夫。紹熙元年（1190）春，除知吉州。二年，擢廣東路提
點刑獄。三年，移廣西轉運判官。四年，還京西轉運判官。紹熙五年三
月十五日卒於襄陽，享年六十歲。參劉真倫：《韓集舉正匯校》（南京：
鳳凰出版社，2007 年 12 月），書的「前言」頁 30-31。

17 常思春：〈韓愈集傳本及校理源流管窺〉，《韓愈研究》第二輯，（廣州：
廣東高等教育出版社，1998 年 2 月），頁 231-247。

18 同上注。

韓集傳本大多為此本流傳，對現代的韓集整理而言，其文獻價值無可替代。[19]

方崧卿《韓文年表》是表格式的，從貞元二年丙寅開始到長慶四年甲辰，分「紀行」、「賦、古律詩、聯句」、「書序、表狀、雜文」、「碑墓銘，祭祝文」四項，所繫年的韓愈詩凡 215 篇，[20]這是宋人年譜中依年繫文的創始之作。可惜只列篇名，未注根據。這大概因爲《年表》系附刻於文集《舉正》之後，各篇的寫作時間已詳《舉正》，故在《年表》中就省略了。方氏另有《增考年譜》之作，原書已佚，今散見於呂、程、洪三譜之中。

方成珪[21]《韓集箋正》五卷附《年譜》一卷，據《韓文箋正》序云：「明東吳徐氏《東雅堂韓集》，藏書者家置一編，蓋以朱子《考異》止辨正諸本異同，暨莆田方氏《舉正》所從之當否，未暇他及也。以《考異》散附正文句下，自王留耕始，稍有箋疏，不爲賅備。建安《魏本》廣摻眾說，又未免失之太繁；惟此本錄《考異》之文，節取《魏本》各注，易于循覽耳，但徐氏刊所刊實用。南宋廖瑩中世綵堂本，瑩中爲賈似道門客，學問蕪淺，所採輯多不精密，又經徐氏重刻，例不標注家姓名，往往有強彼就此，膠轕不清者，則未得爲善本也。」[22]方成珪又論評《韓集》諸本之優劣得失，說《朱子考異》止於「辨正諸本異同」及《舉正》所從之當否？」王留耕（按即王伯大）《箋疏》「不爲賅備」。

---

19 劉真倫：《韓集舉正彙校》，書的「前言」，頁 1。
20 《韓愈年譜》同注 1。
21 方成珪（1785-1850），名一作成圭，字國憲，號雪齋，又號寶齋，浙江瑞安人。嘉慶二十三年舉人。官海寧州學正，升寧波府教授。精研小學，擅書法，尤勤於校讎，官俸所入，購藏書卷。有《集韻考正》、《字鑒校注》、《韓集箋正》、《王右丞詩箋注》、《干常侍易注疏證》、《王應麟困學記聞》等校正本及《寶研齋詩鈔》等。
22 同注 7。

《魏本》則「廣摻眾說」，「失之太繁」。《世綵堂本》「採輯多不精審」，《東雅堂》則「錄《考異》之文，節取魏本各注，易於循覽」，但「不標注家姓名」，有「膠轕不清」者，故「未得為善本也」。然後，方氏自述其著述的經過與體例：「珪於此集悉心研悅，積有年所，其所援引，必為尋究本源。其人物爵里及韓子一生出處，則考之《新·舊唐書》、司馬溫公《通鑑》、皇甫持正《碑誌》、李翱之〈行狀〉、程致道歷官記、呂、洪二年譜，參互鉤稽，實事求是，《文苑》、《文粹》亦旁資校證焉，并酌錄《何義門讀書記》、陳少章《韓集點勘》、王惺齋《讀韓記疑》、顧俠君、方扶南各詩注，以廣見聞，間附鄙論，質之大雅。此後續有所得，當更曾益其所不逮云。」[23]

《箋正》書末，陳準〈跋〉云：「方先生雪齋，精究文字訓詁之學，博采朱子《考異》、蒲田方氏《舉正》、王氏《箋疏》，去取毫茫鎔裁各說，研悅有年，成《箋正》若干卷。先生於此書可謂致力閎深矣。」[24]

方成珪《昌黎先生詩文年譜》是條列式的，由代宗大曆三年戊申一歲開始到長慶四年甲辰五十七歲止。共收韓愈詩 292 篇，有繫年者 263 篇，「無年可考者」27 篇。各篇之下作者都有小字說明依據。由上可見《韓集箋正》及《詩文年譜》在韓愈作品的編年考訂上，帶有總其成的性質。

在此之前，韓集一向詩文合刊，且大多偏重於文。到清人顧嗣立別撰《昌黎先生詩集注》十一卷，[25]這是清人專注韓詩的第

---

23 同上注。
24 同上注。
25 據該書〈原凡例一〉：「余是刻，採擇諸家箋注，復參以臆見所得，其時事則考諸新舊二書、舊本存者約計十之四五云。」同注 9。又見《證訛》「凡例」。

一部著作。[26]顧嗣立的〈昌黎先生年譜〉附刻於《集注》書前。〈年譜〉也是表格式的，由代宗大曆三年戊申開始至長慶四年甲辰爲止。分「時事」、「出處」、「詩」三項，[27]共繫入韓愈詩175 篇。若比對《昌黎先生詩集注》十一卷所收詩 292 篇而言，稍感不足；而且〈年譜〉只列篇名，未注根據，《昌黎先生詩集注》書中亦未明顯指出寫作年月，故歷來諸家甚少以此書作爲繫年依據。

另清人方世舉撰《韓昌黎詩集編年箋注》十二卷。此書因被列爲善本書，雖曾寓目，無從複印。[28]據錢仲聯云：「繼顧氏爲詩注者，有桐城方世舉，創爲編年，用力已劬，增補注釋，附會史事，互有得失，雖校訂未遑，謬訛不免，要其蓽路藍縷之功，視顧氏所得爲不侔矣。」[29]此書，後爲錢著所收。因此，縱未能複印，亦不致遺憾。

在二十世紀五十年代，錢仲聯撰《韓昌黎詩繫年集釋》，被譽爲《韓詩》集大成之作。[30]此書所據各本韓集爲下列十家：方崧卿《韓集舉正十卷、外集舉正一卷》，祝充《音注韓文公文集

---

26 同注 9。該書〈凡例〉云：「韓集之行世者，徐氏、蔣氏本不可得見，永懷堂葛氏本無注，五百家注最精，然非單行本，其單行本者秀野顧氏、雅雨堂盧氏二本。盧氏本注於每章之末，長篇鉅製，繙閱維難。」可見顧《集注》是清人注韓詩之第一部著作。

27 同注 9。

28 此書筆者曾見於香港大學馮平山圖書館。筆者按：此書後收入《續修四庫全書》（集部），由上海古籍出版社出版。台灣莊嚴文化事業有限公司1997 年 6 月初版。

29 此語見錢著《韓昌黎詩繫年集釋》頁 65。其後，錢仲聯另出新版，此語修改爲：「顧氏詩注號爲刪補舊注，也無新義；且有刪去不應刪的舊注。方氏詩注，創爲編年，增補注釋，附會史事，互有得失，但未及從事版本校訂。」見《韓昌黎詩繫集釋》（南京：江蘇出版社，1984 年 8 月）頁 5-6。

30 見錢著《集釋》，書前編介。同上注。

四十卷‧外集十二卷》，朱熹《韓文考異》十卷，魏懷忠《新刊
五百家注音辨昌黎先生文集四十卷、外集十卷》，廖瑩中《昌黎
先生集四十卷、外集十卷、遺文一卷》，王伯大《朱文公校昌黎
先生文集四十卷、外集十卷、遺文一卷》，《韓文四十卷、外集
十卷、遺文一卷》、蔣之翹輯注《韓昌黎集四十卷、外集十卷、
附錄一卷》、顧嗣立《昌黎先生詩集注十一卷》，方世舉《韓昌
黎詩集編年箋注十二卷》，[31]別採輯諸說凡 210 家。其體例有四：
一曰集校，二曰集箋、三曰集注、四曰集評。[32]

　　《韓昌黎詩繫年集釋》有其優點和缺點。正如錢鍾書所言：
「韓詩在清代是跟韓文一樣走紅的，詩人和學者接二連三的在上
面。花了工夫，校正和補充了前人的注釋和評論。這許多分散甚
至埋藏在文集選本、筆記、詩話等書裡的資料，由錢仲聯先生廣
博的搜掘，長久的累積，仔細的編排，還加上了些自己的心得，
成爲這本著作。」[33]又指出此書之缺點有四：「第一，有些地方
雖然『奇辭奧旨，遠溯其朔』，似乎還沒有『窺古人文心所在』。
第二，有些地方推求作者背景，似乎並不需要。第三，注釋裡喜
歡徵引傍人的詩句來和韓愈的聯系作比較，似乎還美中不足。引
徵的詩句未必都確當，這倒在其次；主要的是更應該多把韓愈自
己的東西彼此聯系，多找唐人的篇什來跟他比較。第四，對近人
的詩話、詩評，似乎往往只有采用，不加訂正。」[34]縱然如此，
錢氏認爲：「這部書比韓詩的一切舊注都來得豐富，完全能夠代
替《顧注》和《方注》。對於一個後起的注本，這也許是最低的

---

31 《集釋》書前編介，錢著《集釋》頁 1。同注 10。
32 同上注。
33 參錢鍾書：〈對錢著《韓昌黎詩繫年集釋》之書評〉，《文學研究》第 2
　　期，民 47，頁 179-183。
34 同上注。

要求，同時也算得很高的評價了。」³⁵

　　在廿一世紀九十年代中晚期先後出了兩套書論及繫年，分別是《韓愈全集校注》、《韓學研究》。

　　《韓愈全集校注》是屈守元、常思春主編的巨著。據書中〈凡例〉云：「一、本編以通行廖氏世綵堂本《昌黎先生集》四十卷、《昌黎先生外集》十卷、《昌黎先生遺文》一卷爲基礎，并收廖本以外佚文，凡存疑及舊本誤收者作爲附錄。二、本編按詩、文分體編年編排，先詩後文。詩文編年略依呂大防、程俱、洪興祖、方崧卿、朱熹、方成珪諸家之說，重新考定。」³⁶

　　該書之特色爲運用宋本特多，價值尤高。據書〈凡例〉所言計有：「宋刊祝充《音注》本，宋刊文讜《注》、王儔《補注》本，宋刊魏懷忠輯《五百家注》本，另校殘宋白文本五種。」³⁷正如編者所言：「方、朱所校，再加今增上舉諸本，《韓集》異文，基本包括在內。」³⁸關於此書之學術特點，有學者指出三點：「第一，搜羅廣泛，注意創新。第二，坐實求是，校勘精審。第三，廣徵博引，注釋確當。」³⁹又推譽此書「對歷代韓愈校注進行了一次大清理，對現存韓詩、韓文編年做了新的考訂，校勘精審，注釋准確，解決了不少前人未及發現或未曾解決之疑難問題，具有很高的學術價值，成爲迄今爲止韓集的最佳文本。」云云。⁴⁰

　　該書有繫年的韓愈詩凡 275 篇，劃入「疑年詩」凡 25 篇，聯

35　同注 28。

36　《全校注》頁 2。同注 12。

37　同上注，《全校注》頁 2。

38　同注 12，《全校注》頁 2-3。

39　王錦厚、曾紹義〈韓愈全集校注的學術特點〉，《韓愈研究》第二輯（廣州：廣東高等教育出版社，1998 年 2 月），頁 260-265。

40　同上注。

句詩 14 篇不予繫年；另「存疑詩文」凡 8 篇。

　　張清華《韓學研究》，書分上下冊，上冊爲《韓愈通論》，內分上下編，上編論「韓愈的思想」，討論範圍包括哲學思想、政治思想、文學思想、教育思想、倫理觀念與道德情操。下編論「韓愈的文學」，討論範圍包括「韓愈與古文運動」、「韓愈的散文」、「韓愈的詩」。下冊爲《韓愈年譜匯證》，內有「世系」、「繫年」、「附錄」三部分。「繫年」部分最爲主要。由唐代宗李豫「大曆三年」開始到「長慶四年」爲止。每一年之下分爲「時事」、「文壇述要」、「韓愈事跡」三項，以輯集文獻資料爲主，間有考證。

　　卞孝萱先生評《韓愈年譜匯證》云：「（這）是對唐宋以來，特別是呂大防、程俱、洪興祖，樊汝霖，方崧卿、顧嗣立、方成珪等人以及近代專家研究的一次總結性的嘗試。」[41]又指出此書之特點有三：「一是對韓愈生平事跡和作品進行了較全面的分析、研究之後而作了釐定，是目前出版的一部較完整、可信的韓愈年譜。二是這部書不僅注意從不同的文獻裡鉤稽資料，從與韓愈交往密切的友人的活動、詩文中比對分析、互爲證補，還特別注意到韓愈詩文裡挖掘第一手材料，即以己證己，以求得出正確的結論。三是《匯證》仍然保持了其《王維年譜》的優點。」[42]

　　在台灣方面，若論韓愈年譜、詩文繫年方面的成果，首推羅聯添《韓愈研究》，惟此書重點不在作品繫年，故無從比較。現在謹以羅教授指導之學生黃埕喜所著之「韓愈事蹟繫年考」爲代表。該書自述其研究步驟：「體類仿羅師聯添著《柳宗元事蹟繫年暨資料類編》之事蹟繫年部分，作品繫年則參考馬通伯《韓昌

---

41 張清華：《韓學研究》書前之序文，頁 9。同注 13。
42 同上注。

黎文集校注》及錢仲聯《韓昌黎詩繫年集釋》，整理列出條目」，
「參證他種資料時，係以上述之各家譜志（按：即謂錢基博《韓
愈志》，羅聯添《韓愈研究》等）爲基礎，參稽眾籍，網羅舊聞，
以成此篇。」[43]

　　該書收韓詩 252 篇，未收錄的詩篇凡 51 篇。

　　此書雖爲黃埕喜未出版之碩士論文（台北：東吳大學中文研
究所，民 78 年 4 月）但有一定的代表性，故以爲比較。因爲該論
文未出版，故排列於三家之後敘述。謹按：此書後收入羅聯添主
編：《韓愈故校注彙輯・附編》之中。

　　筆者閱讀過以上各家之繫年後，發現四家彼此異同。於是列
表比較，加以研究。其中，又分兩部分。第一部分，是將方崧卿
《韓集舉正》和方成珪《韓集箋正》比較，因大小方對韓集繫年
均作出了辛勤的勞動，有其參考價值。

　　第二部分，則將錢、屈、張、黃四家比較，這是本文的重點
所在。

　　本文題目所謂之四家即上述四家，爲甚麼選四家，不選六家？
因爲：1、這四家是近四五十年來研究韓詩繫年事跡的著作，各有
其代表性，2、各有自己的見解，3、所取材於前賢的資料，大多
相同之故。通過比較，可知其取捨與創發。

　　爲了論述方便，文中所提各家，簡稱如下：錢仲聯《韓愈詩
繫年集釋》簡稱錢；　黃埕喜「韓愈事蹟繫年考」簡稱黃；屈守
元《韓愈全集校注》篇稱屈；張清華《韓愈年譜匯證》簡稱張。
另外方崧卿《韓集舉正》簡稱大方，方成珪《韓集箋正》簡稱小
方。[44]每篇之後，均用按字，表出己見。

43　見該論文「前言」。同注 11。
44　大小方之稱，係仿杜甫、杜牧之稱大、小杜而已。

一、韓詩大小方繫年異同比較研究

本節筆者擬將方崧卿、方成珪二人對韓愈詩繫年異同作比較，尤其是方崧卿的繫年部分，因爲發現方崧卿的繫年不一致。

方崧卿的韓詩繫年成果分見兩處，一處在《韓集舉正》，一處在〈韓文年表〉，兩者卻未盡脗合，更有若干篇差異頗大。前者共收詩 291 篇（含外集 4 篇），有繫年者 266 篇，無繫年者 25 篇（含外集 4 篇）；後者收詩 215 篇（含外集 4 篇），有繫年者 215 篇，無收者 77 篇（含外集）。

方成珪的韓詩繫年成果分見兩處，一處在《韓集箋正》，一處在〈昌黎先生詩文年譜〉，前者共收詩 202 篇（含外集 15 篇），有繫年詩篇 27，無繫年詩篇 173（含外集 9 篇），無收篇數 90（含外集 10 篇）；後者共收詩 292 篇（含外集 21 篇），有繫年者 263 篇（含外集 21 篇），無繫年者 4 篇（含外集 21 篇），無年考者 27 篇（含外集 21 篇）。

經列表比較後（參附表一），發現以下的情況：

（一）方崧卿韓愈詩繫年方面

1.《舉正》、〈年表〉無收者，有如下 22 篇：

〈琴操十首〉	（卷一）
〈醉後〉	（卷二）
〈龍移〉	（卷三）
〈青青水中蒲三首〉	（卷四）
〈雙鳥詩〉	（卷五）
〈題炭谷湫祠堂〉	（卷五）
〈聽穎師彈琴〉	（卷五）

〈嘲魯連子〉	（卷五）
〈贈張籍〉	（卷五）
〈調張籍〉	（卷五）
〈寄皇甫湜〉	（卷五）
〈病中贈張十八〉	（卷五）
〈雜詩〉	（卷五）
〈寄崔二十立之〉	（卷五）
〈猛虎行〉	（卷六）
〈和武相公早春聞鶯〉	（卷十）
〈太安池〉（闕）	（卷十）
〈答道士寄樹雞〉	（卷十）
〈海水〉	（外集）
〈贈崔立之〉	（外集）
〈贈河陽李大夫〉	（外集）
〈苦寒歌〉	（外集）

2.《舉正》有繫年，〈年表〉無收者，有如下 59 篇：

〈暮行河堤上〉	（卷一）
〈夜歌〉	（卷一）
〈重雲李觀疾贈之〉	（卷一）
〈江漢答孟郊〉	（卷一）
〈長安交遊者贈孟郊〉	（卷一）
〈幽懷〉	（卷二）
〈君子法天運〉	（卷二）
〈醉贈張秘書〉	（卷二）
〈薦士〉	（卷二）
〈古風〉	（卷二）

〈答孟郊〉　　　　　　　　　　　　（卷五）

〈從仕〉　　　　　　　　　　　　　（卷五）

〈短燈檠歌〉　　　　　　　　　　　（卷五）

〈送諸葛覺往隨州讀書〉　　　　　　（卷七）

〈會合聯句〉　　　　　　　　　　　（卷八）

〈莎柵聯句〉　　　　　　　　　　　（卷八）

〈遠遊聯句〉　　　　　　　　　　　（卷八）

〈題楚昭王廟〉　　　　　　　　　　（卷九）

〈春雪間早梅〉　　　　　　　　　　（卷九）

〈早春雪中聞鶯〉　　　　　　　　　（卷九）

〈入關詠馬〉　　　　　　　　　　　（卷九）

〈木芙蓉〉　　　　　　　　　　　　（卷九）

〈峽石西泉〉　　　　　　　　　　　（卷九）

〈梁國惠康公主挽歌二首〉　　　　　（卷九）

〈和崔舍人詠月二十韻〉　　　　　　（卷九）

〈詠雪贈張籍〉　　　　　　　　　　（卷九）

〈酬王二十舍人雪中見寄〉　　　　　（卷九）

〈學諸進士作精衛銜石填海〉　　　　（卷九）

〈奉和虢州劉給事三堂二十一詠〉　　（卷九）

〈遊城南十六首〉　　　　　　　　　（卷九）

〈和席八十二韻〉　　　　　　　　　（卷十）

〈遊太平公主山莊〉　　　　　　　　（卷十）

〈晚春〉　　　　　　　　　　　　　（卷十）

3.《舉正》有繫年，〈年表〉無繫者，有如下 1 篇：

　　〈詠燈花同侯十一〉　　　　　　　（卷十）

4.《舉正》無繫年，〈年表〉有繫年者，有如下 7 篇：

〈送陸暢歸江南〉　　　　　　　　　　　　　（卷五）

〈贈劉師服〉　　　　　　　　　　　　　　　（卷五）

〈和盧郎中雲夫寄示盤谷子歌〉　　　　　　　（卷五）

〈送進士劉師服東歸〉　　　　　　　　　　　（卷五）

〈喜雪獻裴尚書〉　　　　　　　　　　　　　（卷九）

〈和歸工部送僧約〉　　　　　　　　　　　　（卷九）

〈和晉兵破賊回重拜台司〉　　　　　　　　　（卷十）

5.《舉正》、〈年表〉繫年不一致者，有以下 9 篇：

〈感春三首〉（卷七），有元十、元十一之異。

〈早赴街西行香贈盧李二中舍人〉（卷七），有元十、元十一之異。

〈晚寄張十八助教周郎博士〉（卷七），有元十、元十一之異。

〈梨花下贈劉師命〉（卷九），有陽山作、元元之異。

〈送侯喜〉（卷九），有元和七、八年、貞十七年之異。

〈廣宣上人頻見過〉（卷十）有元十二、元十一之異。

〈獨釣四首〉（卷十），有元十四、元十三之異。

〈枯樹〉（卷十），有元十四，元十三之異。

〈祖席前字，秋字〉，有元三、元五之異。

（二）方成珪韓愈詩繫年方面

1.《箋正》有繫年的詩甚少，只有 28 篇，無繫年的，多達 172 篇，可見此書重心在「箋注校正」上。

2.〈昌黎先生詩文年譜〉，收詩 287 篇，有繫年者計有 255 篇（另外集 14 篇），無繫年者 5 篇，無年考者 27 篇。顯見〈年譜〉的工作是繫年，與《箋正》起著分工作用。

　　3.以東雅堂《韓昌黎集》排列，發現《箋正》「無收」的詩計有 90 篇，而〈年譜〉大多數都有繫年，尤爲可證。

　　4.在繫年方面，〈年譜〉的工作非常細微，往往繫入春、夏、秋、冬四季或是某月，或任某官時。例子太多，恕不例舉。

　　經上述列表比較後，筆者試作總結：

　　1.以方崧卿《舉正》、〈年表〉言，兩者的繫年不一致，計凡 9 篇，佔全書 $9/_{292}$，即 $1/_{32.4}$。說明了個中的謬誤尚多，是不必爲之掩飾的。《舉正》、〈年表〉俱無收；或《舉正》有繫年，〈年表〉無收；或《舉正》有繫年，〈年表〉無繫年者，或《舉正》無繫年，〈年表〉有繫年者，恐怕是校對不精之故；至於《舉正》、〈年表〉不一致者，若相差一年者，尚可以任職之起迄爲說，若如〈送侯喜〉，有元和七、八年與貞十七年之異，〈祖席前字，秋字〉，有元三、元五之異，則恐怕難以解釋了。

　　2.以方成珪《箋正》、〈詩文年譜〉言，兩者間並無繫年不一致現象。明顯地，此書《箋正》、〈詩文年譜〉各有著「箋注校正」與「繫年」的分工。而其〈年譜〉的繫年工作非常細微，不止繫年甚至繫季。

　　總言之，方崧卿《舉正》、〈年表〉有蓽路藍縷之功，方成珪《箋正》、〈詩文年譜〉有「後出轉精」之利，各有其學術貢獻。故此，雖不必作爲主要論述，但至少可用作比參。現在，謹將大小方二家繫年結果，擇其意見排列韓詩四家繫年之前，其用意如此。

　　茲將大方《舉正》、〈韓文年表〉，小方《箋正》、〈昌黎先生詩文年譜〉韓愈詩繫年篇數比較總計列表如次：

書名／篇名	收詩篇數	有繫年篇數	無繫年篇數	無收篇數	無年考篇數
《韓集舉正》十卷	291	266	25		
《外集《舉正》》一卷	4	0	4	1	
〈韓愈年表〉	215	215	0	77	
屬《外集》者	5	0	5		
《韓集箋正》五卷	202	27	173	90	
《外集》十卷及遺文	10	0	10	10	
〈昌黎先生詩文年譜一卷〉	292	263	4		27
屬《外集》者	20	13	0		7

二、韓愈詩四家繫年異同比較研究

筆者將錢、黃、屈、張四家詩繫年列表（見附表二）比較之後，發現四家異同需待研究的計有 52 篇。謹討論如次：

（一）〈條山蒼〉（《韓集》卷二）

錢、張、黃均繫於貞元二年，屈入疑年。

文讜云：「松柏以喻隱逸堅正之士，如當時陽城之徒。」

朱熹云：「歐本注云：『中條山，在黃河之曲，今蒲中也。』」

方世舉繫於長慶二年，以爲韓氏此時使鎮州，嘗假途出此。

王元啓云：「余讀〈連理木頌〉及〈外集・題李生壁〉，知公未第時先曾兩至河東。此詩貞元二年初至河東，城尙未膺李泌之薦，正隱條山，公感事賦此。」又謂：「方謂長慶中作，則與前後奉使諸詩不類。」

錢、張、黃從之均繫於貞元二年；屈認爲：「此詩未必美陽城作，作年亦未可確定」，故入疑年。

案：此詩繫年有四說：1、貞元十七年，往還京師之作，方崧

卿主之；2、貞元二年，贊美陽城，此說發端於文讜，王元啓主其說，錢、張、黃從之；3、長慶二年，係出使鎮州時，假途出此，有感而作，方世舉主之；4、疑年，如屈。

〈條山蒼〉詩云：「條山蒼，河水黃。浪波沄沄去，松柏在山岡。」條山蒼曾是陽城隱居地，昌黎借景興懷，寄託人格道德之永垂久遠，有其形象風神。

查陽城事蹟，據《舊唐書・卷192・隱逸》：貞元三年（787）六月，李泌拜相；四年（788）六月，徵陽城爲諫議大夫。貞元十一年（795）改國子司業，十四年（798）九月，貶道州刺史，順宗即位（805），詔徵之，城已卒。

繫年方面，則須費時討論。若以貞元二年而論，則陽城仍在隱居，人皆想望風采；若以貞元十七年而論，則陽城貶於道州，憫窮停供，民皆賴之，力抗朝廷判官，懍懍風骨；若以長慶二年（822）而論，則爲陽城逝後18年，仍有睹景懷人之思。

若連繫生平而論，貞元二年，昌黎初至長安，聞「遠近之人慕其風采，多從之學」的名聲，油然而趨風響慕，有可能；貞元十七年，則去徐居洛，往來京師，參從調選，聞其懍懍風骨，未嘗不可表其思慕；長慶二年，承命宣撫鎮州，往來其間，感慨於山岡松柏，歲寒而後凋，與自己盡忠於朝廷，如今完成使命，立下大功；於是，借景抒情以寄懷抱。以昌黎詩風而論，早年做短詩，中年作大詩，晚年多律詩，此詩短短四句，類似題壁詩，則以貞元二年、貞元十七年爲可能，今姑繫貞元二年。

（二）〈出門〉（《韓集》卷二）

此詩錢及黃繫於貞元二年，張繫於貞元三年，屈列「疑年」。《魏本》引樊汝霖曰：「公年十九，舉進士京師。二十五登

第春官。二十九始佐汴幕。此詩在京師未得志之所爲，故其辭如此。」

方世舉注：「《易・同人》卦『出門同人』。又〈隨〉卦：『出門交有功。』按：公年十九，始來京師。此時語氣，係未第時作。」

王元啓曰：「此詩公貞元二年初入京師，未遇馬燧時作，故有『出門無所之』之語。」

錢據之繫於貞元二年。

黃據王元啓繫於貞元二年。

張論云：「（樊、王）二人所說詩作於未遇馬燧前，符合實際。說作於貞元二年韓愈十九歲時，而繫於貞元二年，誤。」張認爲韓氏係在貞元三年至京師，係根據下列兩篇詩文，〈短燈檠歌〉：「太學儒生東魯客，二十辭家來射策。」〈歐陽生哀辭〉：「貞元三年，余始至京師舉進士，聞詹名尤甚。」辯說，由此「可證韓愈上年秋離宣城，是年初至京師，參加進士試的。」因此系於貞元三年。

屈認爲：「諸家繫年皆臆度，恐未必然。」因列於「疑年」。

按：此詩繫年有貞元二年、三年之別。關鍵在何時從宣城出發？何時到達長安？若據〈復志賦〉：「擇吉日余西征兮，亦既造乎京師？」和〈贈族姪〉詩：「我年十八九，壯志起胸中，作書獻雲闕，辭家逐秋蓬。」可見是十九歲那年的秋天出發的韓氏由宣城出發，中途曾回河陽舊居，然後沿黃河、經中條山、憩河中，抵長安，時間約在年底。但張認爲「至長安日時間大約已是下年初」。他還根據〈短燈檠歌〉爲說，但此歌的東魯客，不知何人，似不足爲據；至〈歐陽生哀辭〉中的「貞元三年，余始至京師」，三年是二年之誤，文讜云：「『三』一作『二』。」韓

醇云：「當作『二年』。」洪興祖《韓子年譜》貞元二年下云：
「祭老成（〈祭十二郎文〉）云：『吾年十九，始來京師』，即
此年也。」方成珪云：「按公始至京師在貞元二年，舉進士則在
三年。」

　　高步瀛云：「若作『二年』，則當有『年十九』三字，否則
就舉進士之年言，正常作『三年』。」

　　由上所引，知張所據之〈短燈檠歌〉及〈歐陽生哀辭〉已不
足據。至於抵京時間，以貞元二年底爲宜。

（三）〈烽火〉（《韓集》卷二）

　　錢、張、黃均繫於貞元三年，屈繫於貞元十六年。

　　《魏本》引唐庚云：「時吳少誠敗韓全義，兩都甚擾擾，公
詩以此作。」

　　王元啓云：「唐說非是。全義之敗，在貞元十六年五月，時
公去徐居洛，未入京師，與詩『王城富樂』一語境象不符。考〈德
宗本紀〉，貞元二年九月，吐蕃入寇。是冬，連陷鹽、夏二州。
明年閏五月，盟于平涼。吐蕃劫盟，公兄侍御史弇爲判官，被害。
六月，寇鹽、夏二州。八月，寇青石嶺。九月，寇連雲堡。十月，
又連寇豐義、長武城。此詩貞元三年，因兄弇殉難，後連遭吐蕃
入寇而作。時公年二十歲，正在京師。讀首二句，知所慨在邊塞，
非爲中原。結語寄慨遙深，亦兼爲兄弇下淚。」

　　錢從王說，因繫於貞元三年。

　　張認爲：「王說是」，論曰：「因《兩唐書・德宗紀》對此
事均有記載，然《舊唐書》所記五月受命，而劫盟則在閏五月。
而《新唐書》所記劫盟之事，在閏五月。詩首聯『登高望烽火，
誰謂塞塵飛？』點明所寫之烽火在邊塞，而非淮西。『王城富且

樂，曷不事光輝。』上句實寫長安情景（按並非寫洛陽情景）：是年豐收，米斗錢百五十，粟斗錢八十。而下句則詰問：既然王城富樂，而邊塞爲何烽火頻仍，煙塵亂飛呢？詩後篇是否實寫寄慨念兄，當如是想。不然他所『熟念之君』便無著落，而結尾『我歌寧自戚，乃獨淚沾衣』兩句，是不會平白無故產生的。」

黃據《集釋》注引王元啓曰：「此詩貞元三年因兄弇殉難，後連遭吐蕃入寇而作，時公年二十歲，正在京師。」因繫於貞元三年。

屈引方崧卿云：「貞元中未遇日作。」論云：「依詩情調，唐說爲優，今姑從之。東都洛陽爲東南漕運屯聚之所，『王城富樂』，何謂不符？」因此，繫於貞元十六年。

按：此詩繫年論爭，關鍵點有三：（一）、詩中所慨爲何？（1）貞元十六年五月，「吳少誠敗韓全義，兩都甚擾之。」所慨在淮西，唐庚、屈主此說。（2）貞元二年吐蕃入寇，明年閏五月，盟于平涼。吐蕃劫盟韓弇被害。此詩爲「兄弇殉難，吐蕃入寇而作」，所憾在邊塞。王、錢、張、黃主此說。（二）、「王城富樂」句之「王城」，爲何處？（1）兩都，唐庚主之；（2）京師，王主之；（3）東都洛陽，屈主之。（三）、「王城富樂」的「富樂」何謂？以情境而論，王以爲當時韓「去徐居洛，未入京師」，境象不符；屈則駁稱「洛陽爲東南漕運屯聚之所，『王城富樂』，何謂不符？」

據吳文治編著《中國文學大事年表》，貞元三年，「是年豐收，料錢百五十，粟斗錢八十」；按，貞元十六年，「是年，京師飢。」又據詩句「誰謂塞塵飛」的「塞」顯然是指邊塞而非淮西。以此而論，貞元三年之說，符合詩中所言「王城富且樂，曷不事光輝」的情調，加上其兄遇害，故作此詩「言所憂在君國，非爲一身私計」，貞元三年之說較勝。

（四）〈落葉一首送陳羽〉（《韓集》卷二）

錢與張、黃繫貞元七年，屈繫貞元八年。

大方《舉正》云：「羽，公同年登第日作。」，小方《年譜》云：「羽與公同年進士，此當是八年前公與羽均未登第時所作。」錢據之繫於貞元七年。

張論云：「從詩裏所寫『誰云少年別，流泪各沾衣』看，首句落葉比喻二人同時落第，陳羽離長安暫回江東，韓寫這首詩相送。從詩裡『邂逅暫相依』、『悄悄深夜語』的語氣分析，二人定交有日，感情已深。詩亦當寫於貞元七年。」

黃於「貞元七年」條下云：「是年，韓愈與陳羽俱在長安應進士舉，兩人既下第，將別，韓愈作〈落葉詩一首送陳羽〉。」

屈繫於貞元八年，是根據大方所云：「羽，公同年登第日作。」又據文讜云：「按登科記：羽與公同登貞元八年（792）進士第。當是得第而歸，與公別也。」

按：諸說各有根據，其分異點在於「登第日」與「登第前」。若自詩中「斷蓬、飄颻，流淚」等語看來，不似是科場得意之情懷，應作於登第前為合理。今繫貞元七年。

（五）〈長安交游者一首贈孟郊〉（《韓集》卷一）

此詩錢及屈繫於貞元九年，而張及黃繫於貞元八年。

錢繫於貞元九年，云：「郊於本年往徐州，十一年未必在京。此詩當作於本年〈孟生詩〉之前。」

屈引樊汝霖云，指此詩為「公未得志之所為也。」小方繫此詩於貞元十一年，云：「此乃公未筮仕，東野未第時所作。」又引錢繫「貞元九年」之說，末曰：「今從錢說。」

　　張繫於貞元八年，論稱：「華忱之《孟郊年譜》云：『貞元
八年壬申（792），四十二歲。下第後東歸。』有〈答韓愈李觀別
因獻張徐州詩〉……。又有〈上張徐州詩〉。詩云：『再來君子
傍，始覺精義多。……顧已成拙訥，干名已蹉跎。』以『干名蹉
跎』諸語推之，知此詩也當是今年下第後抵徐州時所作。」

　　黃於「貞元八年」條下云：「（韓）與孟郊之相識，殆始於
貞元八年。有〈長安交游者一首贈孟郊〉。」辨云：「案據《孟
郊年譜》，孟郊以貞元七年秋，始自蘇州自湖州取解。八年，與
韓愈、李觀在長安應進士試，韓李登第，孟郊落榜。韓愈作此詩
以寬其下第後之怨。華忱之繫此詩於今年，《集釋》繫於九年。
茲從前者。」

　　按：此詩繫年有三說：（一）貞元八年，《華譜》主之；（二）、
貞元九年，錢主之；（三）、貞元十一年，小方主之。三說之中
《華譜》有據，餘二說說詞不定，空泛難從。今繫於貞元八年。

（六）〈孟生詩〉（《韓集》卷五）

　　錢及屈均繫於貞元八、九年，張、黃則繫貞元八年。

　　王元啓云：「《郊集》有〈答韓愈李觀別因獻張徐州〉詩，
觀與公以詩薦郊於張建封，當在貞元九年春夏之交，故曰『期子
在秋砧』。明年觀死，公亦東歸，無緣與郊共聚京師，交口向徐
州延譽也。」

　　華忱之《孟郊年譜》繫於貞元八年，云：「貞元八年壬申（792）
四十二歲，下第後東歸。有〈答韓愈李觀別因獻張徐州詩〉（中
略）又有〈上張徐州詩〉。」

　　錢論曰：「公識李觀在貞元八年，至十年而觀卒，夏敬觀《孟
東野年譜》繫此詩於貞元四年，時韓李尚未聚首京師，東野答詩，

何得以二人連稱？」又曰：「小方〈詩文年譜〉繫此詩於貞元十一年，時觀已卒，繫年亦誤也。茲從王說。」

　　屈論云：「案韓愈與李觀同登貞元八年進士第，二人相交在此年前後，十年李觀卒，孟郊答詩稱『韓愈李觀』，則此詩當八年、九年作，今姑從王說。」

　　張指出：「諸說雖繫年不一，然云二詩作於同時。而〈長安交游者一首〉在〈孟生詩〉之前，皆為孟郊落第東歸前，韓愈因孟郊所作的看法似尚一致。」又指此詩「奈何從進士，此路轉嶇嶔」句祝充注曰：『選舉，目眺嶇嶔。』明說孟郊下第，詩也寫於此時。」又據華忱之《孟郊年譜》：「貞元八年壬申（792）四十二歲下第後東歸。有〈答韓愈李觀別因獻張徐州詩〉（中略）又有〈上張徐州詩〉，（中略）」張論云：「將孟郊行迹與其詩和韓愈〈孟生詩〉對比，可知韓愈是以詩勸荐孟郊投奔徐州張建封。（略）故他的兩首詩（按：即〈長安交游者〉與本詩），當寫於貞元八年春夏孟郊去徐東歸之前。」（按：張引華氏《孟郊年譜》，經對原書，次第有亂。）

　　黃於「貞元八年」條下云：「孟郊下第東歸，將謁張建封於徐州。韓愈有〈孟生詩〉一首贈別。」復云：「案據華氏《孟郊年譜》，今年孟郊有〈答韓愈李觀別因獻張徐州詩〉，蓋是年孟郊在長安與韓李相晤，而觀與公以詩薦郊於張建封。」

　　按：此詩繫年有四說：（一）、貞元四年，《夏譜》主之。（二）、貞元八年，張、黃主之；（三）、貞元九年，王、錢、屈主之。（四）、貞元十一年，小方主之。

　　關於第一說，時「韓李尚未聚首京師」，關於第四說，「時觀已卒」，錢著《集釋》已駁其非，故「貞元四年」及「貞元十一年」二說可以排除。

　　此詩應與前詩〈長安交游者〉合觀。貞元八年，韓愈、李觀在長安應士試，彼此相識即於此時，韓、李登第，孟郊落榜。孟郊下第後，將謁張建封於徐州，韓以此詩贈別。孟亦有〈酬詩〉，《華譜》已言之。至於貞元九年，據羅著《韓愈研究》：「孟郊復至長安應進士試，再下第，出長安至朔方，再游楚湘，後至汝州依刺史陸長源。自是至貞元十一年，韓孟無詩酬和，彼此皇皇奔波，無機緣得以相聚交游。」而韓愈此時「應博學宏辭，既上名，又爲中書宰相所黜。」心情抑鬱，未必有心情寫詩與孟郊送別，若以貞元八年、九年之間而論，以貞元八年說爲長。

（七）〈古風〉（《韓集》卷二）

　　錢及張繫於貞元十年，屈繫於貞元十六年。黃無收此詩。

　　《魏本》引樊汝霖曰：「自安史亂後，方鎮相望於內地，大者連州十餘，小者不下三四，兵驕則逐帥，帥強則叛上，不廷不貢，往往如是。故托〈古風〉以寓意。」

　　《魏本》引韓醇曰：「觀詩意當在德宗之世，與〈烽火〉相爲表裏云。」

　　陳景雲云：「貞元之季，人主方瀆貨，外吏多掊克以事進奉，有稅外方圓之目。科率日多，民多重困。公詩殆以是年作。」

　　《顧嗣立注》引胡渭：「詩云：『幸時不用兵』，此必貞元十四年以前作也。十五年則吳少誠反，而大發諸道兵以討之。」

　　王元啓云：「此詩爲各方鎮賦役煩苛而作，非爲不廷不貢發也。與〈烽火〉詩義指各殊，樊、韓二注，混而含之，非是。胡渭曰：『此必貞元十四年以前作。』愚謂十四年以前，公在汴幕，主賓甚相得，不應作此哀怨激楚之音。考〈德宗本紀〉，自貞元二年，李希烈伏誅後，雖吐蕃時有蠢動，不過邊疆之患。中土諸

節鎮，無有稱兵構亂者，公所謂『幸時不用兵』也，此詩十年以前，客居京城，未入汴幕時作。」

錢據王說，繫於貞元十年。

張論云：「此詩先指出『幸時不用兵』的國中形勢，『無日』二句急轉而含諷意；後重在寫方鎮各據一方，百姓賦役之重。貞元十二年秋，韓愈入汴幕乃因軍亂，十五年初又亂，不當無事，詩大抵寫於汴亂入幕之前，王說較勝，故繫於是年。」因繫於貞元十年。

屈引方崧卿云：「貞元年中未遇日作。」又引文讜、樊汝霖、韓醇、廖瑩中，陳景雲諸說，末後，斷之云：「依詩情調，當為貞元十六年居洛時所作。」

按：方崧卿《舉正》指此詩為：「貞元中未遇日作」，〈年表〉無繫；方成珪《詩文年譜》引胡脁明：「此必十四年以前作也。」因繫於貞元十四年。綜合而言，此詩繫年有四說：（一）、貞元中未遇日作，大方主之。（二）、貞元十年前，王、錢、張主之；（三）、貞元十四年前，胡渭、小方主之；（四）、貞元十六年，屈主之。而（一）、（二）兩說意涵近似，可以涵括一類。以下論述即以「貞元十年前」概括之。

以詩旨而言，有三說：（一）、諷方鎮「不廷不貢」，樊主之；（二）、貞元之季，人主瀆貨，外吏進奉，民困於稅，陳主之；（三）、為方鎮賦役煩苛而作，王主之。

今觀察詩意，有「幸時不用兵」句，有「彼州之賦，去汝不顧；此州之役，去我奚適」句，有「一邑之水，可走而違；天下湯湯，曷其而歸」句，似是作於兵亂既平，暫不用兵，已有賦役，加上水災之時。於是，筆者據《新‧舊唐書》〈德宗紀〉對貞元十年前、十四年前、十六年三段時間考察：

　　以「貞元十年前」言，兵亂方面，是年南詔蠻及吐蕃攻打，有元誼與王虔休之戰；水災方面，此前，有揚州（貞元三年）、灞水（貞元四年）、淮水（貞元八年）之溢；賦稅方面，前年正月復稅茶。

　　以「貞元十四年」言，兵亂方面，有長武城軍亂、歸化保軍亂、粟鍠之亂；水災方面，其三年前（即十一年），朗、蜀二州江溢；賦稅方面，仍「稅茶」。

　　以「貞元十六年」言，兵亂方面，去年有宣武軍亂，彰義軍節度使吳少誠反；當年則有韓全義與吳少誠之戰等。水災方面，去年，鄭滑大水；賦稅方面，照舊。

　　故以詩中情調言，似以貞元十六年為勝。

　　再以韓氏當時處境言之。

　　「貞元十年前」，由貞元三年至十二年，此時期韓氏寄食於馬燧家中。詩中所言之「暫不用兵」、「賦稅不顧」、「天下湯湯」等決非作客寄食馬家之韓氏所知，想是馬燧府中人所傳，韓氏悉知後，雖覺作客寄食甚為無奈，但可免「賦稅」之苦，可免水患之苦，有「甘食好衣」，乃有「無念百年，聊樂一日」之語。

　　以「貞元十四年前」言，時韓氏在汴州幕中，（案韓氏由貞元十二年秋為汴州觀察推官至貞元十五年二月董晉卒，從喪至洛止。）但此時間，正如王元啟所言「主賓相得，不應作此哀怨激楚之音」，以兵亂言，亦止是零星之亂；水災亦只是三年之前，故可排除。

　　以「貞元十六年」言，從兵亂言，則「吳少誠之亂」由去年三月至今年十月平，朝廷曾發十五路兵討之。另去年董晉卒後，軍亂，殺陸長源等，但朝廷不用兵。韓氏有〈汴州亂二首〉詩諷時。以水災言，去年七月，鄭滑大水。「河堤決東郡，老弱隨驚

湍。」（見〈齷齪〉詩）。此際，韓氏事跡分三：（一）入徐幕前；（二）入徐幕時；（三）去徐居洛時。再細論如次：

「入徐幕前」，據韓氏〈此日足可惜〉詩所言：「僕射南陽公，宅我雎水陽。篋中有餘衣，盎中有餘糧。閉門讀書史，清風窗戶涼。」貞元十五年二月，韓氏剛避過汴州之亂，得張建封照拂，棲息於雎水之陽，不應有「無曰既蹙矣，乃尚可以生」的話，故可排除。

「入徐幕後」，晨入夜歸，有鬱鬱之情。貞元十六年韓氏曾朝正於京師，歸來後作〈歸彭城〉詩：「天下兵又動，太平竟何時？訏謨者誰子？無乃失所宜。前年關中旱，閭井多死飢。去歲東郡水，生民爲流屍。……乘間輒騎馬，茫茫詣空陂，遇酒即酩酊，君知我爲誰？」可見「一肚皮不合時宜」。

韓愈入徐幕後，雖然可免賦役，但面對去年「鄭滑大水」，韓氏興起「天下湯湯」之歎，他哀歎「去歲東郡水，生民爲流屍」、「我欲進短策，無由至彤墀」。由於不爲張所喜，內心苦悶，曾經騎馬茫茫，飲酒酩酊，只求暫屈棲身；此即〈齷齪〉詩所言「但見賤者悲」；又即〈從仕〉詩所言之：「居閒食不足，從仕力難任。兩事皆害性，一生常苦心」，韓氏徘徊於進退之間，因此作成此詩於是而有「好衣甘食」、「無念百年，聊樂一日」的話。

至於「去徐歸洛」後，生計較前困難；其年十月，吳少誠亂平，故韓氏有「幸時不用兵」、「乃尚可以生」的話，但仍有賦役的問題，可以排除。

經上分析，則貞元十年與十六年皆有可能；貞元十四年則可排除。惟如王元啓所言：「考〈德宗本紀〉，自貞元二年，李希烈伏誅後，雖吐蕃時有蠢動，不過邊疆之患。中土諸節鎮，無有稱兵構亂者」，據此，他認爲「幸時不用兵」是作於貞元十年前。

筆者考之《唐書・德宗紀》，王元啓之言，大致無訛。

又按「幸時不用兵」，似是戰亂後暫平的喜悅，若是貞元十年前，則與此情調不合，故以貞元十六年說爲長；而貞元十六年中又以作於徐幕爲最長。

（八）〈苦寒歌〉（《韓集・外集》）

錢、張繫於貞元十一年，黃無收，屈列「疑年」詩。

錢繫於貞元十一年，未述理由。

張說：「從首二句『黃昏苦寒歌，夜來不能休』，和盼陽春之寓意，當於于是年初。」因繫於貞元十一年。

按：此詩大方無繫年，小方列入「無年考」。查《舊唐書・憲宗紀下》，元和八年十月，「丙申，以大雪放朝，有凍踣者，雀鼠多死。」依此看，詩當作於是時。今繫元和八年。

（九）〈遠游聯句〉（《韓集》卷八）

此詩錢、張繫於貞元十四年，屈無繫年。（按，韓詩所有聯句，屈均無繫年，只引述各家說法，少有寫出自己意見者。）黃則繫於貞元十五年。

方崧卿《舉正》云：「此詩送東野之江南也。元和三年東都作。」《魏本》引樊汝霖曰：「公有〈送東野序〉云『東野之役於江南。』此所謂遠游者，亦其時歟？」陳景雲指正《舊注》「謂遠游即東野役於江南時，其說似是而非。舊役於江南，乃赴溧陽尉任，役謂吏役也。」王元啓又據《舊注》：「元和三年作」之說，力辯之爲非，稱曰：「按：（元和）三年春，郊爲水陸運從事，時鄭餘慶正尹河南，不應無故罷免，乃令作此浪游。四年正月，李翺弔郊於洛東，時郊初丁母艱，未必遽有此遠役，此詩恐

貞元中作。」

夏敬觀《孟東野先生年譜》：「貞元十二年丙子，陸長源爲宣武行軍司馬，佐董晉。宣武軍即汴州也。韓愈爲汴州觀察推官。先生有〈送韓愈從軍〉詩、〈新卜清羅幽居奉獻陸大夫詩〉、〈汴州留別韓愈〉詩、〈夷門雪贈主人〉詩。陸長源答詩自註云：『郊客於汴將歸，賦〈夷門雪〉贈別，長源答此。』則先生在十二、三、四年，曾至汴州。與韓愈、李翱〈遠游聯句〉詩，疑在汴作。」

錢云：「翱於貞元十二年始來汴州，與公相識，有翱祭公文可證。後一、二年當尙在汴。此詩作于初春，東野〈汴州別韓愈〉詩，有『春英婆娑』之句，〈夷門雪〉詩有『春風動江柳』之句，可知與〈遠游〉皆同時作。據公〈重答張籍書〉，言孟君將有所適。〈答張書〉，方成珪《箋正》考定爲貞元十三年秋作，則〈遠游〉詩篇，作於十四年春初無疑矣。」

張論此詩繫年頗絮長。論述分二部分。第一部分：他列述諸家之說，如方崧卿、樊汝霖、夏敬觀《孟譜》之說，論稱：「詩中有『楚些待誰吊？賈辭緘恨投。貉謠眾猥款，巴語相嘲幽』，大體符合實際，與王元啓所說：『此詩恐貞元中作』意近。」

又據引錢仲聯《集釋》：「作于十四年春初無疑矣」之說，稱曰：「錢說近是。」

第二部分，他從孟郊、韓愈詩句，辯稱：「此詩寫作時間是春中。孟郊、韓愈、李翱春中同在汴州，而孟郊又有楚地遠游之舉的只有這一個仲春。說元和三年不對，說春初者也不確，因是年李翱中進士，舉考當在正月之春初，此乃他中進士後東歸汴州的事。」張指出：「孟郊遠游情勢與時令，除以上夏敬觀、錢仲聯所舉與陸長源唱和詩證外，還可引孟郊〈夷門雪贈主人〉詩句：『夷門貧士空咏雪，夷門豪士皆飲酒。酒聲歡閑入雪銷，雪聲激

切悲枯朽。悲歡不同歸去來，萬里春風動江柳。』（陸）長源〈答東野夷門雪〉詩云：『東鄰少年樂未央，南客思歸腸欲絕。千里長河冰復水，雪鴻冥冥楚山雪。』（《孟東野詩集》卷二）孟郊思歸之情，早春唱和時間，與〈遠游聯句〉也合。」因此張說〈遠游聯句〉「不當寫於元和年間。」

　　黃於「貞元十五年」條下云：「早春，韓、孟、李翱同作遠游聯句。」黃據華忱之《孟郊年譜》稱：「孟郊南歸之計決於貞十四年冬，十五年春方離汴適蘇。〈遠游聯句〉韓愈云：『離思春冰泮』，又云：『即路獻新歲』，則此詩當為貞元十五年早春所作。」

　　按：此詩繫年有三說：一、元和三年，大方主之；二、貞元十四年，錢、張主之；三、貞元十五年，黃主之。元和三年說非是，王元啓、張清華已予駁論；至貞元十四、十五年之說，又竟為夏敬觀《孟譜》與華忱之《孟譜》之異。前者表示「疑在汴作」；後者則指涉明白。

　　再按羅聯添《唐代詩文六家年譜・李翱年譜》「吳越之游」條下云：「貞元十五年（799）早春，李翱在汴州。孟郊自汴南歸，韓愈、李翱共作〈遠游聯句〉。」今從羅說，繫於貞元十五年春。

（十）〈醉留東野〉（《韓集》卷五）

　　此詩錢、屈、張皆繫於貞元十四年，黃則繫於貞元十五年。此詩眾說紛紜。

　　《魏本》引樊汝霖曰：「元和六年，公為河南令作。」

　　《魏本》引唐庚曰：「東野前一年方罷河南水陸轉運從事。」

　　王元啓曰：「公〈薦士詩〉作於元和元年九月，時東野已去溧陽尉，在京參調無成，故有『久無成』及『決焉去』等句，此

云『不得官』、『不迴頭』，是未受水陸從事之辟，正當告歸之時。疑〈薦士〉詩即繼是而作，皆元年九月事也。」

王鳴盛《蛾術編》：「東野以貞元十一年爲溧陽尉，去尉二年，鄭餘慶尹河南，奏爲水陸轉運從事。此云不得官，當是未作尉以前。而年譜乃編于元和六年，其時東野已得從事。或云：已罷，故云不得官，恐非。」

迮鶴壽曰：「據《登科記》，東野及第在貞元十二年，然則貞元十一年尚未爲溧陽尉也。東野爲鄭餘慶留府賓佐，在元和二、三年間，去及第時已十一、二年，若是貞元十一年即爲溧陽尉，當非去尉二年即爲水陸轉運從事。此詩云：『東野不得官』，舊注以爲「前一年罷水陸轉運從事」，容或有之。但本傳云：『卒年六十四。』若依《登科記》計之，在元和五年。則此詩不得編于六年。」

夏敬觀《孟東野先生年譜》：「詩云：『東野不得官，白首誇龍鍾。』先生元和六年尚居母憂，寧有醉留而又歎其不得官之理。當是元和七、八年所作也。」

錢辯云：「公詩明云『東野不得官』，是必作於東野未爲溧陽尉及水陸轉運從事之前。樊注元和六年，夏譜元和七、八年之說，皆非也。王元啓知其非元和六年作，而以爲作於元和元年九月，則仍在爲溧陽尉後，無解于『不得官』一語。王鳴盛以爲當作於未爲溧陽尉以前，是矣。而誤以東野在貞元十一年爲溧陽尉，致來迮鶴壽之駁。（中略）。然則十四年春，東野離汴南行，賦詩別公，及爲〈遠遊聯句〉之時，因尚未爲溧陽尉也。此詩當亦作於同時，末段亦含有惜別之意。」

屈之見解與錢相同。

張推崇錢說爲勝。繼而申述己見：「按韓愈〈貞曜先生墓誌〉

記年考之，孟郊選爲溧陽尉在貞元十七年。元和六年，孟郊在東都留守鄭餘慶手下任水陸運從事，皆算有官職，不當說『不得官』。此語當指孟郊中進士至選爲縣尉之間這段時間。這段時間二人相處多在汴州，『東野不迴頭』與韓愈別離，只有十四年春在汴州這個時間，故詩繫於此年爲宜。」

黃繫之於「貞元十五年」，曰：「早春，孟郊去汴南歸，韓愈、李翺祖餞之，韓有〈醉留東野〉一詩。」

按：此詩與上首〈遠游聯句〉如錢之說係作於同時，則繫年應依羅著〈李翺年譜〉，繫於貞元十五年春爲是。說引已見前詩，不贅引。

（十一）〈知音者誠希〉（《韓集・遺詩》）

錢、張繫此詩於貞元十四年，屈列「疑年」，黃「無收」。

方世舉云：「按公〈與馮宿論文書〉云：『僕爲文久，每自意中以爲好，則人必以爲惡矣，不知古文直何用於今世也？然以竢知者知耳。』文章一道，作者固難，識者正復不易，故深有感於古詩之語。然爾時從公游者，如李翺、張籍、皇甫湜輩，蓋未嘗輕相許可。此詩大抵爲東野而作。」

錢論云：「方說近是，無可繫年，姑附於此。」於是繫於貞元十四年〈醉留東野〉後。

張論曰：「韓愈在長安十年，交友不少，最著者爲李觀，雖志同道合，卻于貞元十年早死；崔群與韓愈過從一生至厚，然與文章古道，又非志同。李翺、張籍、皇甫湜輩雖入韓門，然定交未久，知之非深。孟郊雖爲摯友，然又離去。韓愈之感由此而發。〈與孟東野書〉云：「（略。）」書是兩年後在徐州寫的，述無知音之苦。（中略）可見韓愈把孟郊引爲知音同道。」因繫之於

貞元十四年。

屈引《文讜》云：「觀詩意蓋有送行之意，時張籍，孟郊數會數別，集多有相別詩，不得而詳其名氏矣。」又引方世舉「此詩大抵爲東野而作」之說，仍置於「疑年詩」。

按：此詩大方無繫年，小方列「無年考」，屈列「疑年」，黃「無收」，只有錢、張有繫。方世舉只說「大抵爲東野而作」，錢於是據方說姑繫於貞元十四年〈醉留東野〉後，張說更爲直接。以〈醉留東野〉詩言，韓以李杜爲喻，以雲龍爲喻，則見傾倒之甚，本詩詩題之「知音者誠希」，即此心跡之表白，故繫於〈醉〉詩之後。

（十二）〈夜歌〉（《韓集》卷一）

錢及張、黃繫於貞元十八年，屈則繫於貞元十六年。

《魏本引樊汝霖》：「此歌及前〈暮行河堤上〉詩，皆作於德宗貞元中。時強藩悍將，可爲朝廷憂，公方歎計謀之未就，雖欲憂之，非所力也。」

方世舉云：「閒堂獨息，當是十八年爲四門博士之時，不以家累自隨也。參調無成，始獲一官，何遽自得？然以一身較之天下，則一身爲可樂，而天下爲可憂。其時伾、文漸得寵，殷憂方大。而身居卑末，又非力之所能爲，故託於〈夜歌〉以見意。〈夜歌〉者，陰幽之義，言不敢明言也。」

王元啓曰：「此詩自江陵還朝，初官國子博士日作。時公得遂北歸，且未遭飛語。當時強藩悍將如楊惠琳、劉闢以次誅滅，欣然有太平之望，故其言如此。前詩謀計，謂謀生之計。此云所憂，蓋指官資之崇卑。樊注非是。」

方成珪《昌黎先生詩文年譜》繫貞元十六年，云：「此去徐

居洛時作。」

錢曰：「此詩羌無事實，隨諸家所解皆可通。而方世舉說較長，今從之。」

張論云：「案四說各據道理。如說寫於十六年秋冬居洛時，韓愈心情鬱悶，生活困窘，家小在旁，難有靜夜閑堂的悠雅之境。況徐州軍亂、吳少誠事已暫平息，不當以爲憂。從中二句『念身幸無恨，志氣方自得』看，說剛得博士之任，博士官雖卑，也是韓愈常想步履京朝官的願望，一得自適，自覺幸得無恨。云十六年者，不當有此志得自興之情。云自江陵還朝者，不當云『志氣方自得』，因韓愈并不以復歸太學博士之任爲願。方世舉之說較長，然所析之由未爲中的。」雖然如此，仍採方世舉之說，繫之於十八年。

黃於「貞元十八年」條下云：「去年參調無成，今始獲一官，閑堂獨息，感身居卑末，又非力之所爲，故於〈夜歌〉以寄意。」後案云：「方說甚是。不以家累自隨者，後韓愈赴洛陽挈妻子爲證。」

屈則採小方之說，繫於貞元十六年。

按：此詩寫「閑堂獨息之憂」，繫年有三說：（一）、憂強藩悍將，作於貞元中，樊主之；（二）、憂倖文得寵，作於貞元十八年四門博士之時，方、錢、張主之；（三）、憂官資之崇卑，作於元和元年國子博士時，王元啓主之。

若以詩中句「念身幸無恨，志氣方自得」言，則貞元中韓氏在汴幕、徐幕，似未可言「志氣方自得」，此說可排除。貞元十八年韓氏參調無成，始獲一官，博士官雖卑，但總算入仕，「志氣方自得」，未嘗不可。至於元和元年召拜國子博士還朝，朝廷討平楊惠琳、劉闢，欣然有太平之望，韓正月作〈元和聖德詩〉

揄揚皇帝盛德，「志氣方自得」，可以說此事。以此言之，貞元十八年與元和元年兩者之間皆有可能，但以詩意衡之，則以後者為長。

（十三）〈詠雪贈張籍〉（《韓集》卷九）

錢、張繫於貞元十九年，屈列「疑年」，黃「無收」。

方崧卿《舉正》云：「公時以柳澗事下遷，疑寄意于時宰也。」

朱熹《考異》云：「此詩無歲月，方說恐未必然。」

《魏本》引樊汝霖曰：「此詩或云自『松篁遭挫抑』以下等語，專以譏時相。」

方世舉云：「公以柳澗事下遷，在元和初年，時宰為鄭餘慶、武元衡，與詩所譏者不類。此乃為皇甫鎛、程异、王播諸人入相而作。鎛、异之相，在元和十三年九月，播之相在長慶元年十月，三人皆以聚斂之臣，驟登宰執，故因詠雪以刺之。（下略）」

王元啓曰：「蓋德宗末年，任用京兆尹李實，專事剝民奉上，而王叔文、韋執誼等，朋黨比周，密結當時欲速僥倖之徒，定為死交，此詩皆有所指，疑亦貞元十九年春作。」

錢論曰：「王說較長，今據以繫此。」因繫於貞元十九年。

張認為「王說繫年為是，然不在春日，當在多天。」辯云：「是多，張籍在京為太常寺太祝（按：據羅著《張籍年譜》，憲宗元和元年，四十一歲調為太常寺太祝，貞元十九年仍居戎幕掌書記），與韓交往甚密，詩云：『惟子能諳耳，諸人得悟（按：應作「語」）哉？助留風作黨，勸坐火為媒。雕刻文刀利，搜求智網恢。莫煩相屬和，傳示及提孩。』似有所譏，所譏之意，只有張籍可解。時裴延齡、李齊運、王紹、李實、韋執誼、韋渠牟專權，宰相被架空，所譏當是這些人。而王叔文等與諸子結為死

友，時間稍晚。貞元十九年秋冬，德宗執政，尚無傳位放權的表示。」因從王說，繫於貞元十九年冬。

　　屈從朱說，認為「諸家說詩意及繫年皆臆度也」，故列為「疑年詩」。

　　按：此詩繫年大抵分兩類：一、有比喻者，如樊汝霖之「譏時相」說，方崧卿「疑寄意于時宰」說，方世舉「刺聚斂之臣」說，方成珪「刺皇甫鎛、程异、王播以聚斂之臣入相」說，王元啟「刺李實剝民，王韋朋黨」說；二、無比喻者，如程學恂云：「此自詠雪耳。」先論有比喻者，比喻在「松篁遭挫抑」以下等句，然如程所說：『即謂松篁』以下語句，有似譏貶，然合通首觀之，逐句求之，多有不可通者矣。」

　　筆者試從另一角度考察。先看詩句，詩中前半詠雪，各家無疑。詩末段云：「惟子能諧耳，諸人得語哉？助留風作黨，勸坐火為媒。雕刻文刀利，搜求智網恢。莫煩相屬和，傳示及提孩。」從詩意言，是作於一個風雪的日子，家中圍爐取暖，韓、張談詩論文。論及寫詩的方法，如何「以文為詩」、「以賦為詩」？於是，韓氏借眼前的雪景寫一首詠雪詩以為示範教學，這是韓氏的家法，正如蔣抱玄所云：「寫景純用白話，看似場面熱鬧耳。此種工夫，須從涵泳經史，烹割子集而來，確為韓公一家法，他人莫能語也。」由於張籍是韓門弟子，從韓氏學詩，故韓氏以「雕刻文刀利，搜求智網恢」的詩藝告他，所以說出「惟子獨諧耳，諸人得語哉？」的話，詩末並告他「莫煩相屬和，傳示及提孩。」若如此解釋，則必須有下列幾組前提：

　　1.韓張同時在家；2.一個風雪的冬天或春天；

　　3.韓張時有唱酬；4.韓張已經結婚生子。

　　若以上述前提考察韓張生平，據《韓愈研究》則有下列事迹：

（一）貞元十三年，十一月一日張至汴州隨韓氏學文。

（二）貞元十六年，娶韓弇女。

（三）元和元年，張爲太常寺太祝。六月，韓、孟、張有〈會合聯句〉。

（四）元和二年四月十二日夜，韓在張家閱書。

（五）元和八年，張在長安爲太祝，病目窮困；韓則改授尙書比部郎中、史館修撰，有〈調張籍詩〉。

（六）元和十一年，張眼疾初癒，遊城南。自秋至冬彼此有詩相酬。

上述事迹，符合上列前提者，只有元和元年及元和十一年兩條。試再申述如次：

據《張籍年譜》，元和元年冬，張識韓愈之子韓昶（小名符），獲退之贈詩。詩中張推譽韓昶「此是萬金產」。而此詩什有「喜氣排寒冬」語，其作於本年冬可知，寒冬下雪，本是常事，韓氏因此寫此詠雪詩贈張籍，並不要求他酬詩，只告他將此詩法「傳示及提孩」，古人「易子而教」即此之謂。時韓昶八歲。其後在元和五年，張籍爲韓昶授詩，時韓昶十二歲。元和十一年，張居住於長安西街西明寺後延康里。秋至冬，彼此有詩相酬。

諸說以爲有比喻者，俱嫌穿鑿，筆者以詩意論之，此乃詠雪的示範詩，爲張籍傳其「雕刻文刀利，搜求智網恢」的詩藝，並勉他「傳示及提孩」，張有無把此詩藝傳示及他的兒女，不可知；但，張於四年後授詩於韓昶，這是事實，故以詩的情調論，以繫元和元年爲長。

（十四）〈古意〉（《韓集》卷三）

錢、黃繫於貞元十九年，屈、張繫於貞元十八年。

《舉正》：「貞元十八年夏登華山作。」方世舉注云：「此為憲宗信仙采藥而作。《新唐書》：『元和十三年，詔天下方士。李道古因皇甫鎛薦山人柳泌，言天台多靈草，上信之，以泌權知台州刺史。十四年，泌至天台，采藥歲餘，無所得而懼，舉家逃入山中。』此詩託言太華，以比天台，託言蓮藕，以比靈草。（下略）」王元啓曰：「舊注引沈顏〈登華旨〉，謂《國史補》言公好奇登華為不察韓公假事諷時微旨。余謂悔狂咋指，明載公詩，此事何須深諱，但詩題〈古意〉，並非紀游之什。詳詩結句，蓋欲人君膏澤下流之意，疑是貞元十九年為天旱人饑而作。」

錢論曰：「方注嫌鑿，王說得之。」因繫於貞元十九年。

黃認為「方說得之」，因繫於「貞元十九年」條下。

屈繫於貞元十八年。

張說：「古人習慣詩題『古意』者，必有所託，王說不無道理；然必拉到十九年旱饑，則不必。詩由見景起興，希望自然或人君澤及眾庶，不一定是下雨。」

按：兩造之說各有道理。但細加分析，此詩首句「太華峰頭玉井蓮」，已明見為登華山日作，故大方之說正確，亦不必拉到十九年旱饑。今繫「貞元十八年」。

（十五）〈利劍〉（《韓集》卷二）

錢、張繫於貞元十九年，屈列「疑年」，黃「無收」。

《魏本》引韓醇曰：「此詩次汴州亂後，不平之氣，略見於此。」

查慎行曰：「觀詩中語，乃為貝錦青蠅而發，非因汴州亂也。」

陳景雲曰：「此詩歲月無可考，詳味詩意，似為疾讒而作，與汴州事無涉。」

王元啟曰：「此詩雖列汴州亂後，然以不能刺讒夫為恨，則非為汴州之亂可知。又詩旨與〈炭谷湫〉：『吁無吹毛刃』二語略同。考《順宗實錄》，言『京兆尹李實陵轢公卿以下，隨喜怒誣奏黜陟』，則此詩所云讒夫，恐指李實言之。」

錢辯云：「王說是也。公〈祭張員外文〉曰：『貞元十九，君為御史。余以無能，同詔並跱。彼婉孌者，實憚吾曹，側肩帖耳，有舌如刀。』正此詩所指之讒夫也。」因繫之於貞元十九年。

張謂此詩無具體年代可考，因繫之於貞元十九年。

屈引方崧卿云：「此詩貞元十五（799）作。」復引韓醇、陳景雲之說，列於「疑年」。

按：大方《舉正》云：「〈汴州亂〉、〈利劍〉、〈齪齪〉三詩皆貞元十五年作。」〈年表〉無繫年；小方《詩文年譜》繫於貞元十二年，謂：「據陳少章說定為是年作。」王元啟「讒夫，恐指李實言」，並繫貞元十九年。諸說之中，以其說較詳，從之。

（十六）〈答張十一功曹〉（《韓集》卷九）

錢、張、黃繫於貞元二十年，屈繫於元和元年。

錢引〈唐故河南令張君墓誌銘〉：「君諱署，字某，河間人。以進士舉博學宏詞，為校書郎，自京兆武功尉拜監察御史。為幸臣所讒，與同輩韓愈，李方叔三人，俱為縣令南方。二年，逢恩俱徙掾江陵。」論稱：「洪興祖《韓子年譜》繫此詩於二十年春南遷時。方成珪《詩文年譜》繫此詩於永貞二年春二人偕掾江陵時，以題有『功曹』二字；二十年春，張尚未為功曹。細按張詩，境地情緒，明係作於湘南而非江陵。至公此詩首三句，即〈送區冊序〉所稱『陽山天下之窮處，江流悍急，縣郭無居民，夾江荒茅篁竹之間，小吏十餘家』景象。第四句與〈杏花〉詩所謂『二

年流竄出嶺外，所見草木多異同。山榴躑躅少意思，照耀黃紫徒爲叢』，及〈游青龍寺〉詩『前年嶺隅鄉思發，躑躅成山開不筭』者亦合。第六句『炎瘴』字更不切江陵。方說非也。『功曹』二字，疑爲後來追題，或爲李漢編集時所加。」

張亦稱：「錢說是。然未定具體時間與地點。以詩境與詩情與二人唱和關係看，當寫於到貶所後四五月間。」

黃於「貞元二十年」條下云：「春，韓愈與張署，仍相偕行，正月過洞庭、上湘水、潭州、衡陽、郴州李使君部，至九嶷山，二人有詩唱和，張署抵臨武，韓愈繼行。」

屈云：「按：愈《張署墓誌》云：『逢恩俱徙掾江陵。半歲，邕管奏君爲判官，改殿中侍御史，不行。』細按張詩，乃爲除邕管判官而發。愈詩『莫令炎瘴送生涯』，即阻其赴邕管也。方成珪繫元和元年春爲是。」

按：此詩繫年有二說：（一）、貞元二十年，《洪譜》，錢、張、黃主之；（二）元和元年，方成珪、屈主之。

查《韓愈研究》「韓愈交遊」張署條，貞元十九年（803）「韓愈、張署、李方叔三人上疏言關中天下根本，請寬民徭而免田租，卒爲李實所讒，十二月俱貶南方縣令。韓愈貶連州陽山令，張署貶郴州臨武令。韓、張被貶，相偕南行，出終南山、秦嶺、下襄漢、順江而下，明年（804）正月過洞庭，上湘水，抵長沙，南至九嶷山，二人有詩唱和，張署抵臨武，韓愈繼行，二人把醆相飲，相期是多會宿於境上。」「貞元二十一年（805）正月順宗即位，二月大赦。夏秋之際，韓愈離陽山，俟命於郴州。八月，韓愈、張署授命量移江陵。」「元和元年（806）春，韓愈、張署同在江陵共事。（中略），六月，韓愈召爲國子博士。張署尚在江陵，十月李鄘奏署爲京兆府司錄參軍，署當在六月至十月間自江陵歸

京。」其間彼此有唱酬。

以此言之，韓張二人既有唱酬，則此詩之繫年應有貞元二十年、貞元廿一年、元和元年三個可能。貞元二十年時在洞庭、九嶷之間；貞元二十一年，係同赴江陵時；元和元年則爲在江陵共事時。據《集釋》卷二所附張署原唱：首二句云：「九疑峰畔二江前，戀闕思歸日抵年」，所言之「九疑山」則明顯是在於貞元二十年之時。羅聯添認爲是作於當時；至張清華則認爲作於到貶所後的四五月間，則仍在貞元二十年內；餘二說排除。

(十七)〈君子法天運〉(《韓集》卷二)

錢、張、黃均繫於貞元廿一年，屈列「疑年」。

樊汝霖說此詩「徐州作」。

方世舉《箋注》云：「此詩爲劉禹錫、柳宗元曜比伾、文而作。君子居易以俟命，四時可前知也。小人行險以徼幸，寒暑不可期也。利害判然，惟人自擇耳。彼二子者，慕熏灼之勢，而忘冰霜之懼，可憂哉，可疑哉！」

錢認爲「樊說恐無據」，而「從方說」。

張認爲「（此）詩寫于陽山，大抵感慨己之不遇之作。」

黃於「貞元二十一年」條下云：「夏秋在郴州俟新命於李伯康處，繫心於王室，見群小臣無禮於君，故作君子法天運等篇責之。」

屈引王元啓云：「君子之有好惡，如天之有溫涼舒肅，四時皆可前知。（中略）貞元末小人用事，一時欲速僥倖之徒爭附之。公自弱歲入京，當出門無所之日，即知有天命之不吾欺，蓋其所見者卓矣。是豈羣小所得而亂之者哉？此詩亦爲伾、文羣黨而作。」屈質疑：「樊說未知何據，方、王說乃臆度也」，故列「疑年」。

按：方世舉指爲「劉、柳」暗比伾、文而作。王元啓指爲「伾、文羣黨而作。」性質相近，可概括言之。今繫貞元廿一年。

（十八）〈晝月〉（《韓集‧遺詩》）

錢及張繫此詩於貞元廿一年，屈繫此詩於元和十五年，黃無收此詩。

王元啓曰：「此詩似爲順宗時伾、叔文弄權而作。當編置〈東方半明〉詩前。」

錢繫之於貞元廿一年，無述理由。

張編置於〈東方半明〉詩之前，並云：「循詩意有譏時補天之意，是年作。」因繫於貞元廿一年。

屈據文讜云：「公歷事德宗、憲宗、穆宗三朝，按史，太白晝見屢有之；晝月，未之有也。觀詩意謂『陰爲陽羞』，蓋有所託諷也。其指宦官陳弘志之亂故耶？其曰：『戲嘲盜視汝目瞽』，可以見一時之凶焰也。」論稱：「按《舊唐書‧憲宗紀》云：『元和十五年正月庚子，是夕上崩於大明宮之中和殿，享年四十三。時以暴崩，皆言內官陳弘志殺逆，史氏諱而不書。』」故繫之於元和十五年。

按：筆者閱《舊唐書‧天文志》，《新唐書‧天文志》、〈五行志〉及德宗、憲宗、穆宗三朝本紀，皆無此類有關天文變異的記載，恐爲史傳所失收，又恐是作於南貶之時。錢、張、屈說三者皆出於臆測，宜入「疑年」詩。

（十九）〈醉後〉（《韓集》卷二）

錢、張、黃均繫於貞元廿一年，屈列「疑年」。

《魏本引洪興祖曰》：「吾觀退之『煌煌東方星』，其順宗

時作乎？東方，謂憲宗在儲宮也。」

《魏本引樊汝霖曰》：「按史，貞元二十一年正月，順宗即位。三月，立廣陵王純爲皇太子。八月，立爲皇帝，是爲憲宗。」

王元啓曰：「此詩舊注謂與〈東方半明〉同義。然彼詩自指憲宗在儲宮時，此詩極言醉中酣適之趣，眾客字蓋泛言之，恐不得意指伾、叔文之黨。」

錢指此詩「比意顯然，舊說爲是。」因繫於貞元廿一年。

張曰：「詩以東方星指太子李純；太子之立在喧爭之後，當寫于太子立後，時韓愈已遇赦矣。」因繫於貞元廿一年。

黃於「貞元廿一年」條下云：「春夏，在郴州俟新命於李伯康處，約三月，沈潛著書，繫心於王室，見群小臣無禮於君，故作〈醉後〉等篇責之。」

屈亦列引洪興祖、樊汝霖、王元啓諸說，仍然列爲「疑年詩」。

按：此詩繫年有二說：（一）貞元二十一年，洪、王、錢、張、黃等主之；（二）疑年，屈主之。查《通鑑》卷 236，唐紀五十二，順宗永貞元年，「春正月，癸巳，德宗崩，丙申，太子即皇帝位（是爲順宗），時順宗失音，不能決事。……三月，癸巳，立淳爲太子，更名純。夏，四月乙巳，上御宣政殿，冊太子。……八月，庚子，制『令太子即皇帝位』；辛丑，太上皇（順宗）徙居興慶宮，改元永貞。」

前輩據詩中句「煌煌東方星」，認作於「憲宗在儲宮也」，《洪譜》、王、錢、張、黃屬於此路。惟此詩既如黃所言作於「春夏，在郴州俟新命於李伯康處，約三月，沈潛著書」，郴州離京師有幾千里之遙，如何知道朝廷之事？筆者以爲此詩乃寫一般人醉後的情態，喧忿、嘲戲、淋漓衣、顛倒字等等都是，諸家說有喻意，乃從「東方星」之東方生發，俱嫌穿鑿。列「疑年」爲宜。

（二十）〈和歸工部送僧約〉：（《韓集》卷九）

錢、張繫於元和元年，黃無收，屈列為「疑年詩」。

錢繫元和元年，理由是：「方崧卿〈韓文年表〉列此詩於元和元年〈春雪〉諸詩後；公贈詩後，約當即浮湘南游矣。」

張繫元和元年，根據同上。

屈引方崧卿〈韓文年表〉之語，但仍置於「疑年詩」中。

按：此詩大方繫元和元年，小方入「無年考」，以後三家之說，不出其中。在未有確切證據前，宜列「疑年」。

（二十一）〈雨中寄孟刑部幾道聯句〉（《韓集》卷八）

錢、張、黃均繫元和元年，屈則「無繫年」。

錢引《舉正》：「元和改元作。」其他，無述理由。

張云：「孟郊有〈同從叔簡酬盧殷少府一首〉、〈送從叔校書簡南歸一首〉、〈感別送從叔校書簡再登科東歸一首〉等，知簡為郊從叔。時孟簡官已顯，即韓愈詩句云：『高居限參拜。』從韓愈『祥鳳遺菶鶒，雲韶掩夷靺』以下一段贊揚孟郊的詩句，此詩語有求孟簡汲引孟郊之意。時郊正在長安待選。又以『秋潦淹轍迹』句看，此聯句寫於淫雨連綿的秋天七、八月間。」

黃繫於元和元年夏秋冬間，又引《舉正》而繫於是年。

屈無繫年，把此詩置於「聯句」組詩中；注中引方崧卿云：「孟簡。元和改元作。」又引王儔云：「此詩公自江陵掾召為國博時所作，元和元年秋也。」

按：此詩由大方、小方、錢、張、黃一直繫於元和元年。惟獨屈書則因體例的關係無直接繫年，而置於「聯句」一組詩中。論其注釋所引，則應繫元和元年。再按華忱之《唐孟郊年譜》「憲

宗元和元年」條：「是年方客長安，與韓愈張籍等同作，有〈會合〉、〈同宿〉、〈納涼〉、〈秋雨〉、〈雨中寄孟刑部幾道〉、城南諸聯句。」內文小注云：「按：幾道，孟簡字，以順宗永貞元年，自倉部員外郎徒刑部（按：徒為徙之誤）。《八瓊室金石補正卷65》有〈孟簡題名〉云：『刑部員外郎孟簡元和元年二月三日。』下引《廣西通志金石略》：「孟簡題名在讀書巖，……劉玉麐曰：『幾道官刑部史傳失載，而韓昌黎集有之，此石刻足以證古。』」

以此言之，則此詩繫於元和元年，應無疑義。

（二十二-二十四）〈有所思〉聯句、〈遣興〉聯句、〈贈劍客李園〉聯句（《韓集‧遺文》）

此三詩錢、張繫於元和元年、黃無收，屈無繫年。

方崧卿《舉正》、〈年表〉無收、無繫此詩；方成珪收〈有所思〉聯句、〈遣興〉聯句；至〈贈劍客李園〉聯句則無收，但此三首聯句皆繫於元和元年。

錢云：「此三首載遺文，不詳年月。然韓、孟聯句，在是年者多，姑以類附之。」故繫於元和元年。

張云：「此三首均見孟集，而收入韓集外集遺文，不顯年月，因皆為韓孟聯唱，故繫於此時。」

按：《韓集》中有十四首聯句詩：（一）、〈遠遊〉作年有三說：1.貞元十三、四年（方成珪主之）。2.貞元十五年（羅著《韓愈研究》主之）。3.元和三年（方崧卿主之）。（二）、〈會合〉，作於元和元年，六月。（三）、〈納綜〉，作於元和元年閏六月。（四）、〈同宿〉，作於元和元年夏秋。（五）、〈雨中寄孟幾道〉，作於元和元年八月。（六）、〈秋雨〉，作

於元和元年八月。（七）、〈城南〉，作於元和元年秋月。（八）、
〈鬥雞〉，作於元和元年秋冬・（九）〈征蜀〉，作於元和元年
十月。（十）、〈莎柵〉，作於元和三年，孟東野失子時。（十
一）、〈晚秋郾城夜會〉，作於元和十二、十三年。（十二）〈有
所思〉，方成珪繫於元和元年。（十三）、〈遣興〉，方成珪繫
於元和元年。（十四）、〈贈劍客李園〉，方成珪繫於元和元年。

　　其中，〈遠遊〉為韓、孟、李（翺）三人聯句；〈會合〉為
韓、孟、張（籍）、張（徹）四人聯句；〈晚秋郾城夜會〉為韓、
李（正封）二人聯句；餘十一首俱為韓孟聯句，且多在元和元年。
由此而觀，〈有所思〉、〈遣興〉、〈贈劍客李園〉三句聯句，
正如方成珪《年譜》云：「以上三首，不詳年月，然韓、孟聯句，
多在是年，姑以類附之。」亦繫於元和元年。

（二十五）〈記夢〉（《韓集》卷七）

　　錢、張、黃皆繫於元和二年，屈列「疑年詩」。

　　錢論云：「元和二年作為近，特不必如方注之穿鑿比附耳。」
按錢引方世舉《箋注》云：「此詩謂不服神仙，僅得形貌。即謂
因忤執政降右庶子有所託諷而作，亦於詩意遼隔。大抵為鄭絪耳。
公自江陵歸，見相國鄭絪，絪與之坐語，索其詩書，將以文學職
處之。有爭先讒愈於絪，又讒之於翰林舍人李吉甫、裴垍，或以
告公。公曰：愈非病風而妄罵，不當如讒者之言。因作〈釋言〉
以自解。終恐及難，遂求公司東都。詩中神官與言，謂鄭絪也。
三人共追，謂爭先者也。護短憑愚，謂其信讒。『安能從汝巢神
山』，言不媚絪以求文學之職也。詩意顯然，而悠謬其辭，亦憂
讒畏譏之心耳。」

　　張辯云：「從詩中『我聽其言未云足』云，頗似〈釋言〉『有

來謂愈者曰』的口氣。以是年爲宜，當在去洛前。」

　　黃於「元和二年」條下云：「既知有人讒之，又作詩以解其心。有〈記夢〉、〈三星行〉、〈剝啄行〉」。又云：「以上三首詩，皆有遇讒而恐及難之心。」

　　屈據〈行狀〉云：「元和二年，公權知國子博士，宰相有愛公文者，將以文學職處公，會有構公飛語者，公恐及難，遂求分司東都。又元和十一年知制誥，以忤執政，降爲太子右庶子。其此兩時所作歟？」因列爲「疑年詩」。

　　按：大小方俱繫元和十一年，錢、張、黃三人俱繫元和二年，屈意乃在兩者之間，不能決定，故作「疑年」。查韓愈以主用兵淮西爲主和宰相所不喜，主和宰相及其同黨遂藉韓愈餞送裴鍔序而黜出之，時爲元和十一年，觀詩意有「不能俯仰隨人之意」，當作於左遷之時，以時衡之，似作於元和十一年爲勝。

（二十六）〈莎柵〉聯句（《韓集》卷八）

　　錢、張、黃繫於元和三年，屈則無繫年。

　　錢云：「此當是東野失子時所爲，故有斷腸之語。」

　　張云：「詩爲孟、韓各一聯的聯唱。從韓『冰溪時咽絕，風櫺方軒舉』句看，當在早春；從孟『此處不斷腸，定知無斷處』句看，當作於東野失子之時，與上詩爲同時作。」

　　黃於「元和三年」條下云：「春初，孟郊失子，韓愈懼其傷，以天命慰之，作詩且序。又與孟郊作〈莎柵聯句〉。」

　　按：此詩大方繫於「元和二、三年東都作」，小方繫於元和五年，無述理由。以詩意觀之，詩作於元和三年，東野失子後。

（二十七）〈陸渾山火一首和皇甫湜用其韻〉
《韓集》卷四）

錢及張、黃則繫於元和三年，屈繫於元和二年。

《魏本引樊汝霖曰》：「湜，《舊史》無傳，《新史》傳云，擢進士第，爲陸渾尉。今以牛僧孺、李宗閔傳考之，元和初，與牛、李同舉賢良，對策忤宰相，牛調伊闕尉，李洛陽尉，則知湜爲陸渾尉，亦其時也。按：《唐登科記》，湜中賢良蓋元和二年也。」

《魏本引韓醇曰》：「此詩分司東都多所作。」

沈欽韓《補注》：「《冊府元龜》：『元和三年，詔舉賢良方正，有皇甫湜對策，其言激切。牛僧孺、李宗閔亦苦諫時政。爲貴幸泣訴于帝，帝不得已，出考官楊于陵，韋貫之於外。』按：牛僧孺補伊闕尉，湜補陸渾尉。制科登用，較元年之元稹、獨孤郁等，大相懸絕。皇甫之作，蓋其寓意也。火以喻權倖勢方薰灼，炎官熱屬則指附和之人。牛、李等以直言被黜，猶黑螭之遭焚。終以申雪幽枉，屬望九重。其詞詭怪，其旨深淳矣。」

陳沆《詩比興箋》：「是詩自來說者莫得其解，第謂其詞奇奧詰屈而已。……以史證之，蓋哀魏博節度使田弘正爲王庭湊所殺，朝近不能討賊雪仇而作也。史言田弘正以六州之地來歸，又助討吳元濟、王承宗，誅李師道，屢立大功，忠節爲諸鎮冠。會王承宗死，朝廷復成德軍，詔徙田弘正鎮之。兵馬使王庭湊陰激牙兵譟于府署，殺弘正及僚佐將吏並家屬三百餘人。自稱留後。詔魏博、橫海、河東、義武諸軍討之，以弘正子布爲魏博節度使，令復父仇。既而諸軍統領不一，監軍掣肘，度支不繼，踰年無功。由是再失河朔，迄於唐亡，不能復取。此事蓋昌黎所深痛，而又

不忍顯言以傷國體，長驕鎮，故借詞以寄其哀。（中略）皇甫尉陸渾在元和之初，此詩追和，在長慶之初，非一時所作。」

錢論云：「沈說是也。陳說雖巧於比附，然長慶初去湜尉陸渾之年，相隔遼遠，追和之說，殊無所據。既列上說，論且如元和四五年間，王承宗叛，神策將酈定進死事，朝廷命吐突承璀進討不利，終以姑息了事，亦可以比附此詩，然終不如沈說之為安也。」故繫於元和三年。

張論云：「樊說皇甫湜中賢良方正在元和二年，誤。二年無此制科。陳沆謂詩寫於長慶之初年，為韓愈追和皇甫湜詩。不唯之此詩正體現了韓愈中年瑰怪奇崛，而與晚年溫和平淡之風不合，也與史實殊不相類。此詩當寫於元和三年冬：『皇甫補官古賁渾，時當玄冬澤乾源。山狂谷很相吐吞，風怒不休何軒軒』之時。以寓言喻橫禍。皇甫湜官陸渾為早，而其詩為韓愈讀時較晚，而和詩之成又晚，故不與任官同時。」但仍繫於元和三年。

黃於「元和三年」，條下云：「皇甫湜今年春，以策論得罪權倖，出為陸渾尉。冬，作〈陸渾山火〉長詩一首，其詩蓋含不平之意。韓愈在洛陽有和篇，共五十九句、四百一十三言，予以勸慰。」

屈引文讞云：「皇甫湜字持正，睦州新安人。擢進士第，為陸渾尉。仕至工部郎中。《新史》所載如此，《舊史》無傳。今此《登科記》及〈牛僧孺〉、〈李宗閔傳〉參考之，則知湜於元和三年同與牛、李舉賢良對於策忤宰相。牛調伊闕尉，李洛陽尉，則持正為陸渾尉，亦其時矣。」屈辯謂應系元和二年，其言曰：「案沈說涉及湜等制科登用年代及愈作此詩寓寄之旨。其所引《冊府元龜》見卷 644〈貢舉部考試〉，蓋本之《舊唐書·裴垍傳》（又〈韋貫之傳〉亦謂三年，而〈李宗閔傳〉則謂四年。）《通

鑑》卷 237 亦繫此事於元和三年四月。然《舊唐書》『三』字恐
有訛誤，《通鑑》或即承其訛而誤繫。《冊府元龜》卷 645〈貢
舉部・科目〉載：『（元和）二年四月，賢良方正，直言極諫科，
牛僧孺、李宗閔、李正封，（略）及第。』」

　　屈又稱：「《唐會要》卷 76〈制科舉〉所載亦全與《冊府元
龜》645 相同。是此次制科，在元和二年，樊引《登科記》爲是，
韓醇所云元年，乃登進士第，非制科也。文讜所云三年乃因《舊
唐書》而誤。徐松《登科記考》繫此科於元和二年，（按：《登
科記》皇甫湜對策賢良在元和三年。）即據樊注所引，參之《冊
府》、《會要》，實皆符同。方崧卿定此詩爲『元和二年東都作』
蓋亦據《登科記》。」

　　屈引方成珪《韓昌黎先生詩文年譜》，繫此詩于元和二年，
云：「據樊氏說繫于是年冬，韓仲韶則謂三年冬作。」論稱：「其
據樊說繫年是也；然云韓醇（仲韶）謂在三年冬，今檢魏引韓說
無此語，唯『時當大冬』注下引韓云：『此詩其分司東都冬所作
歟！』愈二年、三年皆在東都，不能以爲韓醇所指必在三年也。
殘宋甲本題下注云：『湜初仕陸尉。』蓋亦以爲制科登用之年，
即元和二年也。至於樊、文謂『對策、忤宰相』，時宰相爲李吉
甫。」

　　屈論稱：「《舊唐書・裴垍傳》謂『貴倖泣訴於帝』，似與
牛、李、皇甫被黜作尉，更有關繫。今牛、李對策已不可見，而
皇甫對策尚在《皇甫持正文集》卷三，其中有云：『（略）。』
審所指斥，明係宦官。李翱爲此科考官楊於陵作墓誌，亦云：『會
考制舉人，獎直言策爲第一，中貴人大怒』云云，則牛、李、皇
甫之黜，關鍵在於宦官，可以知矣。沈氏指出此詩之寓意，在同
情牛、李、皇甫，深得其旨。陳沆謂此詩『蓋哀魏博節度使田宏

正爲王庭湊所殺，朝廷不能討賊雪仇而作。」其說牽強附會，且時代懸隔，今所不取。」又引方世舉說，認爲「方氏此論，與沈說同符。」屈因繫於元和二年。

按：此詩繫年有三說：（一）元和二年，樊汝霖、方崧卿、方成珪、屈主之；（二）元和三年，韓醇、沈欽韓、錢仲聯、張清華、黃埕喜主之；（三）長慶初年，陳沆主之。

查皇甫湜與牛僧孺同舉賢良對策，忤宰相，皇甫湜出爲陸渾尉，牛調伊闕尉，李洛陽尉，並出考官楊于陵，韋貫之於外。此事見諸《舊唐書》卷 148〈裴垍傳〉，卷 158〈韋貫之傳〉，卷 176〈李宗閔傳〉，〈裴〉傳、〈韋〉傳俱作元和三年，只〈李〉傳作元和四年。《通鑑》卷 237，唐紀 53，唐憲宗元和三年（808）載此事。徐松《登科記》卷 17，亦載於元和三年。只有《冊府元龜》《唐會要》卷 76 作「元和二年」而已。可見此詩作於元和三年頗爲明顯。

「元和二年」之說由樊汝霖開始，他的按語說：「《唐登科記》，湜中賢良蓋元和二年也。」則顯是誤記。張清華已經指出。韓醇指「此詩分司東都多所作」，則元和二、三年韓氏分司東都，此二年皆可。至於屈引〈韋〉傳、〈裴〉傳、《通鑑》卷 237 皆繫此事於元和三年四月。卻謂：「《舊唐書》『三』字恐有訛誤，《通鑑》或即承其訛而誤繫。」亦是個人之臆測。至所據引「《登科記》繫此科於元和二年」亦是誤記。至於長慶初年之說，陳沆認爲是「韓愈追和皇甫湜詩」，不惟詩之風格不合，與史實亦殊不相類，張已論其非。故此，三說中，以元和三年說爲長。

（二十八）〈寄皇甫湜〉（《韓集》卷五）

錢、張繫於元和三年，黃無收，屈作「疑年詩」。

　　錢論云：「此詩未詳未月。方世舉編於元和八年，亦無確據。姑附繫於此。」

　　張論云：「從詩中『涕與泪垂泗』，『悲哉無奇術』句看，韓愈悲湜之遭遇當在皇甫湜遭貶出爲陸渾尉之時。」

　　按：此詩大方無繫年，小方繫元和二年，且與〈陸渾山火和皇甫湜用其韻〉連在一起。小方注云：「據樊氏說繫于是年冬；韓仲韶則謂三年冬作。」又按沈欽韓《韓集補注》卷四，引《冊府元龜》：「元和三年，詔舉賢良方正，有皇甫湜對策，其言激切。牛僧孺、李宗閔亦苦諫時政，爲貴幸泣訴於帝，帝不得已，出考官楊於陵、韋貫之於外。」沈按云：「牛僧孺補伊闕尉，湜陸渾尉。」如此說，則詩作於元和三年。

（二十九）〈新竹〉（《韓集》卷四）

　　錢、張繫於元和五年，屈繫於貞元二十年，黃無收此詩。

　　《魏本引韓醇曰》：「此詩同下〈晚菊〉詩，意皆在陽山作。此詩落句云：『何人可攜玩』，〈晚菊〉云：『此時無可語』，皆窮山不自聊之意。」

　　王元啓云：「公在陽山，從游士頗不乏。惟在徐時，所親無一人在者。所謂『何人可攜翫』，及下篇『此時無與語』，殆皆在徐獨游時作。」

　　方成珪《詩文年譜》曰：「公〈東都遇春〉詩，元和三年春作也。有『少年氣真狂』，及『爾來曾幾時，白髮忽滿鏡』之句，與〈晚菊〉前四語意象相類。五年作〈感春〉詩云：『坐狂朝論無由陪』，即〈晚菊〉詩所謂棄置也。其云『孤吟莫和正』，正就〈新竹〉詩『何人可攜翫』及〈晚菊〉『此時無與語』之意。蓋公在東都歲月較久，故不能無鬱鬱居此之感也。但未定其何年

所作，姑附於此以俟別考。」

錢論云：「公在徐幕，年僅三十二，與〈晚菊〉詩首四句意象不類，方說爲近，姑從〈東都遇春〉、〈感春〉詩繫本年。」因繫於元和五年。

張論云：「韓愈在徐州之時，年三十二歲，正氣真壯之當年，與〈晚菊〉詩前四句意象不類；在陽山，地雖偏僻，然慕韓愈之名來相投與游者有人，不當有『何人可攜玩』，『此時無與語』之情；卻與〈東都遇春〉『在庭百執事，奉職各祇敬。我獨胡爲哉？坐與億兆慶。信如籠中鳥，仰給活性命。』〈感春〉五首之一『坐狂朝論無由陪』，之二『孤吟屢闋莫與和』所寫情緒相牟。當繫是年爲是。寫於是年夏秋。」張認爲既非寫於徐州之時，亦非寫於陽山之時，故繫於元和五年。

屈論云：「方崧卿、韓醇、王儔傳本編次訂陽山作，近是。」因繫於貞元二十年。

按：此詩繫年有三說：（一）貞元十五年，徐州時，王元啟主之；（二）貞元二十年，陽山時，韓醇、方崧卿、王儔、屈守元主之；（三）元和五年，分司洛陽兼任祠部時，方成珪、錢、張主之。〈新竹〉詩係詠物詩。關鍵在末句「何人可攜玩？」及〈晚菊〉詩「此時無與語」，成爲各家繫年之觀察點。

韓愈在陽山時，有區冊、區弘、竇存亮、劉師命等自遠方來師韓愈，故無「何人可攜玩」「此時無與說」的情況，張已論之，故「貞元二十年」之說可排除。至於「元和五年」說，查羅著《韓愈研究》「韓愈據六典，將東都寺觀管理權從宦官手中收歸祠部，並誅殺不良僧尼道士，因此損及宦官之權益，宦者因以惡官詈辭，訟於東都留守鄭餘慶。其年多，韓氏爲河南縣令，因取禁假冒軍人，爲軍吏所訟，有啓上鄭餘慶決去留，但不爲鄭所喜。」此際

的韓愈夾在宦者，軍吏和鄭餘慶之中，憑其直道行事，心中的感受，只有借詠竹自況；故可能寫於此時。但有一質疑處，便是〈晚菊〉詩末句「棄置奈悲何」的「棄置」，按「棄置」之意涵爲無官職或外貶荒地，不能發揮才能之意，此際韓氏收回東都寺觀管理權、禁假冒軍人，不得說是「棄置」，故仍有保留。至於「貞元十五」年之說，董晉卒後，韓從董晉喪車至洛陽，渡河後而返，借道盟津、次汜水、渡黃河、出陳許，至二月底到達徐州南睢水岸邊的符離。秋入張建封幕。入幕前與張徹爲鄰，二人同遊，共論詩文。故於入幕前，亦可排除。「入幕後」，晨入夜歸，賓主未甚相得，府中執事十六小時，有鬱鬱不樂之情，言「棄置」亦無不可。韓愈作於同時之〈從仕〉詩所云：「棄置人間世，古來非獨今」，即爲旁證。時韓氏三十二歲，時當中年，歷經坎坷，對竹寓志，對菊咨嗟，亦有可能作於是年徐幕之中。三說中，以貞元十五年說爲長。

（三十）〈晚菊〉（《韓集》卷四）

錢、張繫於元和五年，屈繫於貞元二十年，黃無收。

按：此詩之寫作時間與上首〈新竹〉同，各家之見解與繫年亦與〈新竹〉一樣。詳見上首。此詩之繫年，諸家多與上首〈新竹〉詩合觀。若以此而論，則此詩以繫貞元十五年爲長，詳細論述見前詩及按語中，今不再贅述。

（三十一）〈招揚之罘〉一首（《韓集》卷五）

錢、屈、黃繫於元和五年，張繫於元和六年。

錢引《祝充注》：「《諱行錄》云：『之罘，行第八，元和十一年進士』」。又據《魏本引韓醇曰》：「公爲河南令，之罘自山中來，從公問學。公惜其歸，以詩招之。」以故繫於元和五

年。

　　屈引王儔云：「《登科記》：之罘登第在元和十一年。公作河南令，時之罘猶未第，故公以詩招之，有栢馬之喻。而後之工畫者，遂作栢石圖，陳季常家藏之。蘇內翰爲之銘（〈栢石圖詩〉）云（下略）。」屈補注云：「愈爲河南令，在元和五年庚寅。」

　　黃於「元和五年」條下云：「揚之罘自南山來，從韓愈讀書，既歸，思之而作詩以招之。」

　　張說：「韓愈爲河南令，之罘自南山中來問學。而後思歸，歸山。韓愈因憐其才，想招之罘再來就學。韓愈五年冬任河南縣令，之罘來去又招，當有一個過程，費一段時日，故詩定於六年春作爲宜。」

　　按：大方〈年表〉繫元和六年，無述理由；小方〈年譜〉云：「詩有『灑掃縣中居』，是公爲河南時作。」韓愈任職河南令，時間由元和五年冬至元和六年夏，故元和五年、六年皆有有能，但以元和六年爲勝。

（三十二）〈池上絮〉（《韓集・遺詩》）

　　錢繫元和六年，屈作「疑年」，張、黃無收

　　錢說：「此首遺詩。不詳年月，類聚於此。」

　　屈說：「此詩見舊集本〈遺文〉。」

　　按：此詩大方無收，小方「無年考」。錢亦不詳年月，類聚於〈河南令舍池臺〉之後，亦屬測臆。韓氏喜釣，有多首釣魚詩，釣魚之處有洛水、釣魚臺、池塘、侯家林館、寺旁、南溪等（參拙著《韓愈詩研究》第二章釣魚詩），作「疑年」爲是。

（三十三）〈大安池〉（闕）（《韓集》卷十）

此題詩原闕。錢、張繫於於元和八年。屈列為「疑年」，黃無收。

錢說：「此及下三題（按，即本詩及〈遊太平公主山莊〉、〈晚春〉），不詳年月，茲仍李漢原編次，繫〈和武相公早春聞鶯〉後。」

張意與錢說同。

屈說：「方崧卿云唐本此題詩闕，下篇為〈遊太平公主山莊〉詩，他本則下篇題闕詩存，而與此題相混。」

按：此詩大方無繫年，小方列為「無年考」，錢、張亦「不詳年月」，只仍依李漢原編次，繫於〈和武相公早春聞鶯之後〉。試觀李漢編次韓集，也非依編年而排列，故非確切證據。宜入「疑年」。

又按：韓氏好遊，不但平日宴遊有詩，兩次南貶有詩，從征蔡州、宣諭鎮州亦有詩，試觀他「兩京宴遊之什」，有岐山、華山、洛北惠林寺，炭谷湫祠堂，終南山，青龍寺，魏王池，太平公主山莊，城南別墅曲，曲江……等。（參拙著《韓愈詩研究》第二章第三節〈韓氏之宴遊詩〉。）故列「疑年」為是。

（三十四）〈遊太平公主山莊〉（《韓集》卷十）

此詩錢、張、黃繫於元和八年，屈繫於元和十年、十一年。

錢據〈大安池〉注末云：「又此及下二題（原文二作三，今改正），不詳年月，茲仍李漢舊編次，繫〈和武相公早春聞鶯〉後。」繫於元和八年。

張則云：「此詩及〈大安池〉（原文闕）、〈晚春〉三首不

顯年月，茲向李漢原編次，繫〈和武相公早春聞鶯〉後。當寫於春日。」

黃據錢說繫於「元和八年」條下云：「游太平公主山莊，有〈晚春〉詩。」

屈據大方云：「唐本前詩闕（〈大安池〉），別出此題。晁本、李、謝本所校并同，然閣本已訛矣。元和十年、十一年作。」又引朱熹云：「諸本無此題，方從唐本。」屈因從方說繫於元和十年、十一年。

按：此詩無確切根據，寫作之年有待考證。方成珪列「無年考」，近是。

（三十五）〈晚春〉（《韓集》卷十）

此詩錢、張、黃繫於元和八年，屈繫於元和十年。

錢繫於元和八年，無申述理由。

張繫於元和八年，但云此詩不顯年月，只照李漢原編次，繫〈和武相公早春聞鶯〉後。

黃繫於「元和八年」條下，說同前。

屈論云：「殘宋乙本題下注云：『以上三詩皆十年、十一年作。』今姑繫之於元和十年。」

按：大方《舉正》云：「〈游太平公主山莊〉、〈晚春〉、〈大行皇太后挽歌〉，三詩皆十年、十一年作。」小方列「無年考」，因無確據，可列「疑年」。

（三十六）〈讀東方朔雜詩〉（《韓集》卷七）

錢、張繫於元和八年，黃無收，屈列「疑年」。

《魏本引韓醇曰》：「公時為庶子，皇甫鎛、程异之徒乃用

事，元和十一年也。〈雜詩〉及〈讀東方朔雜事〉、〈譴瘧鬼〉，皆指事託物而有作也。」

《魏本引洪興祖曰》：「退之不喜神仙，此詩譏弄權挾恩者耳。」

《顧嗣立注引俞瑒曰》：「此詩洪興祖以為譏弄權者，觀結語云云，殊不然也。意亦指文人播弄造化，如〈雙鳥〉詩云爾。不然何獨取方朔而擬之權倖邪？」

朱彝尊曰：「刺天后時事。」

《方世舉注》：「刺張宿也。《舊書・本傳》：『宿，布衣諸生也。憲宗為廣陵王時，即出入邸第。及在東宮，宿時入謁。監撫之際，驟承顧擢，授左拾遺，以舊恩數召對禁中。機事不密，貶郴州郴縣丞。十餘年徵入，歷贊善大夫、左補闕、比部員外郎。李逢吉言其狡譎，上欲以為諫議大夫，逢吉奏其細人不足污賢者位。崔羣、王涯亦奏其不可。上不悅，乃用權知諫議大夫。俄而內使宣授。』詩云：『嚴嚴王母宮』，指『宮禁』也。『驕不加禁訶』，憲宗念舊恩也。『偷入雷電室』，數入禁中也。『輷鞫掉狂車』，機事不密也。『羣仙急乃言』六語，謂憲宗不悅諸人之奏，乃先用權知諫議大夫也，『方朔不懲創』至『正晝溺殿衙』四語，乃論奏所云汙賢者位也。此皆一時事迹之明著者也。至於中間：『瞻相北斗柄，兩手自相捼』，乃誅心之論，謂時雖未有其事，而心目中則瞻相國柄也。傳又云：『十三年正月，充淄青宣慰使，至東都，暴病卒。』故結句云：『一旦不辭訣，攝身凌蒼霞。』正謂其暴死也。顧注有以結語不似諷刺，至疑通篇非譏弄權者，獨不見〈謝自然詩〉，寫其死者，亦曰『須臾自輕舉，飄若風中煙』，豈亦予之之詞耶？」

王元啓曰：「考宿本傳，方說良是。但其依比事實，頗多牽

強繆戾之失。按《新史》，宿自布衣授左拾遺，交通權倖，四方賂遺滿門，詩言『絡蛟蛇』，即謂其交通權倖。『瞻相北斗柄』，謂盜弄國柄，史言宿以舊恩數召對禁中，機事不能慎密是也。宿漏禁中語坐貶，當時必有論奏之人，公所謂『羣仙急乃言』也。方世舉以宿召還後憲宗欲用為諫議大夫，李逢吉、崔羣、王涯等皆謂不可當之，非是。宿出為郴縣丞，雖以罪貶，仍得懷印曳紱為吏，故云『送以紫玉珂』。方以憲宗不悅李逢吉諸人之奏，先用權知諫議大夫，為『王母不得已』四句作注，愚謂逢吉奏請，上不悅，卒使中人宣授，是未嘗可其奏也，與詩旨戾矣。『方朔不懲創』至『正晝溺殿衙』四句，見宿貶謫後驕恣如故。『攝身淩蒼霞』者，謂仍入王母之宮，得與羣仙為伍耳。宿貶郴縣丞十餘年，尋復徵入，歷贊善大夫、左補闕、比部員外郎，此詩自郴初召還朝時作。論構局則迴應前文，兜裹最密。論命意則慮小人進用，善類被傷，語亦特有關係。方以宿元和十三年奉命宣慰淄青道卒當之，是敘其死也。死一小人，何足累我筆墨。且使此詩通體渙散無收，亦非文法，此則方氏之謬也。」

　　陳沆曰：「此為憲宗用中官吐突承璀而作也。承璀討王承宗，喪師失將，故有『不知萬萬人，生身埋泥沙』之語。元和八年，李絳極言承璀專橫，憲宗初怒，既而從之，出承璀為淮南監軍，謂李絳曰：此家奴耳，向以其驅使之久，故假以恩私云云，故有『王母不得已，顏嚬口齎嗟，頷頭可其奏』之語。章末特故幻詞以掩其譏刺之迹耳。俞瑒乃謂公不當取方朔而擬之權倖，當是指文人播弄造化者云云，固哉高叟之言詩乎！詩云：『驕不加禁訶』，又云『挾恩更矜夸』，豈非刺時明證。況此乃全取小說游戲成文，蓋〈毛穎傳〉之流，故題曰〈雜事〉，曾於方朔何傷？」

　　錢論云：「以『不知萬萬人，生身埋泥沙。』及『頷頭可其

奏』諸語尋之，陳說較核，茲據以繫年。」故繫於元和八年。

張繫於元和八年。

屈論曰：「洪說通達，他家未免附會。」列於「疑年詩」。

按：此詩繫年與詩旨眾說紛紜，約分兩類：（一）有繫年者：1.元和十一年，皇甫鎛、程异之徒用事，韓醇主之。2.元和八年，爲吐突承璀而作，陳沆主之，錢、張從之。（二）無繫年者或只述者詩旨：1.譏弄權挾恩者，洪興祖主之。2.指文人播弄造化，俞瑒主之。3.刺張宿也，方世舉、王元啓主之。4.刺天后時事，朱彝尊主之。5.列爲疑年，方成珪、屈守元主之。

查方崧卿《舉正》將此詩與其他八首詩，包括〈題張十八所居〉、〈酬盧給事曲江荷花行〉、〈和錢七盆池所植〉、〈紀夢〉、〈南內朝賀歸呈同官〉、〈朝歸〉、〈雜詩〉四首、〈譴瘧鬼〉等同繫於「元和十一年任庶子日作」。方成珪《詩文年譜》則列爲「無年考」。

再查韓醇之說，係從方崧卿之說而引申者。

據《韓愈研究》韓氏任右庶子日係由元和十一年五月癸未（十八日）至十二年七月任行軍司馬爲止。此時期，韓氏因主戰，不爲宰相所喜，遂爲李逢吉、韋貫之所排斥。但觀詩意與此無關。再查《舊書》卷一百三十五〈皇甫鎛傳〉與〈程异傳〉，皇甫與程「同日以本官同平章事，領使如故。」係於元和十三年。所謂「用事」應係指此。時間應於元和十三年而非元和十一年。故方崧卿、韓醇之說可以排除。

又查《舊書》卷一百八十四〈吐突承璀傳〉：「憲宗即位，授內常侍、知內省事、左監門將軍。俄授左軍中尉、功德使。四年，王承宗叛，詔以承璀爲河中，河南、浙西、宣歙等道赴鎮州行營兵馬招討等使。……諫官、御史上疏相屬，皆言自古無中貴

人為兵馬統帥者。憲宗不獲已,改為充鎮州已來招撫處置等使。及承璀率奈軍上路,帝御通化門樓,慰諭遣之。出師經年無功。乃遣密人告王承宗,令上疏待罪,許以罷兵為解。……及承宗表至,朝廷議罷兵,承璀班師,仍為禁軍中尉。段平仲抗疏極論承璀輕謀弊賦,請斬之以謝天下。憲宗不獲已,降為軍監使。俄復為左衛上將軍,知內侍省事。(略)上待承璀之意未已,而宰相李絳在翰林,時數論承璀之過,故出之。八年,欲召承璀還,乃罷絳相位。承璀還,復為神策中尉。」以史而觀,吐突承璀以一介宦官,「性敏慧,有才幹」得憲宗信任,並以之統率兵馬討伐藩鎮,雖反對者多,一度左降,但旋又升官。詩中言「不知萬萬人,生身埋泥沙」與承璀「討王承宗,喪師失將」有關;「羣仙急乃言」之羣仙乃指李降,孔戣等人之疏奏。「八年,欲召承璀還,乃罷絳相位」,而李絳罷相,羣臣恥之。韓愈與李為同僚舊識,深慨此事,作此詩以刺諷其事,未嘗無此可能。

至於張宿,據《舊書》卷一百五十四,其略述見方世舉所引,不再贅言。若結合詩句言,雖然,張宿有「怨執政擯已,頗加讒毀。依附皇甫鎛等,傷害清正之士,陰事中要,以圖進取」的情事,但並無如詩句所言之「不知萬萬人,生身埋泥洲」之事,故可排除。

若以詩句「驕不加禁訶」、「挾恩更矜誇」所指,則諷意顯然,洪氏「譏弄權挾恩者」,可從。俞揚指「文人播弄造化」之說,陳沆已論辨之。朱氏「刺天后時事」,似覺太遙遠,與韓氏所處之時代思想言,亦覺遙遠,故可不論。諸說之中,以刺「吐突承璀」與「張宿」二說較為可能,而二說之中,以前說為長。今繫元和八年。

（三十七）〈山南鄭相公樊員外酬答爲詩其末咸有見及語樊封以示愈依賦十四韻以獻〉（《韓集》卷七）

此詩錢及張、黃繫於元和九年，屈繫於元和十年。

方世舉《箋注》：「《舊書‧憲宗紀》：『九年三月，以太子少傅鄭餘慶爲山南西道節度使。』」

《新唐書‧樊宗師傳》：「宗師，字紹述，始爲國子主簿，歷絳州刺史，進諫議大夫，未拜卒。韓愈稱宗師議論平正有經據，嘗荐其材云。」

錢據韓集〈薦樊宗師狀〉：「攝山南西道副使前檢校水部員外郎樊宗師。」以故繫於元和九年。

張據韓愈〈薦樊宗師狀〉，論云：「知樊曾隨鄭餘慶節度山南西道爲副。二人職事行跡與此詩正合；詩當寫於是年三月以後樊攝山南西道節度副使入山南西道，最早當在孟郊葬後。」

黃繫於「元和九年」條下，所據爲《校注》八〈薦樊宗師狀〉所云：「攝山南西道節度副使前檢校水部員外郎樊宗師」，黃認爲此時樊宗師已爲員外。

屈云：「據《舊唐書‧憲宗紀》載：『元和九年三月至十一年十月，鄭餘慶爲山南西道節度使。』韓愈〈貞曜先生墓誌〉載元和九年十月，樊宗師尚在洛陽經營孟郊葬事，其爲鄭辟爲副使當在十年。則韓愈此詩當作在十年或十一年也。今姑系在十年。」

按：此詩繫年有二說：（一）元和九年，錢、張、黃主之；（二）元和十年，屈主之。此詩之觀察點在於詩集「樊員外」三字，亦即樊宗師任山南西道節度副使，檢校水部員外究在何時？

查《舊唐書‧憲宗紀》，鄭餘慶拜山南西道節度使時間在元和九年二月至元和十一年一月。據華忱之《唐孟郊年譜》及《韓

愈研究》，「鄭辟孟郊爲其軍參謀。孟聞命，挈妻自洛西行，至
閱鄉，八月，暴疾卒。十月葬孟郊於洛北邙山」，整個喪葬之事
即由樊宗師經營。葬事結束後，韓氏修書與鄭氏，言及樊宗師「經
營孟家事，不啻如己」，（〈與鄭相公書〉），有薦樊於鄭之意。
（按：在此之前，韓氏又有〈與袁相公書〉，書中極力稱譽樊氏
之德智文章。）大抵因此之薦，樊氏其後遂得任職於鄭幕下。其
時間「最早當在孟郊葬後」，這段時間可在元和九年年底，可能
是元和十年年初。至於鄭、樊作詩唱酬，韓氏再答，則勢必在其
後，詩中還提及「日延講大訓，龜判錯衰黻，樊子坐賓署，演孔
刮老佛」，想必是在興元學廬，養生徒，行教化，演儒家之學，
評佛老之說，以此而觀，以在元和十年或十一年爲宜。

（三十八）〈答道士寄樹雞〉（《韓集》卷十）

錢、張繫於元和九年，黃無收，屈列「疑年」。

錢論云：「方世舉注以爲即前詩之張道士，並無確據。姑類
繫於此。」

張論云：「以此詩與〈送張道士〉詩並序對析，有可能所指
的張道士爲一人。（中略）因二人有交往，或張從長安回嵩山後
寄來，時當在九年多。」

屈說：「此詩作年，未詳。」

按：韓氏交往之道士，計有廖道士、與張道士。廖道士「學
於衡山，氣專而容寂，多藝而善遊」，韓於贈序中惋惜，說他「魁
奇而迷溺」，有期待他還俗報國之意。之後，有無往來，不可考。
至於張道士則譽之「通古今學，有文武長材」，元和九年，「聞
朝廷將治東方諸侯貢賦之不如法者，三獻書不報，長揖而去」，
韓愈有〈送張道士〉並序，末句勸以「但當勵前操，富貴非公誰？」

這是韓氏一向對僧道人士的寫作主旨。再按，韓另有一首贈張道士，題為〈飲城南道邊古墓上逢中丞過贈禮部衛員外少室張道士〉，此少室張道士，王元啓以為「意即是人」，錢據《舊書·憲宗紀》及白居易〈送張山人歸嵩陽〉詩考之，謂張道士：「於元和六年已到京，則此詩繫諸七年八年春亦可。茲姑與〈送張道士〉詩同繫於九年。」由此而觀，張道士由元和七年到京，至元和九年離京，欲獻「平賊策」，惜朝庭不能用，可見是熱心報國之人，兩人意氣相投，別後，彼此有來往，或張回嵩山後寄木耳來，亦甚有可能。再說詩中「割乖龍右耳」句與詩中「平賊策」之意氣相類，氣氛亦同。今繫元和九年。

（三十八）〈廣宣上人頻見過〉（《韓集》卷十）

錢、張繫此詩於元和九年，黃無收，屈列為「疑年」。

錢引《方世舉注》：「《國史補》：『韋相貫之為尚書右丞入內，僧廣宣贊門曰：竊聞閣下不久拜相。』此詩未能定其年月，但貫之為尚書右丞入相事在九年，而公在朝已久，是年十月，以考功郎中掌制誥。廣宣以詩為名，意實在於趨炎，則奔走長安街時時見過，或即在此時也。」以此，繫於元和九年。

張論云：「由詩題〈頻見過〉與詩句『三百六旬長擾擾』、『空愧高僧數往來』，知廣宣在長安活動之多以及韓愈對其厭煩態度。以《國史補》所記與《舊唐書·憲宗紀下》：『元和九年十二月戊辰，制以中大夫、守尚書右丞、上騎都尉，賜紫金魚袋韋貫之本官同中書門下平章事。』此詩寫於貫之入相前不久，尚任尚書右丞。又詩裏有『天寒古寺游人少，紅葉窗前有幾堆。』知詩寫於元和九年深秋。」

屈據魏本引《集注》、方世舉引《國史補》，仍繫於「疑年」。

按：此詩大方《舉正》繫於元和十二年，〈年表〉繫於元和十一年，大方自己繫年不一致，又未說理由；小方《年譜》列爲「無年考」。據魏本引《集注》：「廣宣，蜀僧，有詩名。元和中住長安安國寺，白樂天所云：『廣宣上人，詔許居安國寺紅樓院，以詩供奉』是也。宣有詩號《紅樓集》。《唐書‧藝文志》又有宣與令孤楚《唱和》一卷。《劉夢得集》中亦有〈因呈廣宣上人〉二詩。其在中都，與公數往來，無足怪也。」方世舉據《國史補》知「廣宣乃奔走於公卿之門」，但「未能定其年月」，張則據《舊書‧憲宗紀下》韋貫之拜相年月，推測爲元和九年深秋，唯仍未定論。因爲廣宣以詩唱酬於公卿間，韓氏「甚厭之也」，此一時期可由元和九年至元和十二年，今繫元和九年。

（四十）〈示兒〉（《韓集》卷七）

錢、屈、黃均繫此詩於元和十年，張繫此詩於元和十三年。

方崧卿《舉正》：「〈示兒〉、〈庭楸〉二詩，元和十三年。」

《魏本》引樊汝霖曰：「公自貞元二年始來京師，至元和十一年三十年矣。公時爲中書舍人。十二年十二月爲刑部侍郎，此詩爲刑部時作，而言三十年者，舉其凡也。」

王鳴盛曰：「《新唐書‧百官志》：『刑部侍郎一人，正四品。』〈車服志〉：『三品，金玉帶銙十三。景雲中，詔衣紫者魚袋以金飾之。』詩云：『玉帶懸金魚』，想必是爲侍郎時作。」

王元啓曰：「詩言『辛勤三十年，以有此屋廬』，公自貞元二年丙寅入京，至元和十一年丙申爲中書舍人，適三十年。此詩欲令兒輩無忘往日辛勤，必係初得此屋時作。樊謂十二年爲刑部侍郎作，恐係妄說。」

方成珪《昌黎先生詩文年譜》：「十年多作。公自貞元二年

入京，至是適三十年，故曰：『辛勤三十年，以有此屋廬』也。」

錢論曰：「元和十一年、十二年、十三年諸說，皆逾三十年之說。『玉帶懸金魚』句，指來客言，王鳴盛說亦非是。茲從方譜。」因繫於元和十年。

屈據方成珪《年譜》，繫此詩於元和十年。

黃據方成珪《年譜》之說，繫之於「元和十年」條下。

張論云：「錢雖駁了十一、十二、十三年之說，而從方十年之說，然對詩中『主婦治北堂，膳服適戚疏，恩封高平君，子孫從朝裾』一段詩意未細味，韓愈夫人封高平郡夫人，皇甫湜〈韓公墓誌銘〉曰：『夫人高平郡范陽盧氏。』」（按：經查原文郡作君。）凡母及夫人賜封郡君者，其官四品，時韓愈官正四品下階。《舊唐書·職官二》：『四品母妻，為郡君。』正合唐制。故詩當寫於十三年韓愈任刑部侍郎時。」因此繫於元和十三年。

按：此詩繫年有四說：（一）元和十年，方成珪、錢仲聯、黃埕喜、屈守元主之；（二）元和十一年，王元啟主之；（三）元和十二年，樊汝霖主之；（四）元和十三年，王鳴盛、張清華主之。關鍵點在於詩中：「辛勤三十年，以有此屋廬」、「玉帶懸金魚」、「恩封高平君」三句。韓氏自貞元二年入京，至元和十年，適「三十年」，錢仲聯以為「元和一十、十二年、十三年諸說，皆逾三十年之說。」至於「玉帶懸金魚」，不必指是韓愈官服，可指「來客」之官服，錢已指出「王鳴盛說非是」。至於「元和十年」說，張引述詩中「恩封高平君」及據皇甫湜〈墓誌銘〉曰：「夫人高平君范陽盧氏」以為是封「高平郡夫人」作質疑。惟據《舊唐書·職官二》：「一品及國公母妻，為國夫人；三品已上母妻，為郡夫人；四品母妻，為郡君；五品若勳官三品有封，母妻為縣君。」元和十年韓氏官拜考功郎中知制誥，考功

郎中爲從五品上階，其妻恩封爲「高平縣君」，不必如張清華所言之「郡君」；故繫元和十年之說，其說較長。

（四十一）〈早赴街西行香贈盧李二中舍人〉（《韓集》卷七）

此詩錢、屈繫於元和十一年，張繫於元和九年，黃無收此詩。

方崧卿《舉正》指詩題之盧李是：「盧汀、李逢吉。」

王鳴盛曰：「李逢吉，元和九年改中書舍人，至十一年二月，同平章事。」

沈欽韓《補注》：「中書舍人無稱中舍人者。《唐六典》有太子中舍人，正五品以上，雖系高班，只是冗員，故詩云『寂寥二三子』也，非盧汀、李逢吉矣。」

錢指此詩：「當是公降官太子右庶子時作。」

屈引方崧卿云：「盧汀、李逢吉。元和十年（815）作。」又引朱熹云：「盧汀、李逢吉。」論云：「按：《舊唐書・憲宗紀》及〈李逢吉傳〉載，逢吉以元和九年改中書舍人，十一年二月爲相。則方、朱皆釋『中舍人』爲中書舍人也，故以元和十年作。《新唐書・百官志四上》：『東宮右春坊，右庶子二人，正四品下；中舍人二人，正五品下。』韓愈以元和十一年五月十八日坐延議伐蔡，由中書舍人降爲右庶子，則『盧、李二中舍人』，乃右春坊韓愈之同僚，故詩云：『寂寥二三子』，非中書舍人之盧汀、李逢吉也。方、朱說誤。元和十一年秋作。」

張引述方成珪《詩文年譜》繫元和九年，曰：「方扶南謂是年秋作。」又引錢仲聯繫於元和九年，曰：「當是公降官太子右庶子時作。」論云：「盧汀，字雲夫，貞元元年進士，兩《唐書》無傳。以其與人交往文獻考查，其官歷虞部司門、庫部郎曹、遷中書舍人，爲給事中，後莫知所終，時正任中書舍人。李逢吉，

九年改中書舍人，權知禮部貢舉，賜緋魚袋李逢吉爲門下侍郎，同中書門下平章事，賜紫金魚袋（事見唐書本傳及憲宗紀）。又詩云：『月明御溝曉，蟬吟堤樹秋。』詩當寫於秋天，而十一年二月李已爲平章事，不當再稱中舍。錢說非是，當寫於九年，李遷中書舍人後。」因繫於元和九年。

按：大方、朱熹及張皆以爲詩題的盧、李二中舍人是「盧汀、李逢吉」，二人於元和九年皆任中書舍人，故此三家皆以此詩爲元和九年作。

錢、屈認爲是作於元和十一年降官太子右庶子時。前者，無說理由；後者，則以爲「中舍人」不同於「中書舍人」，據《新書・百官志》，「中舍人」爲「東宮右春坊」」的同僚，又由此認爲「盧李二中舍人」另有其人，「非盧汀、李逢吉也。」

再按：查《唐六典》右庶子之職掌「侍從左右，獻納啓奏，宣傳令言」，「中舍人爲之貳，凡皇太子監國於宮內下令，書太子親畫。日至春坊則右庶子宣傳之，中舍人奉之，舍人行之。」沈說「中書舍人無稱中舍人者」，詩云「寂寥二三子」，與「中舍人」之職掌情境亦似。今繫元和十一年。

（四十二）〈梁國惠康公主挽歌二首〉（《韓集》卷九）

大方《舉正》繫於元和七、八年。

小方《年譜》列爲「無年考」。

方世舉《箋注》：「《新唐書・公主傳》：『梁國惠康公主始封普寧，帝特愛之，下嫁于季友。元和中，徙永昌。薨，追進封及諡。』據《舊唐書・于頔傳》：『憲宗即位，頔以第四子季友尚公主，憲宗以長女永昌公主降焉。元和二年十二月也。』頔自襄陽入覲，冊拜司空平章，故云台室。至八年正月，頔貶恩王

傅，季友以誣罔公主、藏隱內人，削奪所任官，是公主猶未薨也。」
（卷九）

　　錢繫於元和八年後，云：「其年月不可考，類繫於此。」

　　張繫元和十一年，據《新唐書・公主傳》、《舊唐書・于頔
傳》及《舊書・憲宗紀》，知道公主下嫁于季友在元和二年十二
月，元和八年于季友「誣罔公主」、「傷風黷禮」、被「削奪所
任官，在家修省」，時公主尚在。又據何焯《義門讀書紀》卷 30，
疑「于季友去官修省後公主身孕得子，以此推斷，時當在九、十
年間。」又據詩句「夫族迎魂去，宮官會葬」，「疑指會葬父族
之墓，豈與皇太后同時否？」

　　屈據《新唐書・于頔傳》云：「此詩元和八年後作。」

　　按：此詩繫年有三說：元和七、八年、元和八年後、元和十
一年。

　　如方世舉言，元和八年間公主猶未薨，故《舉正》之說可以
排除。

　　據《新唐書・憲宗紀》：「十一年三月庚午，皇太后（莊憲
皇后）崩，八月庚申，葬於豐陵。」

　　值得注意的是：〈梁國惠康公主挽歌〉其一：「龍輴非厭翟」
句，可以斟酌。

　　據《新唐書・卷 14・車服志》：「凡天子之車：曰玉路者，
祭祀、納后所乘也，……；金路者，饗、射、祀還、飲至所乘也，……；
象路者，行道所乘也，……；革路者，臨兵、巡守所乘也，……；
木路者，蒐田所乘也，……。又云：「五路皆重輿，左青龍，右
白虎，金鳳翅，畫苣文鳥獸，黃屋左纛。金鳳一、鈴二在軾前，
鸞十二在衡。龍輈前設鄣塵。青蓋三層，繡飾。上設博山方鏡，
下圓鏡。樹羽。輪金根、硃班、重牙。左建旗，十有二旒，畫升

龍，其長曳地，青繡綱杠。右載闒戟，長四尺，廣三尺，黻文。旗首金龍銜錦結綬偶綾帶，垂鈴。金鏤方釳，插翟尾五焦，鏤錫，鞶纓十二就。旌旗、蓋、鞶纓，皆從路質，唯蓋裡皆用黃。五路皆有副。」

　　詩云：「龍輴」，疑為天子所謂「五路」車，觀其「左青龍，右白虎，金鳳翅，畫苣文鳥獸，黃屋左纛。金鳳一、鈴二在軾前，鸞十二在衡。」故謂之龍輴。

　　至於皇后亦有六車，據《新唐書・卷14・車服志》所載，就是：「重翟車者，受冊、從祀、饗廟所乘也，……。厭翟車者，親桑所乘，……。翟車者，歸寧所乘也，……。安車者，臨幸所乘也，制如金路，……。四望車者，拜陵、臨喪所乘也，……。金根車者，常行所乘也，……。」平時，夫人以下至公主、王妃，據《新唐書・卷14・車服志》所載，其乘車之制為：「夫人乘厭翟車，九嬪乘翟車，婕妤以下乘安車。外命婦、公主、王妃乘厭翟車。」

　　詩中云：「非厭翟」，是說當時喪車用的是天子的「玉路」車，不用皇后六車的重翟車、厭翟車，由此可知皇帝對此喪禮的重視；與史載其尊重皇太后（莊憲皇后）及特愛之梁國惠康公主相合。由此以觀，公主之喪，不乘厭翟車，而坐龍輴。可為與皇太后葬於同時之證。總上言，因為皇太后是祔葬豐陵，用天子的規格，反映了梁國惠康公主之喪是附之而葬的事實。今繫元和十一年。

（四十三）〈晚寄張十八助教周郎博士〉（《韓集》卷七）

　　錢、張、黃繫此詩於元和十一年，屈繫元和十年。

　　錢云：「詩有『歲將淹』語，是十一年多所作，公時已為太

子右庶子矣。」

張據詩云：「晴雲如擘絮，新月似磨鐮」、「吾生可攜手，嘆息歲將淹。」論曰：「知是歲末十二月的月初。」

黃於「元和十一年」條下云：「歲末，有〈晚寄張十八助教周郎博士〉。」

屈論云：「詩情極平和，方崧卿謂元和十年作近是。」

按：此詩大方《舉正》繫於元和十年，〈年表〉繫於元和十一年，極不一致。小方《年譜》繫於元十一年春夏間作。總言之，此詩繫年有二說。若從「元和十一年」說：此年正月二十丙戌，韓氏自考功郎中知制誥遷中書舍人，五月癸未，降太子右庶子。春或夏間，作〈祭周氏姪女文〉及〈韓好墓誌銘〉，此時周況正在喪妻期內，招之宴遊，恐甚不宜。若從「元和十年」說，韓氏任考功郎中知制誥，年冬，在長安靖安里始購自宅，撰〈示兒〉詩。詩中云：「凡此座中人，十九持鈞樞。又問誰與頻，莫與張樊如，來過亦無事，考評道精粗。」「十九持鈞樞」與任官「知制誥」合；「莫與張樊如」，張指張籍，樊指樊宗師，王元啓云：「二人雖不持鈞樞，但從公考道」，故以詩招張籍而順及於姪女婿周況，亦合情理。以此而論，以繫元和十年為勝。

（四十四）〈病鴟〉（《韓集》卷六）

錢、張繫此詩於元和十一年，黃無收，屈列「疑年」。

錢引《舉正》云：「（此詩）元和十一、二間作。」

張論云：「從韓愈施恩病鴟，病鴟得以恢復氣力，又不辭而去，還諄諄告誡它要吸取泥坑之辱的教訓來看，頗似劉叉。又從『時愈碑銘獨唱，潤筆之資盈缶』的情況看，頗似韓愈在京任中書舍人以後碑版名噪京師的情況，姑繫此詩於此。」

屈云：「方氏（按指方崧卿）以舊本編次推斷，恐未必然。」
故列「疑年」。

按：此詩大方《舉正》繫於元和十一、二年間，無述理由；
〈年表〉則無收。按魏本引唐庚曰：「《說文》：『鴟，鳶也。
鳥之貪惡者，其性好攫而善飛』，公意蓋有所譏也。」又按王元
啓曰：「此詩似爲劉叉而發。叉素無行，游公門，至攫其甕金而
去。公詩雖意不在此，然泥坑之戒，實叉所當深佩也。」

此詩質疑有二：是否確爲劉叉而發；劉叉何時攫韓甕金而去，
此皆難以確指者，列「疑年」爲宜。

（四十五）〈嘲魯連子〉（《韓集》卷五）

錢、張繫於元和十一年，黃無收，屈列「疑年」。

樊汝霖疑有所諷，《魏本》引云：「魯連，齊人。太史公曰：
『魯連其指意雖不合大義，然余多其在布衣之位，蕩然不詘於諸
侯，談說於當世，折卿相之權。』公乃云爾，何哉？抑豈有所諷
也。」

方世舉認是有爲而作，《箋注》云：「《史記‧魯仲連傳》：
『魯仲連者，齊人也。好奇偉俶儻之畫策。』按，〈讀東方朔雜
事〉、〈嘲魯連子〉，非譏弄舌之人，皆有所爲而作。此詩譏爭
名相軋者，而云『雄跨吾厭矣，高拱禪鴻聲』，有不屑與爭之意，
大抵爲京兆尹與李紳爭臺參時所作。香山詩稱紳爲短李，此詩『細
而』注又作『兒』，亦與短李合。」

王元啓認是爲後進爭名者發，云：「此詩爲後進爭名者發，
于卒章『唐虞』二句見之。近解以細兒爲短李，謂與李紳爭臺參
時作。爭臺參時與唐虞何涉？其解尤爲荒謬。」

沈欽韓云：「此詩之旨，蓋其時輕薄少年，恃口舌以屈名賢，

借魯仲連難田巴事以見意也。」

　　程學洵曰：「此詩朱子未定所指，予亦謂當闕之。若謂是李紳之事，公負氣人，恐亦未肯以田巴自擬。」

　　錢繫於元和十一年，云：「大抵亦嘲劉叉之流耳，無年可繫，類附於此。」

　　張亦繫於元和十一年云：「大抵借嘲魯連子而嘲譏市井小人，與〈病鴟〉同時作。有人謂（按指方世舉）韓愈與李紳爭台參而嘲譏『短李』，然與事不類。」

　　按：諸家認此為有為而作，如樊；至其意指，認是爭名相軋者，細分四說：一嘲劉叉之流，如錢；二嘲譏市井小人，如張；三為京兆尹與李紳爭臺參時所作，如方世舉；四比喻不似，如王元啓、程學洵、屈。

　　案此詩應是有為而作，論意指多以為諷候進爭名相軋者，此為諸家共識。至於實指，則出現分岐。

　　有關田巴讓魯仲連故事，據方世舉引《魯連子》云：「齊之辨士田巴辨於徂丘，議於稷下，一日而服十人。有徐劫者；其弟子也。魯連謂劫曰：『臣願得當田子，使之必不復談，可乎？』徐劫言之巴，魯連得見，曰：『今楚軍南陽，趙伐高唐，燕人十萬在聊，國亡在旦夕。先生將奈何？』田巴曰：『無奈何。』魯連曰：『危不能為安，亡不能為存，無貴士矣。如先生之言，有似梟鳴出聲，人皆惡之，願先生弗復談也。』田巴曰：『謹受教。』於是杜口為業，終身不談也。」

　　〔清〕王元啓《讀韓記疑》分析：「（魯仲）連之賢唐虞者，賢其讓也。今巴拱手而禪鴻名於連，連猶哆陳唐虞以肆辨，是受其讓而不知也。」是說魯仲連欲與田巴辨，田巴不辨，此處禪鴻名引禪讓典故，猶言退讓，而魯不知，還高談唐虞；其意諷刺後

進爭名，甚爲明顯。而韓愈晚年，所謂後進爭名事，不外劉叉之流，李紳之輩而已。查，劉叉不過奪金而去，未有爭辯；李紳爭臺參事，文牒往來，自六月至十月，喧騰五個月，殆爲近是。至於，用典似不似，有時，假意亂真，不必刻版以求。筆者以爲，此詩恐與臺參事有關；宜繫長慶三年十月。

（四十六）〈華山女〉（《韓集》卷六）

錢、張、黃繫於元和十四年，屈列「疑年」。

《舉正》云：「當爲元和十一、二年間作。」

錢論云：「方說無的據。詩中所云『撞鐘吹螺鬧宮庭』者，正十四年正月憲宗迎佛骨時事。〈諫佛骨表〉云：『今聞陛下令羣僧迎佛骨於鳳翔，御樓以觀，舁入大內。』《舊史》云：『是年正月丁亥，上令中使押宮人持香花逢佛骨，留禁中三日』與詩語合。茲繫本年。」因繫於元和十四年。

張論云：「據詩『撞鐘吹螺鬧宮庭』，『天門貴人傳詔召，六宮願識師顏形。玉皇頷首許歸去，乘龍駕鶴來青冥。』和〈論佛骨表〉：『今聞陛下令群僧迎佛骨於鳳翔，御樓以觀，舁入大內，又令諸寺遞迎供養。……傷風敗俗，傳笑四方，非細事也。』所寫事看，詩當寫於八日迎佛骨後，上表前。」

黃於「元和十四年」條下云：「正月憲宗遣使者往鳳翔迎佛骨入禁中，留三日，乃令諸寺遞迎供養，王公士庶，奔走捨施，唯恐在後，時有〈華山女〉詩以敘之。」

屈論云：「方氏以舊本編次推斷，恐未必然。」又引《韓醇》云：「詩雖記當時所記，然意蓋指一時佛老之盛，排斥之意寓於詩云。」故列於「疑年」。

按：此詩大方《舉正》繫於元和十一、二年，〈年表〉無收；

小方〈年譜〉列「無年考」。到錢仲聯開始繫於元和十四年，張、黃從之。以下試從另一角度論述。

韓愈生於代宗大曆三年（768），卒於穆宗長慶四年（825），在這一段時期內，據近人張遵驪：〈隋唐五代佛教大事年表〉（范文瀾《唐代佛教》附錄）記載，有大型佛教活動的，計爲：德宗和憲宗。德宗貞元四年（788）詔迎歧州無憂王寺佛指骨入禁中供養，二年後即貞元六年（790）詔葬佛骨於歧陽。「初置佛骨於禁中精舍，後送京師佛寺，傾都瞻禮，施財巨萬。」（《通鑑》卷233）憲宗元和十四年（819）正月命中使杜英奇領禁兵押宮人三十人持香花與僧徒赴臨皋驛迎佛骨，開光順門迎入大內，留禁中三日，乃送京城佛寺。據《冊府元龜》載：「憲宗登勤政樓，觀都人設齋僧之會。陳雅樂百戲；日入而罷。」（卷五十二）德宗時只是「傾都瞻禮，施財巨萬」，到憲宗則是廣與同樂，而且「陳雅樂百戲」，〈華山女〉詩中有「街東街西講佛經，撞鐘吹螺鬧宮庭，廣張罪福資誘脅，聽眾狎恰如浮萍」等句，當係指「俗講」言，乃概括於「雅樂百戲」中，故以史事而論，則〈華山女〉作於元和十四年迎佛骨時，應爲可信。

（四十七）〈將至韶州先寄張端公使君借圖經〉 ##（《韓集》卷十）

此詩錢、屈、黃均繫於元和十五年，張繫於元和十四年。

《魏本引洪興祖曰》：「此詩及下至〈韶州留別詩〉皆自潮移袁道中作。」

方成珪《昌黎先生詩文年譜》，繫於元和十五年，云：「是年正月作。」

岑仲勉《唐史餘瀋》：「〈將至韶州先寄張端公使君借圖經〉

詩注云：『此詩及下〈至韶州留別詩〉，皆自潮移袁道中作。』余則以爲應是謫潮時作。蓋來往皆道出於韶，則謫潮日曾經其地，何此時猶云：『曲江山水聞來久，恐不知名訪倍難』耶？如以兩詩同署張端公爲疑，則愈兩度經韶，前後約祇八月，其南下之際可能張端公已上韶任也。姑識之以待質諸方志，抑同卷更有詩題云：〈去歲自刑部侍郎以罪貶潮州刺史乘驛赴任〉，或來時乘驛，不得流連山水，故『聞來久』一句，仍無害其爲再度經過歟？」

　　錢、屈據之繫於元和十五年。

　　黃引《韓愈研究》云：「元和六年韓愈嘗爲職方員外郎，掌天下之地圖，故於圖經頗爲諳悉。貶潮州，爲嚴程所迫，途中山水，皆未暇游眺，故寄韶守云。」因繫於元和十五年。

　　張論云：「按韓愈〈袁州刺史謝上表〉說他十四年十月二十四日，准例量移，改授袁州刺史……按十月二十四日下詔，詔到潮二千五百多公里路程，韓愈去時用了百日，此驛站傳遞，也得經月，到潮最早也得到十一月下旬或十二月初，接詔出發，當在十一月底或十二月初，韓愈到韶州的時間，以十四年十二月底爲宜，此詩當寫於將到韶州的途中，寫於十二月下旬。諸譜云十五年，岑仲勉謂十四年春過韶而作，具（按：疑爲俱之誤）未細察當時情勢，韓愈〈袁州謝表〉說他以今月八日到袁州。『今月』當是十五年閏正月，不會是二月。如是由韶至袁，六七百公里路，即如過嶺乘湘江船順流而下，也得近旬日。故此尚未到韶時所寫詩，決不可能寫於十五年春。此時韓愈刺袁雖不一定滿意，心緒是好的，有游賞之趣，又將至新春佳節，在韶逗留幾日是可能的，來時遷謫海隅，生死難卜，無此游興，況迫於赴任，故岑說亦無可能。」因此，張繫於元和十四年十二月下旬。

　　按：此詩繫年有三說：（一）元和十四年，謫潮時作。岑仲

勉主之；（二）元和十四、五年，「自潮移袁道中作」，洪興祖
主之；（三）元和十四年十二月下旬，張清華主之；（四）元和
十五年正月，方成珪、錢、屈、黃主之。關於第一說，張清華已
予駁斥，可以排除。至於第二說，基本上是對的，惟是韓愈「自
潮移袁道中作」，可以由元和十四年十一月中旬至十五年正月。
第三、四說，基本上是欲就前說加以釐析，是故出現諸說的分歧。

　　討論此詩繫年，有以下觀察點：（一）韓氏何時接赦書？（二）
何時離潮？（三）何時至韶？據韓愈〈袁州謝表〉，他是十四年
十月廿四日，准例量移，改授袁州刺史。十月二十四日下詔，詔
書到潮州究在何時？查《舊唐書・地理志》所載：袁州距京 3580
里，韶州距京 4932 里，廣州距京 5447 里，而潮州距京多少里，
則無記載。據韓氏〈潮州謝表〉：潮州「在廣府極東界上，去廣
府雖纔云二千里，然來往動皆經月。」馬其昶《補注》引沈欽韓
曰：「《明史・志》：『潮州去廣東布政司千一百九十里』。」
因此，可知潮州距廣州一千一百九十里，一來一往要一個月。一
程則爲半個月。換言之，長安經廣州至潮州，路程計爲 5547 里加
1190 里，即共 6737 里。又查《集釋》卷三〈八月十五夜贈張功
曹〉詩：「赦書一日行萬里」句下注引陳景雲曰：「唐制日行五
百里」，則由長安至潮州 6737 里，即 14 日可達，到達時爲十一
月初八日，聞命在此時。韓愈離潮即在本月或下月初。假設他由
十二月初出發，至廣州時約爲十二月中旬，到韶州時約爲十二月
下旬。此詩既云〈將至韶州先寄張端公使君借圖經〉，則作於十
二月上旬至中旬之間。中間，韓愈經廣州，有無停留，不可知。
由於文獻不足，故目前無法知道，韓在廣州有無停留？故此詩仍
以繫十二月上旬至中旬爲宜。（筆者另有〈韓愈貶潮行跡兼論三
詩繫年〉，請參閱。）

（四十八）〈題秀禪師房〉（《韓集》卷十）

此詩錢及屈均繫於元和十五年，張繫於元和十四年，黃無收此詩。

大方《舉正》云：「元和十四年貶潮陽道間作。」

陳景雲云：「〈題驛梁〉詩題云：『貶潮州刺史，乘驛赴任。』其時方爲嚴程所迫，途中山水，皆未暇游眺，故後日移袁過韶，寄詩韶守，有欲借圖經開看佳處之語，則到僧家把漁竿，必非赴潮時事，定量移後過其地而留題也。」

錢云：「《舉正》以此詩爲元和十四年貶潮陽道中作，方世舉《編年》亦然。今從陳說，改繫本年正月。南方氣暖，竹床莞席，乃四時常御也。」因此繫之於十五年正月。

屈繫於元和十五年正月。

張論云：「秀禪師何人？尙難曉。所在地在由潮至韶途中，還有在韶州，甚或由韶至袁州途中，皆難定。因此其作時或在十四年十二月，或在十五年正月，殊難定。以『竹床莞席』、『魚竿釣沙』句考之，其地當在韶州南，或在韶州。過韶越嶺北上已無此氣候特徵。當寫於在韶州或到韶州前，時在十二月下旬。」故繫於元和十四年下旬。

按：此詩寫於移袁過韶時，《舉正》、《箋注》均認爲是「赴潮過韶」時，其說非是。陳景雲已予指正。惟秀禪師不知何人，其地難考，其時亦難定。陳景雲繫此詩於元和十五年正月，錢從之。張則認爲是十二月下旬。查：韶州緯度約爲 25°，與台灣省台北市同，地屬山區氣候，四時清陰，若爲廣州，緯度爲 23°與台灣省台南市同，則氣候較燠熱，在此情況下，則「竹牀莞席，

乃四時常御也」，疑此詩為韓氏移袁赴韶時經廣東所作，或在潮陽時閒遊之作，則時間仍在元和十四年。

近閱劉昭民：《中國歷史上氣候之變遷》（台北：臺灣商務印書館，1994 年 7 月修訂版）。從中國氣象學史研究、考古學的發現與古籍的記載，看出中國歷史上的氣溫確有一系列的升降波動，大致分為五個暖期、四個冷期。（頁 26-27）而隋初至宋初，氣候比較暖濕，為中國歷史上第三個暖期，（頁 99）由此推證當時年平均溫度要比現在高出 2˚C，一月份平均溫要比現在一月份平均溫高出 3˚-5˚C 之多。（頁 42）可作旁證。

（四十九）〈詠燈花同侯十一〉（《韓集》卷十）

錢、張、黃繫於元和十五年，屈繫於元和十三年。

方世舉云：「公以冬暮至京師，（按：韓愈於元和十四年因諫迎佛骨被貶潮州，至十五年始詔還京師）此乃初至京師之作。」

錢論云：「《舉正》以此詩為十四年作。據三、四一聯，詩實作於冬暮。而十四年冬，公尚在潮州，無緣與侯同詠。今從方世舉編。」因繫於元和十五年冬。

張論稱：「按：韓愈被貶後，無由與侯喜同咏，更不可能『花然錦帳中』。又『自能當雪暖，那肯待春紅』一聯，所云，明為冬日雪天，十四年冬在潮至韶間，無由『當雪暖』。實當寫于十五年冬。」因繫於元和十五年冬。

黃據《韓愈研究》云：「侯喜由協律郎擢為國子主簿，當在是年冬韓愈為國子祭酒以後。」因繫於元和十五年。

屈據大方云：「以閣本校，侯十一，侯喜也。上四題皆十三年。」論云：「方、錢未知庫本《舉正》之訛，故繫於元和十五年潮州還京後。」故繫之十三年。

按：此詩繫年有三說：（一）元和十三年，屈守元據《皕宋樓鈔本》、《殘宋乙本》。（二）元和十四年冬，方崧卿《舉正》主之；（三）元和十五年冬，方世舉、方成珪、錢、張、黃主之。

關於「元和十三年」說，侯喜十一年任為左右官協律，十五年為國子主簿，長慶三年卒。是年之前韓愈自平淮西之後，元和十二年十二月丙子授刑侍郎。元和十三年，正月奉詔撰〈平淮西碑〉，是年冬仍在京師，兩人談詩論文有可能。在此之前，即元和十一年（816），五月韓因忤宰相意自中書舍人罷為右庶子。侯喜有〈詠笋詩〉來慰，韓有詩和之。此〈詠燈花〉為詠物詩，就詩末句「更煩將喜事，來報主人公」言，元和十三年似未見有喜事之報，此為質疑之處。

關於「元和十四年冬」說，時韓愈正從潮移袁之中，侯喜亦未隨韓氏至潮，兩人無同吟詠，故可排除。

關於「元和十五年冬」說，此際韓氏由袁州召為國子祭酒召回朝，抵京時為十二月，而侯喜亦由協律律郎擢為國子主簿，此升職當由韓氏之薦引。此詩大抵作於侯喜擢為國子主簿前後，加上韓氏亦得回朝，故詩句言「更煩將喜事，來報主人公」。以情境言，以元和十五年冬為長。

（五十）〈猛虎行〉（《韓集》卷六）

錢、張繫於長慶元年，黃無收，屈列「疑年」。

《舉正》云：「《蜀本》總題，誤以上題「贈李宗閔」四字綴〈猛虎行〉之上，後人因之。其實後詩不為宗閔作也。〈猛虎行〉，樂府舊題，非前詩類也。編者以為贈宗閔則過矣。宗閔晚節雖可議，然公在日，讒為中書舍人。劍川之行，曲不在宗閔，又公與宗閔嘗同為淮西幕客，不應譏議如此之深也，。況事亦不

類。《新史》又謂裴度薦李德裕，宗閔怨之，爲作此詩。薦事在
太和三年，公死久矣。不可據。」

蔣之翹注：「按此詩意，則公必非無爲之作。舊題而托以新
意，亦何不可爲？雖《新史》失考，本不足信，然史因詩謬，非
詩因史而傅會也；其贈宗閔之作無疑。」

方世舉注：「以詩推之，大抵爲殘忍暴虐不恤將士諸節度作，
其人非一人，其文非一事也。歷考《唐書》，如貞元間宣武劉士
寧、橫海程懷直，元和間魏博田季安、振武李進賢，或淫虐游畋，
或殺戮無度，後皆爲將士所逐，奪其兵柄，故詩以猛虎比之。『羣
行山谷間』以下，寫其殘忍暴虐之狀也。『出逐猴入居，虎不知
所歸』以下，寫其爲將士所逐，或奔京師，或奔他軍，或死于將
士之手也；故當結以私，爲大衆說法也。」

沈欽韓注云：「此篇似指李紳輩作，大約爲爭臺參事也。」

王元啓曰：「方本無『贈李宗閔』四字。愚謂無此四字，則
篇中兩汝字不知何指。《新史》附會失實，固不足憑；然此詩以
氣性縱乖爲戒，而謂無助足以致死，此則以理決之，知必有然，
不必定有事跡可據也。方謂此爲樂府舊題，尤與耳食無異。凡擬
古之作，其大意必有與之相類者，如〈效阮步兵一日復一夕〉之
類是也。〈猛虎行〉樂府古辭云：『飢不從猛虎食，暮不從野雀
棲。』篇中所言，豈有一句與之相類者。不得其意而徒泥其題，
此孟子所謂害辭害志之說詩也。又方世舉謂此詩爲諸節鎮不恤將
士者發云云，然與『故當結以信，親當結以私』二句誨語不親。」

程學恂曰：「前所刺不可知，末六句卻是爲宗閔說。不然則
汝字何屬？方注言爲大衆說法，與詩語意不相似。」

錢論云：「〈南山有高樹行〉通篇皆比體，篇中汝字指何山
烏，亦即指宗閔，故大體可以人物比附。此詩則借虎爲興，至『虎

坐無助死，況如汝細微』，方轉入所刺之人。兩汝字皆指人而非
虎。其上敘猛虎事，固不必全以人事附合坐實也。謂刺宗閔或李
紳皆可通，惟謂爲刺宗閔則可，謂爲贈宗閔則不可。〈猛虎行〉
雖古題，但詩中既著以惡字，縱非以之爲比，而公然贈友，亦未
免孟浪唐突，今從《舉正》刪『贈李宗閔』字。」

　　張論云：「此詩如比宗閔，與〈南山有高樹行贈李宗閔〉詩
意不合，如說指李紳，則事在長慶三年。如以樂府古題而無所指，
則創作年代難定，故方成珪《詩文年譜》附於「無年代可考」欄
裡。暫以慣例繫〈南山有高樹行〉詩後，以待詳考。」

　　屈列述諸家之說，仍置「疑年」中。

　　按：此詩大方「無繫年」；小方《箋正》在〈南山有高樹行〉
題注云：「（此詩）當時宗閔復入後作也，詳詩意可見。」又按：
此詩之詩旨，諸家論見紛紜：（一）謂裴度薦李德裕，宗閔怨之，
爲作此詩，《新史》主之。但「薦事在太和三年，公死久矣」，
《舉正》已予駁斥。（二）非贈李宗閔，事亦不類，方崧卿《舉
正》主之。（三）主張此詩係贈李宗閔者，如蔣之翹、王元啓、
陳沆主之。錢謂「以惡字」，「公然贈友，未免孟浪唐突」，已
駁其非。（四）爲「殘忍暴虐不恤將士諸節度作」，方世舉主之；
但程學洵謂與「詩意不合」。（五）此詩以氣性縱乖爲戒，王元
啓主之。（六）似指李紳輩作，大約爲爭臺參事也，沈欽韓主之。
（七）是「刺李宗閔」而非「贈李宗閔」，錢仲聯主之。綜而言
之，既然諸說紛紜，未得確定，以入「疑年」爲宜。

（五十一）〈枯樹〉（《韓集》卷十）

　　錢、張繫於長慶三年，黃無收，屈列「疑年」。

　　方世舉注：「此詩當是爭臺參時作。」

錢論云：「詩意與爭臺參無涉，第無可繫年，姑仍方舊編。」

張論云：「如以方之說，當在是年七、八月間。詩寫老樹『猶堪持改火，未肯但空心。』雖似老境，然不當是殘年之思緒，韓愈仍有老木引火，為國出力之心。可系是年。」

屈云：「方崧卿繫此詩於元和十四年」。又引王儔云：「元和十三年作，公時老矣，故取其寄興如此。」又引方世舉云：「此詩當是爭臺參時作。」但仍列「疑年」。

按：此詩大方《舉正》繫於元和十四年，〈年表〉繫元和十三年，小方《年譜》無繫年。據方世舉注云：「此喻小人乘其隙而中之也」，但以「猶堪持改火，未肯但空心」論之，則仍有老驥伏櫪之意。當是晚年之作，即在長慶年間。

（五十二）〈送諸葛覺往隨州讀書〉（《韓集》卷七）

錢、張繫於長慶三年，屈列「疑年」，黃無收。

方崧卿云：「長慶四年作，李繁時知隨州。」

方世舉云：「案繁為隨州，年月無所考。然元和十五年，公為國子祭酒時，曾為處州李繁作〈孔子廟碑〉。是詩云：『出守數已六』，應又在處州之後。史第云累居郡守，蓋略之也。繁罷隨州之後，即接敬宗之事，其為隨州，大抵在穆宗時。又云：『我雖官在朝，氣勢日局縮』，疑自京兆尹罷為兵部侍郎作。」

錢從方世舉繫於長慶三年冬。

張論云：「從詩句『行年餘五十，出守數已六』看，韓愈時年五十六歲，正在長慶三年。從『我雖官在朝，氣勢日局縮』詩句看，當在爭台參後的多天。」

按：此詩繫年有三說：（一）長慶三年，方世舉、錢仲聯、張清華主之；（二）長慶四年，方崧卿主之；（三）疑年，屈守

元主之。

　　此詩繫年觀察點有三：（一）諸葛覺生平？（二）李繁何時任隨州刺史？（三）韓自言「氣勢日局縮」究在何時？

　　關於「諸葛覺生平」，據《集釋》卷十二本詩，《魏本引韓醇曰》：「諸葛覺或云即澹師，後去僧爲儒。」《何義門讀書記》：「諸葛覺《貫休集》中作「珏」。其〈懷珏〉詩有『出山因覓孟，踏雪去尋韓。』注云：『諸葛曾爲僧。』」其他的生平不詳。

　　關於「李繁何時任隨州刺史？」，李繁爲李泌之子。據《舊書・李繁傳》，詩中言，李繁「行年餘五十，出守數已六」，與本傳所言「累居郡守」相合。惟本傳只記：隨州刺史，亳州刺史二官職，而無處州刺史之記述。其「累居郡守」順序大概是處州、隨州、亳州。現在所知〈處州孔子廟碑〉，文題有「朝散大夫國子祭酒賜紫金魚袋韓愈撰」字樣，而韓氏任國子祭酒時爲元和十五年（820）九月至長慶元年（821）七月，而文章作於是時，而李繁任處州刺史亦可能是此時。至任隨州刺史在何時？不可知。《舊書・本傳》只是說：「罷隨州刺史，歸京師，久不承恩。」至任亳州刺史則在敬宗寶曆二年（826）九月，以下試作一推測，李繁任隨州刺史可能在長慶二至四年，由敬宗寶曆元年（825）至寶曆二年（826）九月前。未有官職，「久不承恩」大概指此。

　　再從「氣勢日局縮」言，韓氏長慶元年至四年的仕履分三段：（一）長慶元年秋九月，韓愈自國子祭酒轉兵部侍郎。長慶二年宣慰鎮州，歸朝，穆宗大悅，九月，自兵部侍郎轉吏部侍郎。（二）長慶三年（823）六月，韓愈自吏部侍郎遷京兆尹兼御大夫，穆宗勅「放免臺參」，李紳「以韓氏不詣御史臺爲恥，文牒往來爭論不休」。李逢吉乘之，愈罷爲兵部侍郎，旋改爲吏部侍郎。（三）長慶四年，正月庚申（廿二日）穆宗崩。癸酉（廿三日）敬宗即

位。韓愈爲吏部侍郎，五月請告，養病於城南韓莊。以上三段時
期，第一段韓氏官運正隆，可以排除。第二段「自京兆尹罷爲兵
部侍郎」，雖有爭論，亦未至「局縮」地步。第三段時間，韓氏
長慶四年五月請告養病之前，由於身體有病，可以說是「氣勢日
局縮」，以此言之，再配合李繁之仕履，則此詩繫於長慶四年較長。

結　語

經上文比較後，試總結如下：

（一）大小方韓愈詩繫年部分

1.方崧卿《舉正》、〈年表〉，自身的繫年不一致，或此有
彼無，或此無彼有，凡 88 篇之多。個中的訛誤明顯的，不止是校
對之誤而已。經此發現，可以提醒學界，在使用本書時必須注意。

2.方成珪《箋正》、〈詩文繫年〉兩者間並無繫年不一致現
象，而其〈詩文繫年〉的工作非常細緻。

（二）四家韓愈詩繫年部分

在韓愈詩四家繫年中，有異同者凡 52 篇，經比較研究後，發
現四家各有特色，而繫年方面亦各擅勝場，謹分三方面扼述如次：

1.特色方面：四家中有繫年年月（或繫季）者，首推黃、張。
其餘錢、屈二家，只有繫年而無繫月（或繫季）。錢著《集釋》
是宋代至清末韓詩繫年成果的一次大整理。之後，黃、屈、張三
家大多是跟著錢著的成果，在前輩的道路上「踵事增華」，呈現
「後出轉精」的現象。如黃則優於「事蹟繫年」，綱目清晰；屈
以特多的宋版爲校證；張則優於以「時事」、「文壇要述」、「韓
愈事跡」的綱舉目張方式。

　2.繫年方面：筆者經論述後，從其說者；錢計有 21 篇；屈計有 13 篇；張計有 26 篇；黃計有 16 篇。

　3.不同意見方面：經論述後，對諸家有繫年，筆者持不同意見者計有 11 篇，計為：〈苦寒〉、〈夜歌〉、〈詠雪贈張籍〉、〈畫月〉、〈記夢〉、〈新竹〉、〈晚菊〉、〈遊太平公主山莊〉、〈晚春〉、〈嘲魯連子〉、〈送諸葛覺往隨州讀書〉。

　茲將錢、屈、張、黃四家韓愈詩繫年五十二篇異同比較之結果列表如下，以醒眉目：

韓詩篇目	錢仲聯	屈守元	張清華	黃珽喜	個人見解
1 條山蒼	貞二	疑年	貞二	貞二	貞二
2 出門	貞二	疑年	貞三	貞二	貞二
3 烽火	貞三	貞十六	貞三	貞三	貞三
4 落葉一首送陳羽	貞七	貞八	貞七	貞七	貞七
5 長安交游者贈孟郊	貞九	貞九	貞八	貞八	貞八
6 孟生詩	貞八、九	貞八、九	貞八	貞八	貞八
7 古風	貞十	貞十六	貞十	無收	貞十六
8 苦寒歌	貞十一	疑年	貞十一	無收	元八十月
9 遠游聯句	貞十四	無	貞十四	貞十五	貞十五春
10 醉留東野	貞十四	貞十四	貞十四	貞十五	貞十五春
11 知音者誠希	貞十四	疑年	貞十四	無收	貞十四
12 夜歌	貞十八	貞十六	貞十八	貞十八	元元
13 詠雪贈張籍	貞十九	疑年	貞十九	無收	元元
14 古意	貞十九	貞十八	貞十八	貞十九	貞十八
15 利劍	貞十九	疑年	貞十九	無收	貞十九
16 答張十一功曹	貞二十	元元	貞二十	貞二十	貞廿
17 君子法天運	貞廿一	疑年	貞廿一	貞廿一	貞廿一
18 畫月	貞廿一	元十五	貞廿一	無收	疑年
19 醉後	貞廿一	疑年	貞廿一	貞廿一	疑年
20 和歸工部送僧約	元元	疑年	元元	無收	疑年
21 雨中寄孟刑部幾道聯句	元元	無	元元	元元	元元
22 有所思聯句	元元	無	元元	無收	元元
23 遣興聯句	元元	無	元元	無收	元元
24 贈劍客李園聯句	元元	無	元元	無收	元元

25 記夢	元二	疑年	元二	元二	元十一
26 莎柵聯句	元三	無	元三	元三	元三
27 陸渾山火一首和皇甫湜用其韻	元三	元二	元三	元三	元三
28 寄皇甫湜	元三	疑年	元三	無收	元三
29 新竹	元五	貞二十	元五	無收	貞十五
30 晚菊	元五	貞二十	元五	無收	貞十五
31 招揚之罘	元五	元五	元六	元五	元六
32 池上絮	元六	疑年	無收	無收	疑年
33 大安池（闕）	元八	疑年	元八	無收	疑年
34 遊太平公主山莊	元八	元十、十一	元八	元八	疑年
35 晚春	元八	元十	元八	元八	疑年
36 讀東方朔雜事	元八	疑年	元八	無收	元八
37 山南鄭相公樊員外酬答爲詩其末咸有見及語樊封以示愈依賦十四韻以獻	元九	元十	元九	元九	元十、十一
38 答道士寄樹雞	元九	疑年	元九	無收	元九
39 廣宣上人頻見過	元九	疑年	元九	無收	元九至元十二
40 示兒	元十	元十	元十三	元十	元十
41 早赴街西行香贈盧李二中舍人	元十一	元十一	元九	無收	元十一
42 梁國惠康公主挽歌二首	元八後	元八後	元十一	無收	元十一
43 晚寄張十八助教周郎博士	元十一	元十	元十一	元十一	元十
44 病鴟	元十一	疑年	元十一	無收	疑年
45 嘲魯連子	元十一	疑年	元十一	無收	長慶三年
46 華山女	元十四	疑年	元十四	元十四	元十四
47 將至韶州先寄張端公使君借圖經	元十五	元十五	元十四	元十五	元十四十二月中旬
48 題秀禪師房	元十五	元十五	元十四	無收	元十四
49 詠燈花同侯十一	元十五	元十三	元十五	元十五	元十五多
50 猛虎行	長元	疑年	長元	無收	疑年
51 枯樹	長三	疑年	長三	無收	長慶年間
52 送諸葛覺往隨州讀書	長三	疑年	長三	無收	長四

附表一：韓愈詩大小方繫年比較總表

說明：

1.排序依東雅堂《韓昌黎全集》篇次爲主。

2.大方部分，計分《韓集舉正》繫年與〈韓文年表〉兩欄；小方部分，計分《韓學箋正》繫年與《詩文年譜》兩欄。

3.「✓」，表有收；「無收」，表示該書沒有收入此篇。

4.「無繫年」，表示該書有列入此篇但無繫年。

5.「無年考」，表示該書列爲無年可考。

6.「無收」，表示該書（表）沒有收入，當然無繫年。

第一卷	方崧卿《韓集舉正》			方成珪《韓集箋正》		
古詩	有收	《舉正》繫年	韓文年表	有收	《箋正》繫年	詩文年譜
1 元和聖德詩	✓	元二，任國子博士日作。	元二	✓	元二	元二春
2 琴操十首	✓	無繫年	無收	✓	無繫年	無年考
3 南山	✓	元和改元作	元元	✓	無繫年	元元，六月
4 謝自然	✓	貞十，十一月	貞十，冬	✓	無繫年	貞十，十一月十二日
5 秋懷十一首	✓	元和改元任國子博士日作。	元元	✓	無繫年	元元，秋，國博時
6 江陵途中寄翰林三學士	✓	永貞元年秋	貞廿一	✓	自陽山赴江陵	貞廿一，十月
7 暮行河堤上	✓	貞元十一年以前	無收	無收	無收	貞十五，冬朝正京師有感
8 夜歌	✓	貞元十一年以前	無收	無收	無收	貞十六，去徐居洛時作
9 重雲李觀疾贈	✓	貞元十一	無收	無收	無收	貞十，夏

之		年以前				
10 江漢答孟郊	✓	貞元十一年以前	無收	無收	無收	元九，任比部郎中時
11 長安交遊者贈孟郊	✓	貞元十一年以前	無收	無收	無收	貞十一，東野未第時作
12 岐山下二首	✓	貞元十一年以前	貞十一	✓	無繫年	貞十一遊鳳翔時作
第二卷						
古詩						
13 北極贈李觀	✓	貞八登第日作	貞八	無收	無收	貞八
14 此日足可惜贈張籍	✓	貞十五秋徐州作	貞十五	✓	無繫年	貞十五，未入徐幕時作
15 幽懷	✓	樊云：徐州作	無收	✓	無繫年	貞十五，三月
16 君子法天運	✓	樊云：徐州作	無收	無收	無收	無年考
17 落葉一首送陳羽	✓	登第日作	貞八	無收	無收	貞七，未登第時作
18 歸彭城	✓	貞十六，朝正還徐作	貞十六	✓	無繫年	貞十六，自京歸徐日作
19 醉後	✓	無收	無收	無收	無收	貞廿一，順宗即位後作
20 醉贈張秘書	✓	元和初作	無收	✓	無繫年	元和初
21 同冠峽	✓	陽山道中作	貞二十	無收	無收	貞二十，二月半作
22 送惠師	✓	貞二十陽山作	貞二十	✓	無繫年	貞二十
23 送靈師	✓	貞二十，陽山作	貞二十	✓	題注：貞元十九年陽山作	貞二十，冬末
24 縣齋有懷	✓	於前詩為踰年作	貞廿一	✓	無繫年	貞廿一，順位即位後作
25 合江亭	✓	永貞元年赴江陵道間作	貞廿一	✓	永貞元年七月量移江陵道衡山時	貞廿一，九月自郴至衡時作

26 陪杜侍御遊湘西寺	✓	永貞元年赴江陵道間作	貞廿一	✓	無繫年	貞廿一，九月自衡至潭作
27 岳陽樓別竇司直	✓	永貞元年赴江陵道間作	貞廿一	✓	無繫年	貞廿一，十月
28 送文暢師北遊	✓	元和改元作	元元	✓	無繫年	元元，六月後
29 答張徹	✓	元和改元作	元元	✓	無繫年	元元，六月後官國博時作
30 薦士	✓	元和改元作	無收	✓	永貞元年九月初	貞廿一，九月
31 喜侯喜至贈張籍張徹	✓	元和改元作	元元	✓	無繫年	元元，六月後官國博時作
32 古風	✓	貞元年中未遇日作	無收	無收	無收	貞十四以前作
33 駑驥贈歐陽詹	✓	貞元年中未遇日作	貞十六	✓	無繫年	貞十五，冬抵京後作
34 馬厭穀	✓	貞元年中未遇日作	無收	✓	無繫年	貞十一，三上宰相書後作
35 出門	✓	貞元年中未遇日作	無收	無收	無收	貞元二年始至京師未拜北平時作
36 嗟哉董生行	✓	貞元年中未遇日作	無收	✓	無繫年	貞十五
37 烽火	✓	貞元年中未遇日作	無收	無收	無收	貞三
38 汴州亂二首	✓	貞元十五	貞十五	✓	無繫年	貞十五，二月途中作
39 利劍	✓	貞元十五	無收	✓	無繫年	貞十二
40 齪齪	✓	貞元十五	貞十五	✓	貞十五，秋居睢上	貞十五，七月作
第三卷						
古詩						

41 河之水二首	✓	貞元十六、七年作	貞十六	✓	無繫年	貞十六，將赴京時所作
42 山石	✓	貞元十六、七年作	無收	✓	無繫年	貞十七
43 天星送楊凝郎中賀正	✓	貞十四年多汴州作	貞十四	✓	貞十四，十二月	貞十四，多
44 汴泗交流	✓	貞元十五、六徐州作	貞十五	✓	無繫年	貞十五七月在徐幕作
45 忽忽	✓	貞元十五、六徐州作	無收	無收	無收	貞十五，徐州作
46 鳴雁	✓	貞元十五、六徐州作	無收	✓	無繫年	貞十五，徐幕作
47 龍移	✓	無繫年	無收	無收	無收	貞廿一
48 雉帶箭	✓	徐州日作	無收	✓	無繫年	貞十五，徐幕作
49 條山蒼	✓	貞元十七年還京作	無收	無收	無收	無年考
50 贈鄭兵曹	✓	貞元十七年還京作	無收	無收	無收	無年考
51 桃源圖	✓	貞元十七年還京作	無收	無收	無收	元十一
52 東方半明	✓	貞元十七年還京作	無收	✓	無繫年	貞廿一
53 贈唐衢	✓	貞元十七年還京作	無收	無收	無收	元三
54 貞女峽	✓	貞元二十年春	貞二十	無收	無收	貞二十，春
55 贈侯喜	✓	貞十七，秋漁於溫洛所作	貞十七	✓	無繫年	貞十七，七月廿二
56 古意	✓	貞十八，夏登華山作	貞十八	✓	無繫年	無年考
57 八月十五夜贈張功曹	✓	永貞改元赴江陵道間作	貞廿一	✓	無繫年	貞廿一，在郴州作

58 謁衡嶽廟	✓	永貞改元赴江陵道間作	貞廿一	✓	無繫年	貞廿一，九月作
59 峋嶁山	✓	永貞改元赴江陵道間作	貞廿一	無收	無收	貞廿一，九月作
60 永貞行	✓	永貞改元赴江陵道間作	貞廿一	✓	無繫年	貞廿一
61 洞庭湖阻風贈張十一署	✓	永貞改元赴江陵道間作	貞廿一	✓	無繫年	貞廿一，十月
62 李花贈張十一署	✓	元和元年江陵作	元元	無收	無收	元元，二月末作
63 杏花	✓	元和元年江陵作	元元	無收	無收	元元春
64 感春四首	✓	元和元年江陵作	元元	✓	題注：元元春掾江陵時作	元元，春作
65 寒食日出遊	✓	元和元年江陵作	元元	✓	無繫年	元元，春作
66 憶昨行一首和張十一	✓	元和元年江陵作	元元	✓	無繫年	元元，春作
第四卷						
古詩						
67 劉生	✓	貞廿一年陽山作	貞廿一	✓	無繫年	貞廿一，春夏間作
68 鄭羣贈簟	✓	元元年五月江陵作	元元	✓	無繫年	元元，夏，江陵作
69 豐陵行	✓	元元秋冬任博士日作	元元	✓	無繫年	元元，七月作
70 遊青龍寺贈崔補闕	✓	元元秋冬任博士日作	元元	✓	無繫年	元元，九月作
71 贈崔立之評事	✓	元元秋冬任博士時作	元元	✓	無繫年	元元，九月
72 送區弘南歸	✓	元元秋冬任博士日作	元元	✓	無繫年	元元，為國博時作
73 三星行	✓	元和初，遇	無收	✓	無繫年	元二，遭

		讒求分司日作				飛語未赴東都時作
74 剝啄行	✓	元和初，遇讒分司日作	無收	無收	無收	元二，遭飛語未赴東都時作
75 青青水中蒲三首	✓	無繫年	無收	無收	無收	無年考
76 孟東野失子	✓	元和二年東都作	無收	✓	無繫年	元三年
77 陸渾山火一首	✓	元和二年東都作	無收	✓	無繫年	元二，冬
78 縣齋讀書	✓	貞元二十年陽山	貞二十	✓	無繫年	貞元二十年初到陽山後作
79 題新竹	✓	貞元二十年陽山	無收	✓	無繫年	元五，夏秋間作
80 晚菊	✓	貞元二十年陽山	無收	無收	無收	元五
81 落齒	✓	貞元十九年	無收	✓	無繫年	貞十九
82 哭楊兵部凝陸歙州傪	✓	貞元十九年	貞十九	✓	無繫年	貞十九，正月
83 苦寒	✓	貞元十九年	無收	✓	無繫年	貞十九
84 赤藤杖歌	✓	元四	元四	✓	無繫年	元四
85 酬崔十六少府攝伊陽以詩及書見寄	✓	元和三年冬	元三	✓	無繫年	元三，冬
86 送候參謀赴河中幕	✓	元四	元四	✓	無繫年	元四，十二月作
87 東都遇春	✓	元三	元三	✓	無繫年	元三，春作
88 感春五首	✓	元五	元五	✓	元五	元五春，分司東都時作
89 酬裴十六功曹巡府西驛途中見寄	✓	元二秋	元二	✓	無繫年	元二初，赴東都後作
90 燕河南府秀才	✓	元五	元五	✓	無繫年	元五，冬
91 送李翱	✓	元四正月	元四	✓	元四，正月李翱自東都上船	元四，正月

92 送石處士赴河陽幕	✔	元五	無收	✔	無繫年	元五，夏秋間作
93 送湖南李正字	✔	元五	無收	✔	無繫年	元五，秋暮作
第五卷 **古詩**						
94 辛卯年雪	✔	元六，東都	元六		無繫年	元六，二月末作
95 醉留東野	✔	元六，東都	無收	✔	無繫年	元六，爲河南令作
96 李花二首	✔	元六，東都	元六	✔	無繫年	元六，春
97 招揚之罘	✔	元六，東都	元六	✔	無繫年	元五，爲河南令時作
98 寄盧仝	✔	元六，東都	元六	✔	無繫年	元六，春
99 酬司門盧四雲夫院長望秋作	✔	元六，歸朝後作	元六		題注：元和六年秋作	元六，入職方員外郎時作
100 誰氏子	✔	元六，東都	元六	✔	無繫年	元六，三月後作
101 河南令舍池臺	✔	元六，東都	元六	✔	無繫年	無繫年
102 送無本師歸范陽	✔	元六，歸朝後作	元六	✔	無繫年	元六，冬十一月
103 石鼓歌	✔	元六，歸朝後作	元六	✔	無繫年	元六，未遷職方時作
104 雙鳥詩	✔	無繫年	無收	✔	無繫年	元六
105 贈劉師服	✔	無繫年	元七	✔	無繫年	元七
106 題炭谷湫祠堂	✔	無繫年	無收	✔	無繫年	貞十九
107 聽穎師彈琴	✔	無繫年	無收	✔	無繫年	元十一，被讒左降時作
108 送陸暢歸江南	✔	無繫年	元六	✔	無繫年	元六多
109 送進士劉師服東歸	✔	無繫年（原題作：送劉師服）	元八	✔	無繫年	元八夏
110 嘲魯連子	✔	無繫年	無收	✔	無繫年	無繫年

111 贈張籍	✓	無繫年	無收	✓	無繫年	元元,冬
112 調張籍	✓	無繫年	無收	✓	無繫年	元元,冬
113 和盧郎中雲夫寄示盤谷子詩	✓	無繫年	元八	✓	元七多,長安作	元六,冬
114 寄皇甫湜	✓	無繫年	無收	無收	無收	元二
115 病中贈張十八	✓	無繫年	無收	✓	無繫年	無繫年
116 雜詩	✓	無繫年	無收	✓	無繫年	無年考
117 寄崔二十六立之	✓	無繫年	無收	✓	無繫年	元十,春
118 月蝕詩效玉川子作	✓	元五	元五	✓	無繫年	元五,十一月
119 孟生	✓	貞八	無收	✓	無繫年	貞十一,郊未第時作
120 射訓狐	✓	貞元十七、八間,京都作	無收	✓	無繫年	貞廿一
121 將歸贈孟東野房蜀客	✓	貞元十七、八間,京都作	貞十七	✓	無繫年	貞十七
122 答孟郊	✓	貞元十七、八間,京都作	無收	✓	無繫年	無年考
123 從仕	✓	貞元十七、八間,京都作	無收	✓	題注:貞元十五年,徐州作	貞十五,爲晨入夜歸作也
124 短燈檠歌	✓	貞元十七、八間京都作	無收	無收	無收	元元秋,爲國博時作
125 送劉師服	✓	無繫年	元八	無收	無收	元八,夏
第六卷						
古詩						
126 符讀書城南	✓	元和十一、二年間	元十一	✓	無繫年	元十一,七月
127 示爽	✓	元和十一、二年間	元十一	無收	無收	長三,冬
128 人日城南登高	✓	元和十一、二年間	元十一	✓	無繫年	元十一
129 病鴟	✓	元和十一、二年間	元十一	✓	無繫年	無年考

130 華山女	✓	元和十一、二年間	元十一	✓	無繫年	無年考
131 讀皇甫湜公安園池詩書其後二首	✓	元十三	元十三	✓	無繫年	無年考（作元和中）
132 路傍堠	✓	元十四，貶潮日	元十四，貶潮日作	無收	無收	元十四，春，貶潮道中作
133 食曲河驛	✓	元十四，貶潮日	元十四，貶潮日作	無收	無收	元十四，春，過鄧州作
134 過南陽	✓	元十四，貶潮日	元十四，貶潮日作	無收	無收	元十四，春過鄧州作
135 瀧吏	✓	元和十四，貶潮日	元十四，貶潮日作	✓	無繫年	元十四，三月作
136 贈別元十八協律六首	✓	元和十四，貶潮日	元十四，貶潮日作	✓	無繫年	元十四，春赴潮道中作
137 初南食貽元十八協律	✓	元和十四，貶潮日	元十四，貶潮日作	✓	無繫年	元十四，抵潮後作
138 宿曾江口示姪孫湘二首	✓	元和十四，貶潮日	元十四，貶潮日作	✓	無繫年	元十四
139 答柳柳州食蝦蟇	✓	元和十四，貶潮日	元十四，貶潮日作	✓	無繫年	元十四，抵潮後作
140 別趙子	✓	元和十四，貶潮日	元十四，貶潮日作	✓	無繫年	元十四，多
141 除官赴闕至江州寄鄂岳李大夫	✓	元十五	元十五	✓	題注：元和十五年九月初自袁州召拜國子祭酒	元十五，九月召拜祭酒，行次盆城作。
142 南山有高樹行贈李宗閔	✓	長元	長元	✓	長元初，宗閔初貶，公	長元，四月宗閔貶

					為祭酒時作	劍州刺史，詩以是時作
143 猛虎行	✓	無繫年	無收	✓	宗閔復入後作	無年考
第七卷 **古詩**						
144 雪後寄崔二十六丞公	✓	元八多	元八	✓	無繫年	元八，多
145 送僧澄觀	✓	貞十六秋居洛所作	貞十六	✓	無繫年	貞十六，九月居洛作
146 獻山南鄭相公樊員外	✓	元十	元十	✓	無繫年	元九
147 和武相公詠孔雀	✓	元十	元十	無收	無收	元八
148 感春三首	✓	元十	元十一	無收	無收	元十一，三月下旬作
149 早赴街西行香贈盧李二中舍人	✓	元十	元十一，為庶子日作	無收	無收	元九，秋
150 晚寄張十八助教周郎博士	✓	元十	元十一，為庶子日作	✓	無繫年	元十一，為中舍時作
151 題張十八所居	✓	元十一年任庶子日作	元十一，為庶子日作	✓	無繫年	元十一，五月後作
152 酬盧給事曲江荷花行	✓	元十一年任庶子日作	元十一，為庶子日作	✓	無繫年	元十一，五月後作
153 和錢七盆池所植	✓	元十一年任庶子日作	元十一，為庶子日作	無收	無收	元十一，降官以後作
154 記夢	✓	元十一年任庶子日作	元十一，為庶子日作	✓	無繫年	元十一，降官後作
155 南內朝賀歸呈同官	✓	元十一年任庶子日作	元十一，為庶子日作	✓	方官祭酒未轉兵侍時	長元，七月未轉兵侍時作
156 朝歸	✓	元十一年任庶子日作	元十一，為庶子日作	✓	無繫年	長元，七月未轉兵

						侍時作
157 雜詩四首	✓	元十一年任庶子日作	元十一，爲庶子日作	✓	無繫年	無年考
158 讀東方朔雜事	✓	元十一年任庶子日作	元十一，爲庶子日作	✓	無繫年	無年考
159 譴瘧鬼	✓	元十一年任庶子日作	元十一，爲庶子日作	✓	無繫年	無年考
160 示兒	✓	元十三	元十三	✓	無繫年	元十，多
161 庭楸	✓	元十三	元十三	✓	元和十一年五月降太子右庶子後	元十一，降官後作
162 翫月喜張十八員外以王六至	✓	長慶二、三年間作	長四	長四	無收	長四八月十六日作
163 和李相公攝事南郊覽物興懷呈一二知舊	✓	長慶二、三年間作	長二	✓	無繫年	長二，九月
164 和裴僕射相公假山十一韻	✓	長慶二、三年間作	長二	✓	無繫年	長二，六月
165 與張十八同效阮步兵一日復一夕	✓	長慶二、三年間	長二	✓	無繫年	長四
166 送諸葛覺徃隨州讀書	✓	長四	無收	✓	無繫年	長三，由京兆復爲兵侍時作
167 南溪始泛三首	✓	長四	長四	✓	無繫年	長四
第八卷						
聯句						
168 城南	✓	元和改元還朝後作	元二	✓	無繫年	元元，秋
169 會合	✓	元和改元還朝後作	無收	✓	無繫年	元元，官國博時作
170 鬥雞	✓	元和改元還朝後作	元元	✓	無繫年	元元秋多間作
171 納涼	✓	元和改元還朝後作	元元	✓	元和改元閏六月下旬	元元，閏六月作
172 秋雨	✓	元和改元	元元	✓	元和元年	元元，八

		還朝後作			八月	月作
173 征蜀	✓	元和改元還朝後作	元元	✓	無繫年	元元，十月作
174 同宿	✓	元和改元還朝後作	元元	✓	無繫年	元元，夏秋間作
175 莎柵	✓	元和二三年，東都	無收	無收	無收	元五
176 雨中寄孟刑部	✓	元和改元作	元元	✓	無繫年	元元，秋
177 遠遊	✓	元三，東都作	無收	✓	無繫年	元三，正月
178 晚秋郾城夜會	✓	元十二從征蔡作	元十二		題注：公與正封作於郾城。	元十二，九月作
第九卷						
律詩凡八十五首						
179 題楚昭王廟	✓	貞十九貶陽山道中及踰年在陽山作	無收	無收	無收	元十四，春
180 宿龍宮灘	✓	貞十九貶陽山道中及踰年在陽山作	貞二十	無收	無收	貞廿一，夏秋離陽山後作
181 叉魚招張功曹	✓	貞十九貶陽山道中及踰年在陽山作	貞二十	✓	無繫年	元元，春
182 李員外寄紙筆	✓	貞十九貶陽山道中及踰年在陽山作	貞二十	✓	無繫年	貞廿一，冬
183 次同冠峽	✓	貞十九貶陽山道中及踰年在陽山作	貞二十	✓	無繫年	貞二十，二月半作
184 答張十一功曹	✓	貞十九貶陽山道中及踰年在	貞二十	無收	無收	元元春作

		陽山作				
185 郴州祈雨	✓	永貞元年移江陵道中作	貞廿一	✓	無繫年	貞廿一，夏秋間作
186 湘中酬張十一功曹	✓	永貞元年移江陵道中作	貞廿一	無收	無收	貞廿一，秋暮
187 郴口又贈二首	✓	永貞元年移江陵道中作	貞廿一	✓	無繫年	貞廿一，秋暮
188 題木居士二首	✓	永貞元年移江陵道中作	貞廿一	無收	無收	貞廿一，自郴過衡作
189 晚泊江口	✓	永貞元年移江陵道中作	貞廿一	無收	無收	貞廿一秋末自郴赴衡作
190 湘中	✓	永貞元年移江陵道中作	貞廿一	無收	無收	貞十九
191 別盈上人	✓	永貞元年移江陵道中作	貞廿一	無收	無收	貞廿一，謁衡岳廟後作
192 喜雪獻裴尙書	✓	無繫年	元元	✓	無繫年	貞廿一，十二月，立春後作
193 春雪（春雪乘清旦）	✓	元和改元江陵作	元元	無收	無收	元元，春
194 聞梨花發贈劉師命	✓	元和改元江陵作	元元	無收	無收	貞廿一，正月
195 春雪間早梅	✓	元和改元江陵作	無收	無收	無收	元元
196 早春雪中聞鶯	✓	元和改元江陵作	無收	無收	無收	元元
197 梨花下贈劉師命	✓	陽山作	元元	無收	無收	貞廿一，正月
198 和歸工部送僧約	✓	無繫年	元元	✓	無繫年	無年考
199 入關詠馬	✓	元和元年西歸日作	無收	✓	題注：元和元年夏入	元七

					江陵召拜國子博士	
200 木芙蓉	✓	移江陵日道間作	無收	無收	無收	無年考
201 題張十一旅舍三詠	✓	元和元年五月江陵作	元元	無收	無收	元元,五月在江陵作
202 榴花						
203 井						
204 蒲萄						
205 峽石西泉	✓	元和改元西歸日作	無收	無收	無收	元五,為河南令時
206 梁國惠康公主挽歌二首	✓	元和七、八年間作	無收	✓	無繫年	無年考
207 和崔舍人詠月二十韻	✓	元和七、八年間作	無收	✓	無繫年	元七,八月
208 詠雪贈張籍	✓	元和七、八年間作	無收	✓	無繫年	長元,十月
209 酬王二十舍人雪中見寄	✓	元和七、八年間作	無收	✓	元和九年多	元九,多
210 送侯喜	✓	元和七、八年間作	貞十七	無收	無收	元十五多
211 學諸進士作精衛銜石填海	✓	元和七、八年間作	無收	無收	無收	元五,為河南令時
212 酬振武胡十二大夫	✓	元和九年	元九	無收	無收	元九,十一月
213 和盧庫部元日朝迴	✓	元和十年	元十	✓	無繫年	元十
214 寒食直歸遇雨	✓	元和十年	元十	✓	無繫年	元十,春
215 送李六協律歸荊南	✓	元和十年	元十	✓	無繫年	無年考
216 題百葉桃花	✓	元和十年	元十	✓	題注:元和十年知制誥時作	元十,寓直禁中作
217 春雪(新年都未有芳華)	✓	元和十年	元十	無收	無收	元十
218 戲題牡丹	✓	元和十年	元十	✓	無繫年	元十,寓直禁中作
219 盆池五首	✓	元和十年	元十	✓	無繫年	無年考

220 芍藥	✔	元和十年	元十	✔	無繫年	元十，寓直禁中作
221 奉和虢州劉給事三堂二十一詠并序	✔	元八	無收	✔ 5首	無繫年	元九
新亭						
流水						
竹洞						
月臺						
渚亭						
竹溪						
北湖						
花島						
柳溪						
西山						
竹逕						
荷花						
稻畦						
柳巷						
花源						
北樓						
鏡潭						
孤嶼						
方橋						
梯橋						
月池						
遊城南十六首	✔	元和十年以後作，非一日作	無收	✔	注：十六詩非一日作	無年考
賽神						
題于賓客莊				✔	元和十三年後	
晚春						
落花						
楸樹二首						
風折花枝						
贈同遊						
贈張十八助教				✔	元和九年	

					後作	
題韋氏莊						
晚雨						
出城						
把酒						
嘲少年				✓		
楸樹						
遣興						
第十卷						
律詩凡八十首						
222 送李尙書赴襄陽	✓	元和十年十月	元十年十月	✓	無繫年	元十，十月
223 和席八十二韻	✓	元十一年	無收		無繫年	元十一，春
224 和武相公早春聞鶯	✓	無繫年	無收	無收	無收	元八
225 太安池（闕）	✓	無繫年	無收	無收	無收	無年考
226 遊太平公主山莊	✓	元和十、十一年	無收	✓	無繫年	無年考
227 晚春	✓	元和十、十一年	無收	無收	無收	無年考
228 大行皇太后挽歌詞三首	✓	元和十、十一年	元十一	✓	元和十一年	元十一，八月
229 廣宣上人頻見過	✓	元十二年	元十一	✓	無繫年	無年考
230 閑遊二首	✓	元十二年	元十二	無收	無收	元十二春
231 酬馬侍郎寄酒	✓	元十二年	元十二	無收	無收	元十一，秋
232 和侯協律詠筍	✓	元十二年	元十二	✓	無繫年	元十一
233 過鴻溝	✓	元和十二年從征蔡日作	元十二，東征日往返道中作	✓	無繫年	元十二，八月
234 送張侍郎	✓	元和十二年從征蔡日作	元十二，東征日往返道中作	無收	無收	元十二，八月

235 贈刑部馬侍郎	✔	元和十二年從征蔡日作	元　十二,東征日往返道中作	無收	無收	元十二,七月
236 和裴相公女几山下作	✔	元和十二年從征蔡日作	元　十二,東征日往返道中作	✔	無繫年	元十二,八月
237 鄖城晚飲奉贈馬侍郎及馮李二員外	✔	元和十二年從征蔡日作	元　十二,東征日往返道中作	✔	無繫年	元十二,十月
238 酬別留後侍郎	✔	元和十二年從征蔡日作	元　十二,東征日往返道中作	✔	無繫年	元十二,十一月
239 同李二十八夜次襄城	✔	元和十二年從征蔡日作	元　十二,東征日往返道中作	無收	無收	元十二,十二月
240 同李二十八野宿西界	✔	元和十二年從征蔡日作	元　十二,東征日往返道中作	無收	無收	元十二,十二月
241 過襄城	✔	元和十二年從征蔡日作	元　十二,東征日往返道中作	無收	無收	元十二,十二月
242 宿神龜招李二十八馮十七	✔	元和十二年從征蔡日作	元　十二,東征日往返道中作	無收	無收	元十二,十二月
243 次硤石	✔	元和十二年從征蔡日作	元　十二,東征日往返道中作	✔	無繫年	元十二,十二月
244 和李司勳過連昌宮	✔	元和十二年從征蔡日作	元　十二,東征日往返道中作	✔	無繫年	元十二,十二月

245 次潼關寄張十二閣老使君	✓	元和十二年從征蔡日作	元十二,東征日往返道中作	✓	無繫年	元十二,十二月
246 次潼關上都統相公	✓	元和十二年從征蔡日作	元十二,東征日往返道中作	✓	無繫年	元十二,十二月
247 桃林夜賀晉公	✓	元和十二年從征蔡日作	元十二,東征日往返道中作	✓	無繫年	元十二,十二月
248 送李員外院長分司東都	✓	元十三年春	元十三	✓	無繫年	元十三,正月
249 和晉公破賊回重拜台司	✓	無繫年	元十二	✓	無繫年	元十二,十二月
250 獨釣四首	✓	元十四年	元十三	✓	無繫年	元十三,八月
251 枯樹	✓	元十四年	元十三	✓	無繫年	無年考
252 元日酬馬俏書去年元日之什	✓	元十四年	元十四	✓	無繫年	元十四,元日作
253 詠燈花同侯十一	✓	元十四年	無繫年	✓	無繫年	元十五,多
254 祖席前字秋字	✓ ✓	元三,四月東都作	元五	✓ ✓	元和三年秋	元三,為東都博士時作
255 送鄭俏書赴南海（鄭權）	✓	長三、四月	長三、四月	✓	無繫年	長三,四月
256 答道士寄樹雞	✓	無繫年	無收	無收	無收	無年考
257 左遷至藍關示姪孫湘	✓	元和十四年貶潮道間作	元十四,貶潮日作	✓	無繫年	元十四,正月
258 武關西逢配流吐蕃	✓	元和十四年貶潮道間作	元十四,貶潮日作	無收	無收	元十四,春
259 次鄧州界	✓	元和十四年貶潮道間作	元十四,貶潮日作	無收	無收	元十四,春

260 題臨瀧寺	✔	元和十四年貶潮道間作	元十四,貶潮日作	✔	無繫年	元十四,三月
261 晚次宣溪酬韶州張使君惠書敘別酬絕句二章	✔	元和十四年貶潮道間作	元十四,貶潮日作	✔	無繫年	元十四,春
262 題秀禪師房	✔	元和十四年貶潮道間作	元十四,貶潮日作	無收	無收	無繫年
263 將至韶州寄張使君借圖經	✔	歸日再經韶陽所作	元十四,貶潮日作	無收	無收	元十五,正月
264 過始興江口感懷	✔	歸日經韶陽作	元十四,貶潮日作	✔	無繫年	元十四,春赴潮過韶時作
265 韶州留別張使君	✔	歸日經韶陽作	元十五	✔	無繫年	元十五,正月
266 量移袁州酬張韶州	✔	歸日經韶陽作	元十五	無收	無收	無繫年
267 次石頭驛寄王中丞	✔	元十五多召還道間作	元十五,召還道中作	無收	無收	元十五,九月後
268 遊西林寺題蕭郎中舊堂	✔	元十五多召還道間作	元十五,召還道中作	✔	無繫年	元十五,九月後作
269 自袁州還京次安陸先寄周隨州	✔	元十五多召還道間作	元十五,召還道中作	無收	無收	元十五,多作
270 題廣昌館	✔	元十五多召還道間作	元十五,召還道中作		無繫年	元十五,多
271 寄隨州周員外	✔	元十五多召還道間作	元十五,召還道中作	無收	無收	元十五,多
272 酒中留上襄陽李相公	✔	元十五多召還道間作	元十五,召還道中作	無收	無收	元十五,多
273 題層峰驛梁	✔	元十五多召還道間作	元十五,召還道中作	✔	無繫年	元十五,多
274 賀張十八秘書得裴司空馬	✔	長元	長元	✔	元十五,多	元十五多,抵京後作
275 杏園送張徹	✔	長元	長元	✔	無繫年	長元,三月

276 雨中寄張博士侯主薄	✔	長元	長元	✔	無繫年	長二，三月
277 奉和張侍郎酬馬尙書	✔	長元	長元	無收	無收	長元，夏四月
278 早春遊楊尙書林亭	✔	長二	長二	✔	無繫年	長二，二月作
279 奉使常山次太原呈吳	✔	長二	長二	✔	無繫年	長二，二月中作
280 夕次壽陽驛題吳郎中詩後	✔	長二	長二	無收	無收	長二，二月中
281 鎭州初歸	✔	長二	長二	無收	無收	長二，春
282 同水部張員外曲江春遊寄白舍人	✔	長二	長二	無收	無收	長二，三月
283 和水部張員外宣政衙賜櫻桃詩	✔	長二	長二	✔	無繫年	長二，三月
284 早春呈水部張員外二首	✔	長二	長二	✔	無繫年	長三，春
285 送桂州嚴大夫	✔	長二	長二	✔	無繫年	長二，四月
286 酬天平馬僕射見寄之作	✔	長二	長二	無收	無收	長二
287 奉使鎭州次奉天酬裴司空	✔	長二	長二	無收	無收	長二，二月中
288 鎭州路上酬裴司空重見寄	✔	長二	長二	無收	無收	長二，二月
289 和僕射裴相公感恩言志	✔	長二	長二	無收	無收	長二、六月
290 和僕射相公朝迴見寄	✔	長二	長二	無收	無收	長二，九月
291 和李相公題蕭家林亭	✔	長二	長二	✔	無繫年	長二，六月
292 和杜相公太清宮紀事	✔	長二	長二	✔	無繫年	長二，十月
昌黎先生外集						
第一卷						
1 芍藥歌	無收	無收	無收	✔	無繫年	無年考
2 海水	✔	無繫年	無收	無收	無收	貞十六，

						去徐州時
3 贈崔立之	✓	無繫年	無收	無收	無收	元元
4 贈河陽李大夫	✓	無繫年	無收	✓	無繫年	貞十五二月作
5 苦寒歌	✓	無繫年	無收	無收	無收	無年考
外集舉正				昌黎先生遺文目錄		
				聯句		
6 有所思	無收	無收	無收	✓	無繫年	元元
7 遣興	無收	無收	無收	✓	無繫年	元元
8 贈劍客李園	無收	無收	無收	無收	無收	元元
				遺詩		
9 同竇韋尋劉尊師不遇	無收	無收	無收	✓	無繫年	元五爲都官員外郎時作
10 春雪（片片飛鴻急）	無收	無收	無收	✓	無繫年	元元
11 贈族姪	無收	無收	無收	✓	無繫年	貞十五，居符離睢上時作
12 嘲鼾睡二首	無收	無收	無收	✓	無繫年	無年考
13 畫月	無收	無收	無收	✓	無繫年	無年考
14 贈張徐州莫辭酒	無收	無收	無收	✓	無繫年	貞十五，三月
15 辭唱歌	無收	無收	無收	無收	無收	無年考
16 知音者誠希	無收	無收	無收	無收	無收	無年考
17 酬藍田崔丞立之詠雪見寄	無收	無收	無收	無收	無收	元八，冬
18 潭州泊船呈諸公	無收	無收	無收	無收	無收	貞廿一至潭時
19 飲城南道邊古墓上逢中丞過贈禮部衛員外少室張道士	無收	無收	無收	無收	無收	元九，春
20 池上絮	無收	無收	無收	無收	無收	無年考

附表二：韓詩繫年諸家異同一覽表

說明：

1.篇章排列依錢著《集釋》。

2.現以錢、屈、張、黃四家列表比較、又以大小方列於前，以為助觀。但實際比較者為上述四家。

3.大小方之繫年乃得自〈韓愈詩大小方繫年比較研究〉之論述。大方《舉正》、〈年表〉繫年一有一無者，依有繫者。若相異者依〈年表〉。

4.「無」者，表示原書有收錄此詩，但無繫年。

5.「無年考」者，表示該書列為「無年可考」。

6.「無收」，表示該書沒有收入此詩。

7.「疑偽」者，表該書列為「疑偽詩」。

「存疑」者，表示該書置於「存疑詩文」中。

8.「入文」者，表示該書或表置於文類中。

9.「注1」，表〈韓文年表〉作三首。

△：表示四家異同而需待研究之篇目，計52篇。

		方崧卿	方成珪	錢仲聯	屈守元	張清華	黃埕喜
1	芍藥歌	無收	無年考	貞元	存疑	貞元	貞元
△2	條山蒼	貞十七	無年考	貞二	疑年	貞二	貞二
△3	出門	貞元中	貞二	貞二	疑年	貞三	貞二
△4	烽火	貞元中	貞三	貞三	貞十六	貞三	貞三
△5	落葉送陳羽	貞八	貞七	貞七	貞八	貞七	貞七

6	北極贈李觀	貞八	貞八	貞八	貞八	貞八	貞八
△7	長安交遊者贈孟郊	貞十年前	貞十一	貞九	貞九	貞八	貞八
△8	孟生詩	貞八	貞十一	貞九	貞九	貞八	貞八
9	岐山下二首	貞十一	貞十一	貞九	貞九	貞九	貞九
10	青青水中蒲三首	無	無年考	貞九	貞九	貞九	貞九
△11	古風	貞元年中未遇日作	貞十四前	貞十	貞十六	貞十	無收
12	重雲李觀疾贈之	貞十一前	貞十	貞十	貞十	貞十	貞十
13	謝自然詩	貞十	貞十	貞十	貞十	貞十	無收
14	雜詩	無	無	貞十一	貞十一	貞十一	無收
15	馬厭穀	貞元年中	貞十一	貞十一	貞十一	貞十一	無收
△16	苦寒歌	無	無年考	貞十一	疑年	貞十一	無收
17	送汴州監軍俱文珍序并詩	貞十三（入文）	貞十三	貞十三	貞十三	貞十三	貞十三
△18	遠遊聯句	元三	元三	貞十四	無	貞十四	貞十五
19	答孟郊	貞十七、八間京都作	無年考	貞十四	貞十四	貞十四	無收
△20	醉留東野	元六	元六	貞十四	貞十四	貞十四	貞十五
△21	知音者誠希	無收	無年考	貞十四	疑年	貞十四	無收
22	病中贈張十八（張籍）	無	無	貞十四	貞十四	貞十四	貞十四
23	天星送楊凝郎中賀正	貞十四	貞十四	貞十四	貞十四	貞十四	貞十四
24	汴州亂二首	貞十五	貞十五	貞十五	貞十五	貞十五	貞十五
25	贈河陽李大夫（李元）	無	貞十五	貞十五	貞十五	貞十五	無收
26	贈張徐州莫辭酒（張建封）	無收	貞十五	貞十五	貞十五	貞十五	貞十五
27	嗟哉董生行（董	貞元中	貞十五	貞十五	貞十五	貞十五	貞十五

	邵南）						
28	此日足可惜贈張籍	貞十五	貞十五	貞十五	貞十五	貞十五	貞十五
29	贈族姪	無收	貞十五	貞十五	貞十五	貞十五	貞十五
30	齪齪	貞十五	貞十五	貞十五	貞十五	貞十五	貞十五
31	汴泗交流贈張僕射（張建封）	貞十五、六	貞十五	貞十五	貞十五	貞十五	貞十五
32	忽忽	貞十五，六	貞十五	貞十五	貞十五	貞十五	無收
33	鳴鴈	貞十五、六	貞十五	貞十五	貞十五	貞十五	無收
34	雉帶箭	徐州日	貞十五	貞十五	貞十五	貞十五	無收
35	從仕	貞十七、八	貞十五	貞十五	貞十五	貞十五	貞十五
36	暮行河堤上	貞十一前	貞十五	貞十五	貞十五	貞十五	貞十五
37	駑驥	貞十六	貞十五	貞十五	貞十五	貞十五	貞十五
38	歸彭城	貞十六	貞十六	貞十六	貞十六	貞十六	貞十六
39	幽懷	徐州作	貞十五	貞十六	貞十六	貞十六	無收
40	海水	無	貞十六	貞十六	貞十六	貞十六	貞十六
41	送僧澄觀	貞十六	貞十六	貞十六	貞十六	貞十六	貞十六
42	河之水二首寄子姪老成	貞十六、七	貞十六	貞十六	貞十六	貞十六	貞十六
43	將歸贈孟東野房蜀客（孟郊、房次卿）	貞十七、八	貞十七	貞十七	貞十七	貞十七	貞十七
44	贈侯喜	貞十七	貞十七	貞十七	貞十七	貞十七	貞十七
45	山石	貞十七、八	貞十七	貞十七	貞十七	貞十七	貞十七
46	送陸歙州詩并序	貞十八（入文）	貞十八	貞十八	貞十八	貞十八	貞十八
△ 47	夜歌	貞十一前	貞十六	貞十八	貞十六	貞十八	貞十八
48	哭楊兵部凝陸歙州參	貞十九	貞十九	貞十九	貞十九	貞十九	貞十九
49	苦寒	貞十九	貞十九	貞十九	貞十九	貞十九	無收
△ 50	詠雪贈張籍	元七、八	長元	貞十九	疑年	貞十九	無收
51	落齒	貞十九	貞十九	貞十九	貞十九	貞十九	貞十九
△ 52	古意	貞十八	無年考	貞十九	貞十八	貞十八	貞十九
53	題炭谷湫祠堂	無	貞十九	貞十九	貞十九	貞十九	貞十九
△ 54	利劍	貞十五	貞十二	貞十九	疑年	貞十九	無收

55	湘中	貞廿一	貞十九	貞二十	貞二十	貞二十	貞二十
△56	答張十一功曹	貞二十	元元	貞二十	元元	貞二十	貞二十
57	同冠峽	貞二十	貞二十	貞二十	貞二十	貞二十	貞二十
58	次同冠峽	貞二十	貞二十	貞二十	貞二十	貞二十	貞二十
59	貞女峽	貞二十	貞二十	貞二十	貞二十	貞二十	貞二十
60	縣齋讀書	貞二十	貞二十	貞二十	貞二十	貞二十	貞二十
61	送惠師	貞二十	貞二十	貞二十	貞二十	貞二十	貞二十
62	送靈師	貞二十	貞二十	貞二十	貞二十	貞二十	貞二十
63	李員外寄紙筆（李伯康）	貞二十	貞廿一	貞二十	貞二十	貞二十	貞二十
64	叉魚	貞廿	元元	貞廿一	貞廿一	貞廿一	貞廿一
65	聞梨花發贈劉師命	元元	貞廿一	貞廿一	貞廿一	貞廿一	貞廿一
66	梨花下贈劉師命	元元	貞廿一	貞廿一	貞廿一	貞廿一	貞廿一
67	劉生詩	貞廿一	貞廿一	貞廿一	貞廿一	貞廿一	貞廿一
68	縣齋有懷	貞廿一	貞廿一	貞廿一	貞廿一	貞廿一	貞廿一
△69	君子法天運	徐州作	無年考	貞廿一	疑年	貞廿一	貞廿一
△70	晝月	無收	無年考	貞廿一	元十五	貞廿一	無收
△71	醉後	無	貞廿一	貞廿一	疑年	貞廿一	貞廿一
72	雜詩四首	元十一	無年考	貞廿一	貞廿一	貞廿一	貞廿一
73	宿龍宮灘	貞二十	貞廿一	貞廿一	貞廿一	貞廿一	貞廿一
74	郴州祈雨	貞廿一	貞廿一	貞廿一	貞廿一	貞廿一	無收
75	射訓狐	貞十七、八	貞廿一	貞廿一	貞廿一	貞廿一	貞廿一
76	東方半明	貞十七	貞廿一	貞廿一	貞廿一	貞廿一	貞廿一
77	八月十五夜贈張功曹（張署）	貞廿一	貞廿一	貞廿一	貞廿一	永元	貞廿一
78	譴瘧鬼	元十一	無年考	貞廿一	貞廿一	永元	貞廿一
79	湘中酬張十一功曹（張署）	貞廿一	貞廿一	貞廿一	貞廿一	永元	貞廿一
80	郴口又贈二首	貞廿一	貞廿一	貞廿一	貞廿一	永元	貞廿一
81	題木居士二首	貞廿一	貞廿一	貞廿一	貞廿一	永元	貞廿一
82	合江亭	貞廿一	貞廿一	貞廿一	貞廿一	永元	貞廿一
83	謁衡嶽廟遂宿嶽寺題門樓	貞廿一	貞廿一	貞廿一	貞廿一	永元	貞廿一
84	岣嶁山	貞廿一	貞廿一	貞廿一	貞廿一	永元	貞廿一

85	別盈上人（誠盈）	貞廿一	貞廿一	貞廿一	貞廿一	永元	貞廿一
86	赴江陵途中寄贈王二十補闕李十一拾遺李二十六員外翰林三學士（王涯、王建、李程）	貞廿一	貞廿一	貞廿一	貞廿一	永元	貞廿一
87	潭州泊船呈諸公	無收	貞廿一	貞廿一	貞廿一	永元	貞廿一
88	陪杜侍御遊湘西兩寺獨宿有題因獻楊常侍（楊憑）	貞廿一	貞廿一	貞廿一	貞廿一	永元	貞廿一
89	洞庭湖阻風贈張十一署（張署）	貞廿一	貞廿一	貞廿一	貞廿一	永元	貞廿一
90	岳陽樓別竇司直（竇庠）	貞廿一	貞廿一	貞廿一	貞廿一	永元	貞廿一
91	晚泊江口	貞廿一	貞廿一	貞廿一	貞廿一	永元	貞廿一
92	龍移	無	貞廿一	貞廿一	疑年	永元	無收
93	永貞行	貞廿一	貞廿一	貞廿一	貞廿一	永元	貞廿一
94	木芙蓉	移江陵道間	無年考	貞廿一	貞廿一	永元	無收
95	喜雪獻裴尚書（裴均）	元元	貞廿一	貞廿一	貞廿一	永元	貞廿一
96	春雪（看雪乘清旦）	元元	元元	元元	元元	元元	元元
97	春雪（片片驅鴻急）	無收	元元	元元	元元	元元	無收
98	春雪間早梅	元元	元元	元元	元元	元元	元元
99	早春雪中聞鶯	元元	元元	元元	元元	元元	元元
△100	和歸工部送僧約（歸登）	元元	無年考	元元	疑年	元元	無收
101	杏花	元元	元元	元元	元元	元元	元元
102	李花贈張十一署（張署）	元元	元元	元元	元元	元元	元元
103	寒食日出遊	元元	元元	元元	元元	元元	元元
104	感春四首	元元	元元	元元	元元	元元	無收
105	憶昨行和張十一（張署）	元元	元元	元元	元元	元元	元元
106	題張十一旅舍三	元元	元元	元元	元元	元元	元元

	詠 　榴花 　井 　蒲萄						
107	贈鄭兵曹（鄭群）	貞十七	無年考	元元	元元	元元	元元
108	鄭群贈簟	元元	元元	元元	元元	元元	元元
109	醉贈張秘書（張署）	元和初	元和初	元元	元元	元元	元元
110	答張徹	元元	元元	元元	元元	元元	元元
111	會合聯句	元元	元元	元元	元元	元元	元元
112	納涼聯句	元元	元元	元元	元元	元元	元元
113	同宿聯句	元元	元元	元元	元元	元元	元元
114	南山詩	元元	元元	元元	元元	元元	元元
115	豐陵行	元元	元元	元元	元元	元元	元元
△ 116	雨中寄孟刑部幾道聯句	元元	元元	元元	無	元元	元元
117	秋雨聯句	元元	元元	元元	元元	元元	元元
118	城南聯句	元二	元元	元元	元元	元元	元元
119	短燈檠歌	貞十七、八	元元	元元	元元	元元	無收
120	薦士	元元	貞廿一	元元	元元	元元	元元
121	秋懷詩十一首	元元	元元	元元	元元	元元	無收
122	游青龍寺贈崔大補闕	元元	元元	元元	元元	元元	元元
123	贈崔立之評事	元元	元元	元元	元元	元元	元元
124	送區弘南歸	元元	元元	元元	元元	元元	元元
125	送文暢師北遊	元元	元元	元元	元元	元元	元元
126	鬥雞聯句	元元	元元	元元	元元	元元	元元
127	征蜀聯句	元元	元元	元元	元元	元元	元元
△ 128	有所思聯句	無收	元元	元元	無	元元	無收
△ 129	遣興聯句	無收	元元	元元	無	元元	無收
△ 130	贈劍客李園聯句	無收	元元	元元	無	元元	無收
131	喜侯喜至贈張籍張徹	元元	元元	元元	元元	元元	元元
132	贈崔立之（昔者十日雨）	無	元元	元元	元元	元元	元元
133	元和聖德詩并序	元二	元二	元二	元二	元二	元二
△	記夢	元十一	元十一	元二	疑年	元二	元二

134							
135	三星行	元和初遇讒分司日	元二	元二	元二	元二	元二
136	剝啄行	元和初遇讒分司日	元二	元二	元二	元二	元二
137	嘲鼾睡二首	無收	無年考	元二	元二	元二	無收
138	酬裴十六功曹巡府西驛塗中見寄（裴度）	元二	元二	元二	元二	元二	元二
139	孟東野失子	元二	元三	元三	元三	元三	元三
△140	莎柵聯句	元二、三	元五	元三	無	元三	元三
141	贈唐衢	貞十七	元三	元三	元三	元三	元三
142	祖席　前字　秋字	元五	元三	元三	元三	元三	元三
△143	陸渾山火和皇甫湜用其韻	元二	元二	元三	元二	元三	元三
△144	寄皇甫湜	無	元二	元三	疑年	元三	無收
145	崔十六少府攝伊陽以詩及書見投因酬三十韻	元三	元三	元三	元三	元三	無收
146	送李翱	元四	元四	元四	元四	元四	元四
147	和虞部盧四汀酬翰林錢七徽赤藤杖歌（盧汀、錢徽）	元四	元四	元四	元四	元四	元四
148	送侯參謀赴河中幕（侯繼）	元四	元四	元四	元四	元四	元四
149	東都遇春	元三	元三	元五	元五	元五	元五
150	感春五首	元五	元五（注1）	元五	元五	元五	元五
151	同竇牟韋執中尋劉尊師不遇	無收	元五	元五	元五	元五	元五
152	送鄭十校理序并詩（鄭翰）	元五	元五（入文）	元五	元五	元五	元五
153	送石處士赴河陽幕及序（石洪）	元五	元五	元五	元五	元五	元五

△ 154	新竹	貞二十	元五	元五	貞二十	元五	無收
△ 155	晚菊	貞二十	元五	元五	貞二十	元五	無收
156	送湖南李正字歸並序（李礎）	元五	元五	元五	元五	元五	元五
157	月蝕詩效玉川子作（盧仝）	元五	元五	元五	元五	元五	元五
158	燕河南府秀才	元五	元五	元五	元五	元五	元五
159	學諸進士作精衛銜石塡海	元七、八	元五	元五	元五	元五	元五
△ 160	招揚之罘一首	元六	元五	元五	元五	元六	元五
161	辛卯年雪	元六	元六	元六	元六	元六	元六
162	李花二首	元六	元六	元六	元六	元六	元六
163	寄盧仝	元六	元六	元六	元六	元六	元六
164	誰氏子	元六	元六	元六	元六	元六	無收
165	河南令舍池臺	元六	無	元六	元六	元六	元六
△ 166	池上絮	無收	無年考	元六	疑年	無收	無收
167	石鼓歌	元六	元六	元六	元六	元六	元六
168	峽石西泉	元元	元五	元六	元六	元六	元六
169	入關詠馬	元元	元七	元六	元六	元六	元六
170	酬司門盧四兄雲夫院長望秋作（盧汀）	元六	元六	元六	元六	元六	元六
171	盧郎中雲夫寄示送盤谷子詩兩章歌以和之（盧汀）	元八	元六	元六	元六	元六	元六
172	送無本師歸范陽	元六	元六	元六	元六	元六	元六
173	送陸暢歸江南	元六	元六	元六	元六	元六	元六
174	贈張籍	無	元元	元六	元六	元六	元六
175	雙鳥詩	無	元六	元六	元六	元六	元六
176	贈劉師服	元七	元七	元七	元七	元七	元七
177	和崔舍人詠月二十韻（崔群）	元七、八年	元七	元七	元七	元七	元七
178	石鼎聯句詩並序	元七（入文）	元七（入文）	元七	元七（入文）	元七	元七
179	寄崔二十六立之	無	元十	元七	元七	元七	元七

180	奉和武相公鎮蜀時詠使宅韋太尉所養孔雀（武儒衡）	元十	元八	元八	元八	元八	元八
181	和武相公早春聞鶯（武儒衡）	無	元八	元八	元八	元八	元八
△182	大安池（闕）	無	無年考	元八	疑年	元八	無收
△183	遊太平公主山莊	元十、十一	無年考	元八	元十	元八	元八
△184	晚春	元十、十一	無年考	元八	元十	元八	元八
185	送進士劉師服東歸	元八	元八	元八	元八	元八	元八
186	送劉師服	元八	元八	元八	元八	元八	元八
187	奉和虢州劉給事使君三堂新題二十一詠并序（劉伯芻）　新亭　流水　竹洞　月臺　渚亭　竹溪　北湖　花島　柳溪　西山　竹逕　荷池　稻畦　柳巷　花源　北樓　鏡潭　孤嶼　方橋　梯橋　月池	元八	元九	元八	元八	元八	元八

188	酬藍田崔丞立之詠雪見寄	無收	元八	元八	元八	元八	元八
189	雪後寄崔二十六丞公	元八	元八	元八	元八	元八	元八
△190	讀東方朔雜事	元十一	無年考	元八	疑年	元八	無收
191	桃源圖	貞十七	元十一	元八	元八	元八	元八
192	飲城南道邊古墓上逢中丞過贈禮部衛員外少室張道士（裴度、衛中行）	無收	元九	元九	元九	元九	元九
193	江漢答孟郊	貞十一前	元九	元九	元九	元九	元九
△194	山南鄭相公樊員外酬答爲詩其末咸有見及語樊封以示愈依賦十四韻以獻（鄭餘慶、樊宗師）	元十	元九	元九	元十	元九	元九
195	送張道士詩并序	元九（入文）	元九	元九	元九	元九	元九
△196	答道士寄樹雞	無	無年考	元九	疑年	元九	無收
△197	廣宣上人頻見過	元十二	無年考	元九	疑年	元九	無收
198	酬王二十舍人雪中見寄（王涯）	元七、八年間	元九	元九	元九	元九	元九
199	奉酬振武胡十二丈大夫（胡証）	元九	元九	元九	元九	元九	元九
200	奉和庫部盧四兄曹長元日朝迴（盧汀）	元十	元十	元十	元十	元十	元十
201	寒食直歸遇雨	元十	元十	元十	元十	元十	元十
202	送李六協律歸荊南（李礎）	元十	無	元十	元十	元十	元十
203	題百葉桃花	元十	元十	元十	元十	元十	元十
204	春雪（新年都未有芳華）	元十	元十	元十	元十	元十	元十
205	戲題牡丹	元十	元十	元十	元十	元十	元十

206	盆池五首	元十	無年考	元十	元十	元十	元十
207	芍藥	元十	元十	元十	元十	元十	元十
208	送李尙書赴襄陽八韻（李遜）	元十	元十	元十	元十	無收	元十
△ 209	示兒	元十三	元十	元十	元十	元十三	元十
210	人日城南登高	元十一、二	元十一	元十一	元十一	元十一	元十一
211	和席八十二韻（席夔）	元十一	元十一	元十一	元十一	元十一	元十一
212	遊城南十六首　賽神　題于賓客莊　晚春　落花　楸樹二首　風折花枝　贈同遊　贈張十八　助教　題韋氏莊　晚雨　出城　把酒　嘲少年　楸樹　遣興	元和十年後，非一日時之作	無年考 元十三 元九後作	元十一	元十一	元十一	元十一
213	感春三首	元十一	元十一	元十一	元十一	元十一	無收
214	和侯協律詠筍（侯喜）	元十二	元十一	元十一	元十一	元十一	元十一
215	題張十八所居（張籍）	元十一	元十一	元十一	元十一	元十一	元十一
216	調張籍	無	元元	元十一	元十一	元十一	元十一
217	奉酬盧給事雲夫四兄曲江荷花行見寄並呈上錢七兄閣老張十八助教（盧汀、錢徽）	元十一	元十一	元十一	元十一	元十一	元十一
218	奉和錢七兄曹長盆池所植（錢徽）	元十一	元十一	元十一	元十一	元十一	元十一

219	庭楸	元十三	元十一	元十一	元十一	元十一	元十一
△220	早赴街西行香贈盧李二中舍人（盧汀、李逢吉）	元十一	元九	元十一	元十一	元九	無收
221	聽穎師彈琴	無	元十一	元十一	元十一	元十一	元十一
222	酬馬侍郎寄酒	元十二	元十一	元十一	元十一	元十一	元十一
223	符讀書城南（韓昶）	元十一、二	元十一	元十一	元十一	元十一	元十一
224	大行皇太后挽歌詞三首	元十一	元十一	元十一	元十一	元十一	元十一
△225	梁國惠康公主挽歌二首	元七、八	無年考	元十一	疑年	元十一	無收
△226	晚寄張十八助教周郎博士（張籍、周況）	元十一	元十一	元十一	元十	元十一	元十一
△227	病鴟	元十一、二	無年考	元十一	疑年	元十一	無收
△228	嘲魯連子	無	無	元十一	疑年	元十一	無收
229	閑遊二首	元十二	元十二	元十二	元十二	元十二	無收
230	贈刑部馬侍郎（馬總）	元十二	元十二	元十二	元十二	元十二	元十二
231	過鴻溝	元十二	元十二	元十二	元十二	元十二	元十二
232	送張侍郎（張正甫）	元十二	元十二	元十二	元十二	元十二	元十二
233	奉和裴相公東征途經女几山下作（裴度）	元十二	元十二	元十二	元十二	元十二	元十二
234	晚秋郾城夜會聯句（李正封）	元十二	元十二	元十二	無	元十二	元十二
235	郾城晚飲奉贈副使馬侍郎及馮李二員外（馬總、馮宿、李宗閔）	元十二	元十二	元十二	元十二	元十二	元十二
236	酬別留後侍郎（馬總）	元十二	元十二	元十二	元十二	元十二	無收
237	同李二十八夜次襄城（李正封）	元十二	元十二	元十二	元十二	元十二	元十二
238	同李二十八員外	元十二	元十二	元十二	元十二	元十二	元十二

	從裴相公野宿西界(李正封、裴度)						
239	過襄城	元十二	元十二	元十二	元十二	元十二	元十二
240	宿神龜招李二十八馮十七（李正封、馮宿）	元十二	元十二	元十二	元十二	元十二	元十二
241	次硤石	元十二	元十二	元十二	元十二	元十二	元十二
242	和李司勳過連昌宮（李正封）	元十二	元十二	元十二	元十二	元十二	元十二
243	桃林夜賀晉公（裴度）	元十二	元十二	元十二	元十二	元十二	元十二
244	次潼關先寄張十二閣老使君（張賈）	元十二	元十二	元十二	元十二	元十二	元十二
245	次潼關上都統相公（裴度）	元十二	元十二	元十二	元十二	元十二	元十二
246	晉公破賊回重拜台司以詩示幕中賓客愈奉和（裴度）	元十二	元十二	元十二	元十二	元十二	無收
247	送李員外院長分司東都（李正封）	元十三	元十三	元十三	元十三	元十三	元十三
248	讀皇甫湜公安園池詩書其後	元十三	無年考	元十三	元十三	元十三	元十三
249	獨釣四首	元十三	元十三	元十三	元十三	元十三	元十三
250	元日酬蔡州馬十二尚書去年蔡州元日見寄之什（馬總）	元十四	元十四	元十四	元十四	元十四	元十四
△251	華山女	元十一、二	無年考	元十四	疑年	元十四	元十四
252	左遷至藍關示姪孫湘（韓湘）	元十四	元十四	元十四	元十四	元十四	元十四
253	武關西逢配流吐蕃	元十四	元十四	元十四	元十四	元十四	元十四
254	路傍堠	元十四	元十四	元十四	元十四	元十四	元十四
255	次鄧州界	元十四	元十四	元十四	元十四	元十四	元十四
256	食曲河驛	元十四	元十四	元十四	元十四	元十四	元十四
257	過南陽	元十四	元十四	元十四	元十四	元十四	元十四
258	題楚昭王廟	貞十九、二十	元十四	元十四	元十四	元十四	元十四
259	瀧吏	元十四	元十四	元十四	元十四	元十四	元十四

260	題臨潼寺	元十四	元十四	元十四	元十四	元十四	元十四
261	晚次宣溪辱韶州張端公使君惠書敘別酬以絕句二章（張蒙）	元十四	元十四	元十四	元十四	元十四	元十四
262	過始興江口感懷	元十四	元十四	元十四	元十四	元十四	元十四
263	贈別元十八協律六首（元集虛）	元十四	元十四	元十四	元十四	元十四	元十四
264	初南食貽元十八協律（元集虛）	元十四	元十四	元十四	元十四	元十四	無收
265	宿曾江口示姪孫湘二首（韓湘）	元十四	元十四	元十四	元十四	元十四	元十四
266	答柳柳州食蝦蟆（柳宗元）	元十四	元十四	元十四	元十四	元十四	元十四
267	琴操十首 　將歸操 　猗蘭操 　龜山操 　越裳操 　拘幽操 　岐山操 　履霜操 　雉朝飛操 　別鵠操 　殘形操	無	無年考	元十四	元十四	元十四	無收
268	量移袁州張韶州端公以詩相賀因酬之（張蒙）	元十五	無	元十四	元十四	元十四	元十四
269	別趙子（趙德）	元十四	元十四	元十四	元十四	元十四	元十四
△270	將至韶州先寄張端公使君借圖經（張蒙）	元十五	元十五	元十五	元十五	元十四	元十五
△271	題秀禪師房	元十四	無	元十五	元十五	元十四	無收
272	韶州留別張端公使君（張蒙）	元十五	元十五	元十五	元十五	元十五	元十五
273	除官赴闕至江州寄鄂岳李大夫（李程）	元十五	元十五	元十五	元十五	元十五	元十五

274	次石頭驛寄江西王十中丞閣老（王仲舒）	元十五	元十五	元十五	元十五	元十五	元十五
275	遊西林寺題蕭二兄郎中舊堂（蕭穎士）	元十五	元十五	元十五	元十五	元十五	元十五
276	自袁州還京行次安陸先寄隨州周員外（周君巢）	元十五	元十五	元十五	元十五	元十五	元十五
277	寄隨州周員外	元十五	元十五	元十五	元十五	元十五	元十五
278	題廣昌館	元十五	元十五	元十五	元十五	元十五	元十五
279	酒中留上襄陽李相公（李逢吉）	元十五	元十五	元十五	元十五	元十五	元十五
280	去歲自刑部侍郎以罪貶潮州刺史乘驛赴任其後家亦譴逐小女道死殯之層峰驛旁山下蒙恩還朝過其墓留題驛梁	元十五	元十五	元十五	元十五	元十五	元十五
281	賀張十八秘書得裴司空馬（張籍）	長元	元十五	元十五	元十五	元十五	元十五
△282	詠燈花同侯十一（侯喜）	元十四	元十五	元十五	元十三	元十五	元十五
283	送侯喜	元七、八	元十五	元十五	元十五	元十五	元十五
284	杏園送張徹侍御歸使（張徹）	長元	長元	長元	長元	長元	長元
285	雨中寄張博士籍侯主簿喜（張籍、侯喜）	長元	長二	長元	長元	長元	無收
286	南山有高樹行贈李宗閔（李宗閔）	長元	長元	長元	長元	長元	長元
△287	猛虎行	無	宗閔復入作	長元	疑年	長元	無收
288	奉和兵部張侍郎酬鄆州馬尙書祗召途中見寄開緘之日馬帥已再領鄆州之作（張賈、馬總）	長元	長元	長元	長元	長元	長元

289	南內朝賀歸呈同官	元十一	長元	長元	長元	長元	長元
290	朝歸	元十一	長元	長元	長元	長元	長元
291	早春與張十八博士籍遊楊尙書林亭寄第三閣老兼呈白馮二閣老（張籍）	長二	長二	長二	長二	長二	長二
292	奉使常山早次太原呈副使吳郎中（吳丹）	長二	長二	長二	長二	長二	長二
293	夕次壽陽驛題吳郎中詩後（吳丹）	長二	長二	長二	長二	長二	長二
294	奉使鎭州行次承天行營奉酬裴司空（裴度）	長二	長二	長二	長二	長二	長二
295	鎭州路上謹酬裴司空相公重見寄（裴度）	長二	長二	長二	長二	長二	長二
296	鎭州初歸	長二	長二	長二	長二	長二	長二
297	同水部張員外曲江春遊寄白二十二舍人（張籍、白居易）	長二	長二	長二	長二	長二	長二
298	和水部張員外宣政衙賜百官櫻桃詩（張籍）	長二	長二	長二	長二	長二	長二
299	送桂州嚴大夫（嚴謩）	長二	長二	長二	長二	長二	長二
300	奉和僕射裴相公感恩言志（裴度）	長二	長二	長二	長二	長二	長二
301	和裴僕射相公假山十一韻（裴度）	長二	長二	長二	長二	長二	長二
302	奉和李相公題蕭家林亭（李逢吉）	長二	長二	長二	長二	長二	長二
303	鄆州谿堂詩并序（馬總）	長二（入文）	長二	長二	長二	長二	長二
304	和僕射相公朝迴見寄（裴度）	長二	長二	長二	長二	長二	長二
305	奉酬天平馬十二	長二	長二	長二	長二	長二	長二

	僕射暇日言懷見寄之作（馬總）						
306	早春呈水部張十八員外二首（張籍）	長二	長三	長三	長三	長三	長三
307	送鄭尙書赴南海詩并序（鄭權）	長三	長三	長三	長三	長三	長三
308	和李相公攝事南郊覽物興懷呈一二知舊（李逢吉）	長二	長二	長三	長三	長三	長三
309	奉和杜相公太清宮紀事陳誠上李相公十六韻（杜元穎）	長二	長二	長三	長三	長三	長三
△310	枯樹	元十三	無	長三	疑年	長三	無收
△311	送諸葛覺往隨州讀書	長四	長三	長三	疑年	長三	無收
312	示爽（韓湘）	元十一、二	長三	長三	長三	長三	長三
313	南溪始泛三首	長四	長四	長四	長四	長四	長四
314	與張十八同效阮步兵一日復一夕（張籍）	長二、三	長四	長四	長四	長四	無收
315	翫月喜張十八員外以王六秘書至（張籍）	長二、三	長四	長四	長四	長四	長四
	辭唱歌	無收	無年考	疑偽	疑年	無收	無收
	贈賈島	無收	無收	疑偽	存疑	無收	無收
	贈譯經僧	無收	無收	疑偽	存疑	無收	無收
	題杜工部墳	無收	無收	無收	存疑	無收	無收
	遊祝融峰	無收	無收	無收	存疑	無收	無收
	題西白澗	無收	無收	無收	存疑	無收	無收
	別韓湘	無收	無收	無收	存疑	無收	無收
	題遊息洞	無收	無收	無收	存疑	無收	無收
	多日可愛詩	無收	無收	無收	無收	貞十一	貞十

主要參考文獻

一、韓愈詩文集

〔唐〕韓愈撰：《昌黎先生文集》四十卷外集十卷附外集，台北：故宮博物院景印宋本。

〔唐〕韓愈撰：《昌黎先生文集》四十卷外集十卷，宋蜀刻本。

〔唐〕韓愈撰：〔宋〕文讜註、王儔補註：《新刊經進詳註昌黎先生文》宋蜀刻本。

〔唐〕韓愈撰：〔宋〕魏仲舉：《五百家注昌黎文集》，文淵閣四庫全書本。

〔唐〕韓愈撰：〔宋〕祝充注：《音注韓文公文集》四十卷外集十二卷，文祿堂本。

〔唐〕韓愈撰：〔宋〕廖瑩中集註：《東雅堂昌黎集註》，文淵閣四庫全書本。

〔宋〕魏仲舉編：《韓文類譜》，上海：古籍出版社，續修四庫全書本。

〔宋〕方崧卿：《韓集舉正》，台北：藝文印書館，影印文淵閣本。

〔宋〕朱熹：《昌黎先生集考異》十卷，上海：古籍出版社，山西祁縣圖書館藏宋刻本，1985 年 2 月。

〔清〕方世舉箋注：《韓昌黎詩集編年箋注》，上海：古籍出版

社續修四庫全書集部，台北：莊嚴文化事業有限公司，1997
年 6 月。

〔清〕顧嗣立輯：《昌黎先生詩集注》，台北：臺灣學生書局，
民國 56 年 5 月。

〔清〕顧嗣立刪補、黃鉞證訛：《昌黎先生詩增注證訛十一卷》。

〔清〕王元啓：《讀韓記疑十卷》，嘉慶二十二年秋刊。

〔清〕方成珪撰、陳準校刊：《韓集箋正》五卷附《年譜》一卷，
瑞安陳氏湫溠齋校本。

〔清〕陳景雲：《韓集點勘》，景印文淵閣本。

〔清〕沈欽韓撰：《韓集補注》，光緒十七年三月廣雅書局刊。

〔清〕馬其昶：《韓昌黎文集校注》，香港：中華書局，1984。

徐震：《韓集詮訂》，《文藝叢刊》本，民國 23 年。

錢仲聯撰：《韓昌黎詩繫年集釋》，臺北：世界書局，民國 75
年 10 月，四版（此舊版）。

錢仲聯撰：《韓昌黎詩繫年集釋》，上海：上海古籍出版社，1984
年 8 月（此新版）。

童第德：《韓集校詮》，北京：中華書局，1985 年 1 月。

羅聯添編：《韓愈古文校注彙輯》，台北，國立編譯館，民國 92
年 6 月。

屈守元、常思春主編：《韓愈全集校注》，成都：四川大學出版
社，1996 年。

劉真倫：《昌黎文錄輯校》，武昌：華中科技大學，2002 年 2 月。

閣琦校注：《韓昌黎文集注釋》，西安，三秦出版社，2004 年 12
月。

劉真倫：《韓集舉正彙校》，南京：鳳凰出版社，2007 年 12 月。

二、韓愈研究類

〔宋〕呂大防撰：《韓吏部文公集年譜》，徐敏霞校輯：《韓愈年譜》，北京，中華書局，1991 年 5 月。

〔宋〕程俱撰：《韓文公歷官記》，徐敏霞校輯：《韓愈年譜》，北京，中華書局，1991 年 5 月。

〔宋〕洪興祖撰：《韓子年譜》，徐敏霞校輯：《韓愈年譜》，北京，中華書局，1991 年 5 月。

〔宋〕樊汝霖撰：《韓文公年譜》，徐敏霞校輯：《韓愈年譜》，北京，中華書局，1991 年 5 月。

〔宋〕方崧卿撰：《韓文年表》，徐敏霞校輯：《韓愈年譜》，北京，中華書局，1991 年 5 月。

〔清〕顧嗣立撰：《昌黎先生年譜》，徐敏霞校輯：《韓愈年譜》，北京，中華書局，1991 年 5 月。

〔清〕方成珪撰：《昌黎先生詩文年譜》，徐敏霞校輯：《韓愈年譜》，北京，中華書局，1991 年 5 月。

〔清〕王鳴盛撰：《蛾術編》95 卷，台北，信誼書局，民 65 年 7 月。

林紓撰：《韓柳文研究法》，台北：廣文書局，民 58 年 10 月。

錢基博撰：《韓愈志》，香港：龍門書店，1969 年 10 月。

黃雲眉撰：《韓愈柳宗元文學評價》，香港：龍門書局，1969。

〔日〕清水茂撰：《韓愈》，東京，岩波書店，昭和 33 年 1 月。

程學洵：《韓詩臆說》，台北：臺灣商務印書局，民 59 年 7 月。

李嘉言：《賈島年譜》，台北：大西洋圖書公司，民 59 年 1 月。

朱自清：《李賀年譜》，香港：龍門書店，1970 年 3 月。

蘇文擢著：《韓文四論》，香港，自印本，1978 年 1 月。

韓廷一：《韓昌黎思想研究》，台北：臺灣商務印書館，民 71
　　年 2 月。

羅聯添著：《韓愈研究》，臺北：臺灣學生書局，民國 70 年 11
　　月。

〔韓〕李章佑著：《韓愈의古詩用韻》，慶北：嶺南大學校出版
　　部，1982 年 7 月。

吳文治：《韓愈資料彙編》，臺北：學海出版社，民國 73 年 4
　　月。

孫昌武著：《唐代古文運動通論》，天津：百花文藝出版社，1984
　　年 4 月。

閻琦著：《韓詩論稿》，西安：陝西人民出版社，1984 年 10 月。

劉國盈著：《唐代古文運動論稿》，西安：陝西人民出版社，1984
　　年 7 月。

蕭占鵬著：《韓孟詩派研究》，臺北：文津出版社，民國 83 年
　　11 月。

陳克明著：《韓愈述評》，北京：中國社會科學出版社，1985 年
　　7 月。

孫昌武著：《韓愈散文藝術論》，天津，南開大學出版社，1986
　　年 7 月。

羅聯添：《張籍年譜》，《唐代詩文六家年譜》，台北：學海出
　　版社，民 75 年 7 月。

羅聯添：《劉夢得年譜》，《唐代詩文六家年譜》，台北：學海
　　出版社，民 75 年 7 月。

羅聯添：《李翺年譜》，《唐代詩文六家年譜》，台北：學海出
　　版社，民 75 年 7 月。

羅聯添：《白樂天年譜》，台北：國立編譯館，民 78 年 7 月。

羅聯添：《柳宗元事蹟繫年暨資料類編》，台北：國立編譯館，
　　民 78 年 2 月。

汪淳著：《韓歐詩文比較研究》，臺北：文史哲出版社，民國 78
　　年 7 月。

何法周著：《韓愈新論》，開封，河南大學出版社，1988 年 8 月。

何寄澎著：《唐宋古文新探》，臺北：大安出版社，1990 年 5 月。

胡楚生著：《韓柳文新探》，臺北：臺灣學生書局，民 80 年 6
　　月。

鄧潭州著：《韓愈研究》，長沙：湖南教育出版社，1991 年。

胡楚生著：《韓柳文新探》，臺北：臺灣學生書局，民 80 年 6
　　月。

劉國盈著：《韓愈評傳》，北京：北京師範學院出版社，1991 年
　　6 月。

王基倫著：《唐宋古文論集》，臺北：里仁書局，民 90 年 10 月。

何寄澎著：《北宋的古文運動》，臺北：幼獅文化事業公司，民
　　81 年 8 月。

王基倫著：《韓柳古文新論》，臺北：里仁書局，民 85 年 6 月。

華忱之：《孟郊年譜》，台北：學海出版社，民 87 年 5 月。

李道英著：《唐宋古文研究》，北京：北京師範大學出版社，1997
　　年 5 月。

成復旺著：《韓愈評傳》，南寧：廣西教育出版社，1997 年 8 月。

羅聯添著：《韓愈傳》，臺北：國家出版社，1998 年 3 月。

劉國盈著：《韓愈叢考》，北京：文化藝術出版社，1999 年 1 月。

方介著：《韓柳新論》，臺北：臺灣學生書局，1999 年 3 月。

陳新璋著：《韓愈傳》，廣州：廣東高等教育出版社，1999 年 11
　　月。

張清華著：《韓學研究》，南京：江蘇教育出版社，1998 年 8 月。

陳克明著：《韓愈年譜及詩文繫年》，成都，巴蜀出社，1999 年
　　8 月。

王基倫著：《唐宋古文論集》，臺北：里仁書局，民 90 年 10 月。

劉真倫：《韓愈集宋元傳本研究》，北京：中國社會科學出版社，
　　2004 年 6 月。

柯萬成著：《韓愈詩研究》（增訂本），臺北：花木蘭文化事業
　　出版社，2010 年 9 月增訂新版。

胡楚生著：《韓柳文新探續編》，臺北：臺灣學生書局，2011 年
　　3 月。

柯萬成著：《韓愈與唐代文化論叢》，臺北：花木蘭文化事業出
　　版社，2011 年 9 月。